Bibliografische Information der Deutschen Nationalbibliothek:

Die Deutsche Nationalbibliothek verzeichnet diese Publikation in der Deutschen Nationalbibliografie; detaillierte bibliografische Daten sind im Internet über http://dnb.d-nb.de abrufbar

© VERRAI-VERLAG · 70469 Stuttgart

1.Auflage Oktober 2016
Alle Rechte vorbehalten.
https://verrai-verlag.de

Umschlagsgestaltung: ehrle studios Werbeagentur GmbH

Printed in Germany

ISBN 978-3-9818041-4-0

Klaus Pflieger war von 1975 bis 2013 bei der Justiz tätig - zunächst als Richter, dann als Staatsanwalt. Von 1980 bis 1985 sowie ab 1987 war er Mitarbeiter der Bundes-  anwaltschaft, bevor er 1995 Chef der Staatsanwaltschaft Stuttgart und schließlich 2001 württembergischer Generalstaatsanwalt wurde. Er hat Bücher über die Schleyer-Entführung, die Geschichte der RAF sowie über die Geschichte(n) der württembergischen Staatsanwalt-schaften veröffentlicht.

Vorwort von Dr. Eberhard Foth

Dr. E. Foth

Klaus Pflieger, bekannt durch seine Bücher »Die Aktion Spindy« (Entführung Dr. Schleyer), »Die Rote Armee Fraktion – RAF« und »Die Geschichte(n) der württembergischen Staatsanwaltschaften«, hat jetzt sein – wie er selbst schreibt – biografisches »Fazit eines terroristischen Berufslebens« niedergeschrieben. Ursprünglich den »68ern« und ihren Demonstrationen gegen Vietnamkrieg und Notstandsgesetze durchaus zugeneigt, stieß ihn dann die Gewalt ab. Er wurde – wie er schreibt – »nicht Terrorist, sondern Staatsdiener« und als solcher einer der emsigsten Verfolger der RAF (der »Konkursmasse der Studentenbewegung«, wie Ulrike Meinhof es ausdrückte). Gerade über die RAF erfährt man in dem Buch ungemein viele Einzelheiten und viel unmittelbar Erlebtes; denn Pflieger führte viele Vernehmungen durch und erlebte dabei durchaus Überraschendes. Hierzu gehört etwa das Geständnis von Peter-Jürgen Boock, er sei bei der Schleyer-Entführung 1977 am Tatort gewesen und habe mitgeschossen (vier Tote). Zuvor hatte er jegliche Teilnahme an dieser Tat geleugnet und im Schlusswort der gegen ihn gerichteten Hauptverhandlung theatralisch erklärt: »Ich bin kein Mörder. Ich habe niemals auf einen Menschen geschossen«. Beachtlich, wie man so überzeugend lügen kann! Deshalb glaubten ihm nicht wenige Journalisten, etwa der SPIEGEL-Gerichtsreporter Gerhard Mauz, der die eine andere Auffassung vertretenden Bundesanwälte mit einem »Rudel tollwütiger Löwen« verglich.

Weil Pflieger an der Bearbeitung zahlreicher Straftaten in Deutschland beteiligt war, erfährt man vieles aus erster Hand, was man sonst mühsam zusammensuchen müsste. So berichtet er über das Oktoberfest-Attentat 1980 und die damit verbundene, bis in die jüngste Zeit erhalten gebliebene Verschwörungstheorie, eine Theorie, die auch hinsichtlich der Ermordung von Generalbundesanwalt Buback vertreten wird und die Pflieger aufgreift und erörtert.

Kaum erinnert man sich noch, dass 1980 der Brandanschlag auf ein Übergangsheim in Hamburg zwei Vietnamesen tötete, dass 1992 dem Brandanschlag von Mölln drei Türkinnen zum Opfer fielen und dass bei den Demonstrationen gegen eine weitere Startbahn in Mörfelden zwei Polizeibeamte erschossen wurden. Auch die in Württemberg begangenen Taten, die Pflieger als Generalstaatsanwalt in Stuttgart miterlebte sind der Erinnerung Wert: zum Beispiel der NSU-Anschlag in Heilbronn, dessen Ermittler durch die falsche – bei der Produktion der Wattestäbchen entstandene – DNA-Spur genarrt wurden.

Der Kreis dieses »terroristischen Berufslebens« schließt sich insofern, als Pflieger, schon als Jungjurist mit dem großen Vorbild Fritz Bauer für den Resozialisier-ungsvollzug eingenommen, sich in Stuttgart der Straf-fälligenhilfe widmete und Vorsitzender der Straffälligen-hilfe Württemberg wurde. Dass zwischen dieser Tätigkeit und der konsequenten Verfolgung von Straftätern kein Widerspruch besteht, führt Pflieger schlüssig aus.

Interessant ist schließlich noch, wie verschiedene Juristen dieselbe Örtlichkeit beurteilen. Pflieger empfand schon als Besucher im aus Beton gebauten Prozessgebäude in Stammheim die Atmosphäre als »steril« und »schrecklich«; sie belaste – so später als Staatsanwalt – jeden Beteiligten.

6

Der Verfasser dieser Zeilen dagegen verhandelte dort (innerhalb von reichlich fünf Jahren) nicht ungern; man hatte gut Platz und Übersicht, war von allen Beteiligten angenehm weit entfernt.

Das Buch ist in gut lesbarem Stil geschrieben und dort, wo weniger bekannte Begriffe und Sachverhalte auftauchen, mit eingeschobenen Erläuterungen versehen. Es ist jedermann, nicht nur Juristen und Historikern, zu empfehlen. Pflieger hat erneut gezeigt, dass er – um einen alten Scherz aufzugreifen – mehr kann als nur »gut Fußball spielen« (vgl. S. 52 Anm. 26).

Richter am Bundesgerichtshof a. D.
Dr. Eberhard Foth[1]

---

[1] Dr. Foth war im Baader-Meinhof-Prozess zunächst Stellvertreter des Vorsitzenden Dr. Prinzing und nach dessen Ausscheiden der Senatsvorsitzende, der auch das Urteil vom 28.4.1977 verkündete (siehe S. 47 Fußnote 22).

Inhaltsverzeichnis

Vorbemerkung *10*

Die 68er-Generation –
der eine wird Terrorist, der andere Staatsdiener *20*

Haftrichter in Stammheim *40*

Staatsanwalt und Sachbearbeiter des
Croissant-Verfahrens *53*

Die Schleyer-Entführung und der Tod der
RAF-Häftlinge am 18.10.1977 in Stammheim *65*

Der Croissant-Prozess und der Weg in die
Bundesanwaltschaft *80*

Das Oktoberfestattentat 1980 –
ein rechtsradikaler Einzeltäter? *98*

Der RAF-Angehörige Boock und sein
»taktisches Verhältnis zur Wahrheit" *115*

Die Erddepots der RAF –
Pharaonengräber und Verhaftungsorte *121*

Der Boock-Prozess *136*

Das neue »Lebenslänglich« *146*

»Revolutionäre Heimwerker« –
vom Umweltschutz zu Todesschüssen auf
 Polizeibeamte *155*

Die »spurenlose« dritte RAF-Generation,
die Kronzeugenregelung und die Kinkel-Initiative *177*

Boocks Gnadengesuch *184*

Sachbearbeiter des »Schleyer-Komplexes« *190*

Durchsuchung der Hafenstraße *195*
8

Mauerfall,
DDR-Aussteiger und der erste RAF-Kronzeuge *200*

Die »Lebensbeichte« des Peter-Jürgen Boock *217*

Justiz und Medien *233*

Mölln am 23.11.1992 –
»Es brennt in der Mühlenstraße, Heil Hitler!« *239*

Die Kassiber der RAF-Angehörigen Eva Haule
und ein berufliches Credo *272*

Lübeck am 25.3.1994 – erster Synagogenbrand
seit der »Reichskristallnacht« *281*

Der Abschied von der Bundesanwaltschaft
und das »Spindy«-Buch *291*

Das Auflösungsschreiben der RAF *307*

Generalstaatsanwalt, der »11.9.2001«
und der islamistische Terror *317*

Hilfe für Straffällige!
Gnade vor Recht für RAF-Terroristen? *339*

Boocks Anrufe, seine Gespräche mit Michael Buback und
der Film »Der Baader-Meinhof-Komplex« *347*

Die Omertà der RAF – kann man diese Mauer des
Schweigens durchbrechen? *361*

Der Mord an Polizeimeisterin Kiesewetter und der
»Nationalsozialistische Untergrund (NSU)« *372*

Fazit eines »terroristischen Berufslebens« *387*

Stichwort- und Namensverzeichnis *396*

Nachweise *403*

Vorbemerkung

Klaus
Pflieger

Heute ist Montag, der 15.7.2013, der 15. Tag meines neuen Lebensabschnitts als Pensionär. Vor gut zwei Wochen habe ich nach 38 Berufsjahren im aktiven Dienst der Justiz des Bundes und des Landes Baden-Württemberg mein Arbeitszimmer geräumt, die Erinnerungsbilder von der Wand genommen und meine schwarze Robe – im wahrsten Sinne des Wortes – an den Nagel gehängt. Am selben Abend habe ich mich im Rahmen eines Festes, das die Generalstaatsanwaltschaft Stuttgart liebevoll für mich organisiert hat, von meinen beruflichen Freunden und Weggefährten verabschiedet. Dabei wurden natürlich wieder all die Geschichten erzählt, die wir gemeinsam erlebt, genossen und durchlitten haben – Anekdoten, an die man sich überaus gerne erinnert und über die man herzhaft lachen kann, aber auch

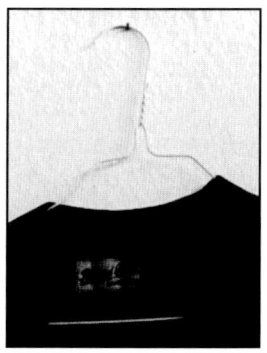

Begebenheiten, die einen bis heute bewegen und traurig machen.

Vergangene Woche durfte ich im Stuttgarter Haus der Geschichte unter dem Titel »Ein »terroristisches« Berufsleben« über die Höhepunkte meiner staatsanwaltlichen Tätigkeit berichten – vom Strafverfahren gegen den RAF-Anwalt Klaus Croissant über die unglaublichen Erfahrungen mit dem RAF-Aussteiger Peter-Jürgen Boock bis zum Mord an der Polizeibeamtin Michèle Kiesewetter. Beim anschließenden Stehempfang haben mich mehrere Gäste dazu ermuntert, meine Erinnerungen zu Papier zu bringen – ein Gedanke, der mir, wenn ich ehrlich bin, in den letzten Jahren auch schon hin und wieder gekommen war. Heute hat Roman Deininger in der Süddeutschen Zeitung unter der Überschrift »Im Auge des Terrors« einen ausgesprochen freundlichen Artikel über meinen Vortrag veröffentlicht; die Überschrift hat mich zunächst etwas überrascht, inzwischen kann ich sie mir sogar als Titel des ins Auge gefassten Buches vorstellen.

Wenn ich auf mein »terroristisches Berufsleben« zurückblicke, muss ich Ende der 1960er-Jahre anfangen, als ich zu Beginn meines Jurastudiums wie Andreas Baader, Gudrun Ensslin und viele junge Leute gegen den Vietnamkrieg demonstrierte. Anders als spätere RAF-Mitglieder wurde ich allerdings nicht Terrorist, sondern Staatsdiener. Während meiner Referendarzeit entschied ich mich, doch nicht – wie zunächst beabsichtigt – Rechtsanwalt zu werden, sondern in den Justizdienst zu gehen, um unbedingt Zivilrichter zu werden; als Assessor »konvertierte« ich schließlich zum überzeugten Strafverfolger, weil mich das Legalitätsprinzip – nämlich grundsätzlich jede Straftat gegen jeden Tatverdächtigen zu verfolgen – ebenso fasziniert hat wie die **Objektivitätspflicht des deutschen Staatsanwalts**.

Bis heute überrascht es mich, dass kaum jemand in unserem Land weiß, dass der Staatsanwalt in Deutschland – wie ein Richter und anders als der Verteidiger oder der amerikanische Ankläger – zur Objektivität verpflichtet ist. In § 160 Absatz 2 der Strafprozessordnung (StPO) ist dieses **Objektivitätsgebot** wie folgt beschrieben: »Die Staatsanwaltschaft hat nicht nur die zur Belastung, sondern auch die zur Entlastung dienenden Umstände zu ermitteln.«

Erzählen will ich natürlich all das, was ich als die – teilweise schrecklichen – Höhepunkte meines Berufslebens empfinde, nur als Beispiele:

Die Ermittlungen zu den Todesfällen der Gefangenen der **»Roten Armee Fraktion (RAF)«** in Stammheim am 18.10.1977; die grausamen Bilder nach dem Bombenattentat auf das Münchner Oktoberfest am 26.10.1980; die  sensationelle Entdeckung von Erddepots der RAF mit der Verhaftung von drei RAF-Topleuten im Herbst 1982; die tödlichen Schüsse auf Polizeibeamte an der Startbahn 18 West des Frankfurter Flughafens am 2.11.1987; die Begegnung mit dem ersten RAF-Kronzeugen, der im Sommer 1990 unter Tränen einen Polizistenmord gestand; die traurigen Bilder von dem tödlichen Brandanschlag von Mölln am 23.11.1992; mein Live-Gespräch mit Ulrich Wickert in den Tagesthemen am 20.4.1998 über das an diesem Tag bekannt gewordene »Auflösungsschreiben« der RAF; der unfassbare Mord an der Polizeibeamtin Michèle Kiesewetter am 25.4.2007 mit Hinweisen auf den »Nationalsozialistischen Untergrund (NSU)«.

Die Schilderung dieser Höhepunkte und wichtigsten Stationen meiner Karriere will ich in die mehr als 45-jährige Geschichte des Terrorismus einbetten, wie ich sie in der Zeit ab 1968 beobachtet und als Strafverfolger hautnah erlebt habe. Dazu gehört vor allem die schreckliche Blutspur, die linksterroristische Gruppierungen wie die »RAF«, die »Bewegung 2. Juni« und die »Revolutionäre Zellen« in den 1970er- und 1980er-Jahren quer durch die Bundesrepublik gelegt haben; dabei wird fraglos die »Offensive 77« der RAF mit den Attentaten auf Generalbundesanwalt Siegfried Buback, den Bankchef Jürgen Ponto und den Arbeitgeberpräsidenten Hanns-Martin Schleyer einen Schwerpunkt bilden. Es gehört aber auch die Serie rechtsextremistischer Attentate mit dem Oktoberfestanschlag 1980, mit den Brandanschlägen auf

Ausländerheime Anfang der 1990er-Jahre und mit der Mordserie des NSU in den Jahren 2000 bis 2007 dazu. In den letzten Jahren beschäftigte uns zudem der islamistische Terrorismus, der die Welt mit den Flugzeugattentaten in den USA am 11.9.2001 aufgeschreckt hat und dessen permanente Bedrohung uns seither auch in Deutschland große Sorgen bereitet.

Unser Land hat sich aus meiner Sicht in diesen Jahren spürbar verändert, z.B. in Bezug auf das »Dritte Reich« weg von der »Schlussstrichmentalität« der 1950er-Jahre hin zur Aufarbeitung des NS-Unrechts – etwa durch die Auschwitz-Prozesse. Oder: Weg vom Radikalenerlass hin zu einer Intensivierung der Meinungs-, Demonstrations- und Pressefreiheit. Oder: Weg von der Politik des Kalten Krieges hin zur Öffnung nach Osten bis hin zum Mauerfall und zum Ende der DDR. Weg vom Moral- und Vergeltungsstrafrecht hin zur besseren Resozialisierung des Straftäters.

Auch innerhalb der Justiz und speziell der Staatsanwaltschaften haben sich in dieser Zeit wichtige strukturelle Veränderungen vollzogen, wie die Abflachung der staatsanwaltschaftlichen Hierarchie, die Reduzierung von Berichtspflichten bei gleichzeitiger Betonung der Eigenverantwortlichkeit des einzelnen Staatsanwalts oder die Besetzung von Führungspositionen nicht allein aufgrund fachlicher, sondern vor allem auch aufgrund sozialer und ethischer Kompetenzen.

Um die Terrorgeschichte in der Bundesrepublik richtig einzuordnen, muss man in den Blick fassen, vor welchem politischen und gesellschaftlichen Hintergrund die einzelnen Terrorgruppen entstanden oder einzelne Attentäter aktiv geworden sind. Ich will dabei auch zu erklären versuchen, weshalb sich junge Leute gegen diesen Staat auflehnten und ihn mit schwersten Straftaten angriffen, um in ihrem Sinn neue staatliche Strukturen oder auch nur Veränderungen in wesentlichen Teilen unserer gesellschaftlichen Ordnung herbeizuführen. Es ist der Aspekt, wie aus jungen Menschen, die sich vorher zum Teil für soziale und gesellschaftliche Projekte engagiert hatten, Mörder werden konnten oder warum aus dumpfer Fremdenfeindlichkeit heraus Terroranschläge verübt wurden. In diesem Zusammenhang will ich auch darstellen, wie sich aus meiner Sicht Links- und Rechts-terrorismus in der Regel hinsichtlich ihrer Strukturen und Organisationsformen unterscheiden. Interessant ist hierbei auch das Phänomen, dass Rechtsextremismus fast aus-schließlich die Sache von Männern ist, während im Linksextremismus nahezu gleich viel, wenn nicht gar mehr Frauen aktiv sind.

Da es leider fast Tradition ist, dass den Strafverfol-gungsbehörden vor allem in den Medien vorgeworfen wird, sie seien »auf dem rechten Auge blind«, ist es mir ein Anliegen, anhand der von mir bearbeiteten Fälle mit links- und rechtsradikalem Hintergrund darzulegen, dass Richter wie Staatsanwälte ihre Pflicht zur Objektivität gerade bei solchen Straftaten ernst nehmen und bei der Strafver-folgung von extremistischen und terroristischen Taten keinen Unterschied zwischen links und rechts machen.

Im Laufe meiner Karriere bin ich vielen Terroristen und Terrorverdächtigen hautnah begegnet. Was ich bei diesen Begegnungen empfunden habe, welchen Eindruck ich von diesen Männern und Frauen gewann, wie ich subjektiv auf sie und ihre Verbrechen reagierte und welche Stimmung in den Terrorismusprozessen herrschte, will ich in diesem Buch schildern. Dabei will ich nicht ausklammern, wie ich die Gefährdungssituation in Bezug auf meine eigene Person eingeschätzt und wie ich mich angesichts der getroffenen Schutzmaßnahmen gefühlt habe. Diese Darstellung meiner Gedanken, Eindrücke, Gefühle, Sorgen, Bedenken, ja meiner gesamten eigenen Befindlichkeiten wird wohl die größte Herausforderung für den Staatsanwalt in mir sein, der ja von Amts wegen gewohnt ist, Sachverhalte nüchtern, objektiv und unter Ausblendung von Emotionen zu formulieren.

Insbesondere am Beispiel des Deutschen Herbstes 1977 wird deutlich, wie eine Gesellschaft und staatliche Einrichtungen üblicherweise und fast automatisch auf Terrorangriffe zu reagieren pflegen, nämlich mit geradezu reflexhaften Überreaktionen, mit einer Intensivierung polizeilicher Maßnahmen und mit einer Verschärfung strafprozessualer und strafrechtlicher Vorschriften. Dabei will ich keinen Hehl daraus machen, welche Erwiderungen des Staates ich für untauglich, überzogen oder gar für schädlich oder rechtswidrig halte – etwa polizei-staatsähnliche Kontrollen, die Kontaktsperre während der Schleyer-Entführung, das Abhören von Verteidiger-gesprächen oder die Anwendung von »Feindrecht« als Reaktion auf die Anschläge vom 11.9.2001. Umgekehrt will ich mich aber auch dazu äußern, welche Gesetzes-änderungen für mich unverzichtbar sind, um einerseits Hauptverhandlungen wie den Baader-Meinhof-Prozess überhaupt durchführen zu können und andererseits in den Strafverfahren zu sachgerechten und schuldangemessenen Urteilen zu kommen.

Staatliche Einrichtungen – Justizvollzugsanstalten, Gerichte und Staatsanwaltschaften – wurden in den Terrorismusverfahren ab den 1970er-Jahren mit einem völlig neuen und ungewohnten Verhalten der Angeklagten und ihrer Verteidiger konfrontiert und Rechtsanwälte schreckten in Einzelfällen vor einer Komplizenschaft mit ihren Mandanten und der Begehung eigener Straftaten nicht zurück. Hierauf ohne Überreaktion, sondern mit geeigneten Maßnahmen zu antworten, gleichzeitig aber eine sachgerechte Verteidigung zu gewährleisten, war und ist ein permanenter Balanceakt für den Gesetzgeber, aber auch für die tägliche Arbeit der Justizpraktiker. Der Staat und vor allem Justizbehörden haben Zeit benötigt, um sich auf diese veränderte Situation einzustellen und dann entsprechend unseren demokratischen Regeln souverän zu reagieren.

Deshalb will ich auch zum Ausdruck bringen, welche Grundsätze ich bei der Strafverfolgung in Terrorismusangelegenheiten für unverzichtbar halte. Meiner Ansicht nach darf man vermeintliche Terroristen nicht rechtsfrei stellen und sie vor allem auch nicht – wie von ihnen oftmals erhofft oder gar gefordert – zu Kriegsgegnern stilisieren. Dazu gehört für mich insbesondere, dass man sie im Gefängnis wie jeden anderen Häftling behandeln muss und es für sie vor Gericht bei der Suche nach ihrer Schuld und der richtigen Strafe keine Sonderrechtsprechung geben darf. In diesem Zusammenhang muss der Mär ein Ende bereitet werden, RAF-Mitglieder seien im Sinne einer Kollektivschuld für alle Anschläge strafrechtlich verantwortlich gemacht worden, die während der Zeit der jeweiligen Gruppenzugehörigkeit verübt wurden. Eine Besser- oder Schlechterstellung darf es auch nicht bei der Entscheidung geben, ob Terroristen, die rechtskräftig zu einer lebenslangen Freiheitsstrafe verurteilt wurden, auf Bewährung aus der Haft entlassen werden können. Eine klare Antwort will ich auch auf die Frage geben, ob der Staat bei Geiselnahmen, die der Freipressung von inhaftierten Terroristen dienen sollen, wie bei der Entführung des CDU-Politikers Lorenz im Jahr 1975, nachgeben oder wie bei der Schleyer-Entführung im Jahr 1977 hart bleiben soll.

An geeigneten Stellen sind punktuell juristische Themen zu erklären. Beispielsweise: Bei welchen Straftaten ist die Bundesanwaltschaft zuständig? Wann und wie kann die Kronzeugenregelung zur Anwendung kommen? Worin liegt der Unterschied zwischen Mord und Totschlag?

16

Warum bedeutet die lebenslange Freiheitsstrafe in der Regel nicht die Verbüßung einer lebenslangen Haft? Warum gibt es seit Mitte der 1980er-Jahre für den Mehrfachmörder nicht wie früher ein mehrfaches »Lebenslänglich«? Dabei will ich auch darstellen, dass wir heute zwei unterschiedliche Formen der »lebenslangen Freiheitsstrafe« kennen. Bei zu lebenslanger Freiheitsstrafe verurteilten Terroristen muss auch der Unterschied zwischen der politischen Begnadigung durch den Bundespräsidenten und der »kleinen Gnade« durch die Justiz – nämlich die Haftentlassung auf Bewährung – erläutert werden.

Eine Passage werde ich in diesem Kontext zwei ähnlich gelagerten Themenbereichen widmen, die in den letzten Jahren im Zusammenhang mit den Flugzeugattentaten des 11.9.2001 und dem Verhalten des Vizepräsidenten der Frankfurter Polizei Daschner im Entführungsfall Jakob von Metzler diskutiert wurden. Zum einen: Darf ein von Terroristen gekapertes Flugzeug, das auf ein vollbesetztes Stadion zurast, abgeschossen werden? Zum anderen: Darf in extremen Ausnahmefällen – etwa zur Rettung einer Geisel – zu Foltermaßnahmen gegriffen werden? Vor allem mit dem Thema »Rettungsfolter« will ich aufzeigen, dass es keinen Schutz von Tatopfern um jeden Preis geben kann und darf.

Hier ist es mir wichtig, die Möglichkeiten und Grenzen des Rechts aufzuzeigen. Speziell möchte ich dies am Beispiel der sog. Mauer des Schweigens darlegen. Diese »Omertà« ist ein Charakteristikum, das alle terroristischen Gruppierungen als gemeinsamen Nenner haben: mit den Ermittlungsbehörden redet man nicht und Verrat ist der schlimmste Verstoß gegen die internen Regeln einer Bande. Mit diesem Schweigegebot soll natürlich die Strafaufklärung behindert und damit die Bestrafung von Mitgliedern der Gruppe vermieden werden. Durch das Schweigegebot wird aber auch verhindert, dass die historische Wahrheit, an der die Allgemeinheit und vor allem die Angehörigen von Tatopfern interessiert sind, an den Tag kommt. Deshalb will ich mich mit der Frage befassen, ob es Fälle gibt, in denen sich das Strafrecht zurückziehen sollte, um – etwa in Bezug auf den oder die direkten Täter des Mordes an Hanns-Martin Schleyer – die geschichtliche Wahrheit zu erfahren und so auch eine umfassende Aufarbeitung unserer Terrorismusgeschichte zu ermöglichen.

Im Laufe meiner Karriere musste ich mich immer wieder auch mit der Rolle der Medien auseinandersetzen. Die Frage, ob und inwieweit sich Justizbehörden im Sinne eines Konkurrenzkampfes an dem beteiligen sollten, was auf anwaltlicher Seite heutzutage als »Litigation-PR« – d. h. prozessbegleitende Medienarbeit – bezeichnet wird, hat mich stets beschäftigt. Darf sich die Justiz auf mediale »Stimmungsmache« einlassen? In diesem Zusammenhang werde ich auch die Macht der Medien, der sog. vierten Gewalt in unserem Land, thematisieren und im Hinblick auf unser System der Gewaltenteilung die Frage behandeln, wer denn eigentlich die Medien kontrolliert.

Vor allem im Zusammenhang mit der aktuellen Bedrohung durch den islamistischen Terrorismus muss diskutiert werden, ob sich die Strafjustiz auf ihre repressive Aufgabe beschränken muss, also erst dann tätig wird, wenn das »Kind in den Brunnen gefallen ist«, die Straftat also verübt ist. Die Alternative ist, dass sich die Justiz mit ihren Erkenntnissen verstärkt in die Präventionsarbeit der Polizei einbringt, um einen Terroranschlag nicht aufzuklären, sondern zu verhindern.

In Bezug auf das Thema »Verhinderung künftiger Terrortaten« plädiere ich dafür, dass unsere Gesellschaft und die Politik in unserem Land – anders als in der Vergangenheit (etwa in Bezug auf den Vietnamkrieg, den

18

Umgang mit Ausländern oder das gewachsene Umweltbewusstsein) – möglichst frühzeitig eine Antenne für potenzielle Problemfelder entwickeln sollte, durch die junge Leute wieder zu Terroristen werden könnten.

Mit allen meinen Ausführungen will ich aber vor allem aufzeigen, was wir aus unseren Erfahrungen mit dem vielschichtigen Terrorismus in den vergangenen knapp 50 Jahren lernen können, ja welche Lehren wir ziehen sollten, um mit künftigen terroristischen Angriffen, wenn wir sie schon nicht verhindern können, souverän und sachgerecht umzugehen. Zahlreiche Experten haben nämlich für die nahe Zukunft vor allem islamistische Anschläge prophezeit, deren tödliche Auswirkungen – man denke nur an das Zugattentat von Madrid am 11.3.2004 mit 191 Toten – an einem einzigen Tag ein Vielfaches von dem sein könnten, was die RAF in rund 28 Jahren mit insgesamt 63 Menschenopfern (darunter die Toten in den eigenen Reihen der RAF) verursacht hat. Das schreckliche Attentat von Islamisten auf das Satiremagazin »Charlie Hebdo«, bei dem am 7.1.2015 in Paris insgesamt zwölf Menschen ermordet wurden, oder der schlimme Terroranschlag, den mehrere Mitglieder des »Islamistischen Staates (IS)« am 13.11.2015 während des Fußballländerspiels Frankreich gegen Deutschland in der französischen Hauptstadt verübten und bei dem 133 Menschen zu Tode kamen und mehr als 350 zum Teil schwer verletzt wurden, deuten aktuell die Dimension terroristischer Anschläge an, die auch wir in unserem Land befürchten müssen. Dabei will ich auch darstellen, dass die gegenwärtig in Deutschland herrschende subjektive Angst in der Bevölkerung, Opfer von Verbrechen und insbesondere von Terroranschlägen zu werden, objektiv gesehen nicht in diesem Maß berechtigt ist.

Die 68er-Generation - der eine wird Terrorist, der andere Staatsdiener

Beginnen will ich mit dem Vorfeld des **Jahres 1968.**

Ich bin soeben am 3.1.1967 zur Bundeswehr eingezogen worden, um in Böblingen meinen Wehrdienst abzuleisten. Dort bin ich nach meiner Geburt im Jahr 1947 wohlbehütet aufgewachsen und habe im letzten Herbst ein mittelprächtiges Abitur gebaut. Schon in den ersten Wochen spüre ich, dass mich diese **Bundeswehrzeit,** vor der ich mich wie viele meiner Altersgenossen eigentlich drücken wollte, nachhaltig prägen wird. [2] Dies betrifft nicht nur den »Bettenbau«, den Drill bei der Formalausbildung und die anstrengenden Märsche ins Übungsgelände. Gewöhnungsbedürftig ist für mich vor allem, dass ich ohne Murren die Befehle einzelner Vorgesetzter befolgen muss, die uns Abiturienten – ohne dass wir hochnäsig sein wollen – geistig nicht gewachsen sind. Obwohl ich Teamgeist vom Sport her kenne, bin ich vor allem vom Zusammenhalt unserer Achtmannbude fasziniert. So ist einer von uns Hilfsschüler, übergewichtig, völlig unsport-lich und fällt beim Gehen durch seinen »Passgang« auf, gleichzeitig ist er ein überaus liebenswerter und hilfs-bereiter Mensch. Auf den Märschen übernehmen wir abwechselnd sein Gepäck, damit er durchhält, und üben mit ihm das normale Gehen, indem er von zweien in die

------

[2] Ähnlich prägend empfinde ich meine Tätigkeit als Taxifahrer in der Zeit zwischen Abitur und Wehrdienst und später während des Studiums, wo ich mit allen Schichten unserer Gesellschaft konfrontiert werde – vom reichen Betriebschef, der keinen Pfennig Trinkgeld zahlt, bis zur heruntergekommenen Prostituierten, die den Fahrpreis fast nicht zahlen kann, aber es sich nicht nehmen lässt, mir ein Trinkgeld zu geben.

20

Mitte genommen und durch an den Händen gehaltene Besenstiele gezwungen wird, die Arme nicht parallel zu den Beinen, sondern gegenläufig zu bewegen. Solche Beispiele beeindrucken mich zutiefst und zeigen mir, dass Rücksichtnahme und soziale Kompetenz ausgesprochen wichtig und durchaus erlernbar sind. Beim regelmäßig stattfindenden »NATO-Alarm«, bei dem wir mitten in der Nacht geweckt werden und uns bei völliger Dunkelheit komplett anziehen und dann mit Rucksack, Stahlhelm und Gewehr zum Appell antreten müssen, wird mir immer wieder klar, dass wir uns im sog. Kalten Krieg befinden. Niemand kann sich so recht vorstellen, dass dieser Spuk irgendwann ein Ende nehmen könnte.

Der »**Kalte Krieg**« findet seit 1947 statt, und zwar als Ost-West-Konflikt zwischen dem Kapitalismus einerseits und dem Kommunismus andererseits, ohne dass es dabei zwischen den Westmächten und dem Ostblock bislang zu einer unmittelbaren militärischen Auseinandersetzung gekommen wäre. Ein solcher Krieg lag aber mehrfach in der Luft, etwa während des Volksaufstands in der DDR am 17.6.1953, der Besetzung Ungarns durch sowjetische Truppen 1956, des Baus der Berliner Mauer am 13.8.1961 oder des Kubakonflikts 1962.

Natürlich höre ich während der Bundeswehrzeit auch von den zahlreichen Studentenunruhen in ganz Europa und speziell in Westberlin, wo manche meines Jahrgangs ihren Wohnsitz genommen haben, um der Bundeswehr zu entgehen.  Entsetzt bin ich über die Meldung, dass am 2.6.1967 erstmals in Deutschland bei einer Demonstration ein Student von der Polizei erschossen worden ist.

Insbesondere das Bild des sterbenden **Benno Ohnesorg** geht mir unter die Haut. Man kann ahnen, dass sein Tod und gerade dieses Bild zu einer Radikalisierung gewaltbereiter Studenten beiträgt.[3]

An diesem **2.6.1967** findet anlässlich des Besuchs des persischen Schahs Mohammad Reza Pahlavi eine Großdemonstration in Westberlin statt, bei der Pro- und Anti-Schah-Aktivisten aufeinandertreffen, an der vor allem auch viele Studenten beteiligt sind. Unter ihnen befindet sich der 26 Jahre alte Romanistik-Student Benno Ohnesorg, der als Pazifist gilt und an diesem Tag erstmals an einer Demonstration teilnimmt. Im Verlauf einer gewaltsamen Auseinandersetzung wird Ohnesorg von Kriminalobermeister Karl-Heinz Kurras[4] erschossen. Kurras wird zwar wegen fahrlässiger Tötung angeklagt, aber vom Gericht mit der Begründung freigesprochen, es sei nicht auszuschließen, dass er in »Putativnotwehr« reagiert, sich also eine Notwehrsituation eingebildet und deshalb schuldlos gehandelt habe.

Anfang April 1968 werde ich schon nach ca. 16 Monaten aus der Bundeswehr entlassen[5], so dass ich am **16.4.1968** an der Universität Tübingen mit dem Studium beginnen kann. Ich habe mich sehr kurzfristig für ein **Studium der Rechtswissenschaften** entschieden, nachdem ich eine Zeit lang dazu tendiert hatte, Lehrer für Mathematik und Sport

---

[3] Nicht zu ahnen ist hingegen, dass der Todestag Benno Ohnesorgs zu einem Startsignal für den RAF-Terrorismus wird und in die selbstgewählte Bezeichnung der Terrorgruppe »Bewegung 2. Juni« Eingang findet.

[4] Im Jahr 2009 wird bekannt, dass Kurras zum Zeitpunkt seines Schusses auf Benno Ohnesorg Inoffizieller Mitarbeiter des Ministeriums für Staatssicherheit der DDR war.

[5] Der Grund sind zwei Kurzschuljahre, mit denen 1966/1967 der Schulbeginn vom Frühjahr auf den ersten Tag nach den Sommerferien umgestellt wurde.

zu werden. Ein Schulfreund, der fast zwei Studiensemester hinter sich hatte, berichtete mir ganz begeistert vom Jurastudium, das bei weitem nicht so trocken sei, wie immer behauptet werde. Er meinte, man müsse in diesem Studienfach vor allem logisch denken können und ein Gefühl für Gerechtigkeit haben – beides hoffe ich zu besitzen. Am ersten Studientag komme ich dann voller Tatendrang und Ehrgeiz in Tübingen an, als mir meine früheren Schulkameraden klarmachen, dass man bei einem so schönen Wetter unbedingt zum Ausflugslokal nach Schwärzloch fahren müsse, um dort Mostbowle zu trinken – ein süffiges Getränk aus saurem Most und süßem Sprudel und mit ordentlichem Alkoholgehalt. Die Konsequenz ist, dass auch der zweite Studientag ins Wasser fällt. In Schwärzloch höre ich aber davon, dass man in der vergangenen Woche, nämlich am 12.4.1968, wegen der **Schüsse auf Rudi Dutschke** zu einer großen Demonstration mit Go-in beim Bechtle-Verlag in Oberesslingen gewesen sei, um die Auslieferung der Bild-Zeitung zu verhindern, was auch bis zum Morgen des 13.4.1968 gelungen sei.[6]

Am Nachmittag des 11.4.1968 wurden auf dem Kurfürstendamm in Berlin drei **Revolverschüsse auf Rudi Dutschke**, den Chefideologen des Sozialistischen Deutschen Studentenbundes (SDS) und Repräsentanten der **»Außerparlamentarischen Opposition (APO)«**, abgegeben, nachdem ihn der Täter[7] von seinem Fahrrad gestoßen hatte. Durch die Schüsse in den Kopf erlitt der

---

[6] Wegen dieser Vorfälle in Oberesslingen werden letztlich gegen vier Demonstranten wegen Nötigung Verwarnungen ausgesprochen bzw. kurze Bewährungsstrafen verhängt.

[7] Der Täter Josef Bachmann wird wegen versuchten Mordes zu einer Freiheitsstrafe von sieben Jahren verurteilt; in der Haft begeht er am 24.2.1970 Selbstmord.

28-jährige Dutschke schwere Gehirnverletzungen und überlebte eine mehrstündige Operation nur knapp. Noch am Abend der Tat und in den folgenden Tagen kam es bundesweit, insbesondere auch in Baden-Württemberg zu Kundgebungen und Ausschreitungen vor allem gegen den Springer-Verlag, der Dutschke als »Volksfeind Nr. 1« bezeichnet hatte und dem man deshalb mit Parolen wie »Bild hat mit geschossen« die geistige Urheberschaft an den Schüssen auf Dutschke anlastete.[8]

In diesen ersten Tagen meines Studiums bekomme ich hautnah mit, wie in Tübingen nicht nur wegen des Dutschke-Attentats demonstriert wird, sondern auch gegen die geplanten **Notstandsgesetze**.

Nach den negativen Erfahrungen mit gesetzlichen **Notstandsregelungen** während der Weimarer Republik hatten die Väter des Grundgesetzes bewusst davon abgesehen, solche Regelungen in das Grundgesetz aufzunehmen. Erste Versuche der Politik, der Exekutive zur Bekämpfung von Krisen stärkere Rechte zukommen zu lassen, waren 1955, 1960 und 1963 gescheitert, weil die für eine Grundgesetzänderung erforderliche Zweidrittel-Mehrheit im Parlament nicht erreicht wurde. Seit 1.12.1966 ist aber die Große Koalition von CDU und SPD an der Regierung und verfügt mit 185 von 200 Sitzen (49,5 % CDU plus 42,8 % SPD) über die Stimmenmehrheit, mit der das Grundgesetz geändert werden kann.

Ich hatte mich über den politischen Wechsel von der jahrzehntelangen CDU-dominierten zu einer eher linksgerichteten Regierung gefreut – speziell im Hinblick

---

[8] Rudi Dutschke ertrinkt am 24.12.1979 in seiner Badewanne infolge eines epileptischen Anfalls, wohl einer Spätfolge des Attentats vom 11.4.1968.

24

auf eine neue Ostpolitik, die mit dem Kniefall von Bundeskanzler Willy Brandt am 7.12.1970 in Warschau einen Höhepunkt findet. Umso mehr bin ich jetzt über manche politischen Entwicklungen enttäuscht, die im Hinblick auf die 2/3-Mehrheit meines Erachtens manche weniger erfreulichen Gesetze ermöglichen. Dazu gehören für mich die geplanten Notstandsgesetze, mit denen in Krisensituationen Grundrechte – etwa das Briefgeheimnis – eingeschränkt werden können. Dies wird zwar mit dem Bedürfnis erklärt, dass der Staat in Katastrophensituationen handlungsfähig bleiben müsse, um adäquat reagieren zu können. Die Studenten haben aber – meines Erachtens nicht zu Unrecht – den Eindruck, dass diese Notstandsregelungen auch dazu benutzt werden könnten, ihre Proteste unter dem Aspekt des inneren Notstands zu unterbinden. Alle Demonstrationen gegen die geplante gesetzliche Regelung nützen aber nichts. Zwar stimmen am 30.5.1968 insgesamt 54 SPD-Abgeordnete mit der FDP gegen diese Notstandsgesetze; sie werden dennoch mit absoluter Mehrheit verabschiedet und treten am 28.6.1968 in Kraft. Nicht zuletzt wegen dieser Notstandsgesetze, aber auch wegen der zahlenmäßig kaum noch wahrnehmbaren Opposition im Deutschen Bundestag (den 15 FDP-Abgeordneten steht die Große Koalition von 99 CDU- und 86 SPD-Abgeordneten gegenüber) bildet sich in studentischen Kreisen mehr und mehr die sog. APO, die sich als wahrer Gegner der Bonner Regierung versteht.

Es ist inzwischen Herbst 1968. Mein zweites Semester hat soeben begonnen. Ich bin vor wenigen Tagen von einer neunwöchigen, geradezu abenteuerlichen Türkeireise zurückgekehrt, die ich während der Bundeswehrzeit mit einem Freund vereinbart hatte und die uns mit unserem alten VW-Käfer über Jugoslawien und Griechenland bis an den Berg Ararat an der persischen Grenze geführt hatte. Über den amerikanischen Sender AFN haben wir regelmäßig von den Studentenunruhen in Europa gehört, aber auch vom Ende des **»Prager Frühlings«**, mit dem die Kommunistische Partei unter Alexander Dubcek über Monate hinweg eine Liberalisierung und Demokratisierung in der Tschechoslowakei durchsetzen wollte. Diese Bemühungen haben am 21.8.1968 – als wir gerade durch das angrenzende Jugoslawien heimwärts fuhren – ein jähes Ende gefunden, weil Truppen des Warschauer Paktes unter Führung der Sowjetunion in die Tschechoslowakei einmarschierten.

Vor einer Woche habe ich in der Bursagasse im Tübinger Zentrum eine neue Bude bezogen, nachdem mir mein bisheriger Vermieter gekündigt hatte, weil meine Freundin (und spätere Ehefrau) ab und an bei mir übernachtet hatte. Hintergrund ist § 180 Strafgesetzbuch (StGB), wonach grundsätzlich »wegen Kuppelei mit Gefängnis nicht unter einem Monat bestraft« wird, wer »gewohnheitsmäßig« (möglicherweise also sogar die eigenen Eltern) oder aus »Eigennutz« (dazu zählt auch das Vermieten einer Wohnung) »durch Gewährung oder Verschaffung von Gelegenheit der Unzucht Vorschub leistet«, wobei unter Unzucht jeder voreheliche Geschlechtsverkehr verstanden wird. Meine neuen Wirtsleute stört dies wenig – sie wollen nicht wissen, was in meinem Zimmer passiert.

Da ich jetzt mitten in Tübingen wohne, nehme ich deutlich stärker am Leben in der Stadt teil, das durch den ausgesprochen hohen Anteil an Studenten dominiert wird; ich genieße das sehr. Dazu gehört, dass ich regelmäßig von meiner Bude zum keine 100 Meter entfernten Neckar hinabsteige und auf der Mauer neben dem Hölderlinturm sitzend das Treiben auf dem Fluss, vor allem das Fahren der Stocherkähne beobachte. Zum Leben in Tübingen gehört auch, dass ich miterlebe, wie sich alle paar Tage Protestzüge von der Aula zum Rathaus bewegen. Gegenstand des Protestes ist vor allem der **Vietnamkrieg**, den die meisten Studenten – nicht zuletzt wegen des Einsatzes von Napalm-Bomben, die schwere Verbrennungen verursachen, und des hochgiftigen Entlaubungsmittels »agent orange« – für ungerecht und gleichzeitig für nicht gewinnbar ansehen. Insbesondere das Bild von Kindern, die schreiend vor Soldaten und Bombenwolken weg-rennen, schürt unsere Emotionen gegen diesen Krieg. Bei den Demonstrationszügen, die ich zunächst als Außenstehender be-obachte, dann aber selbst mitmarschiere,

werden rote Fahnen als Zeichen des Widerstands mitgeführt. Mit dem Ruf »Ho, Ho, Ho Chi Minh« wird permanent der Name des vietnamesischen Revolutionärs skandiert, der für die Befreiung Vietnams von der kolonialen Herrschaft kämpfte und deshalb für viele Studenten als Symbolfigur und als revolutionäres Vorbild gilt.

Neben dem Vietnam-Krieg und dem Umgang mit Demonstranten sind für die 1968-Generation der Konflikt mit den eigenen Eltern über das Dritte Reich, die Auseinandersetzung mit überkommenen Gewohnheiten und das Infragestellen von Traditionen ganz dominierende Themen. Alte Zöpfe sollen abgeschnitten und alles Spießige soll bekämpft werden. Am treffendsten kommt in meinen Augen dieser gesamte Protest der sog. studentischen Revolte in einem Transparent zum Ausdruck, das erstmals am 9.11.1967 an der Universität Hamburg gezeigt wurde: »Unter den Talaren – Muff von 1000 Jahren«.

Damit wird vor allem auf die NS-Zeit und das damals propagandistisch so bezeichnete »1000-jährige Reich« und auf die mangelhafte Aufarbeitung des Dritten Reiches angespielt, insbesondere in Bezug auf die Verbrechen im Rahmen des Holocausts. In der Tat war die Nachkriegszeit in der deutschen Bevölkerung zunächst durch eine sog. Schlussstrichmentalität geprägt, mit der man die Vergangenheit hinter sich lassen und nach Möglichkeit vergessen machen wollte. Auch die Justiz tat sich anfangs mit der Verfolgung von Straftaten schwer, die während des NS-Regimes begangen und damals nicht verfolgt wurden. Dazu gehörten etwa: die Vergasung von Juden in Auschwitz, Mordanschläge auf politische Gegner wie die Erschießung von Matthias Erzberger am 26.8.1921[9] oder massenhafte Hinrichtungen durch sog. Einsatzgruppen an der Ostfront während des Zweiten Weltkriegs[10]. Für mich ist der Frankfurter Generalstaatsanwalt Fritz Bauer ein großes Vorbild, weil er durch seine Hartnäckigkeit die sog. Auschwitz-Prozesse[11] herbeigeführt und ganz wesentlich zur Verhaftung des Massenmörders Adolf Eichmann[12]

---

[9] Matthias Erzberger war einer der führenden demokratischen Politiker der Weimarer Republik und bei den Nationalisten im Rahmen der sog. Dolchstoßlegende verhasst, weil er für Deutschland das Waffenstillstandsabkommen vom 11.11.1918 unterschrieb, das den Ersten Weltkrieg beendete und dem Deutschen Reich zahlreiche Lasten aufbürdete. Seine beiden Mörder wurden zwar nach dem Krieg verhaftet und verurteilt, aber bereits 1952 per Gnadenakt auf Bewährung entlassen.

[10] Der sog. Einsatzgruppenprozess vor dem Ulmer Schwurgericht fand im Jahr 1956 statt und endete mit Verurteilungen zu Freiheitsstrafen zwischen drei und 15 Jahren.

[11] Insgesamt ging es in sechs Prozessen um das Konzentrationslager Ausschwitz, wo ca. 1,1 Millionen Häftlinge vor allem jüdischer Abstammung ermordet wurden. Im ersten Prozess wurden 1964 sechs Angeklagte zu einer lebenslangen, die übrigen zu zeitigen Freiheitsstrafen verurteilt; drei Angeklagte wurden aus Mangel an Beweisen freigesprochen.

[12] Adolf Eichmann war im Dritten Reich vor allem für die Deportation von Juden und damit für die Ermordung von ca. sechs Millionen Menschen verantwortlich. Er wurde 1960 in Argentinien, wo er unter falscher Identität lebte, entdeckt und von israelischen Agenten nach Israel entführt, wo er 1962 zum Tode verurteilt und hingerichtet wurde.

beigetragen hat. Natürlich bin ich – gerade als Jurastudent – erfreut, dass es der bundesdeutschen Justiz dank der 1958 gegründeten »Zentralen Stelle der Landesjustizverwaltungen zur Aufklärung von NS-Verbrechen« in Ludwigsburg mehr und mehr gelingt, NS-Täter auf der ganzen Welt dingfest zu machen und sie einer Verurteilung zuzuführen. Enorm stört mich aber die sog. **Beihilfe-Rechtsprechung** unserer höchsten Strafgerichte, nach der selbst Angeklagte, die eigenhändig gemordet hatten, nicht wegen Täterschaft, sondern lediglich wegen Beihilfe – und damit im Strafmaß deutlich geringer – verurteilt werden, weil sie nur als »Werkzeuge des Führers« bzw. als Ausführende von Befehlen der NS-Haupttäter um Adolf Hitler eingestuft werden, nicht aber als Mörder mit eigenständigem Täterwillen.

Die Frage, ob jemand **(Mit-)Täter oder nur Gehilfe** einer Straftat ist, wirkt sich vor allem beim Strafmaß aus, weil die Strafe bei Beihilfe zu mildern ist; so liegt der Strafrahmen für Beihilfe zum Mord zwischen drei Jahren und lebenslanger Freiheitsstrafe, während der (Mit-)Täter eines Mordes immer mit »Lebenslang« zu bestrafen ist. Bei der Abgrenzung zwischen Beihilfe und Täterschaft unterschied das **Reichsgericht** nach dem Willen des Tatbeteiligten, also danach, ob jemand die Tat als eigene wollte (dann war er Täter) oder die Tat für einen anderen begehen wollte (dann war er Gehilfe).

Diese Rechtsprechung wurde vom **Bundesgerichtshof** zunächst weitergeführt. Erst in den 1990er-Jahren ändert der Bundesgerichtshof diese Rechtsprechung. Seither hängt die Entscheidung, ob ein Straftäter als (Mit-)Täter oder als Gehilfe einzustufen ist, davon ab, ob sich sein Verhalten nach Bewertung aller Umstände

– insbesondere seines Tatinteresses und seiner Tatherrschaft –

> als bloße Förderung fremden Tuns (dann Beihilfe) oder
> als Teil der Tätigkeit aller Tatbeteiligten darstellt (dann
> Mit-/Täterschaft). Der eigenhändig handelnde Tat-
> beteiligte ist deshalb in jedem Fall nicht mehr bloßer
> Gehilfe, sondern immer Täter.

Mit dem »Muff unter den Talaren« sind – aus meiner Sicht völlig zu Recht – auch die verkrusteten und von uns als elitär empfundenen Strukturen an unseren Hochschulen gemeint, weshalb bei den Demonstrationen in Tübingen vor allem ein verstärktes Mitspracherecht der Studenten, insbesondere des »Allgemeinen Studierendenausschusses (AStA)« gefordert wird. Mein Eindruck ist, dass sich unter den Studenten das Motto »Kein Respekt vor niemand« breitmacht, was auch bei der sog. antiautoritären Erziehung zu spüren ist, die ab Anfang der 1970er-Jahre mehr und mehr propagiert wird. Für mich ist geradezu faszinierend und gleichzeitig beschämend, wie entwaffnend einer unserer Hochschullehrer auf diese überall zu spürende Respektlosigkeit reagiert. Zu Beginn des neuen Semesters begrüßt er uns mit den Worten: »Falls es Ihnen wichtig ist, können Sie auch Günter zu mir sagen!«

Aber auch das Recht und die Justiz werden – ich erlebe dies als Jurastudent hautnah mit – in Frage gestellt. So wird im Zivilrecht lange darüber diskutiert, im Scheidungsrecht das traditionelle Verschuldensprinzip abzuschaffen, wonach eine Ehe nur geschieden werden kann, wenn der Bruch der Ehe von einem oder beiden Partnern – etwa durch einen Seitensprung – verschuldet wurde. Im Jahr 1973 wird diese Systematik durch einen Auftrag an den Gesetzgeber aufgeweicht und 1977 durch das neue Zerrüttungsprinzip ersetzt, wonach eine Ehe geschieden werden kann, wenn sie ersichtlich gescheitert ist, was bei einer Trennung von mindestens einem Jahr unterstellt wird. Die gleichzeitige Änderung des Namensrechts, wonach die Ehepartner wählen können, ob sie den Nachnamen des Mannes oder der Frau übernehmen, stellt gleichfalls eine solche Änderung althergebrachter Traditionen und gleichzeitig natürlich einen deutlichen Schritt im Rahmen der Emanzipation der Frauen dar.

Meines Erachtens noch größere Veränderungen erlebt aber das Strafrecht. Am meisten beeindruckt mich, dass es unter den Tübinger Studenten sogar Leute gibt, die – wie mein Zimmernachbar, ein Soziologiestudent – ernsthaft die Abschaffung des Strafrechts fordern, und zwar mit der Begründung, die Täter würden ohne ihr Verschulden durch unsere Gesellschaft zu Kriminellen gemacht, seien also für ihr strafbares Tun nicht verantwortlich und dürften deshalb auch nicht bestraft werden. So wenig ich für diese Argumentation Verständnis habe, so sehr gefällt mir, dass man sich verstärkt um die Resozialisierung der Straftäter bemüht. Gut finde ich auch die Position eines Strafrechtsprofessors, der mit Nachdruck die Abschaffung des Moralstrafrechts fordert. Dementsprechend werden ab 1969 die sog. Sittlichkeitsgesetze abgeschafft, z.B. der Kuppeleiparagraph sowie die Strafbarkeit des Ehebruchs und der einfachen Homosexualität zwischen erwachsenen Männern.

Besonders spannend finde ich die Diskussion über Straftaten im Zusammenhang mit dem Beginn und dem Ende des Lebens, die in der Bundesrepublik nach den schrecklichen Euthanasie-Morden während des Dritten Reiches[13] natürlich vorbelastet ist. Deshalb wundert es mich nicht, dass etwa die Strafbarkeit des

---

[13] Im Rahmen der geheimen »Aktion T 4« wurden aufgrund eines Geheimerlasses von Adolf Hitler in der Zeit von Januar 1940 bis 24.8.1941 in vier Vernichtungslagern insgesamt 70.273 behinderte Menschen durch Gas getötet und anschließend verbrannt.

Schwangerschaftsabbruchs einem permanenten Wechsel zwischen verschiedenen Varianten der Indikations- oder Fristenlösung unterworfen ist und auch die **Sterbehilfe** ein überaus umstrittenes Thema bleibt.[14]

Am allermeisten beeindruckt mich aber, wie versucht wird, unseren Strafprozess und damit die gesamte Justiz in Frage zu stellen, ja teilweise geradezu lächerlich zu machen. Als symbolhaft empfinde ich einen Ausspruch von **Fritz Teufel**, dem Mitglied der berühmt-berüchtigten Kommune I in Berlin, dem in einem Strafprozess vorgeworfen wird, bei der bereits erwähnten Demonstration am 2.6.1967 einen Stein geworfen zu haben. Als der Angeklagte Teufel[15] beim Eintreten des Gerichts in den Sitzungssaal aufgefordert wird, sich zu erheben, kommt von ihm die Antwort, die bei uns Jurastudenten inzwischen zum permanent benutzten Spruch geworden ist: **»Wenn´s der Wahrheitsfindung dient«**. Diese Formulierung von Fritz Teufel empfinde ich nicht nur als spaßigen Gag, sondern auch als grundsätzliches Signal, dass sich die Justiz hinsichtlich ihrer teilweise altmodisch wirkenden Traditionen hinterfragen lassen muss und aufgerufen ist, sich selbst zu hinterfragen.

Nicht mehr für einen hintergründigen Spaß halte ich hingegen den Auftritt der vier Angeklagten, die sich vor

---

[14] Erst Ende des Jahres 2015 trifft der Gesetzgeber in Bezug auf die Strafbarkeit der Sterbehilfe eine Regelung, indem er gewerbliche Sterbehilfe unter Strafe stellt.

[15] Von diesem Vorwurf wurde Fritz Teufel am 21.12.1967 freigesprochen. 1975 wird er erneut angeklagt, und zwar wegen des Verdachts, als Mitglied der »Bewegung 2. Juni« am 27.2.1975 an der Entführung des CDU-Politikers Peter Lorenz (siehe S. 69) beteiligt gewesen zu sein; nach fünfjähriger Haft legt er völlig überraschend ein Alibi vor, das dazu führt, dass er zwar wegen Mitgliedschaft in der terroristischen Vereinigung verurteilt, vom Vorwurf der Beteiligung an der Lorenz-Entführung aber freigesprochen wird.

dem Landgericht Frankfurt/Main wegen zweier Brandanschläge vom 2.4.1968[16] verantworten müssen – unter ihnen **Gudrun Ensslin und Andreas Baader**. Ein Bild, das Zigarre rauchende Angeklagte zeigt, belegt für mich, dass mit der Justiz eine staatliche Einrichtung vorgeführt und lächerlich gemacht werden soll.

In meinen Augen wird schnell klar, dass die Politik unsere studentischen Proteste zwar interessiert zur Kenntnis nimmt, aber keine Reaktionen zeigt. Deshalb wundert es mich nicht, dass in Westberlin, aber auch in unserem beschaulichen Tübingen darüber diskutiert wird, es nicht bei friedlichen Protesten bewenden zu lassen, sondern zu **Gewaltmaßnahmen** überzugehen. Interessant ist für mich, wie bei diesen Diskussionen im Sinne einer sich steigernden Eskalation zwischen »**Gewalt gegen Sachen**« (z.B. Einschlagen von Schaufensterscheiben) und »**Gewalt gegen Personen**« (z.B. Werfen von Steinen auf Polizeibeamte) differenziert wird. Für mich wie für nahezu alle Studenten kommen solche Gewaltakte als Mittel unseres Protests nicht in Betracht, weil Unrecht nicht mit Unrecht bekämpft werden darf und weil Gewalt gegen Sachen oder Personen Straftaten darstellen, die auch nicht durch unsere berechtigten Anliegen gerechtfertigt sind. Anders formuliert: das Gewaltmonopol des Staates darf nicht in Frage gestellt werden. Ab und zu frage ich mich in diesem Zusammenhang, ob sich bei solchen Entscheidungen

---

[16] Die vier Angeklagten werden am 31.10.1968 zu Zuchthausstrafen von jeweils drei Jahren verurteilt.

33

bereits mein Studium der Rechtswissenschaften bemerkbar macht.

So sehr ich gegen Gewalt bin, so sehr bin ich für jede
Form des legalen Protestes bei berechtigten Anliegen.
Dementsprechend unterzeichne ich eines Tages auch eine
Unterschriftenliste gegen den Vietnamkrieg. Überrascht
bin ich, als diese Liste am nächsten Tag in einer Zeitung
veröffentlicht wird und mich ein Professor darauf
anspricht, ob ich denn meine berufliche Karriere mit einer
solchen Aktion zerstören wolle, eine Tätigkeit beim Staat
jedenfalls könne ich mir im Hinblick auf den
»Radikalenerlass« wohl abschminken.

> Seit den 1950er-Jahren werden aufgrund eines Erlasses
> von Bundeskanzler Konrad Adenauer Bewerber für den
> öffentlichen Dienst abgelehnt, wenn Zweifel an ihrem
> Bekenntnis zur freiheitlich-demokratischen Grund-
> ordnung bestehen. Dies verschärft sich im Laufe der
> Jahre wegen der Konfrontation mit der sog. 68er-
> Generation und führt mehr und mehr zu einem
> »Berufsverbot für Andersdenkende«. Besonderes
> Augenmerk gilt dabei dem SDS um Rudi Dutschke,
> insbesondere seit dieser »den Marsch durch die
> Institutionen« propagiert. Wohl aus diesem Grund ist
> immer wieder eine Verschärfung des Adenauer-
> Erlasses im Gespräch. Die Große Koalition von SPD und
> CDU/CSU und die Regierungschefs der Bundesländer
> beschließen deshalb am 27.1.1972 »Grundsätze zur
> Frage verfassungsfeindlicher Kräfte im öffentlichen
> Dienst« (auch »Radikalenerlass« genannt), womit
> Bewerbungen für den öffentlichen Dienst auch in
> Zweifelsfällen abgelehnt werden können.[17]

Mir ist der sicher gut gemeinte Hinweis des Professors auf
den Radikalenerlass und eine eventuelle Bewerbung für

---

[17] Der Radikalenerlass wird 1976 von der Regierungskoalition von SPD
und FDP wieder aufgehoben.

den öffentlichen Dienst ziemlich gleichgültig – mein Berufsziel ist allein die Tätigkeit als Rechtsanwalt. Noch ist es aber nicht so weit. Zunächst muss ich erst einmal die beiden juristischen Staatsexamina bestehen.

Der schriftliche Teil der ersten Prüfung, die den Abschluss des Universitätsstudiums bildet, beginnt am 26.8.1972, also just am ersten Tag der **XX. Olympischen Spiele in München**. Die Eröffnungsfeier, die von allen als außergewöhnlich fröhlich, heiter und völkerverbindend empfunden wird, kann ich deshalb nur in aufgezeichneten Ausschnitten sehen. Diese Fröhlichkeit findet aber bald ein abruptes Ende:

Am 5.9.1972 kommt es zu einem **Attentat auf die israelische Olympiamannschaft**, als acht schwer bewaffnete Mitglieder der palästinensischen Terrorgruppe »Schwarzer September« in das olympische Dorf eindringen, um israelische Geiseln zu nehmen. Bei dem Angriff töten sie zwei Israelis und nehmen 11 weitere gefangen. Die maskierten Täter verlangen die Freilassung von insgesamt 232 Genossen aus israelischen Gefängnissen, aber auch die Entlassung von Ulrike Meinhof und Andreas Baader aus deutscher Haft[18]. Als die deutschen Behörden noch am selben Tag auf dem Flughafengelände Fürstenfeldbruck versuchen, die Geiseln aus einem Hubschrauber zu befreien, misslingt dies: alle Geiseln, fünf der Attentäter und ein deutscher Polizist sterben. Die Spiele werden deshalb für einen Tag unterbrochen und dann entsprechend der Devise »The games must go on!« fortgesetzt.

---

[18] Ulrike Meinhof ist beteiligt, als Andreas Baader am 14.5.1970 – dem Tag, der später als die Geburtsstunde der RAF gilt – in Berlin gewaltsam aus der Haft befreit wird. Zusammen mit Baader taucht sie unter. Beide werden im Sommer 1972 verhaftet, als in der Zeit zwischen 1.6. und 9.7.1972 insgesamt acht per Haftbefehl gesuchte Mitglieder der sog. Baader-Meinhof-Bande – unter ihnen auch Gudrun Ensslin, Holger Meins, Jan-Carl Raspe und Irmgard Möller – festgenommen werden.

Wegen des Desasters von Fürstenfeldbruck wird bereits am 26.9.1972 beim Bundesgrenzschutz eine Antiterroreinheit gebildet, die sog. **Grenzschutzgruppe 9** (kurz GSG 9), die künftig in vergleichbaren Fällen zum Einsatz kommen soll.

Meine Befindlichkeit ist nach den acht Examensklausuren nicht die beste, weil ich nach Gesprächen mit Freunden den Eindruck habe, die eine oder andere Aufgabe nicht besonders gut gelöst zu haben. Umso erfreulicher ist es, als mir der Postbote Anfang November 1972 in unserer Wohnung – wir sind seit wenigen Wochen verheiratet – den mit Spannung erwarteten Brief mit dem Ergebnis der schriftlichen Prüfung übergibt: die Note liegt über dem Schnitt und führt nach der mündlichen Prüfung am 27.11.1972 zu einem Prädikatsexamen, mit dem ich zufrieden bin und das auch eine für den angestrebten Anwaltsberuf nützliche Promotion ermöglichen würde.

Bereits am 14.12.1972 erhalte ich eine Urkunde, mit der ich »unter Berufung in das Beamtenverhältnis auf Widerruf zum Gerichtsreferendar« ernannt werde. Zum ersten Mal verdiene ich nach all meinen Ferienjobs ein festes Gehalt. Die **Referendarzeit** mit ihren unterschiedlichen Stationen macht mir Freude, weil ich endlich das ins Praktische umsetzen kann, was ich während des Studiums an Theorie eingetrichtert bekommen habe. Vor allem die Tätigkeit bei Gericht, wo ich erstmals Vernehmungen selbst durchführe und als Staatsanwalt auftrete, und die Station beim Rechtsanwalt gefallen mir sehr, wobei ich langsam spüre, dass die ursprünglich angedachte Anwaltstätigkeit vielleicht doch nicht das Richtige ist. Ich merke mehr und mehr, dass es mir schwerfällt, als »Leih-Maul« (wie manche die Anwaltstätigkeit bösartig bezeichnen) die Interessen von Mandanten entgegen meiner eigenen Meinung zu vertreten. Dementsprechend kann ich mir verstärkt vorstellen, als unabhängiger Richter nach meiner persönlichen Überzeugung zu entscheiden. Ein Schlüsselerlebnis ist in diesem Zusammenhang ein Strafverfahren gegen meinen eigenen Vater, der wegen Unfallflucht angeklagt ist, weil er beim Ausparken ein anderes Fahrzeug gestreift habe und weggefahren sei. Entsprechend seiner Bitte verteidige ich ihn während meiner Anwaltsstation. Im Prozess wird aufgrund mehrerer Zeugenaussagen für mich relativ schnell klar, dass die Einlassung meines Vaters, er habe den Unfall nicht bemerkt, kaum haltbar ist. Dies ist für mich eine schreckliche Zwickmühle – einerseits der Darstellung des eigenen Vaters glauben zu wollen, andererseits ein der Beweisaufnahme angemessenes, ihn gleichwohl schützendes Plädoyer zu halten. Ich entscheide mich spontan für eine Hilfskonstruktion: Ich plädiere auf Freispruch, weil die Darstellung meines Vaters trotz der entgegenstehenden Zeugenaussagen nicht völlig unglaubwürdig sei; hilfsweise beantrage ich eine möglichst geringe Strafe, insbesondere aber, auf die bei einer Unfallflucht grundsätzlich übliche Entziehung der Fahrerlaubnis zu verzichten, da mein Vater als Handelsvertreter auf seinen Führerschein angewiesen sei. Diesem Hilfsantrag entspricht das Gericht exakt, weshalb wir beide das Amtsgerichtsgebäude erleichtert verlassen. Beim anschließenden Mittagessen beschleicht mich aber permanent der Gedanke, mein Vater habe – auch mir gegenüber – bewusst die Unwahrheit gesagt oder die Wahrheit verdrängt. Jedenfalls habe ich den Eindruck, dass genau in dieser Situation die Würfel gefallen sind, weil ich aufgrund des Prozesses jetzt absolut sicher bin, dass ich nicht Rechtsanwalt, sondern Richter werden möchte, wenn dies meine Noten beim zweiten juristischen Examen zulassen sollten.

Und Gott sei Dank: mein Ergebnis beim Assessor-Examen liegt bereits nach dem Schriftlichen über der Punktzahl, die für die Aufnahme in den öffentlichen Dienst gefordert wird. Schon vor dem Mündlichen erhalte ich deshalb einen Termin im Justizministerium, wo mir der Personalreferent für den württembergischen Landesteil, Ministerialrat G.[19], eine Tätigkeit bei der Ordentlichen Gerichtsbarkeit (d. h. bei den Zivil- und Strafgerichten bzw. den Staatsanwaltschaften) in Aussicht stellt. Schon einen Tag nach der mündlichen Prüfung am 22.7.1975 klingelt das Telefon. Am Apparat ist Ministerialrat G., der mich fragt, ob ich kurzfristig eine eilbedürftige Aufgabe übernehmen könne. Von den beiden Haftrichtern des Amtsgerichts Stuttgart, die direkt im Stammheimer Gefängnis tätig seien, gehe einer Mitte August in Urlaub und für dessen Abwesenheit benötige er dringend eine Vertretung. Herr G. hat zwar Verständnis, dass ich eigentlich gerne ein paar Wochen Urlaub machen möchte. Er bietet mir aber für den Fall, dass ich die Aufgabe in Stammheim übernehme, an, dass ich meinem Wunsch entsprechend das allerletzte mit einem Assessor besetzte Zivilreferat beim Amtsgericht Stuttgart bekomme, sobald die Vertretungszeit als Haftrichter vorbei ist. Spontan sage ich zu und erhalte kurz darauf die Urkunde, mit der ich »unter Berufung in das Richterverhältnis auf Probe zum Richter« ernannt werde und die von Ministerialdirektor Kurt Rebmann, dem Amtschef des Justizministeriums, unterzeichnet ist.

---

[19] Bei allen namentlich erwähnten Personen verzichte ich (anders als im Namens- und Stichwortverzeichnis) auf die Nennung eines akademischen Titels. Eine eigene Promotion halte ich für die Tätigkeit im Öffentlichen Dienst nicht mehr für erforderlich, zumal ich keine Führungsposition in der Justiz im Auge habe.

Natürlich freue ich mich. Mein neuer Traum, Richter zu werden, scheint Wirklichkeit zu werden. In diesem Moment, in dem ich in den Justizdienst eintrete, wird mir aber bewusst, dass bei der Diskussion, die wir während der Studienzeit in Tübingen über die Anwendung von Gewalt geführt haben, nicht nur bei mir eine ganz entscheidende Weiche gestellt worden ist. Während ich mich – wie die meisten anderen – damals für Gewaltfreiheit entschieden habe, sind Gudrun Ensslin, Andreas Baader und ihre Genossen zunächst zu »Gewalt gegen Sachen« übergegangen, indem sie am 2.4.1968 nach dem Motto, in Deutschland soll es brennen wie in Vietnam, Brandanschläge auf zwei Kaufhäuser in Frankfurt/Main verübten, und im Mai 1972 sogar zu »Gewalt gegen Personen«, als die RAF innerhalb von knapp zwei Wochen sechs Sprengstoffanschläge beging, bei denen insgesamt vier Personen getötet und zahlreiche schwer verletzt wurden. Diese Weichenstellung während der 1968er-Revolte formuliere ich für mich in dieser Situation ganz plastisch:

Der eine wird Terrorist, der andere Staatsdiener!

Haftrichter in Stammheim

Am 18.8.1975 trete ich meinen Dienst beim Amtsgericht in Stuttgart an. Nach einer kurzen Begrüßung durch den Präsidenten des Gerichts, der mir vor allem eine unverzügliche Erledigung meiner Fälle ans Herz legt, fahre ich nach Stammheim, wo ich die nächsten zwei Wochen die Urlaubsvertretung eines Haftrichters übernehmen soll und  wo ich jetzt erstmals das riesige **Gebäude der Haftanstalt** und das daneben neu errichtete sogenannte **Mehrzweckgebäude** sehe. Ich bin zutiefst beeindruckt, ja fast erschlagen von diesem monumentalen Gebäudekomplex am Stadtrand Stuttgarts. Dort oben im 7. Stock des Gefängnisses sind – wie ich gelesen habe – die RAF-Häftlinge untergebracht und im Mehrzweckgebäude findet seit 21.5.1975 der große »Baader-Meinhof-Prozess« gegen die Anführer der ersten Generation der RAF statt.

Eindrucksvoll ist auch das Prozedere an Kontrollen, bis ich meinen Arbeitsplatz im Inneren des Gefängnisses erreiche. So wird mir gleich zu Beginn ein riesiger Schlüsselbund überreicht, der mir erlaubt, mich eigenständig durch die ganzen Korridore mit zahllosen Gittertüren zu bewegen. Natürlich muss ich sofort eine spezielle Versicherung für den Fall unterzeichnen, dass ich diesen Schlüsselbund verliere, weil dann sämtliche Türschlösser ausgetauscht werden müssten. Ausgesprochen herzlich ist dann die Begrüßung in dem Gebäudeteil, der für die acht Mitarbeiter der Justiz bestimmt ist, nämlich für den Haftstaatsanwalt der Staatsanwaltschaft Stuttgart, der darüber zu befinden hat, in welchen Fällen er Haftbefehl beantragt, und die beiden Haftrichter des Amtsgerichts Stuttgart, die über seine Haftanträge zu entscheiden haben; dazu gehören auch die sog. Servicekräfte der Justiz, die als Urkundsbeamte für die gesamte Geschäftsstellentätigkeit oder als Schreibkräfte vor allem für die Erledigung von Diktaten zuständig sind. Mir gegenüber sitzt Frau Scherrenbacher, die schon Generationen von Haftrichtern als Schreibkraft betreut und deshalb unendlich viel Erfahrung in diesem Geschäft hat. Dafür bin ich überaus dankbar, denn natürlich habe ich während des Studiums und als Referendar von der Existenz und der Aufgabe des Haftrichters gehört – etwas völlig anderes ist es jedoch, diese Funktion plötzlich selbst auszuüben. Es ist deshalb ausgesprochen hilfreich, als mir Frau Scherrenbacher schon bei den ersten Haft-vorführungen signalisiert, dass meine Vorgänger in solchen Fällen so und so entschieden hatten. Ich spüre bereits in diesen ersten Tagen, wie wichtig der geradezu despektierlich so bezeichnete »Unterbau« der Justiz ist – von der Putzfrau, über den Wachtmeister, die Justiz-angestellte als Schreibkraft, die Urkundsbeamten des mittleren Dienstes bis zu den Rechtspflegern der gehobenen Beamtenlaufbahn – und wie sehr ich auf die Unterstützung all dieser Menschen und eine gute Zusammenarbeit angewiesen bin.

Zwischen meinem Haftrichterkollegen und mir ist die Zuständigkeit so aufgeteilt, dass ich für die erste Hälfte des Alphabets – also für Beschuldigte, deren Nachnamen mit A bis K anfängt – zuständig bin und er für die übrigen Beschuldigten.

Interessant ist, dass bei meiner Zuständigkeit der Buchstabe **»C«** ausgenommen ist, was zunächst unverständlich erscheint, was mir aber alsbald erklärt wird:

```
„Richter  P f l i e g e r  übernimmt
a) vom 18. - 31. August 1975
          das Haftrichterreferat B 9 mit
          Ausnahme des Buchstabens C und
          mit Ausnahme der Haftspruchsachen.

                Amtsraum: Zi. 119, Vollzugsanstalt Stgt
                          in S-Stammheim.
```

Seit 23.6.1975 befindet sich nämlich **Rechtsanwalt Klaus Croissant**[20], der frühere, inzwischen aber vom Verfahren ausgeschlossene Verteidiger von Andreas Baader, in Haft. Ihm wird vorgeworfen, die RAF durch ein sog. **Info-System** unterstützt zu haben. Der Häftling Croissant beschäftigt meinen Haftrichterkollegen nahezu alleine. Erst später wird mir bewusst, dass mein beruflicher Werdegang zumindest teilweise einen ganz anderen Verlauf genommen hätte, wenn ich als Haftrichter für den Häftling Croissant zuständig gewesen wäre.[21]

---

[20] Croissant ist für mich vor allem aufgrund einer Filmsequenz ein Begriff, die ihn im Fernsehen zeigte, wie er am 9.11.1974 während einer RAF-Solidaritätsveranstaltung in Stuttgart am Mikrofon stehend vom Hungertod des RAF-Angehörigen Holger Meins erfährt, dies den Zuhörern mitteilt und schließlich laut »Mörder« schreit. Croissant sagt nicht, dass Andreas Baader vor diesem Hungerstreik in einem Kassiber Folgendes geschrieben hatte: »ich denke, wir werden den hungerstreik diesmal nicht abbrechen. das heißt, es werden typen dabei kaputtgehen.«

[21] Ich hätte dann nicht als Anklagevertreter im Croissant-Prozess auftreten können (vgl. S. 58 ff.).

Obwohl meine juristische Liebe dem Zivilrecht gilt, bin ich überrascht, wie sehr mich die Tätigkeit als Haftrichter interessiert, weil mir jeden Tag die unterschiedlichsten Beschuldigten vorgeführt werden – von dem schmuddeligen kleinen Rauschgiftdealer (der selbst Betäubungsmittel konsumiert und unter extremen Entzugserscheinungen leidet), über den Prokuristen im Anzug (der im Verdacht steht, Millionenbeträge veruntreut zu haben), bis zum Mordverdächtigen (der vor wenigen Stunden seine Ehefrau erschlagen haben soll). Meine Aufgabe besteht darin, diese Beschuldigten anzuhören und zu entscheiden, ob ein dringender Tatverdacht sowie ein Haftgrund vorliegen, also ob der gegen sie beantragte Haftbefehl zu erlassen und in Vollzug zu setzen ist. Diese Situation ist natürlich für alle Beschuldigten völlig stressig, weil sie in der Regel erst kurz vorher von der Polizei festgenommen wurden und inzwischen zahlreichen Maßnahmen (Vernehmungen, erkennungsdienstliche Behandlung, Transport ins Gefängnis etc.) unterworfen waren. Um diese Stresssituation etwas abzumildern, begrüße ich jeden beim Betreten meines Dienstzimmers per Handschlag, was mir beim Gedanken an die erhobenen Vorwürfe nicht immer leichtfällt. Ich habe aber den Eindruck, dass dieser Gruß dazu beiträgt, dass die von Wachtmeistern vorgeführten Personen mit mir reden und Angaben zur Sache machen, teilweise sogar geständig sind.

Zuständig bin ich auch für die Kontrolle von ein- und ausgehender Post der Häftlinge und für Anträge, die ihre Haftverhältnisse betreffen. So beantragt einer der Gefangenen, ihm die Haltung einer Ziege in seiner Zelle zu genehmigen. Auf diesen ersichtlich nicht allzu ernst gemeinten Antrag reagiere ich mit einer Ablehnungsverfügung, die später Gegenstand dieses Berichts der Stuttgarter Nachrichten ist, den mir die Gerichtsreporterin Wais gerahmt schenkt.

Nach einer Verlängerung meiner Haftrichterzeit trete ich am 11.9.1975 meinen eigentlichen Job als Zivilrichter an und merke alsbald, dass mir diese Aufgabe wegen der juristischen Feinheiten Freude bereitet. Dennoch sind die Zivilstreitigkeiten – etwa um angeblich nicht bestellte Bücher – im Vergleich zu den spannenden Strafrechtsfällen eher langweilig. Deshalb signalisiere ich dem Präsidenten des Amtsgerichts, dass ich gerne bereit sei, jede Urlaubs- und Krankheitsvertretung

---

Gerichtsbeschluß:

Keine Ziege in der Zelle

Die Juristerei ist eine ernste Sache. Und manchmal geht es sogar tierisch ernst zu. Doch zum Glück wartet Justitia hin und wieder mit einem schalkhaften Augenzwinkern auf. Den Beweis dafür erhielt ein Stammheimer Häftling in Form eines Gerichtsbeschlusses. Der Mann hatte seine Tierliebe gleich mit praktischem Nutzen verbinden wollen und beantragt, sich in seiner Zelle eine Ziege halten zu dürfen. Der für den außergewöhnlichen Wunsch zuständige Richter prüfte die Rechtslage gründlich und lehnte den Antrag mit folgender Begründung ab: „Wie die Vollzugsanstalt mitteilt, ist es gegenwärtig nicht möglich, innerhalb des Gefängnisses Ziegen zu halten, und zwar aus folgenden Gründen:

1. Mit dem Bau von Ziegenställen innerhalb der Vollzugsanstalt Stuttgart kann erst frühestens ab dem Jahre 1985 gerechnet werden.

2. Aufgrund der momentanen Überbelegung der Vollzugsanstalt ist eine Ziegenhaltung in den Zellen nicht möglich.

3. Eine Ziegenhaltung ist auch aus Gesundheitsgründen und wegen des Gleichheitsgrundsatzes ausgeschlossen."

Es bleibt offen, ob der Richter die Rechtsgüter Gesundheit und Gleichheitsgrundsatz zum Wohl des Inhaftierten oder der Ziege ausgelegt hat.

Im übrigen trifft es nicht zu, daß der Beschluß über die verhinderte Zellenziegenhaltung einen vierten Absatz enthält, der folgendermaßen lautet: „Das Halten von Ziegen in der Vollzugsanstalt ist auch aus akustischen Gründen abzulehnen, denn in Stammheim wird ohnehin schon genügend gemeckert." Gudrun Wais

— h. Mai 1976 StN

44

bei den Haftrichtern in Stammheim zu übernehmen, was auf große Gegenliebe stößt, weil diese Aushilfe unter den Richterkollegen eher unbeliebt ist. Ich bin dann auch nicht wirklich traurig, als zum 1.3.1976 das letzte Zivildezernat für Assessoren – also mein Dezernat – aufgelöst wird und ich fortan als Strafrichter tätig bin.

Da ich in diesen Monaten laufend (im Sommer 1976 allein sechs Wochen am Stück) Haftrichter in Stammheim bin, ergibt sich für mich mehrfach die Gelegenheit, den sog. **Baader-Meinhof-Prozess** im benachbarten Mehrzweckgebäude zu besuchen. Natürlich bin ich von den Kontrollmaßnahmen beeindruckt, bis ich das Gebäude und den Prozesssaal betreten darf. Schrecklich finde ich vor allem aber die sterile Atmosphäre im Sitzungssaal – nur ganz wenige Oberlichter, kahle Wände, alles ist auf das Nötigste beschränkt. Die einzigen Farbkleckse sind die gelben Sitze für die Zuhörer und die roten Roben der Bundesanwälte, die den obersten Bundesbehörden vorbehalten sind und sich von den schwarzen Roben der Richter, Urkundsbeamten, Verteidiger und Nebenklägervertreter deutlich abheben.

Das Strafverfahren gegen die führenden Köpfe der ersten RAF-Generation richtete sich zunächst gegen fünf Beschuldigte, die alle im Juni 1972 verhaftet wurden. Nach dem Hungerstreiktod von Holger Meins am 9.11.1972 findet der **»Baader-Meinhof-Prozess«** jetzt gegen vier Angeklagte statt, nämlich gegen Gudrun Ensslin, Ulrike Meinhof, Andreas Baader und Jan-Carl Raspe. Ihnen wird zur Last gelegt, als Mittäter an sechs RAF-Sprengstoffanschlägen im Mai 1972 mitgewirkt zu haben, bei denen es neben zahllosen Verletzten und hohem Sachschaden die ersten vier Attentatstoten der RAF gab: die Bombenanschläge auf das US-Hauptquartier in Frankfurt/Main am 11.5., auf Polizeieinrichtungen in Augsburg und München am 12.5., auf den Ermittlungsrichter beim Bundesgerichtshof

Buddenberg am 15.5., auf das Springer-Hochhaus in Hamburg am 19.5. und auf das US-Hauptquartier in Heidelberg am 24.5.1972.

Als Zuhörer des Baader-Meinhof-Prozesses erlebe ich jeweils wohl eher unauffällige Verhandlungstage, in welchen der Prozessstoff abgearbeitet wird, ohne dass es zu großen Auseinandersetzungen zwischen den Prozessbeteiligten kommt.

Aus Zeitungsberichten und Erzählungen von Prozessbesuchern weiß ich aber, dass es auch andere Hauptverhandlungstage gibt, an denen es zwischen den Anklagevertretern und den Verteidigern, aber auch zwischen dem Senatsvorsitzenden Prinzing und einzelnen Rechtsanwälten zu lautstarken Wortgefechten kommt. Mein Eindruck ist, dass es den Angeklagten und ihren Verteidigern weniger darauf ankommt, sich gegen die von der Bundesanwaltschaft erhobenen Vorwürfe zur Wehr zu setzen, als den Prozess und die strafprozessualen Vorschriften dafür zu nützen, die Justiz und damit den Staat anzugreifen. Der in einem RAF-Papier so bezeichnete »Kampf der Klassenjustiz« zeigt sich aus meiner Sicht etwa in fast hundert Befangenheitsanträgen gegen die Richter.[22] Mehr und mehr verstehe ich, warum der Gesetzgeber im Vorfeld dieses Prozesses mehrere **Gesetzesänderungen** vorgenommen hat, damit die Hauptverhandlung nicht torpediert werden kann. Dazu gehört

- die Beschränkung der Zahl der Wahlverteidiger auf drei,

- die Möglichkeit, einen Verteidiger vom Verfahren auszuschließen, wenn er im Verdacht steht, an der Tat eines Angeklagten beteiligt gewesen zu sein,

- das Verbot für Rechtsanwälte, gleichzeitig mehrere Mitangeklagte zu verteidigen, sowie

- die Möglichkeit, den Prozess fortsetzen zu können, wenn sich ein Angeklagter – etwa durch Hunger-streik – schuldhaft in den Zustand der Verhand-lungsunfähigkeit versetzt.

Ich habe den sicheren Eindruck, dass diese Gesetzesänderungen, die durch die Bank vom Bundesverfassungsgericht als verfassungsgemäß bewertet werden, zwingend geboten sind, um den gleichwohl noch schwierigen Baader-Meinhof-Prozess überhaupt durch-führen zu können. So halte ich es zwar für einen Eckpfeiler unseres Strafprozesses, dass gegen einen abwesenden Angeklagten grundsätzlich keine Hauptverhandlung statt-finden und erst recht kein Urteil gesprochen werden kann. Andererseits darf es nach meiner Überzeugung nicht so weit kommen, dass es ein Angeklagter in der Hand hat, solange zu hungern, bis er verhandlungsunfähig ist, mit der Konsequenz, dass der Prozess beendet werden muss und

---

[22] Der 85. Befangenheitsantrag gegen den Vorsitzenden Prinzing ist erfolgreich und führt zu dessen Ablösung. Sein bisheriger Stellvertreter, Eberhard Foth, tritt an seine Stelle.

47

erst wieder neu beginnen kann, wenn der Angeklagte wieder verhandlungsfähig ist. Die Lösung dieses Spagats in der neuen Vorschrift des § 231 a der Strafprozessordnung (StPO) in der Form, dass der Prozess fortgesetzt werden kann, wenn sich ein Angeklagter bewusst verhandlungsunfähig macht, aber bereits zur Sache vernommen ist, halte ich nicht nur für akzeptabel, sondern für gelungen.

Vier Themenbereiche der RAF beschäftigen mich in dieser Zeit besonders:

- Das eine Thema ist die Frage, **wie junge Leute zu RAF-Terroristen werden**, die zuvor meistens studiert hatten, überdurchschnittlich intelligent sind und sich – wie etwa Gudrun Ensslin und Ulrike Meinhof – oftmals in sozialen und gesellschaftlichen Projekten engagiert hatten und plötzlich ein bürgerliches Leben – teilweise mit eigenen Kindern – aufgeben und in den terroristischen Untergrund gehen. Mein Eindruck ist, dass diese Leute an Defiziten unseres Staats verzweifelt sind und meinen, daraus ein Recht auf Gewalt ableiten und den Staat bekämpfen zu dürfen. Für bezeichnend halte ich die Aussage eines Sachverständigen, der über Gudrun Ensslin schreibt: »Sie leidet unter dem Ungenügen unserer Existenz. Sie wollte nicht mehr warten. Sie wollte in die Tat umsetzen, was sie im (elterlichen) Pfarrhaus gelernt hatte.... Sie denkt einen Gedanken unbeirrt bis zum Ende, bis vor die Wand.«

- Der zweite Themenbereich sind die **Haftbedingungen der RAF-Gefangenen**, von denen ich in den Zeitungen lese, es handele sich um eine **sog. Isolationsfolter**, was sogar der französische Schriftsteller Jean-Paul Sartre bei seinem Stammheim-Besuch am 4.12.1974 nach einem Gespräch mit Andreas Baader so festgestellt habe. Nach allem, was ich aus Gesprächen mit Wachtmeistern in Stammheim heraushöre, handelt es sich bei den Bedingungen im 7. Stock des Gefängnisses, wo die RAF-Häftlinge eingesperrt sind, aber gerade um das Gegenteil von Isolationsfolter, nämlich um unvorstellbare Privilegien, von denen die von mir inhaftierten Gefangenen nur träumen könnten. Für geradezu unglaublich halte ich den Umstand, dass im 7. Stock männliche und weibliche Häftlinge gemeinsam eingesperrt sind und Mitangeklagte nicht getrennt untergebracht werden, sondern bei einem sog. Umschluss mit offenen Zellentüren permanent miteinander reden können. Mein Eindruck ist, dass die RAF-Häftlinge diese privilegierten Haftbedingungen durch ihre Hungerstreiks erzwungen haben. Mich wundert, dass sich die Justiz angesichts solcher Haftbedingungen nicht über die Medien gegen den offensichtlich unzutreffenden Vorwurf der Isolationsfolter zu Wehr setzt. Gleiches gilt in meinen Augen, als ich erfahre, dass **Jean-Paul Sartre** nicht – wie von ihm behauptet – die Haftzelle von Andreas Baader, sondern nur eine fraglos schlichte Besucherzelle mit einem Tisch und zwei Stühlen gesehen hatte.[23]

- Das dritte Thema, das mich vor allem auch unter juristischen Aspekten beschäftigt, ist die sog. **Zwangsernährung** von RAF-Gefangenen, die sich per Hungerstreik in Todesgefahr bringen. Das Dilemma der für das Wohl der Häftlinge verantwortlichen Anstalt besteht meines Erachtens in einem eigentlich nicht überbrückbaren Spagat: Einerseits soll dem hungernden Häftling, aber auch dem ärztlichen

---

[23] Die Europäische Menschenrechtskommission bringt in ihrer Entscheidung vom 8.7.1978 zu den Haftbedingungen im Stammheimer Gefängnis zum Ausdruck, dass die Beschwerden über eine angebliche »Isolationshaft« von Ensslin, Baader und Raspe »manifestly ill-founded« – also offensichtlich unbegründet – seien.

Personal die überaus belastende Prozedur erspart bleiben, einem Gefangenen gegen dessen Widerstand mit Gewalt einen fingerdicken Schlauch zwischen den Zähnen in den Magen zu schieben, was von den RAF-Verteidigern als »bewusste Quälerei« und »sadistische Folter« bezeichnet wird. Andererseits darf mit der Zwangsernährung nicht zu lange gewartet werden, weil dann die Gefahr besteht, dass der abgemagerte Körper bei Zwangsmaßnahmen kollabiert. Gerade der **Hungerstreiktod des RAF-Häftlings Holger Meins**, der am 9.11.1974 trotz Zwangsernährungsmaßnahmen gestorben ist, hat meines Erachtens gezeigt, dass ein per Hungern angestrebter Tod kaum zu verhindern ist. Ich selbst tendiere in dieser Thematik zu dem, was ich als Jurastudent zur **strafrechtlichen Verantwortung Dritter beim Selbstmord** gelernt habe:

> Jedes Handeln oder Unterlassen von Dritten, das den selbstgewollten **Suizid eines Menschen** ermöglicht (etwa das Reichen des Stricks zum Erhängen) oder nicht verhindert, ist strafrechtlich nicht zu beanstanden, solange der Selbstmörder im Vollbesitz seiner geistigen Kräfte ist. Strafbar macht sich dagegen, wer nicht handelt, obwohl er gegenüber dem Selbstmörder eine sog. Garantenpflicht hat (etwa Eltern gegenüber ihren Kindern) und der Selbstmörder – z.B. aufgrund einer Ohnmacht beim Erhängen – nicht mehr weiß, was er tut.

Legt man diesen Maßstab zugrunde, sollte auch in dem besonderen Verhältnis zwischen Häftling und Vollzugsanstalt, das ebenfalls eine Garantenpflicht der Anstaltsbediensteten begründet, nichts anderes gelten, was bedeutet, dass die Haftanstalt erst dann zu Zwangsernährungsmaßnahmen schreiten müsste bzw. sollte,

50

wenn der hungernde Häftling nicht mehr im Vollbesitz seiner geistigen Kräfte ist.[24]

- Eine vierte Thematik geht mir in dieser Phase meiner Haftrichterzeit immer wieder durch den Kopf, insbesondere nachdem sich **Ulrike Meinhof** am 9.5.1976 am Gitter ihres Zellenfensters erhängt hatte: Kann man – 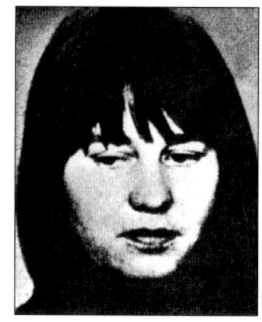 gerade auch als Haftrichter – solche **Selbstmorde von Häftlingen** im Vorfeld erkennen und durch geeignete Maßnahmen wie Kontrollen oder die Zusammenlegung mit anderen Gefangenen verhindern? Die Praxis zeigt, dass dies leider nicht in jedem Fall möglich ist, zumal praktisch jede Inhaftierung für den Betroffenen eine enorme psychische Belastung darstellt. Ich bin heilfroh, dass sich kein einziger der von mir per Haftbefehl eingesperrten Gefangenen das Leben genommen hat.

Interessant ist für mich in dieser Zeit als Haftrichter, dass ich zweimal die Gelegenheit habe, die **Richter des Baader-Meinhof-Prozesses**[25] beim Mittagessen in der Kantine des

---

[24] Aus diesem Grund wird 1985 in § 101 Abs. 1 des Strafvollzugsgesetzes (und inzwischen in den entsprechenden Landesvorschriften) folgende Regelung für die Zwangsernährung im Gefängnis getroffen: »Medizinische Untersuchung und Behandlung sowie Ernährung sind zwangsweise nur bei Lebensgefahr ... des Gefangenen ... zulässig. ... Zur Durchführung der Maßnahmen ist die Vollzugsbehörde nicht verpflichtet, solange von einer freien Willensbildung des Gefangenen ausgegangen werden kann.«

[25] Die Dittmann-Zeichnung zeigt den Vorsitzenden Theodor Prinzing in der Mitte, links von ihm seinen Stellvertreter Eberhard Foth und links den beisitzenden Richter Kurt Breucker.

Mehrzweckgebäudes persönlich zu erleben. Mein Haftrichterkollege und ich sitzen am selben Tisch und bekommen die für mich überaus interessanten Gespräche

 zwischen den Senatsmitgliedern hautnah mit. Ich finde es erfreulich, dass der Vorsitzende Prinzing und seine Kollegen in unserer Anwesenheit kein Blatt vor den Mund nehmen. Dies mag daran liegen, dass mich zwei von ihnen – nämlich die Richter Eberhard Foth[26] und Kurt Breucker – vom regelmäßig stattfindenden Fußballtraining der Stuttgarter Justiz kennen. Aufgrund dieser sportlichen Begegnungen, aber auch aufgrund meiner Beobachtungen in Stammheim weiß ich, dass die Richter des Strafsenats intensive Schutzmaßnahmen durch die Stuttgarter Polizei bekommen. So werden sie tagtäglich mit polizeilichem Begleitschutz zu ihrem Arbeitsplatz in Stammheim gebracht, aber auch bei regelmäßigen Terminen – wie unserem Fußballspiel – sind Polizeibeamte dabei.

Da mir die Tätigkeit als Haftrichter sehr gut gefällt, aber auch weil ich mir die einjährige Station bei der Staatsanwaltschaft ersparen möchte (ich will ja letztlich Richter werden), vereinbare ich mit Ministerialrat G., dem Personalverantwortlichen im Ministerium, dass ich das zweite der drei üblichen Assessoren-Jahre als Haftrichter in Stammheim absolviere.

---

[26] Von Eberhard Foth stammt auch – wie mir Kollegen erzählen – eine indirekte Beurteilung meiner juristischen Fähigkeiten. Auf die Frage, was ich denn als Jurist so tauge, soll er nur geantwortet haben: »Ja, Fußball spielen kann der Pflieger schon!«

Staatsanwalt und Sachbearbeiter des Croissant-Verfahrens

Während ich mich bereits auf meine nächste Station als Haftrichter in Stammheim freue, erhalte ich ein Schreiben des Justizministeriums, in welchem mir mitgeteilt wird, dass ich mich am 16.8.1976 beim Chef der Staatsanwaltschaft Stuttgart zum Beginn des zweiten Teils meiner Assessorenzeit einfinden soll. Sofort greife ich zum Hörer und frage Ministerialrat G., ob es sich bei dieser Verfügung im Hinblick auf unsere mündliche Vereinbarung um ein Versehen handele. Seine kurze Antwort: »Nein, und das tut Ihnen auch gut!«

Also melde ich mich am Morgen des 16.8.1976 im Vorzimmer von Generalstaatsanwalt Erwin Schüle[27], dem Behördenleiter der Stuttgarter Staatsanwaltschaft, der mich etwas mehr als eine Stunde warten lässt. Zwischendurch höre ich, dass noch offen sei, in welcher der 16 Abteilungen ich eingesetzt werden soll. Dann bittet mich Herr Schüle herein und teilt mir mit, dass er soeben eine bereits getroffene Entscheidung rückgängig gemacht habe und ich nicht – wie geplant – in der Abteilung 14, sondern in der Abteilung 1 tätig sein soll. Mir ist nicht bewusst und auch relativ gleichgültig, welche staatsanwaltlichen Aufgaben sich hinter den Abteilungskennzahlen verbergen, will ich doch nur das eine Jahr als Staatsanwalt hinter mich bringen, um dann wieder Richter zu sein.

---

[27] Generalstaatsanwalt Schüle ist mir ein Begriff, weil er sich im Zusammenhang mit der Verfolgung von Nazi-Verbrechen, speziell wegen des sog. Einsatzgruppenprozesses vor dem Schwurgericht Ulm, einen Namen gemacht hat. Wohl auch deshalb wurde ihm der Titel »Generalstaatsanwalt« verliehen, obwohl diese Bezeichnung üblicherweise dem Behördenleiter einer Generalstaatsanwaltschaft vorbehalten ist und die Chefs von Staatsanwaltschaften den Titel »Leitender Oberstaatsanwalt« tragen.

Eine Etage unter der Behördenleitung ist ein Teil der Abteilung 1 angesiedelt, wo auch ich mein Dienstzimmer habe. Jetzt erfahre ich, dass ich bei der Abteilung 14 für die Verfolgung von Wirtschaftsstraftaten zuständig gewesen wäre, während die Abteilung 1 sog. Kapitalverbrechen wie Mord, Totschlag und schweren Raub, Ermittlungsverfahren gegen prominente Beschuldigte und sog. Staatsschutzdelikte bearbeitet. Die Abteilung ist mit 19 Staatsanwälten die mit Abstand größte und hat an ihrer Spitze auch nicht einen, sondern zwei Oberstaatsanwälte. Einer meiner Freunde meint leicht bewundernd und gleichzeitig leicht spöttisch, ich sei ja jetzt in der »Elite-Abteilung« tätig und hätte wohl hinsichtlich meiner weiteren Karriere in der Justiz den Marschallstab im Tornister. Mit solchen Bemerkungen kann ich nichts anfangen, denn mein eigenes Dezernat 15 ist mit weniger interessanten Verfahren befasst. Die spektakulären Fälle – insbesondere Mordverfahren, über die in den Medien berichtet wird – bearbeiten vor allem Erste Staatsanwälte oder Kollegen, die schon ein paar Jahre ihre Planstelle haben und wohl in Bälde zum Ersten Staatsanwalt ernannt werden. Schon bald spüre ich, dass die Bedeutung eines Kollegen innerhalb der Abteilung danach definiert wird, ob und wie viele vollendete Tötungsdelikte er bearbeiten darf. Ich selbst bin aber völlig damit beschäftigt, mich in das neue Tätigkeitsfeld einzuarbeiten und taste mich an kleineren Delikten wie einfachen Raubüberfällen langsam voran. Neu für mich ist, dass in den ersten Monaten alle meine Entscheidungen von einem älteren Kollegen gegengezeichnet werden – als unabhängiger Richter war ich dies nicht gewohnt. Schon in den ersten Tagen merke ich aber, dass dieses kollegiale Miteinander unter den Staatsanwälten und auch mit meinem »Gegenzeichner« den Vorteil hat, dass man – anders als der allein

54

entscheidende Richter – weniger Gefahr läuft, sich zu verrennen oder gar eine falsche Entscheidung zu treffen.

Dass man mit meiner Arbeit zufrieden zu sein scheint, entnehme ich dem Umstand, dass ich nach wenigen Wochen vom Abteilungsleiter umfangreichere, gewichtigere und rechtlich schwierigere Fälle zugeteilt bekomme – etwa einen versuchten Totschlag. Noch aufregender wird meine Tätigkeit, als ich den ersten vollendeten Totschlag zu bearbeiten habe, nämlich einen Fall, bei dem während einer Streiterei zwischen Mitbewohnern ein Mann niedergestochen wurde und nach Stunden im Krankenhaus verstarb. Innerhalb der Abteilung errege ich Aufsehen, weil ich nach Eingang der polizeilichen Akten alle Tatzeugen zur staatsanwaltlichen Vernehmung vorlade, weil ihre früheren Angaben keinen eindeutigen Sachverhalt ergeben hatten; nach den erneuten Vernehmungen bin ich mir bei meiner Anklage sicher, die auch zu einer entsprechenden Verurteilung führt. Natürlich spüre ich, wie man mich mit solchen Fällen mehr und mehr für die staatsanwaltliche Tätigkeit begeistert, ja geradezu ködert. Dies wird mir vor allem bewusst, als ich nicht nur fertige Polizeiakten zu bearbeiten habe, sondern erstmals bei einem Mordfall am Tatort bin, nachdem ein Mann seine Ehefrau aus Eifersucht mit einem Hammer erschlagen hatte. Es ist für mich einerseits erschreckend und abscheulich, mit einem solchen Tatort konfrontiert zu werden, an welchem das Mordopfer noch im Blut liegt; andererseits empfinde ich dieses Bild vom Tatort als überaus motivierend, den Täter der gerechten Strafe zuzuführen. Interessant, aber für mich etwas, woran ich mich nicht gewöhnen kann und will, sind die anschließenden Sektionen. Dabei stört mich weniger, dass der Gerichtsmediziner die Leiche öffnet, indem er die Schädeldecke aufsägt und den Brustkorb aufschneidet – schlimm ist für mich insoweit nur die Obduktion eines 4-monatigen Kindes, das seine Mutter wohl qualvoll verhungern ließ.[28] Als nahezu unerträglich empfinde ich bei allen Obduktionen aber den leicht süßlichen Verwesungsgeruch, der umso intensiver ist, je länger der Tod zurückliegt oder die Verwesung durch Wärme beschleunigt wurde.

Mehr und mehr gefällt mir das staatsanwaltliche Geschäft. Zwar erinnert man mich immer wieder, aber eher im Spaß daran, dass **die Staatsanwaltschaft als hierarchisch aufgebaute Behörde** – anders als die Gerichte mit unabhängigen Richtern – in einer Art militärischer Struktur mit Befehl und Gehorsam gegliedert sei, bei welcher der jeweilige Vorgesetzte das Sagen habe, um durch Einzelweisungen eine einheitliche Rechtsprechung und gleichmäßige Verfolgungspraxis zu gewährleisten.

> In § 146 StPO heißt es zu diesem sog. **internen Weisungsrecht** der Staatsanwaltschaften unter der Überschrift »Weisungen«: »Die Beamten der Staatsanwaltschaft haben den dienstlichen Anweisungen ihres Vorgesetzten nachzukommen.« Daneben gibt es – zumindest theoretisch – das sog. **externe Weisungsrecht**, nämlich die Möglichkeit des Justizministeriums, gegenüber den Staatsanwaltschaften Anordnungen zu treffen.

In der täglichen Praxis erlebe ich aber nahezu das Gegenteil von Hierarchie und Weisungen, so dass ich eine richterähnliche Unabhängigkeit empfinde. Natürlich muss ich in Aufsehen erregenden oder rechtlich problematischen Fällen meine staatsanwaltlichen Vorgesetzten – also meinen Abteilungsleiter, den Behördenleiter und den Generalstaatsanwalt – sowie das Justizministerium per

---

[28] Nahezu unfassbar ist für mich, dass mir diese Mutter am Jahresende aus dem Gefängnis eine selbstgefertigte Karte schickt, worin sie mir zum Weihnachtsfest und für das neue Jahr alles Gute wünscht.

Bericht informieren, sie permanent auf dem Laufenden halten und meine geplanten Entscheidungen mit einem sog. **Absichtsbericht**[29] anzeigen und absegnen lassen. Was mich aber selbst überrascht: Ich empfinde diesen »Abzeichnungsweg« nicht als eine Art von Bevormundung, sondern als gemeinsames Bemühen um die richtige Entscheidung, zumal mir bewusst ist, dass wir für die getroffene Entscheidung gemeinsam verantwortlich sind. Gut tut mir natürlich, dass meine beabsichtigten Entscheidungen ausnahmslos gebilligt werden.[30]

Ich ertappe mich deshalb dabei, dass ich es mehr und mehr bedaure, nach Ablauf des zweiten Assessoren-Jahres – also im August 1977 – die Staatsanwaltschaft verlassen und zum Landgericht wechseln zu müssen. Dann aber überraschen mich zwei Ereignisse:

- Zum einen stellt mir mein Abteilungsleiter in Aussicht, dass ich nicht erst nach der sonst üblichen dreijährigen Assessorenzeit eine **Planstelle bei der Justiz** bekommen könne, sondern bereits nach gut 1 ½ Jahren, falls ich bei der Staatsanwaltschaft bleibe. Hintergrund dieses Sonderwegs ist der Umstand, dass nahezu alle Assessoren – wie zunächst auch ich – auf Dauer nicht Staatsanwalt, sondern Richter werden wollen, weshalb man mit der verkürzten Assesso-renzeit einen Anreiz für die staatsanwaltliche Tätigkeit geschaffen hat. Auch bei mir greift dieses Angebot, weil mir das Staatsanwaltsgeschäft inzwischen wirklich Spaß macht, aber auch, weil ich für meine Familie möglichst früh einen sicheren Arbeitsplatz haben

---

[29] Diese »Absichtsberichte« werden in Baden-Württemberg im Jahr 2004 durch Anordnung des Justizministeriums abgeschafft (vgl. S. 373).

[30] Erst sehr viel später – nämlich im Jahr 2005 – erhalte ich als General-staatsanwalt die erste und einzige Weisung als Staatsanwalt, die ich allerdings selbst erbeten habe (vgl. S. 374).

möchte. Dementsprechend erhalte ich alsbald eine Urkunde, mit der ich zum 21.6.1977 »unter Berufung in das Beamtenverhältnis auf Lebenszeit zum Staatsanwalt« ernannt werde.

- Zum anderen spielt plötzlich und nahezu zeitgleich ein aufsehenerregendes Verfahren der Abteilung eine besondere Rolle für mich: Bei der Staatsanwaltschaft Stuttgart ist das **Ermittlungsverfahren gegen Rechtsanwalt Klaus Croissant** wegen des Verdachts der Unterstützung einer kriminellen Vereinigung anhängig. Das Verfahren, über das DER SPIEGEL am 10.10.1977 berichtet, hat den Vorwurf zum Gegenstand, Croissant habe gemeinsam mit anderen RAF-Verteidigern  – darunter die Rechtsanwälte Kurt Groenewold/ Hamburg und Hans-Christian Ströbele/Berlin – die RAF in strafbarer Weise durch ein sog. **Info-System** unterstützt, indem zwischen den RAF-Häftlingen schriftliches Informationsmaterial ausgetauscht und verteilt wurde, um den Zusammenhalt der Gruppe auch während der Haftzeit aufrechtzuerhalten. Rechtsanwalt Croissant ist wegen dieses Vorwurfs als Verteidiger von Andreas Baader von dessen Strafverfahren und damit vom großen Baader-Meinhof-Prozess ausgeschlossen worden.

Die Entdeckung dieses Info-Systems hat im Rahmen eines weiteren **Anti-Terror-Gesetzes** vom 18.8.1976 u.a. zu einer zusätzlichen Einschränkung der Verteidiger-Rechte geführt. Zwar gehört der völlig uneingeschränkte Verkehr zwischen Beschuldigten und ihren Verteidigern zu den »Heiligtümern« unserer Rechtsordnung, weshalb schriftliche und mündliche Kontakte zwischen dem Rechtsanwalt und seinem Mandanten grundsätzlich nicht überwacht und Verteidigungsunterlagen nicht kontrolliert werden dürfen. Grundlage dieses Systems ist aber, dass der Anwalt diese Freiräume nicht missbraucht. Deshalb sieht das neue Gesetz – meines Erachtens völlig zu Recht – in § 148 a StPO vor, dass bei Terrorismus-Häftlingen die Verteidiger-Post von einem **»Lese-Richter«** kontrolliert wird, der aber nicht mit dem eigentlichen Strafverfahren gegen den Mandanten befasst sein darf. So soll verhindert werden, dass auf dem Postweg Kassiber transportiert werden.[31] Diese Regelung, die vom Bundesverfassungsgericht für verfassungsgemäß erklärt wird, halte ich persönlich für unverzichtbar.

Hingegen bin ich erschrocken, als im März 1977 während des Baader-Meinhof-Prozesses bekannt wird, dass es **im Stammheimer Gefängnis zwei Abhöraktionen** gab, bei denen vom 25.4. bis 9.5.1975 (direkt nach dem RAF-Überfall auf die deutsche Botschaft in Stockholm[32]) und vom 6.12.1976 bis

---

[31] Dadurch wird aber nicht verhindert, dass Rechtsanwälte bei Kontakten mit ihren Mandanten Gegenstände ins Gefängnis schmuggeln (siehe S. 76 ff.).

[32] Am 24.4.1975 kam es zum **Überfall auf die deutsche Botschaft in Stockholm**, als sechs RAF-Täter mehrere Geiseln nahmen und mit deren Tötung drohten, falls nicht 26 namentlich genannte Gesinnungsfreunde aus deutscher Haft entlassen werden. Nachdem sie zwei Botschaftsangehörige ermordet hatten, explodierten von den Tätern angebrachte Sprengladungen, was den Tod von zwei Attentätern und erhebliche Verletzungen der Geiseln und der übrigen Täter zur Folge hatte und das Ende der Botschaftsbesetzung bedeutete.

59

> 31.1.1977 (nach der Verhaftung des RAF-Chefs
> Siegfried Haag) Gespräche von Verteidigern mit ihren
> RAF-Mandanten abgehört wurden. Zwar wird das
> Ermittlungsverfahren gegen die beiden zuständigen
> Landesminister mit der Begründung eingestellt, die
> Beschuldigten hätten sich wegen drohender
> RAF-Anschläge in einer Notstandslage befunden und
> deshalb rechtmäßig gehandelt. Ich tendiere aber zu der
> Rechtsansicht, dass solche Abhörmaßnahmen aus-
> nahmslos unzulässig und rechtswidrig sind.[33]

Das Ermittlungsverfahren wegen des Info-Systems war
zunächst von der Bundesanwaltschaft zentral geführt,
dann aber aufgeteilt worden, und zwar so, dass das
Verfahren gegen Rechtsanwalt Groenewold bei der
Bundesanwaltschaft verblieb und die Verfahren gegen
Rechtsanwalt Ströbele an die Staatsanwaltschaft Berlin
und gegen Rechtsanwalt Croissant an die
Staatsanwaltschaft Stuttgart abgegeben wurden. In
Stuttgart wurde das Croissant-Verfahren von zwei
Kollegen unserer Abteilung 1 bearbeitet, die bereits die
Anklage zur Staatsschutzkammer des Landgerichts
erhoben hatten. Der jüngere der beiden Kollegen – wir
hatten gemeinsam in Tübingen studiert und zeitgleich als
Assessoren angefangen – hatte im Mai 1977 gebeten, seine
Tätigkeit bei der Staatsanwaltschaft und damit seine
Mitarbeit im Croissant-Verfahren zu beenden, um seine
Richterstationen als Assessor ableisten zu können, aber
auch wegen der inzwischen verschärften Gefährdungslage
für Personen, die in der Justiz mit Terrorismusverfahren
befasst sind. Seiner Bitte wurde entsprochen.

---

[33] Auch Richter Foth bringt als Vorsitzender des Baader-Meinhof-Prozesses diese Ansicht zum Ausdruck, als er jede weitere Abhöraktion
gegen die Angeklagten verbietet.

In dieser Situation, auf der Suche nach einem Ersatzmann für die Stelle des zweiten Sachbearbeiters im Croissant-Verfahren, kommt Ende Juli 1977 unser Abteilungsleiter mit der Frage auf mich zu, ob ich zur Übernahme dieser Aufgabe bereit sei. Er verschweigt nicht, dass im Falle einer Beteiligung am anstehenden Croissant-Prozess mit einer Gefährdungseinstufung und Schutzmaßnahmen für die beteiligten Richter und Staatsanwälte zu rechnen sei, nachdem auf Angehörige der Justiz, die mit RAF-Verfahren befasst waren, bereits Mordanschläge verübt wurden, nämlich

- das Sprengstoffattentat am 15.5.1972 in Karlsruhe auf das Privat-fahrzeug des Ermittl-ungsrichters des Bundes-gerichtshofs **Wolfgang Buddenberg**, das dessen
Ehefrau – die sich ausnahmsweise alleine im Auto befand – nur knapp überlebte, sowie

- die **Ermordung von Generalbundesanwalt Siegfried Buback** sowie seiner Begleiter Georg Wurster und Wolfgang Göbel am 7.4.1977 in Karlsruhe, als zwei RAF-Angehörige mit einem Motorrad neben das an einer Ampel wartende Fahrzeug des General-bundesanwalts fuhren und die auf dem Soziussitz befindliche Person mit einem Selbst-ladegewehr die tödlichen
Schüsse in das Fahrzeuginnere abgab.

Um mich mit dieser Frage, die mich völlig unvorbereitet trifft, auseinandersetzen zu können, erhalte ich zwei Tage

Bedenkzeit. Natürlich fühle ich mich überaus geschmeichelt, dass man mir eine solche Aufgabe zutraut. Gleichzeitig frage ich mich, weshalb man mit mir einen gerade 30-Jährigen mit wenig Berufserfahrung in diesen sicher nicht einfachen und gleichzeitig spektakulären Prozess schicken will. Natürlich liegt es nahe, dass sich andere Kollegen die eigene Gefährdung möglichst nicht antun möchten. Umso mehr bin ich beeindruckt, als ich noch am selben Abend mit meiner Ehefrau die mir gestellte Frage diskutiere und sie, die ja von Schutzmaßnahmen ebenfalls betroffen wäre, sofort sagt: das machst Du, wenn Du es für richtig hältst und machen willst! Damit ist meine Entscheidung getroffen: zum einen, weil ich mir nicht vorstellen kann, dass ich für die RAF ein lohnenswertes Ziel darstellen könnte. Dazu kommt noch ein anderes Argument: Irgendeiner von uns Staatsanwälten muss diese Aufgabe doch übernehmen, weil unser Staat nicht schon bei dieser Thematik in die Knie gehen darf. Bereits am nächsten Morgen bin ich bei unserem Abteilungsleiter und sage meine Beteiligung am Croissant-Verfahren zu. Kurz danach, am 11.7.1977, flüchtet Croissant, nachdem sein Haftbefehl gegen Zahlung einer Sicherheitsleistung außer Vollzug gesetzt und er aus der Haft entlassen wurde, nach Frankreich, wo er politisches Asyl beantragt. Er wird jetzt von uns und von der Bundesanwaltschaft mit internationalem Haftbefehl gesucht.

In diesen Tagen beginnt die RAF eine Serie von Attentaten, die später als der »**Deutsche Herbst 1977**« ein fester Begriff unserer Sprache wird:

- Am 30.7.1977 kommt es in Oberursel/Taunus zum **Mord an Jürgen Ponto**, dem Vorstandssprecher der Dresdner Bank. Drei RAF-Mitglieder verschaffen sich Zutritt zum Privathaus Pontos, um mit seiner Entführung die Freilassung von inhaftierten Gesinnungsgenossen zu erzwingen. Als sich Ponto gegen die geplante Geiselnahme wehrt, wird er erschossen.

- Am 25.8.1977 überfallen mehrere RAF-Angehörige in Karlsruhe ein älteres Ehepaar, dessen Wohnung genau gegenüber dem Gebäude der Bundesanwaltschaft liegt. Nachdem sie ihre Opfer gefesselt und ihnen den Mund zugeklebt haben, bauen sie in einer Art Stalinorgel eine **Raketenwerferanlage** mit 42 Abschussrohren auf, die sie auf die Fenster des ca. 18 Meter entfernten Gebäudes der Bundesanwaltschaft ausrichten. Zu der für 16 Uhr geplanten Zündung dieser Stalinorgel kommt es nicht, weil die Täter das Läutwerk des Weckers, der die Explosion auslösen sollte, nicht aufgezogen hatten.

Im Falle der Zündung wären mindestens fünf Staatsanwälte der Bundesanwaltschaft getötet worden.[34]

- Schrecklicher Höhepunkt dieser Anschlagsserie ist die **Entführung des Arbeitgeberpräsidenten Hanns-Martin Schleyer** am 5.9.1977 in Köln.

---

[34] Zu diesem Zeitpunkt ahne ich nicht im Geringsten, dass ich Jahre später in einem der Dienstzimmer der Bundesanwaltschaft arbeiten werde, das in dem Bereich liegt, den die RAF am 25.8.1977 unter Beschuss nehmen wollte (siehe S. 146).

Die Schleyer-Entführung und der Tod der RAF-Häftlinge am 18.10.1977 in Stammheim

Den Beginn der **Schleyer-Entführung am 5.9.1977 in Köln** erlebe ich zu Hause am Fernseher mit. Natürlich bin

ich entsetzt über die Brutalität, mit der die RAF-Attentäter am Tatort ein Blutbad angerichtet haben, als sie die Begleiter Schleyers – seinen unbewaffneten Fahrer Marcisz und die drei jungen Beamten des polizeilichen Begleitschutzes Pieler, Brändle und Ulmer – ermordeten, um Hanns-Martin Schleyer als Geisel in ihre Gewalt zu bekommen. Nach dem Mordattentat auf Generalbundesanwalt Buback und seine Begleiter am 7.4.1977 sowie der Ermordung des Bankiers Jürgen Ponto am 30.7.1977 hat der RAF-Terror nun nochmals eine neue Gewaltdimension erreicht. Schrecklich finde ich auch eine Polaroid-Aufnahme Schleyers, die schon am Tag nach seiner Geiselnahme veröffentlicht wird und die den Arbeitgeberpräsidenten in seiner Geiselhaft – meines Erachtens bewusst erniedrigend – in Trainingsanzug und Unterhemd zeigt. Nur kurz schießt mir durch den Kopf, ob ich als staatsanwaltlicher Sachbearbeiter des Croissant-Verfahrens ebenfalls ins Visier der RAF geraten könnte.

Manche **staatlichen Reaktionen** verunsichern mich in diesem sog. Deutschen Herbst 1977. Überall sind Polizeikontrollen zu beobachten, bei denen Fahrzeuge angehalten und die Insassen mit vorgehaltener Maschinenpistole überprüft werden. Ich kann mir nicht vorstellen, dass man auf diesem Weg Hanns-Martin Schleyer oder seine Entführer entdecken kann. So sehr ich mir solche

Fahndungserfolge wünsche, so sehr halte ich diese Polizeisperren für puren Aktionismus, der in der Bevölkerung neben der Beunruhigung durch den RAF-Terror zusätzliche Ängste schürt. Von Freunden, die – wie in dieser Zeit nicht unüblich – mit längeren Haaren, Bärten und einem älteren Fahrzeug unterwegs sind, höre ich, dass sie Angst um ihr Leben hatten, als sie angehalten wurden und in die Mündung einer Maschinenpistole schauen mussten. Sie erinnern sich in solchen Situationen an Ereignisse während unserer Studienzeit, als im Jahr 1972 in Tübingen der 17-jährige Lehrling Richard Epple und in Stuttgart der 34-jährige Schotte Ian Mac Leod von der Polizei erschossen wurden, weil sie fälschlicherweise für RAF-Mitglieder gehalten wurden. Ich frage mich, ob unser Staat mit diesen polizeilichen Kontrollmaßnahmen nicht überreagiert und damit der RAF auf den Leim geht, die ja den Eindruck erwecken will, bei der Bundesrepublik handele es sich um einen Polizeistaat. Immer wieder geht mir in diesem Zusammenhang eine Formulierung von Heinrich Böll durch den Kopf, der den RAF-Terror als den »Krieg der sechs gegen 60 Millionen« bezeichnete. Ist es möglich, frage ich mich, dass unser Staat durch die Aktionen einer überschaubar kleinen Gruppe von Terroristen ins Wanken gerät?

Eine weitere staatliche Reaktion während der Schleyer-Entführung halte ich für bedenklich, nämlich die sog. **Kontaktsperre für RAF-Häftlinge**.

Da es Anhaltspunkte dafür gibt, dass die gesamten RAF-Attentate des Jahres 1977 von den RAF-Gefangenen aus der Haft heraus gesteuert oder mitbestimmt wurden, beschließen die Landesminister bereits am 6.9.1977 eine **»Kontaktsperre«**, nach der keinem der inhaftierten Terroristen irgendeine Verbindung zur Außenwelt oder untereinander erlaubt ist. Diese vorläufige Isolierung wird durch das Kontaktsperre-Gesetz festgeschrieben, das am 2.10.1977 in Kraft tritt.

> Zwar verwirft das Bundesverfassungsgericht Beschwerden gegen dieses Gesetz. Gleichwohl stört mich die Unterbindung jeglichen Kontakts nach draußen; bei der Gesetzesregelung hätte ich mir gewünscht, dass zumindest »Zwangsverteidiger« – wie die Anwälte genannt werden, die nicht das Vertrauen der Angeklagten genießen – die Interessen der Inhaftierten wahrnehmen können.[35]

Den späteren Verlauf der Schleyer-Entführung und die Kaperung der **Lufthansa-Maschine »Landshut« am 13.10.1977** erlebe ich in einem Vorort von Dresden, wo

wir – meine Ehefrau, unsere Tochter und ich – Verwandte meiner Ehefrau besuchen. Zu den besonderen Eindrücken, die die Tage in der DDR bestimmen, gehört neben den unerträglichen Kontrollen bei der Einreise und dem Anstehen in Restaurants oder beim Einkaufen auch die Tatsache, dass ich in der Tageszeitung nahezu keine Nachrichten über das Weltgeschehen erhalte, sondern nur Parteipropaganda der DDR zu lesen bekomme. Da bei unseren überaus liebenswerten Verwandten kein Westfernsehen zu empfangen ist, erfahre ich nur Bruchstücke des aktuellen Geschehens der Schleyer- und der »Landshut«-Entführung, wobei ich den Eindruck habe, dass auch diese Ereignisse zu

---

[35] Meine Aversion gegen die Kontaktsperre wird später noch intensiver, als sich die Sinnlosigkeit der Maßnahme herausstellt, da es den RAF-Häftlingen im 7. Stock in Stammheim trotz der Isolierung möglich war, in der Nacht zum 18.10.1977 die Nachricht über die Geiselbefreiung in Mogadischu in Erfahrung zu bringen und hierauf den gemeinsamen Selbstmord abzustimmen.

DDR-Propagandazwecken genützt werden. Erst als ich am 16.10.1977 nach Hause fahre, kann ich mir aufgrund von Rundfunkmeldungen und aus den Zeitungen ein genaueres Bild über die beiden Entführungsaktionen machen:

Hanns-Martin Schleyer ist immer noch in den Händen der RAF, die »Landshut«-Entführer haben an diesem  16.10.1977 in Aden/Süd-jemen den Flugkapitän Jürgen Schumann ermordet und die »Landshut« ist am 17.10.1977 auf dem Flugplatz der somalischen Hauptstadt Mogadischu ge-landet. Mein Eindruck ist, dass ganz Deutschland aus Sorge um die Geiseln in der Lufthansamaschine den Atem anhält – es handelt sich ja um »Leute wie Du und ich«, die als Urlauber auf ihrem Heimflug von Palma de Mallorca nach Frankfurt/Main in die Hände von Terroristen gefallen sind und mit deren Tötung gedroht wird, falls die von den Attentätern gestellten Forderungen nicht erfüllt werden sollten.

Die **Schleyer-Entführer** der RAF fordern die Freilassung von insgesamt elf inhaftierten Gesinnungs-genossen, nämlich von Andreas Baader, Gudrun Ensslin, Jan-Carl Raspe, Verena Becker, Werner Hoppe, Karl-Heinz Dellwo, Hanna Krabbe, Bernd Rößner, Ingrid Schubert, Irmgard Möller und Günter Sonnenberg; außerdem soll jedem dieser Gefangenen ein Betrag von 100.000 DM mitgegeben werden.

Die **»Landshut«-Entführer** verlangen zusätzlich die Freilassung von zwei palästinensischen Gefangenen aus türkischer Haft sowie die Zahlung von 15 Millionen US-Dollar.

Nicht nur mich treibt die Frage um, ob die Bundesregierung – wie bei der **Entführung des CDU-Politikers Peter Lorenz**[36] durch die **»Bewegung 2. Juni«**[37] – nachgeben und die genannten Häftlinge freilassen sollte, um Hanns-Martin Schleyer und die  Insassen der »Landshut« zu retten. Man kann es geradezu mit Händen greifen, dass die Regierung um Kanzler Helmut Schmidt sich dieses Mal nicht erpressen lassen will. Ich selbst bin der Ansicht, dass die Bundesregierung nicht nachgeben sollte, so schlimm dies für alle Geiseln enden könnte, weil der Staat, der sich als erpressbar zeigt, erfahrungsgemäß (wie gerade die Lorenz-Entführung beweist) immer wieder erpresst wird. Man kann sich auch nicht darauf verlassen, dass die frei gepressten Häftlinge nicht mehr nach Deutschland zurückkehren oder von terroristischen Aktivitäten Abstand nehmen.[38]

---

[36] Peter Lorenz war am 27.2.1975 in Berlin entführt und am 4.3.1975 wieder freigelassen worden, nachdem entsprechend der Forderung der Geiselnehmer fünf Terroristen – unter ihnen Verena Becker und Rolf Heißler – aus der Haft entlassen und in den Nahen Osten ausgeflogen worden waren.

[37] Die »Bewegung 2. Juni« ist neben der RAF, mit der sie kooperiert, die bekannteste linksterroristische Vereinigung der deutschen Nachkriegszeit. Ihre Mitglieder hatten am 10.11.1974, dem ersten Tag nach dem Hungerstreiktod des RAF-Mitglieds Holger Meins (siehe S. 50), den Präsidenten des Berliner Kammergerichts, Günter von Drenkmann, erschossen, nachdem ihr Versuch, ihn zu entführen, gescheitert war. 1980 schließen sich die Angehörigen der »Bewegung 2. Juni« der RAF an.

[38] Dies belegen etwa Rolf Heißler und Verena Becker, die sich nach ihrer Freipressung im Rahmen der Lorenz-Entführung alsbald wieder den Illegalen der RAF anschlossen und weiterhin Terrortaten verübten.

Richtig ist meines Erachtens allein die Position von Friedrich dem Großen, der in einem Erlass vom 10.1.1757 anordnete, dass sich der Staat in solchen Situationen nicht erpressen lassen darf: »Wenn ich das Unglück haben sollte, vom Feinde gefangen genommen zu werden, so verbiete ich, daß man auch nur die geringste Rücksicht auf meine Person nehme, und daß man dem die geringste Beachtung schenkt, was ich etwa aus meiner Gefangenschaft schreibe. Wenn mir ein solches Unglück zustieße, will ich mich für den Staat opfern, und man muss meinem Bruder gehorchen, der mir ebenso wie alle meine Minister und Generale mit dem Kopfe dafür haften soll, daß man weder eine Provinz noch ein Lösegeld für mich anbietet, ... ganz als wenn ich niemals auf der Welt gewesen wäre.«

Im Zusammenhang mit dieser Frage, ob der Staat die inhaftierten Terroristen freilassen soll, erschrecken mich Fernsehsequenzen, die aufgebrachte Bürger vor dem Gefängnis in Stammheim zeigen und die Volkes Stimme in breitestem Schwäbisch zum Ausdruck bringen, wie man am besten mit den RAF-Häftlingen umgehen sollte, z.B.: »He macha!«[39] bzw. »Laufa lassa und auf der Flucht erschießa!«

Dementsprechend groß ist die Freude in Deutschland – natürlich auch bei mir –, als am frühen Morgen des 18.10.1977 im Radio die Meldung zu hören ist, dass die Spezialeinheit des Bundesgrenzschutzes GSG 9[40] in der vergangenen Nacht die »Landshut« gestürmt, die vier palästinensischen Attentäter ausgeschaltet und alle 82 Passagiere sowie die fünf Besatzungsmitglieder lebend

---

[39] Dieser schwäbische Ausdruck ist am besten mit »Kaputt machen!« bzw. »Umbringen!« zu übersetzen.

[40] Zur Entstehung der GSG 9 siehe S. 35 f.

befreit hat. Unfassbar ist für mich, dass diese Befreiung überhaupt und ohne tote Geiseln und Befreier gelingen konnte. Entsetzt bin ich über ein Bild, das Souhaila Andrawes Sayeh (die einzige überlebende Attentäterin) zeigt, wie sie schwer verletzt auf einer Trage abtransportiert wird und dabei noch das Victory-Zeichen macht.

Die RAF-Toten in Stammheim

So erfreulich die Meldung aus Mogadischu ist, so erschreckend ist für mich dann eine Nachricht, die ich am Morgen dieses 18.10.1977 beim Eintreffen bei der Staatsanwaltschaft erhalte:

Im 7. Stock des Stammheimer Gefängnisses seien in den frühen Morgenstunden zwei schwer verletzte sowie zwei tote RAF-Gefangene entdeckt worden, und zwar

- Jan-Carl Raspe, schwer verletzt mit einer Schusswunde an der rechten Schläfe und mit einer Pistole neben sich,

- Gudrun Ensslin, tot am Gitter ihres Zellenfensters hängend,

- Andreas Baader, tot auf dem Boden liegend mit einem Einschuss im Nackenbereich und ebenfalls mit einer Pistole neben sich, sowie

- Irmgard Möller, mit schweren, aber nicht lebensgefährlichen Stichverletzungen in der Herzgegend.

Mein Schrecken ist darin begründet, dass nach unseren bisherigen Erfahrungen – etwa im Zusammenhang mit dem Hungerstreiktod von Holger Meins am 9.11.1974 oder dem Tod durch Erhängen von Ulrike Meinhof am 9.5.1975 – davon auszugehen ist, dass in der Sympathisantenszene sofort die Behauptung aufkommt, der Staat sei für den Tod der RAF-Gefangenen verantwortlich, was der RAF zusätzliche Unterstützung und weiteren personellen Zulauf verschafft. Diese Sorge wird noch intensiver, als kurz darauf bekannt wird, dass der schwer verletzte Jan-Carl Raspe zwar noch in ein Stuttgarter Krankenhaus gebracht wurde, dort aber im Operationssaal verstorben ist.[41]

Das Todesermittlungsverfahren

Die Vorkommnisse im 7. Stock des Stammheimer Gefängnisses in der Nacht zum 18.10.1977 werden nicht von der für Terrorismusverfahren zuständigen Bundesanwaltschaft untersucht, sondern von unserer Abteilung 1 der Staatsanwaltschaft Stuttgart. Für sog. Todesermittlungsverfahren bei unnatürlichem Tod[42] sind nämlich die örtlichen Staatsanwaltschaften zuständig. Man sagt mir, dass die Spitze der Staatsanwaltschaft Stuttgart sowie unser Abteilungsleiter und der Pressestaatsanwalt als Sachbearbeiter dieses Verfahrens bereits vor Ort in Stammheim seien. Nach deren Rückkehr findet eine Besprechung statt, zu der auch ich gerufen werde und bei der u.a. vereinbart wird, dass an der bevorstehenden Obduktion der drei toten RAF-Gefangenen nicht nur zwei deutsche, sondern auch ein schweizerischer und ein österreichischer Gerichtsmediziner teilnehmen sollen. Damit will man dem zu erwartenden Vorwurf begegnen, deutsche Obduzenten seien befangen, nachdem – wie von mir befürchtet – bereits in den ersten Stunden nach dem Tod der RAF-Gefangenen von Angehörigen, Sympathisanten und RAF-Verteidigern der Vorwurf

---

41 Baader, Ensslin und Raspe werden entsprechend einer bewundernswerten Entscheidung von Oberbürgermeister Manfred Rommel (»Mit dem Tod muss alle Feindschaft enden!«) am 27.10.1977 auf dem Stuttgarter Dornhaldenfriedhof bestattet.

42 Solche Todesermittlungsverfahren werden automatisch und unabhängig von etwa erhobenen Vorwürfen eingeleitet, wenn in einem Gefängnis ein Häftling zu Tode kommt.

72

erhobenen wird, der Staat habe »die Stammheimer umgebracht«.

In den folgenden Wochen gehöre ich dem sechsköpfigen Ermittler-Team unserer Abteilung an, das sich mit den RAF-Todesfällen in Stammheim befasst. Da ich der jüngste Staatsanwalt in diesem Team bin, habe ich vor allem Kopien der brisanten Ermittlungsakten zu fertigen, weil mehrere Institutionen ebenfalls mit der Bewertung dieser Todesfälle befasst sind – z.B. die Bundesregierung, die bereits Anfang November 1977 eine umfangreiche »Dokumentation zu den Ereignissen und Entscheidungen im Zusammenhang mit der Entführung von Hanns-Martin Schleyer und der Lufthansa-Maschine Landshut« veröffentlicht, oder ein Untersuchungsausschuss des baden-württembergischen Landtags, der die Vorkommnisse am 18.10.1977 im Stammheimer Gefängnis zum Gegenstand hat. Ich bin aber auch an Ermittlungsmaßnahmen beteiligt. So erhalte ich u.a. den Auftrag, im Vollzugskrankenhaus auf dem Hohenasperg Ermittlungen zur Todesnacht von Stammheim und zum Zustand von Irmgard Möller durchzuführen.

Bereits unmittelbar nach der Obduktion der drei toten RAF-Gefangenen am 19.10.1977, an der auch Verteidiger teilnehmen, kommen die Gerichtsmediziner in einer ersten Bewertung einhellig zu dem Ergebnis, dass Andreas Baader, Gudrun Ensslin und Jan-Carl Raspe Selbstmord begangen haben.

Der Tod von Hanns-Martin Schleyer

Wie werden die Schleyer-Entführer auf diese Ereignisse in Mogadischu und Stammheim reagieren? Das ist die Frage, die jetzt alle beschäftigt. Die »Landshut«-Entführung ist gescheitert und mit den »Stammheimern« sind jene RAF-Häftlinge tot, die auf der Liste der Freizulassenden ganz oben standen. Werden die RAF-Mitglieder

Hanns-Martin Schleyer frei lassen, nachdem inzwischen klar ist, dass die Bundesregierung sich nicht erpressen lässt, oder werden sie ihn – wie von Beginn der Geiselnahme an immer wieder angedroht – erschießen? In dieser nervenaufreibenden Situation erfahren wir am späten Nachmittag des 19.10.1977, dass im Stuttgarter dpa-Büro eine RAF-Frau angerufen und u. a. Folgendes mitgeteilt hat[43]:

»Wir haben nach 43 Tagen Hanns-Martin Schleyers klägliche und korrupte Existenz beendet. Herr Schmidt, der in seinem Machtkalkül von Anfang an mit Schleyers Tod spekulierte, kann ihn in der Rue Charles Péguy in Muhlhouse in einem grünen Audi 100 mit Bad Homburger Kennzeichen abholen.«

Kurz darauf wird an der beschriebenen Stelle im elsässischen Mühlhausen das Auto mit der Leiche von Hanns-Martin Schleyer gefunden. Er ist seit Stunden tot – sein Kopf weist drei Einschüsse aus derselben Waffe, einem Revolver, auf.

Die Familie Schleyer hatte mit der Bitte, die Regierung solle die Forderungen der Entführer erfüllen, um sein Leben gekämpft und ist letztlich mit einem entsprechenden Antrag beim Bundesverfassungsgericht gescheitert. Sie muss jetzt den Eindruck haben, Hanns-Martin Schleyer sei im Hinblick auf übergeordnete Ziele des Staates geopfert worden.

---

[43] Das Schriftstück mit dem gesamten Text finden wir Jahre später, als ab 26.10.1982 mehrere Erddepots der RAF entdeckt werden, in welchen sich große Teile der Logistik der Terrorgruppe befinden, aber auch Unterlagen in der Art eines Archivs über von der RAF verübte Straftaten (siehe S. 126).

Das Schmuggeln von Waffen

Bei unseren Recherchen zur Todesnacht in Stammheim beschäftigt uns natürlich auch die Frage, wie die RAF-Häftlinge in den Besitz von Schusswaffen kommen konnten, zählt »Stammheim« doch aus unserer Sicht zu den sichersten Justizvollzugsanstalten Deutschlands.

Noch im Herbst 1977 werden diesbezüglich die Aussagen von zwei Mitarbeitern der Kanzlei von Rechtsanwalt Croissant bekannt, die wegen des Verdachts der Unterstützung der RAF verhaftet wurden. Volker Speitel und Hans-Joachim Dellwo geben an, als sog. Kuriere des Büros zunächst im Rahmen des Info-Systems[44] Zettel transportiert zu haben, die an die Illegalen der RAF adressiert waren oder von ihnen stammten und von den Anwälten des Büros in die Gefängnisse hinein- oder aus ihnen herausgeschmuggelt wurden. Später sei dann von den Stammheimer Gefangenen die Forderung gekommen, auch andere Gegenstände, etwa eine Minox-Kamera, zu erhalten, vor allem aber drei Schusswaffen. Bei ersten Testläufen habe man festgestellt, dass man derartige Sachen in Einzelteile zerlegt über die Akten der **Rechtsanwälte Armin Newerla und Arndt Müller** ins Mehrzweckgebäude schmuggeln könne, indem man in das Papier der Ordner einen Hohlraum schneidet, den Gegenstand dort platziert und den Hohlraum anschließend verklebt. Die so präparierten Akten der Verteidiger seien beim Betreten des Mehrzweckgebäudes in Stammheim nicht aufgefallen, weil die Polizeibeamten bei der Kontrolle den Inhalt der Verteidiger-Akten nicht überprüfen und deshalb nur die ersten paar Zentimeter des Ordnerinhalts durch die Finger laufen lassen durften[45]. Da die Ange-

---

[44] Vgl. S. 57
[45] Vgl. S. 57 f.

klagten die gleichen Ordner für ihre eigene Prozessvor-
bereitung hatten und sie in die Hauptverhandlung mit-
brachten, habe man nur die Ordner während des Prozesses
zwischen Verteidiger und Mandant austauschen müssen,
damit die Häftlinge die geschmuggelten Sachen in den
Ordnern versteckt in den Gefängnistrakt mitnehmen
konnten. Dort hätten sie ihnen dann im 7. Stock zur
Verfügung gestanden. Auf diesem Weg habe man auch die
Teile der gewünschten drei Waffen ins Mehrzweckgebäude
und von dort ins Gefängnis geschmuggelt.

Für die Richtigkeit dieser Angaben von Volker Speitel
und Hans-Joachim Dellwo spricht vor allem, dass erst
aufgrund ihrer Aussagen im 7. Stock des Stammheimer
Gefängnisses die dritte Waffe gefunden wurde, und zwar in
einer leeren Zelle, die zuvor von dem RAF-Angehörigen
Helmut Pohl belegt war. Wegen ihrer Beteiligung an diesen
Schmuggelaktionen werden nicht nur die Kuriere Speitel
und Dellwo, sondern auch die Rechtsanwälte Arndt Müller
und Armin Newerla wegen Unterstützung der RAF rechtskräftig zu Freiheitsstrafen verurteilt.[46]

> Als die Schmuggelaktionen der Anwaltskanzlei
> Croissant im Herbst 1977 bekannt werden, reagiert der
> Bundesgesetzgeber und führt mit Wirkung ab
> 14.4.1978 die »**Trennscheibe**« ein. Danach sind in
> Terrorismus-Verfahren »bei Gesprächen zwischen dem
> Beschuldigten und dem Verteidiger Vorrichtungen
> vorzusehen, die die Übergabe von Schriftstücken und
> anderen Gegenständen ausschließt«. Außerdem werden
> ab sofort bei allen Terrorismusverfahren die Akten der
> Verteidiger beim Betreten des Gerichtsgebäudes –

[46] Gegen Volker Speitel wird eine Freiheitsstrafe von drei Jahren und
zwei Monaten verhängt, gegen Hans-Joachim Dellwo von zwei Jahren,
gegen Arndt Müller von vier Jahren und acht Monaten sowie gegen
Armin Newerla von drei Jahren und sechs Monaten.

> wie bei Kontrollen auf den Flughäfen – durchleuchtet, um
> das Schmuggeln von Gegenständen zu verhindern.

Die Einstellung des Todesermittlungsverfahrens

Entsprechend der Bewertung der Gerichtsmediziner und aufgrund der Ergebnisse der weiteren Untersuchungen wird das Ermittlungsverfahren wegen des Todes von Baader, Ensslin und Raspe sowie wegen der Verletzungen von Irmgard Möller durch Verfügung der Staatsanwaltschaft Stuttgart vom 18.4.1978 eingestellt, weil ein Verschulden Dritter nicht festgestellt werden konnte.

Gleichwohl behaupten Sympathisanten der RAF und einzelne ihrer Verteidiger weiterhin und immer wieder, die »Stammheimer« seien vom Staat umgebracht worden. Mich überrascht dabei, wie groß der Anteil jener ist, die diese Mär von der Ermordung durch den Staat glauben. Geradezu entsetzt bin ich, als ich mit meiner Familie im Sommer 1978 Urlaub an der französischen Atlantikküste mache und mir ein Franzose anerkennend auf die Schulter klopft und dazu bemerkt, das hätten wir toll gemacht, wie wir die RAF-Häftlinge liquidiert hätten. Ich kann in solchen Situationen nur erklären, dass dies in meinen Augen einen der schlimmsten Vorwürfe darstellt, den man Staatsbediensteten machen kann, weil unser Staat gegenüber Inhaftierten – auch wenn sie Terroristen sind – eine Fürsorgepflicht hat und alles daransetzen muss, dass diesen kein Unheil geschieht.

Umso mehr bin ich deshalb erfreut, als im Jahr 1990 mehrere ehemalige RAF-Mitglieder, die aus der Terrorgruppe ausgestiegen und in die DDR übergewechselt waren, als Kronzeugen erklären, es sei innerhalb der RAF unstrittig gewesen, dass sich Andreas Baader, Gudrun Ensslin und Jan-Carl Raspe am 18.10.1977 selbst getötet haben und dass es für diese gezielte

Selbstmordaktion innerhalb der RAF sogar den Spezialbegriff **»suicide action«** gegeben habe. Damit – so meine ich zu diesem Zeitpunkt – müsste die Behauptung, der Staat habe die »Stammheimer« umgebracht, ein für alle Mal vom Tisch sein.

So kann man sich täuschen. Im Jahr 2007 schreibt DER SPIEGEL unter Hinweis auf mehrere Fakten, die Zellen der Stammheimer RAF-Häftlinge seien in der Todesnacht möglicherweise abgehört worden, weshalb es sein könne, dass die Selbstmorde quasi »unter den Ohren« von Staatsbediensteten verübt worden seien, ohne dass diese helfend eingegriffen hätten. Diese Denkvariante enthält in meinen Augen einen ähnlich schwerwiegenden Vorwurf wie die behauptete aktive Tötung der RAF-Gefangenen, nämlich den Tod der Häftlinge durch schuldhaftes, ja strafbares Unterlassen verursacht zu haben. Mit Verfügung vom 24.9.2008 stellt die Staatsanwaltschaft Stuttgart aber fest, dass in Bezug auf die vom SPIEGEL für möglich gehaltenen Abhörmaßnahmen keine Anhaltspunkte dafür ersichtlich sind.

Und ein weiteres und vielleicht letztes Mal: Am 18.12.2012 beantragen Gottfried Ensslin, der Bruder von Gudrun Ensslin, und ein Schriftsteller die Wiederaufnahme des Todesermittlungsverfahrens, weil es neue Erkenntnisse gäbe, welche die bisherige Position der Staatsanwaltschaft in Frage stellen würden. Als Beweis wird vor allem ein bisher unbekanntes Vernehmungsprotokoll vorgelegt, wonach der einzige Wachtmeister, der in der Todesnacht Dienst im 7. Stock des Stammheimer Gefängnisses hatte, entgegen seiner sonstigen Aussagen zugegeben habe, die Station über mehrere Stunden verlassen zu haben und deshalb keine Angaben über mögliche Personen machen könne, welche die RAF-Gefangenen getötet bzw. schwer verletzt haben könnten. Diesem Wiederaufnahmeantrag wird aber durch

78

Verfügung der Staatsanwaltschaft Stuttgart vom 11.4.2013 nicht entsprochen, weil in Bezug auf die Todesnacht vom 18.10.1977 weiterhin keine Anhaltspunkte für ein Verschulden Dritter bestünden und weil sich das erwähnte, angeblich bisher unbekannte Vernehmungsprotokoll als Fälschung erwiesen habe.

Zurück ins Jahr 1977 ...

Der Croissant-Prozess und der Weg in die Bundesanwaltschaft

Rechtsanwalt Croissant, der im Sommer nach Frankreich geflüchtet war und Asyl beantragt hatte, wird dort am 30.9.1977 – also mitten in der Zeit der Schleyer-Entführung – verhaftet. Gegen ihn bestehen in der Bundesrepublik inzwischen zwei Haftbefehle, und zwar nicht nur jener der Staatsanwaltschaft Stuttgart wegen des Info-Systems der RAF, sondern noch ein weiterer der Bundesanwaltschaft wegen Beteiligung an RAF-Attentaten während der von ihr so bezeichneten »Offensive 77«. Ich kann nicht verhehlen, dass ich ein wenig darauf hoffe, dass der Haftbefehl der Bundesanwaltschaft gewichtiger als unserer ist und mir so der sicher nicht einfache Croissant-Prozess samt Gefährdungseinstufung und Schutzmaßnahmen erspart bleibt. Die französische Justiz entscheidet aber ganz anders: sie lehnt zwar den Asylantrag von Croissant ab, gibt aber nur dem Haftbefehl der Staatsanwaltschaft Stuttgart statt und liefert Croissant unter dieser Prämisse am 17.11.1977 an die Bundesrepublik aus. Damit ist klar, dass ich als zweiter Staatsanwalt die Anklage in der Hauptverhandlung gegen Rechtsanwalt Croissant vertreten werde.

Unserem Behördenleiter, Generalstaatsanwalt Schüle, kommen wohl noch einmal kurz und vorübergehend Bedenken, ob ich für diese Aufgabe überhaupt geeignet bin. Der Grund: Bei einer Feier unserer Abteilung sitze ich neben ihm und deute auf seine Frage, ob ich einer Studentenverbindung angehöre, an, dass ich gewisse Zweifel habe, ob solche Verbindungen noch zeitgemäß sind. Am nächsten Tag erfahre ich von unserem Abteilungsleiter, dass Herr Schüle ihn wohl im Anschluss an unser Gespräch gefragt habe: »Ist der Pflieger denn ein Linker?«

80

Gefährdungseinstufung und Schutzmaßnahmen

Zu den ersten Maßnahmen, die im Vorfeld des anstehenden Croissant-Prozesses getroffen werden, gehört, dass mich das Landeskriminalamt Baden-Württemberg nach einer Bewertung der aktuellen Sicherheitslage in eine Gefährdungsstufe eingruppiert sowie für meine Familie und mich u.a. folgende Schutzmaßnahmen festlegt:

- die Begleitung durch drei Polizeibeamte des für meinen Wohnort Sindelfingen zuständigen Personen- und Objektschutzes bei allen regelmäßigen Terminen, etwa bei Fahrten ins Büro oder zum Prozess, aber auch bei meinem wöchentlichen Fußballtraining;

- die unregelmäßige Bestreifung und Beobachtung unserer Wohnung;

- der Einbau einer schusshemmenden Eingangstür zu unserer Wohnung sowie einer Kamera mit Monitor zur Beobachtung des Hauseingangs;

- die Einrichtung einer direkten Notalarmverbindung zum nächsten Polizeirevier.

Ich kann nicht bestreiten, dass mich diese Schutzmaßnahmen doch beeindrucken, weil sie mir suggerieren, dass ich wohl nicht unerheblich gefährdet bin, was ich aber subjektiv nicht so empfinde. Zwei Maßnahmen gehen mir aber in die Magengegend:

Zum einen bittet mich die Polizei zu erkennungsdienstlichen Maßnahmen, wie sie bei der Festnahme von Tatverdächtigen üblich sind, also Fotoaufnahmen von allen Seiten sowie die Abgabe von Fingerabdrücken. Damit soll – so sagt man mir – eine Identifizierung ermöglicht werden, falls ich in die Hände von Terroristen fallen sollte. Dazu gehört auch, dass ich um eine Stimm- und eine Schriftprobe gebeten werde, ich also ein paar Sätze auf Tonband spreche und zu Papier bringe.

Zum anderen beantragt die Staatsanwaltschaft Stuttgart mit Schreiben vom 31.1.1978 eine Dienstpistole für mich,

```
Betreff:   Strafverfahren
           gegen Dr. Klaus   C r o i s s a n t
           hier: Erteilung einer waffenrechtlichen Bescheinigung
                 und Überlassung einer Dienstpistole
Referent:  Staatsanwalt Pflieger (App. 4101)
Beilagen: ✓ O
           ✓ (1 Berichtsabdruck für den Herrn Generalstaatsanwalt
             bei dem Oberlandesgericht)


Aus Sicherheitsgründen beantrage ich für Staatsanwalt
Klaus Pflieger, der an der Hauptverhandlung gegen Dr. Croissant
teilnehmen wird, eine Bescheinigung zum Führen von Schußwaffen
sowie Überlassung einer Dienstpistole (Walther PP-Super,
Cal. 9 x 18).
```

wie sie auch meine polizeilichen Begleitschützer tragen. Eigentlich hatte ich nach meiner Zeit bei der Bundeswehr vor, möglichst keine Waffe mehr anzurühren. Aber die Polizei überzeugt mich mit dem Argument, dass es im Falle eines terroristischen Überfalls besser sei, wenn nicht nur drei Polizeibeamte, sondern mit mir vier Personen schießen könnten. Am meisten überzeugt mich in diesem Zusammenhang aber eine Äußerung von Eberhard Foth, der seit dem Baader-Meinhof-Prozess ebenfalls bewaffnet ist und sinngemäß zum Ausdruck bringt, dass die Täter ihn im Falle einer geplanten Geiselnahme – anders als Hanns-Martin Schleyer – nicht lebend in ihre Gewalt bekommen werden. Tatsächlich erhalte ich alsbald die beantragte Pistole und übe auch regelmäßig mit den Beamten des Personen- und Objektschutzes.

Was mir und meiner Familie im Zusammenhang mit den Schutzmaßnahmen besonders schwerfällt, ist die Empfehlung der Polizei, ich solle unser »Mäxle«, einen schwarzen Zwergschnauzer, nicht mehr regelmäßig Gassi führen. Deshalb ringen wir uns schließlich und schweren Herzens dazu durch, den kleinen Kerl für die Dauer des

Croissant-Prozesses bei meinen Schwiegereltern in Pension zu geben.

Nicht uninteressant sind für mich die Reaktionen unserer Nachbarn, denen die polizeilichen Maßnahmen natürlich nicht verborgen bleiben. Die meisten freuen sich, weil ihr Sicherheitsgefühl – etwa in Bezug auf drohende Einbruchsdiebstähle – wegen der Polizeipräsenz gestiegen sei. Andere meinen eher im Spaß, sie müssten jetzt verstärkt darauf achten, nicht betrunken Auto zu fahren. Einer, der gute 150 Meter entfernt wohnt, lässt mich wissen, wegen meiner Person fühle er sich jetzt selbst gefährdet und sein Grundstück sei wohl im Wert deutlich gemindert.

Der Croissant-Prozess

Am 9.3.1978 beginnt im Mehrzweckgebäude der Prozess gegen Rechtsanwalt Croissant. Wir vertreten zu zweit die Anklage. Schon bei der Zufahrt in das Gefängnisareal – meine Begleitschützer müssen sich mit dem Fahrzeug mühsam durch einen Pulk von Zuschauern drängen, die auf ihren Einlass in das Gerichtsgebäude warten – wird mir deutlich, dass wir mit Publikum rechnen müssen, das mit der RAF und den Angeklagten sympathisiert und uns Anklägern gegenüber nicht gerade freundlich eingestellt ist.

Beim Betreten des Sitzungssaals läuft mir ein kleiner Schauer über den Rücken. Ich kenne zwar die Atmosphäre dieses Raumes von meinen kurzen Besuchen des Baader-Meinhof-Prozesses. Nun sehe ich den Saal von der leicht erhöhten Position der Anklagevertreter und kann mir nur schwer vorstellen, diesen Raum über längere Zeit hinweg zwei Mal in der Woche ertragen zu müssen.

Der 12. Strafkammer des Landgerichts Stuttgart gehören drei Berufsrichter sowie zwei Schöffen an. Daneben sitzen zusätzlich ein Ergänzungsrichter und ein Ergänzungsschöffe, die  jeweils zum Einsatz kommen sollen, falls bei der erwartet langen Prozessdauer ein Richter oder ein Schöffe ausfallen sollte. Uns Anklägern gegenüber hat der Angeklagte Croissant seinen Platz, direkt vor ihm in der Reihe darunter seine drei Wahlverteidiger sowie ein Pflichtverteidiger. Solche Pflichtverteidiger waren auch im Baader-Meinhof-Prozess zur Verfahrenssicherung bestellt worden, falls die Wahlverteidiger ihr Mandat niederlegen sollten. Sie waren deshalb von den Angeklagten als »Zwangsverteidiger« beschimpft worden.

Die Hauptverhandlung beginnt mit zahlreichen Zuhörern, darunter ersichtlich auch französische Freunde des Angeklagten. Streitpunkt des ersten Prozesstages ist die vom Vorsitzenden angeordnete Durchsuchung der Verteidiger beim Betreten des Gerichtsgebäudes. Hintergrund ist die Erkenntnis, dass gerade Rechtsanwälte aus der Kanzlei von Croissant Gegenstände – darunter auch jene Waffen, mit denen sich die RAF-Häftlinge erschossen haben – in das Mehrzweckgebäude geschmuggelt hatten. Deshalb werden jetzt in solchen Prozessen nicht nur die Verteidiger selbst durchsucht, sondern auch ihre Akten durchleuchtet, um weitere Schmuggelaktionen zu unterbinden.[47]

---

[47] Vgl. S. 76 f.

84

Die ersten Verhandlungswochen sind in erster Linie der Frage gewidmet, wie weit das französische Auslieferungsdekret den Prozessgegenstand eingrenzt.

> Nach dem sog. **Prinzip der Spezialität** kann ein Ausgelieferter nur wegen solcher Straftaten zur Rechenschaft gezogen werden, für die und deren Umfang eine Auslieferung bewilligt worden ist.

Schließlich stellt das Gericht fest, dass Croissant nicht wegen jener Papiere des Info-Systems strafrechtlich belangt werden kann, die sich unmittelbar mit der Einhaltung, Befolgung und Durchführung von Hunger- und Durststreiks der RAF-Häftlinge befassen. Als Gegenstand des Prozesses verbleibt somit der Vorwurf, der Angeklagte habe die RAF dadurch unterstützt, dass er

- am Aufbau und Betrieb des Info-Systems mitgewirkt und dabei auch terroristische Schulungsprogramme verbreitet habe;

- Schriftenmaterial zur Disziplinierung der RAF-Gefangenen weitergeben habe, darunter Aufforderungen zur Selbstkritik und Androhungen, vom Info-System ausgeschlossen zu werden.

Parallel zu unserem Croissant-Prozess wird wegen des im Wesentlichen identischen Vorwurfs vor dem Hanseatischen Oberlandesgericht Hamburg auf die Anklage der Bundesanwaltschaft hin gegen Rechtsanwalt Kurt Groenewold verhandelt. Entsprechend der Bitte unseres Behördenleiters fahre ich deshalb im Frühsommer 1978 mit meinen polizeilichen Begleitschützern nach Hamburg, um das Plädoyer der Sitzungsvertreter der Bundesanwaltschaft zu verfolgen. Kurz darauf – am 10.7.1978 – wird Rechtsanwalt Groenewold wegen Unterstützung der RAF zu der höchstmöglichen Bewährungsstrafe, nämlich zu einer Freiheitsstrafe von zwei Jahren mit Bewährung, verurteilt.[48]

Unter meinen polizeilichen Begleitschützern, die mir mehr und mehr ans Herz wachsen und die fast zur Familie gehören, befindet sich auch ein Beamter, der verschiedene Episoden unserer gemeinsamen Zeit zeichnerisch festhält, etwa unsere Fahrt nach Hamburg, aber auch dieses Ereignis: Eines Morgens gebe ich unser privates Auto zur Inspektion. Beim Aussteigen muss mir meine Pistole aus der Hose gerutscht sein, was ich aber erst abends bei der Heimfahrt bemerke. In der Werkstatt kommt mir schon der dortige Chef mit der Bemerkung entgegen »Ich glaube, Sie haben etwas vergessen«.

Gegen Ende des Croissant-Prozesses ereignet sich während der laufenden Verhandlung ein schrecklicher Vorfall. Das Gericht ist gerade dabei, den Zeugen Kurt Breucker (einen der Richter des Baader-Meinhof-Prozesses) zu vernehmen, als wir plötzlich registrieren, dass der Vorsitzende des Gerichts keine weiteren Fragen stellt und seine Stirn auf der Richterbank liegt, als ob er unter dem Tisch etwas suchen würde. Erst nach einer Schrecksekunde wird uns klar, dass er ohnmächtig geworden ist. Sofort wird er in ein Stuttgarter Krankenhaus gebracht, wo man bei ihm einen schweren Schlaganfall registriert, der letztlich nicht lebensbedrohlich ist, aber verhindert, dass er an der weiteren Hauptverhandlung teilnehmen kann. Den Vorsitz übernimmt nun

---

[48] Gegen Hans-Christian Ströbele wird später wegen desselben Vorwurfs eine Freiheitsstrafe von zehn Monaten auf Bewährung verhängt.

sein Stellvertreter und der Ergänzungsrichter rückt in die Strafkammer nach.

In unserem Plädoyer, das wir Ende Januar 1979 vortragen, weisen wir vor allem darauf hin, dass im Hinblick auf den Inhalt des Info-Systems – mit minutiösen Anweisungen zur Herstellung von Zeitbomben, über Pläne für Terroranschläge und Gefangenenbefreiung bis zu einem regelrechten Schulungsprogramm – von der behaupteten Wahrnehmung von Verteidigungsinteressen keine Rede sein könne. Abschließend stellen wir den Antrag, gegen den Angeklagten eine Freiheitsstrafe von dreieinhalb Jahren sowie das höchstmögliche Berufsverbot von fünf Jahren zu verhängen.

Am 16.2.1979 verkündet die Strafkammer nach 73 – mir endlos erscheinenden – Prozesstagen ihr Urteil: Klaus Croissant wird wegen Unterstützung der RAF zu der Freiheitsstrafe von zweieinhalb Jahren sowie zu einem vierjährigen Berufsverbot verurteilt. In ersten Kommentaren der Presse ist zu lesen, dass dies ein überaus strenges Urteil sei, weil es trotz des ähnlichen Tatvorwurfs deutlich über der Strafe gegen Rechtsanwalt Groenewold liege, obwohl dessen Verfahren wegen der Beteiligung der Bundesanwaltschaft zunächst als gewichtiger eingeschätzt worden sei.

Da wir Staatsanwälte eine höhere Bestrafung gefordert hatten, legen wir alsbald gegen die gerichtliche Entscheidung Revision ein, die ich später mit Schreiben vom 20.7.1979 begründe. Zur Revisionsverhandlung vor dem Bundesgerichtshof fahre ich im Herbst 1979 nach Karlsruhe und erlebe dort die erhabene Verhandlungsatmosphäre dieses Gerichts. Wenige Tage später erhalten wir die Mitteilung, dass nicht nur die Revision des Angeklagten, sondern auch die der Staatsanwaltschaft verworfen wurde. Damit hat das Croissant-Verfahren seinen rechtskräftigen Abschluss gefunden.

Anfang Dezember 1979 wird es in dieser Sache noch einmal interessant, ja fast skurril. Croissant hat nämlich die gegen ihn verhängte Freiheitsstrafe unter Anrechnung der erlittenen Untersuchungs- und Auslieferungshaft fast vollständig verbüßt hat und seine Haftentlassung steht aus unserer Sicht zum **7.1.1980** an. Croissant verlangt aber, bereits vor Weihnachten entlassen zu werden, weil er unter die sog. **Weihnachtsamnestie** falle. Dies lehnt die Vollstreckungsrechtspflegerin der Staatsanwaltschaft Stuttgart mit der Begründung ab, der vom Justiz- ministerium Baden-Württemberg festgelegte Amnestie- zeitraum ende – wie in den vergangenen Jahren häufig – am 6.1.1980, betreffe also nur Häftlinge, die bis zu diesem **6.1.1980** entlassen würden.

> Zur Berechnung des Entlassungsdatums erklärt mir die Rechtspflegerin: Ausgangspunkt sei der Zeitpunkt, zu dem das Urteil rechtskräftig geworden sei – bei Croissant also der Herbst 1979. Zu diesem Datum werde dann die verhängte Strafe **vorwärts hinzugezählt**, um das Ende der Strafzeit zu errechnen – bei der verhängten zweieinhalbjährigen Freiheitsstrafe komme man so bei Croissant auf das Frühjahr 1982. Von diesem Datum würden die anzurechnenden Untersuchungs- und Auslieferungshaftzeiten **rück- wärts abgerechnet**, was bei dem Häftling Croissant den 7.1.1980 als Entlassungstag ergeben würde.

Auf Croissants Beschwerde kommt das Gericht aber zu dem Ergebnis, dass der Häftling bereits am **6.1.1980** entlassen werden müsste, also doch unter die Weihnachtsamnestie falle. Croissant werde nämlich bei dieser Methode des Vor- und Rückwärtsrechnens durch den 29.2. des Schaltjahres 1980 benachteiligt, weshalb man diesen 29.2.1980 gedanklich streichen müsse und so auf einen Tag früheren Entlassungstermin komme. Natürlich glaube ich nicht ernsthaft, dass das Ministerium auch bei dieser Auslegung den Amnestiezeitraum anders festgelegt hätte.

Nach seiner Haftentlassung und dem Ablauf des gegen ihn verhängten vierjährigen Berufsverbots bekommt Klaus Croissant seine Anwaltszulassung wieder, aber nicht in Baden-Württemberg, sondern in Westberlin. Ab 1981 ist er unter der Bezeichnung »IM Thaler« als Inoffizieller Mitarbeiter für das Ministerium für Staatssicherheit der DDR tätig. Als dies nach der Wende bekannt wird, muss Croissant erneut vor Gericht. Durch Urteil des Kammergerichts Berlin vom 4.3.1993 wird er wegen Agententätigkeit für die DDR zu einer Freiheitsstrafe von 21 Monaten mit Bewährung verurteilt. Am 28.3.2002 stirbt Klaus Croissant in Berlin nach langer Krankheit im Alter von 71 Jahren.

Der Weg in die Bundesanwaltschaft

Anfang Juli 1979 verlässt mein Sitzungskollege im Croissant-Prozess die Staatsanwaltschaft und wechselt zu Gericht, weshalb ich sein Referat 10 übernehme, das vorrangig für sog. Staatsschutzverfahren und Vorgänge mit politischem Bezug zuständig ist. U.a. bearbeite ich:

- die gewalttätigen Auseinandersetzungen im Zusammenhang mit der Beerdigung der RAF-Mitglieder Baader, Ensslin und Raspe am 27.10.1977, bei denen mehrere Demonstranten und Polizeibeamte verletzt wurden;
- Ende 1979 die Strafanzeige des CDU/CSU-Kanzlerkandidaten Franz Josef Strauß gegen einen Stuttgarter Buchhändler, der in seinem Schaufenster u.a. ein Plakat mit dem Text »Stoppt Strauß. ... Wer Strauß wählt, wählt Reaktion, Faschismus und Krieg« ausgestellt hatte; diese Formulierung wird letztlich vom Landgericht als gerade noch zulässige Meinungsäußerung bewertet;
- als Sitzungsvertreter für die Generalstaatsanwaltschaft Stuttgart das Verfahren gegen fünf Angehörige einer Druckerei, die u.a. Plakate mit der Behauptung, die Sicherheitsbehörden hätten die RAF-Gefangenen in Stammheim ermordet, hergestellt und verbreitet hatten und deshalb im März 1980 wegen Werbung für eine terroristische Vereinigung zu Freiheitsstrafen zwischen eineinhalb und zwei Jahren verurteilt werden.

»20%-er« der Bundesanwaltschaft

Mit der Tätigkeit in diesem Dezernat verbunden ist die Übernahme einer Aufgabe, die mein Sitzungskollege im Croissant-Prozess bisher wahrgenommen hatte, nämlich eine **Teilabordnung an die Bundesanwaltschaft**.

Mit Wirkung ab 16.7.1979 werde ich mit ca. 20 % meiner Arbeitskraft an die Behörde des Generalbundesanwalts in Karlsruhe abgeordnet, wobei ich diese Aufgabe von Stuttgart aus wahrnehmen soll. Damit bin ich einer von insgesamt 24 Staatsanwälten aus dem gesamten Bundesgebiet, die an die Bundesanwaltschaft teilabgeordnet sind und die als »die 20%-er« bezeichnet werden. Sie alle stammen von einer Staatsanwaltschaft am Ort der 24 Oberlandesgerichte – in Baden-Württemberg also aus Karlsruhe und Stuttgart. Sie haben die Aufgabe, für die Bundesanwaltschaft schnell und kurzfristig tätig zu werden, wenn in ihrem Heimatbereich eine Ermittlungsmaßnahme aus dem Bereich des Terrorismus – etwa die Durchsuchung der Haftzelle eines RAF-Gefangenen – zu vollziehen ist. Mit dieser »schnellen Eingreiftruppe«, wie ich sie bezeichnen möchte, soll vor allem die Zeit überbrückt werden, bis »Der Generalbundesanwalt beim Bundesgerichtshof« – wie die offizielle Bezeichnung der Behörde lautet[49] – mit einem Sachbearbeiter vor Ort vertreten ist.

---

[49] Die Staatsanwaltschaften im Bundesgebiet orientieren sich bei ihrer Bezeichnung an dem Gericht, dem sie nach dem Gerichtsverfassungsgesetz (GVG) zugeordnet sind, also z. B. »Die Staatsanwaltschaft bei dem Landgericht Stuttgart«. Persönlich dem Behördenleiter zugeordnet sind dagegen die Behördenbezeichnungen bei der Generalstaatsanwaltschaft und der Bundesanwaltschaft, also zum Beispiel »Der Generalstaatsanwalt beim Oberlandesgericht Stuttgart« oder »Der Generalbundesanwalt beim Bundesgerichtshof«. 1986 wird in nahezu allen Bundesländern bei der Bezeichnung der Staatsanwaltschaften der Gerichtsbezug und der Bezug zum Behördenchef gestrichen. Die Behörden heißen jetzt z. B. »Staatsanwaltschaft Stuttgart« oder »Generalstaatsanwaltschaft Stuttgart«. Dagegen behält »Der Generalbundesanwalt beim Bundesgerichtshof« diese Behördenbezeichnung bei. Gleichwohl möchte ich vorrangig in Bezug auf seine Behörde von der »Bundesanwaltschaft« sprechen.

Im November 1979 findet in Karlsruhe die für mich erste Besprechung mit allen 20%-ern statt, wo ich u.a. die Kollegen Rainer Griesbaum aus Karlsruhe und Nickolaus Görlach aus München kennenlerne. Erstmals begegne ich auch **General-bundesanwalt Rebmann**, der mir aus meinen beruflichen Anfängen als Amtschef des Justizministeriums Baden-Württemberg ein Begriff ist, erst recht natürlich, weil er am 1.6.1977 Nachfolger des ermorde-ten Generalbundesanwalts Buback wurde. Ich bin zutiefst beeindruckt, dass »der GBA« – wie er abgekürzt bezeichnet wir – uns persönlich begrüßt, die Tagung selbst leitet und auch am gemeinsamen Abendessen teilnimmt.

»Hiwi« bei der Bundesanwaltschaft

Mitte Juli 1980 sind wir – meine Frau, unsere zwei Kinder und ich – gerade aus einem Urlaub südlich von Rom zurück und ich bin den ersten Tag wieder an meinem Arbeitsplatz, als mich unser Abteilungsleiter telefonisch zu sich bittet. Als ich bei ihm bin, bekomme ich nur diesen Satz zu hören: »Herr Schmolz will mit Ihnen reden – Sie müssen sich sofort im Ministerium melden!« Da ich Weiteres nicht erfahre, bin ich natürlich enorm gespannt, was mich bei diesem Gespräch wohl erwarten könnte, ist **Ministerialdirigent Wilhelm Schmolz** doch eine der wichtigsten Personen des Justizministeriums Baden-Württemberg und für alle Personalthemen zuständig. 15 Minuten später stehe ich im Zimmer von Herrn Schmolz. Ich ahne nicht, dass dieser Mann für mich noch überaus wichtige Weichen in meinem beruflichen Leben stellen und für mich der wichtigste Ratgeber in allen kritischen Situationen werden wird. Er kommt jetzt sofort auf den

Punkt: »Die Bundesanwaltschaft ist an Ihnen interessiert und Sie könnten – wenn Sie damit einverstanden sind – auf drei Jahre an die Behörde nach Karlsruhe abgeordnet werden.«

Ich bin nach diesem Satz wie vom Blitz gerührt, weil ich auf alles Mögliche, aber nicht auf dieses Angebot gefasst war, zumal von der Staatsanwaltschaft Stuttgart in langen Jahren nur ein einziger Staatsanwalt – ein absolutes Ass – an die Bundesanwaltschaft abgeordnet worden war. Deshalb bin ich zwischen Euphorie wegen des schmeichelhaften Angebots und Zweifeln, ob ich dieser Aufgabe, auf »Bundesliga-Niveau« tätig zu sein, überhaupt gewachsen bin, emotional hin- und hergerissen. Mehr als dankbar bin ich, als Ministerialdirigent Schmolz mir sagt, dass ich mich nicht sofort, spätestens aber in zwei Tagen entscheiden müsse und das Angebot zuvor in aller Ruhe bedenken und vor allem auch mit meiner Frau besprechen solle.

Schon am nächsten Morgen sage ich Herrn Schmolz zu, nachdem unsere abendliche Diskussion gezeigt hat, dass mich die Aufgabe doch sehr reizt und meine Frau auch keine Bedenken äußert. Schon kurz darauf erhalte ich ein Schreiben des Justizministers, mit welchem ich für die Zeit »vom 15. August 1980 bis 14. August 1983« an die Bundesanwaltschaft in Karlsruhe abgeordnet werde. Gleichzeitig wird mir das »Amt eines Staatsanwalts (Gruppenleiter)« übertragen, das der Aufgabe eines Ersten Staatsanwalts entspricht. Leider ist die wohlklingende Bezeichnung »Erster Staatsanwalt« kurz vorher abgeschafft und durch den »Staatsanwalt als Gruppenleiter« ersetzt worden. Gleichwohl freue ich mich über diese erste Beförderung sehr, ist sie doch auch mit einer Amtszulage verbunden.

Am 15.8.1977 stelle ich mich in Karlsruhe bei General- bundesanwalt Rebmann vor, um meinen Dienst bei der

Bundesanwaltschaft anzutreten. Zuerst erfahre ich, dass ich in der Terrorismusabteilung, und zwar als »Hiwi« im Referat II 5, eingesetzt werde.

Die Bundesanwaltschaft ist zu dieser Zeit in drei Abteilungen untergliedert, die für strafrechtliche Revisionen zum Bundesgerichtshof, für Terrorstraftaten und für Spionagefälle zuständig sind. Die Terrorismusabteilung II, die von **Bundesanwalt – Abteilungsleiter – Gerhard Löchner** geleitet wird, besteht aus sieben Referaten, deren Zuständigkeit nach Tatkomplexen und einzelnen Beschuldigten aufgeteilt ist. An der Spitze der einzelnen Referate steht jeweils ein Bundesanwalt; dahinter folgen ein oder zwei Oberstaatsanwälte beim Bundesgerichtshof als Planbeamte und zwei bis drei per Abordnung als wissenschaftliche Hilfskräfte tätige Staatsanwälte (kurz Hiwis genannt). Die rund 20 Hiwis werden bei der Bundesanwaltschaft – anders als beim Bundesgerichtshof oder beim Bundesverfassungsgericht – nicht als bloße Zuarbeiter, sondern als sachbearbeitende Dezernenten eingesetzt.

Interessant ist, dass mir Generalbundesanwalt Rebmann mit den Worten »das Referat II 5 von Bundesanwalt Zeis

ist ein besonders gutes« geradezu zu meinem neuen Tätigkeitsfeld gratuliert. Dies bestätigt sich kurz darauf, als ich von **Bundesanwalt Peter Zeis** und seiner Mannschaft begrüßt werde. Zeis ist mir natürlich aus dem Baader-Meinhof-Prozess bekannt, wo er der Wortführer der Bundesanwaltschaft und Gegenspieler von Rechtsanwalt Schily war. Sein Stellvertreter ist ein Oberstaatsanwalt beim Bundesgerichtshof, dem in der Hierarchie – mit mir – drei Hiwis folgen. Die Begrüßung ist ausgesprochen herzlich, aber auch überraschend direkt. So erfahre ich gleich, dass je zwei Referatsmitglieder bekennende SPD- bzw. CDU-Mitglieder bzw. -Anhänger sind, worauf mir nichts anderes übrigbleibt, als zu erklären, dass ich die jetzt regierende SPD-FDP-Koalition für gut halte. Anhand des Geschäftsverteilungsplans wird mir auch sofort gezeigt, dass das Referat mit zwei ganz aktuellen Fällen, aber auch mit weiteren Ermittlungsverfahren befasst ist:

- Zum einen finde gerade der Strafprozess gegen die RAF-Mitglieder Christof Wackernagel und Gert Schneider vor dem Oberlandesgericht Düsseldorf statt, in dem zwei Referatskollegen die Anklagevertreter seien, wobei in Bälde ein Urteil erwartet werde.[50]

- Zum anderen werde im Ermittlungsverfahren gegen die am 5.5.1980 in Paris verhaftete RAF-Angehörige Sieglinde Hofmann zurzeit die Anklageschrift zum Oberlandesgericht Frankfurt/Main wegen Beteiligung an der versuchten Entführung mit Todesfolge von Jürgen Ponto gefertigt.[51]

- Grundsätzlich sei das Referat für die Bearbeitung aller linksterroristischen Straftaten in Baden-Württemberg und Bayern zuständig.

---

[50] Wackernagel und Schneider werden kurz danach durch Urteil vom 5.9.1980 wegen ihrer Beteiligung an einer Schießerei am 10.11.1977 in Amsterdam, bei der drei niederländische Polizeibeamte erheblich verletzt wurden, jeweils zu Freiheitsstrafen von 15 Jahren verurteilt.

[51] Da Sieglinde Hofmann von Frankreich in Bezug auf das Ponto-Attentat nicht wegen Mordes, sondern nur wegen versuchter Entführung mit Todesfolge ausgeliefert wurde, kann sie aufgrund des Spezialitätsprinzips (siehe S. 85) nur in dieser eingeschränkten Form angeklagt werden. Dementsprechend wird sie durch Urteil des Oberlandesgerichts Frankfurt/Main vom 16.6.1972 auch nicht zu einer lebenslangen, sondern nur zur höchstmöglichen zeitigen Freiheitsstrafe von 15 Jahren verurteilt.

- Außerdem bearbeite das Referat mehrere Tatkomplexe, etwa das Attentat auf Jürgen Ponto, den versuchten Raketenwerferanschlag auf die Bundesanwaltschaft und die Entführung der Lufthansa-Maschine »Landshut«.

- Schließlich sei das Referat für mehrere gesuchte Terrorverdächtige zuständig, darunter die RAF-Mitglieder Brigitte Mohnhaupt, Christian Klar und Peter-Jürgen Boock, aber auch für Souhaila Andrawes Sayeh, die einzige überlebende Attentäterin der Landshut-Entführung.[52]

So freundlich die Begrüßung im Referat II 5 ist, so überrascht bin ich von der ausgesprochen bescheidenen Unterbringung der Mitarbeiter der Bundesanwaltschaft in einem älteren Gebäude auf dem Gelände des Bundesgerichtshofs an der Herrenstraße. Nahezu alle Hiwis sind in Doppelbüros untergebracht, was ich selbst als Assessor in Stuttgart nicht gewohnt war. Die Raumgröße bei den Schreibkräften erinnert mich stark an den Begriff »Käfighaltung«. So ist das Zimmer von **Frau Bitzer**, die für mich schreibt und bei Vernehmungen die Protokollführerin ist, geschätzte vier Quadratmeter groß. Ich habe aber den Eindruck, dass gerade diese Enge zu einer besonders intensiven Zusammenarbeit zwischen allen Behördenangehörigen und zu einem außergewöhnlich guten Betriebsklima führt. Dazu gehört aus meiner Sicht vor allem auch, dass Generalbundesanwalt Rebmann ganz

---

[52] Sayeh wurde nach ihrer Festnahme am 18.10.1977 in Mogadischu von einem somalischen Gericht zu 20 Jahren Freiheitsstrafe verurteilt, aber bereits Ende Oktober 1978 wieder entlassen. Am 13.10.1994 wird sie in Oslo verhaftet und nach ihrer Auslieferung am 19.11.1996 vom Hanseatischen Oberlandesgericht Hamburg unter Anwendung der Kronzeugenregelung (vgl. S. 177 ff.) zu einer Freiheitsstrafe von 12 Jahren verurteilt (vgl. S. 215).

entscheidend zu dem »Wir-Gefühl« der Bundesanwaltschaft beiträgt, in dem er z.B. jeden Mitarbeiter zum Geburtstag aufsucht und ein persönliches Gespräch mit ihm führt. Gegenüber unserem sehr bescheidenen Gebäude liegt das beeindruckende **Erbgroßherzogliche Palais**, in welchem Richter des Bundesgerichtshofs, aber auch Generalbundesanwalt Rebmann residieren.

Die Enge empfinde ich auch in dem kleinen Zimmer, das ich in Karlsruhe angemietet habe, das ich aber nur in Ausnahmefällen benutze und deshalb fast jeden Tag mit dem Auto die rund 150 km von unserer Wohnung in Sindelfingen zur Bundesanwaltschaft und zurück fahre. Um mir dies zu ersparen, wollen wir möglichst bald an die Bahnlinie zwischen Karlsruhe und Stuttgart ziehen.

Bei meiner Arbeit als Dezernent backe ich in den ersten Wochen bei der Bundesanwaltschaft deutlich kleinere Brötchen als meine Referatskollegen. So bin ich vor allem mit Fällen befasst, in welchen für die RAF mit Parolen wie »Freiheit für die RAF-Gefangenen« oder auch nur mit dem Schriftzug »RAF« geworben wird, was nach der aktuellen Rechtsprechung eine Straftat nach § 129 a StGB darstellt. Mit dieser Bearbeitung von nur kleineren Fällen, die in die Zuständigkeit der Bundesanwaltschaft fallen, ist für mich aber schon nach gut einem Monat Schluss.

Das Oktoberfestattentat 1980 –
ein rechtsradikaler Einzeltäter?

Am späten Abend des 26.9.1980 – einem Freitag – ereignet sich gegen 22:20 Uhr auf dem zum 146. Mal stattfindenden Münchner Oktoberfest eine schreckliche Explosion. Ort des Unglücks ist der Haupteingang zur Theresienwiese zwischen Bavariaring und Brausebadinsel. Es ist der Beginn des mittleren Wochenendes der diesjährigen »Wiesn«, an dem traditionell besonders viele Besucher gezählt werden. Rund 40 Minuten vor der Wiesn-Sperrstunde befinden sich zum Zeitpunkt der Detonation zahlreiche Besucher auf dem Heimweg und passieren dicht gedrängt den sog. Willkommensbogen. Deshalb sind die Folgen der Explosion besonders verheerend.

Als die Rettungskräfte nach kurzer Zeit eintreffen, bietet sich ihnen ein Bild der Verwüstung und des Grauens. Sie  stoßen auf eine unüberschaubare Zahl von Toten, Sterbenden und Verletzten, deren Körper zum Teil grässlich verstümmelt sind. Sieben dieser Personen sind bereits tot; weitere sechs sterben in Krankenhäusern oder auf dem Weg dorthin. Unter diesen insgesamt 13 Todesopfern (acht Männer, zwei Frauen und drei Kinder) befindet sich auch ein Geschwisterpaar im Alter von sechs und sieben Jahren. Außerdem sind 210 Menschen – unter ihnen zehn Kinder – zum Teil schwer verletzt. Bei elf von ihnen müssen Gliedmaßen amputiert und bei drei von ihnen Organe entnommen werden.

Am nächsten Morgen höre ich in den Rundfunknachrichten von dieser Explosion. Ich bin entsetzt. Mich erschüttert vor allem ein Radiointerview mit dem Vater, der seine beiden Kinder verloren hat und der unmittelbar danach – meines Erachtens noch unter Schock stehend – schildert, wie seine Tochter in seinen Armen starb und dass ihre letzten Worte waren: »Papa hilf mir doch!«

Am frühen Nachmittag dieses 27.9.1980 übernimmt die Bundesanwaltschaft die Ermittlungen zu dem Unglück in München, da aufgrund der Personenschäden und konkreter Funde vor Ort davon auszugehen ist, dass die Explosion durch das gezielte Zünden einer Sprengstoffbombe herbeigeführt wurde. Zum anderen wird die Zuständigkeit der Bundesanwaltschaft damit begründet, es hätten sich Anhaltspunkte dafür ergeben, dass das Attentat wegen der neun Tage später am 5.10.1980 stattfindenden Bundestagswahl einen politischen Hintergrund habe und es Hinweise dafür gäbe, dass die Tat von einer terroristischen Vereinigung verübt worden ist. Unter den 13 Toten des Bombenanschlags befindet sich nämlich ein 21 Jahre alter Mann namens **Gundolf Köhler**, dessen Körper durch die Bombenexplosion am schwersten geschädigt ist: Seine Arme sind jeweils ab dem Ellbogen und das linke Bein vollständig abgerissen, die Augen zerstört. Diese und weitere Verstümmelungen sowie Verbrennungen und Versengungen lassen den Schluss zu, dass sich Köhler zum Zeitpunkt der Explosion leicht nach vorne gebeugt im absoluten Detonationszentrum direkt über der Bombe befand, was den Anfangsverdacht begründet, dass er die Zündung des Sprengsatzes verursacht hat. Hinzukommt, dass alsbald bekannt wird, dass Gundolf Köhler Verbindung zu der rechtsradikalen »Wehrsportgruppe Hoffmann« unterhielt und bis Mai 1977 an paramilitärischen Übungen dieser Gruppierung teilgenommen hatte.

Bei der rechtsextremistischen **»Wehrsportgruppe Hoffmann«** um deren Anführer Karl-Heinz Hoffmann handelt es sich (nach eigenen Verlautbarungen) um einen »straff geführten Freiwilligenverband« mit einer dem »regulären Militär entsprechenden Führerstruktur« und mit »Verhaltensformen, die in gewisser Weise dem Verhalten im Untergrund arbeitender Organisationen gleicht.« Hoffmann hatte die Wehrsportgruppe 1973 gegründet, deren »Hauptquartier« ab 1978 das Schloss Ermreuth in der Nähe von Erlangen war. Am 30.1.1980 war die »Wehrsportgruppe Hoffmann« von Bundesinnenminister Gerhard Baum als verfassungsfeindlich verboten und aufgelöst worden. Anschließend setzte sich ein Teil der Gruppe in den Libanon ab.

In diesem Jahr 1980 hatte bereits eine andere rechtsextremistische Organisation durch Terroraktionen von sich reden gemacht – die **»Deutschen Aktionsgruppen«** um den Rechtsanwalt Manfred Roeder. Die von ihm gegründete Terrorgruppe verübte im Stuttgarter Raum zwei Sprengstoffanschläge, nämlich am 21.2.1980 auf das Landratsamt Esslingen und am 18.4.1980 auf das Privathaus des Esslinger Landrats. Das folgenreichste Attentat ist aber ein Brandanschlag auf ein Übergangsheim für Ausländer in Hamburg, bei dem am 22.8.1980 zwei Vietnamesen verbrannt sind. Erklärtes Ziel der »Deutschen Aktionsgruppen« ist es, die bestehende Rechtsordnung zu bekämpfen und das Deutsche Reich wieder herzustellen (Roeder: »Wer Deutscher ist, kann kein Demokrat sein und wer Demokrat ist, kann kein echter Deutscher sein! ... Ich hasse euer demokratisches System und werde es bekämpfen bis zum letzten Atemzug!«).

Parallelen des Oktoberfest-Attentats werden zu einem Bombenanschlag auf den Bahnhof der italienischen Stadt Bologna gesehen, bei dem am 2.8.1980 insgesamt 85 Menschen starben und mehr als 200 verletzt wurden.

Da innerhalb der Bundesanwaltschaft unser Referat mit den Ermittlungen zu dem Oktoberfestattentat beauftragt wird, schickt Bundesanwalt Zeis seinen Stellvertreter und einen Hiwi-Kollegen nach München, um vor Ort im Rahmen der Sonderkommission (SOKO) »Theresienwiese« des Bayerischen Landeskriminalamts die Ermittlungen zu führen. Beteiligt ist auch Oberstaatsanwalt Nickolaus Görlach, der »20%-er« von der Münchner Staatsanwaltschaft, den ich aus der Zeit kenne, als ich selbst mit einem Teil meiner Arbeitskraft an die Bundesanwaltschaft abgeordnet war. Den Hiwi-Kollegen löse ich am 29.9.1990 ab und bin in den nächsten Wochen bis Mitte Dezember hautnah in die Ermittlungsarbeit der SOKO eingebunden.

Mein erster Weg in München führt mich zum Tatort am Willkommensbogen der Theresienwiese, wo von den Auswirkungen des Attentats aber nahezu nichts mehr zu sehen ist. Bereits am Mittag nach der Tat waren die Spuren der Explosion weitestgehend beseitigt und das Oktoberfest war nahtlos fortgesetzt worden; es soll nur am 30.9. für einen Tag der Trauer unterbrochen werden. Ich fühle mich in dieser Situation stark an das Attentat während der Olympischen Spiele 1972 in München erinnert, als am 5.9.1972 elf Mitglieder der israelischen Mannschaft, fünf palästinensische Attentäter und ein deutscher Polizeibeamter zu Tode kamen und die Spiele für einen Tag unterbrochen und dann unter dem Motto »The games must go on« fortgesetzt wurden.[53] Auch jetzt bewegt mich das ersichtliche Bemühen, die Wiesn möglichst nicht durch Gedanken an das Bombenattentat zu belasten und »business as usual« an den Tag zu legen.

---

[53] Vgl. S. 35

Ganz im Gegensatz dazu stehen für mich die Tatortbilder, die ich kurz darauf in den Räumen der SOKO zu sehen bekomme und die mich erschüttern. Die Lichtbildmappe dieses folgenreichsten Attentats der deutschen Nachkriegsgeschichte zeigt die Situation direkt nach der Bombenexplosion: Tote mit schrecklichen Verletzungen, denen nicht mehr geholfen werden kann. Unter ihnen das bereits erwähnte siebenjährige Mädchen[54], was mich besondern berührt – meine eigene Tochter ist keine zwei Jahre jünger. Andere Fotos zeigen am Boden liegende, schwer verletzte Menschen, um die sich Rettungshelfer bemühen, oder abgerissene Körperteile, darunter ein Frauenfuss mit rot lackierten Zehennägeln. Einen Schwerpunkt der Mappe bilden die Bilder der Leiche von Gundolf Köhler.

Einzelne Bilder mit Sachbeschädigungen zeigen, wie weit Bombenteile geflogen sind. Fotografiert ist auch das verbogene Verkehrsschild, an dem der Abfallkorb aus Eisengitter angebracht war, in dem offensichtlich die Bombe gezündet wurde; das Bild eines Vergleichskorbes lässt mich erahnen, welche verheerende Schrapnellwirkung die einzelnen Eisenteile gehabt haben.

Die Ermittlungen der SOKO »Theresienwiese« befassen sich in diesen ersten Tagen nach dem Attentat vorrangig mit der Frage, **ob Gundolf Köhler** – wie aufgrund seiner Verletzungen vermutet – tatsächlich der **Täter des Oktoberfestanschlags** ist. Dazu werden vor allem die Räume im Köhler'schen Haus in Donaueschingen – insbesondere das Zimmer von Gundolf und die Werkstatt

---

[54] Später kann ich den Akten über die gerichtsmedizinischen Untersuchungen entnehmen, dass das Mädchen offensichtlich durch einen Bombensplitter im Bauchbereich getroffen wurde, der Bauchraum dadurch aufgerissen war und das Mädchen wegen der Durchtrennung der Bauchschlagader verblutete.

im Keller – untersucht, zahlreiche Freunde und Bekannte von Gundolf Köhler vernommen und Versuche unternommen, die Explosion zu rekonstruieren.

Nickolaus Görlach und ich sind hautnah an den Ermittlungen im Landeskriminalamt beteiligt, indem wir Zeugen zu staatsanwaltlichen Vernehmungen laden, was die Geladenen zum Erscheinen verpflichtet, und sie dann gemeinsam mit mindestens zwei Beamten des Landeskriminalamts vernehmen. Obwohl ich bereits zuvor als Richter und Staatsanwalt Vernehmungen durchgeführt habe, lerne ich von der Münchner Polizei sehr viel. Zum Beispiel wie man sich – ohne dass auch nur ansatzweise von verbotenen Vernehmungsmethoden die Rede sein könnte – zwischen den Ermittlern die Bälle zuspielen kann. Oder wie einer mit strengeren Fragen agiert und der andere den eher soften und freundlichen Ton wählt, wie man einen Zeugen in die Enge treiben kann und wie man durch geschickte Pausen und die Betreuung durch einen freundlichen Vernehmer die Aussagebereitschaft fördern kann. Bei diesen Vernehmungen stellt sich alsbald heraus, dass Gundolf Köhler offensichtlich seit Jahren eine Schwäche für gefährliche Gegenstände und selbstgefertigte Explosivmischungen hatte. So erlitt er 1974 bei der Explosion eines Chloratgemisches erhebliche Gesichtsverletzungen, bei denen sogar die Gefahr einer Erblindung bestand, und später beim Hantieren mit Kaliumchlorat eine beidseitige Innenohrschwerhörigkeit. Aus schriftlichen Unterlagen in seinem Zimmer ergibt sich, dass sich Gundolf Köhler seit längerer Zeit mit der Herstellung von Sprengsätzen mit TNT und spezieller Zündung befasst hat.

Dies deckt sich mit der Spurensicherung am Tatort, bei der Behandlung von Verletzten und bei der Obduktion von Tatopfern. Dabei werden rund 500 Splitterteile gefunden, vor allem Bestandteile des Abfallkorbes, in welchem die Bombe explodiert war und der bei der Explosion in nagelstiftartige Geschosse zerlegt worden war. Gefunden werden auch 49 Gusseisenteile, die nach kriminaltechnischer Untersuchung einer ca. 33 cm langen britischen Mörsergranate zuzuordnen sind. An einzelnen Granatsplittern stellt die Kriminaltechnik gitterartig angebrachte Einschleifungen fest, die auf sog. Sollbruchstellen schließen lassen. Weitere Untersuchungsergebnisse lassen den Schluss zu, dass die Mörsergranate an einem Ende abgesägt wurde. Mit einem Fahndungsbild versuchen wir, Zeugen zu finden, die Gundolf Köhler am Tattag gesehen haben oder Angaben zu der vermutlichen Bombe machen können.

Zur richterlichen Vernehmung eines wichtigen Zeugen aus Köhlers Freundeskreis fliege ich zusammen mit Beamten der SOKO per Hubschrauber nach Donaueschingen, wo es einen kleinen Flugplatz gibt, von dem wir zum örtlichen Amtsgericht fahren. Der Zeuge berichtet bei dieser Aussage bzw. späteren Vernehmungen, dass er im Zimmer Gundolf Köhlers eine Mörsergranate, wie sie bei der Tat Verwendung fand, gesehen habe. Dies findet alsbald eine Bestätigung durch die Arbeit der Kriminaltechniker, die das Köhler«sche Anwesen durchsuchen: Im Bodenschmutz der Werkstatt im Untergeschoss, an der Werkbank sowie an mehreren Gegenständen (insbesondere an einer Trennschleifscheibe) stellen sie Farbteilchen fest, die mit hoher Wahrscheinlichkeit mit jenen Partikeln identisch sind, die an den in München sichergestellten Bombenteilchen gefunden wurden. Damit steht aus unserer Sicht mit einiger Sicherheit fest, dass Gundolf Köhler die Bombe im Haus seiner Eltern in Donaueschingen gebaut und mit Sollbruchstellen versehen und sie schließlich auf dem Oktoberfest zur Zündung gebracht hat.

Letzte Zweifel an der Täterschaft Köhlers werden aus meiner Sicht beseitigt, als sich der Zeuge Frank L. bei der

SOKO meldet. Er schildert uns bei den Vernehmungen, wie er unmittelbar vor der Sprengstoffexplosion in Tatortnähe einen jungen Mann, bei dem es sich offensichtlich um Gundolf Köhler handelte, beobachtet habe, der eine Plastiktasche trug, die prall und bis zum Reißen gefüllt war, in der sich ein zylinderförmiger Gegenstand befand und die bei der Explosion in die Höhe geschossen sei.

Damit liegen die Fragestellungen unserer weiteren Ermittlungsarbeit fest:

- Was waren Köhlers Motive für den Sprengstoffanschlag?

- War Gundolf Köhler – gerade auch im Hinblick auf seine Motivlage – Einzeltäter oder gab es in Bezug auf das Oktoberfestattentat Mittäter, Gehilfen, Mitwisser oder Hintermänner?

In dieser Situation erhält die SOKO hohen Besuch aus Karlsruhe. Generalbundesanwalt Rebmann, Abteilungs-leiter Löchner und Referatsleiter Zeis infor-mieren sich über den Ermittlungsstand. Heim-wärts kann ich per Hub-schrauber mitfliegen und erlebe auf dem Flughafen Stuttgart-Echterdingen ein  Ereignis der besonderen Art: wir landen dort abseits, wo bereits der Fahrer des Generalbundesanwalts mit dem Dienstfahrzeug sowie die polizeilichen Begleitschützer mit mehreren Fahrzeugen warten. Der Generalbundesanwalt lässt es sich nicht nehmen, mich direkt bei meiner Ehefrau abzuliefern, die am Haupteingang des Flughafens auf mich wartet. Also fährt unsere Fahrzeugkolonne dort mit Blaulicht vor, der Generalbundesanwalt springt aus dem Auto und begrüßt meine Ehefrau mit Handkuss, verabschiedet sich von mir und im nächsten Augenblick düst er mit seiner Fahrzeugekolonne davon. Meine Ehefrau und ich, aber auch alle umstehenden Beobachter dieser Szene bleiben mit offenem Mund zurück.

Im Rahmen der Ermittlungen zu einem möglichen **Tatmotiv** Köhlers stoßen wir auf ein ganzes Bündel denkbarer Beweggründe:

-   Einen Schwerpunkt bildet für mich eine politische, rechtsradikal begründete Motivation, wofür bereits Köhlers frühere Zugehörigkeit zur »Wehrsportgruppe Hoffmann« spricht. Nach der Aussage eines Freundes, die ich in diesem Punkt für glaubhaft halte, brachte Gundolf Köhler außerdem wenige Wochen vor dem Attentat zum Ausdruck, dass man die im Oktober anstehende Bundestagswahl beeinflussen könne, indem in Bonn, Hamburg, München oder anderen Großstädten Sprengstoffanschläge verübt werden, die man den Linken in die Schuhe schieben könne.

    Aufgrund dieser Aussage hegen wir zunächst den Verdacht, dass zwei seiner Freunde in Donaueschingen **Mitwisser des Oktoberfestattentats** sein könnten, zumal einer von ihnen – ein Jurastudent – in seiner Textausgabe des Strafgesetzbuches den § 138 (Nichtanzeige geplanter Straftaten) deutlich markiert hatte. Unsere Ermittlungen führen aber zu keiner Konkretisierung dieses Verdachts, die eine Anklage rechtfertigen würde.

-   Ein Tatmotiv könnte meines Erachtens aber auch ein übersteigertes Geltungsbedürfnis gewesen sein. Aussagen aus seinem Freundeskreis ist nämlich zu entnehmen, dass Gundolf Köhler fasziniert war, wie die RAF durch ihre Attentate Berühmtheit erlangen konnte.

-   Für überaus gewichtig halte ich auch die Hinweise, dass Köhler das Attentat möglicherweise aufgrund einer schweren persönlichen Krise verübt hat. So bezeichnet ein enger Freund die Tat als Fazit einer persönlichen Katastrophe, weil Gundolf Köhler wegen mehrerer Ereignisse (Scheitern bei der Bundeswehr, Trennung von seiner Freundin, drohende Rückzahlung von Wehrsold, Scheitern im Studium) seelisch am Ende gewesen sei. Bei unseren Vernehmungen an seinem Studienort in Tübingen stellt sich heraus, dass Köhler in seinem Geologie-Studium bei einer Diplom-Vorprüfung durchgefallen war und sich seine Betroffenheit in Überreaktionen bemerkbar machte. So sprach er erbost bei der Universität vor, lehnte aber das Angebot ab, sich einer mündlichen Ergänzungsprüfung zu unterziehen, sondern legte gegen die Bewertung seiner schriftlichen Arbeit Beschwerde ein. Dieses Rechtsmittel ist von der Universität mit Schreiben vom 24.9.1980 zurückgewiesen worden. Der ablehnende Bescheid, den Köhler wohl am folgenden Tag oder am Morgen des 26.9.1980 erhalten hat, könnte den letzten Anstoß zur Verübung des Attentats gegeben haben.

So hypothetisch die Ergebnisse unserer Recherchen zum Tatmotiv letztlich sind, so offen bleibt für mich auch die Frage, ob Gundolf Köhler bei der Zündung der Bombe gezielt Selbstmord begangen hat oder ob es aus Köhlers Sicht ein Unfall war, weil die Bombe zu früh losging.

Da es gegen Tote kein staatsanwaltliches Ermittlungsverfahren gibt, stellt die **Suche nach möglichen Mittätern oder Hintermännern** schon in den ersten Tagen nach dem Attentat einen besonderen Schwerpunkt unserer Arbeit dar, zumal sich unter den zahlreichen Spuren einige Hinweisgeber befinden, die Gundolf Köhler am Tag des Sprengstoffanschlags in Begleitung anderer Personen oder im Gespräch mit anderen beobachtet haben wollen.

Erster und zunächst wichtigster Ansatz bei den Ermittlungen zu möglichen Mittätern ist die Beziehung

Köhlers zur **Wehrsportgruppe Hoffmann**, weshalb Karl-Heinz Hoffmann, Ulrich Behle und weitere drei Mitglieder seiner Gruppe auch förmlich als Beschuldigte des Verfahrens eingetragen werden. Unsere Überprüfungen ergeben aber alsbald, dass diese Männer zum Tatzeitpunkt nicht in München waren, sondern Fahrzeuge nach Jugoslawien überführten. Auch in Bezug auf einen mittelbaren Einfluss der Wehrsportgruppe auf das Oktoberfestattentat können wir keine konkreten Anhaltspunkte feststellen. Zwar erfahren wir Anfang 1981, dass Ulrich Behle in einer Hotelbar in Damaskus behauptet habe, der Oktoberfestanschlag in München sei aus der Wehrsportgruppe heraus verübt worden. Um die näheren Umstände dieser Aussage zu klären, fahre ich mit einem SOKO-Beamten nach Paris und vernehme den Hinweisgeber am 10.3.1981 in der deutschen Botschaft. Aus seinen Angaben ergibt sich für mich aber relativ deutlich, dass es sich bei der Behauptung Behles in der Hotelbar um eine pure Aufschneiderei in alkoholisiertem Zustand handelte.

Bei der Suche nach Mittätern ist es eine meiner Aufgaben, zu prüfen, wie Gundolf Köhler am Tattag von Donaueschingen nach München kam. Zu diesem Zweck überprüfe ich sämtliche Spurenakten, die vor allem die Angaben von mehr als 1700 Zeugen enthalten. Fixpunkte sind für mich, dass das von Köhler benutzte Fahrzeug seines Vaters an diesem 26.9. gegen 15:00 Uhr in Donaueschingen gesehen wurde und am Abend in Tatortnähe abgestellt war. Trotz zahlloser Hinweise von Personen, die Gundolf Köhler auf der Fahrt nach München und dort gesehen haben wollen, lässt sich nicht einmal ansatzweise eine sichere Feststellung treffen, welche Route Köhler nach München nahm und ob er Begleiter auf der Fahrt hatte. Dies gilt insbesondere für jene Zeugen, die in Köhlers Fahrzeug auch Mitfahrer beobachtet haben wollen. Aufgrund der Angaben der meisten Hinweisgeber ist mein Eindruck, dass er ganz alleine nach München gefahren ist.

Auch die Hinweise mehrerer Zeugen, die **Köhler in Tatortnähe** in Begleitung anderer Personen gesehen haben wollen, führen letztlich ins Leere. Zwar gibt der Zeuge Frank L., der Köhler längere Zeit beobachtet hat, an, dieser habe sich ca. 45 Minuten vor dem Anschlag in Tatortnähe mit zwei jungen Burschen in Parkas unterhalten; mangels genauerer Beschreibung gelingt aber eine Identifizierung dieser Männer letztlich nicht. Gleiches gilt für eine dunkel- bzw. schwarzhaarige junge Frau, die Zeugen als Begleiterin Köhlers beobachtet haben wollen. Auch ein einzelner Hinweis, dass direkt nach der Explosion im Bereich des Tatortes ein jüngerer Mann weinend geschrien habe »I wollt's nicht! I kann nichts dafür! Helft's ma!«, bringt uns nicht weiter.

Da sich auch der Anfangsverdacht gegen andere Mitglieder der »Wehrsportgruppe Hoffmann« nicht bestätigt, weitere Hinweise auf rechtsradikale Mittäter ebenfalls ins Leere führen und auch die übrigen Recherchen keine konkreten Hinweise auf eventuelle Tatgenossen ergeben, wird das Ermittlungsverfahren der Bundesanwaltschaft gut zwei Jahre nach dem Münchner Attentat durch Verfügung vom 23.11.1982 eingestellt.

Später wird teilweise unterstellt, bestimmte politische Kreise seien daran interessiert gewesen, dass unsere Recherchen mit dem Ergebnis enden, dass Gundolf Köhler das Attentat als Einzeltäter verübt habe. Von einer entsprechenden Einflussnahme auf unsere Arbeit war aber nicht ansatzweise etwas zu spüren; tendenziöse Ermittlungen mit vorgegebenem Ergebnis hätten auch dem Selbstverständnis der Bundesanwaltschaft, ihres Chefs

Rebmann und genauso von uns Staatsanwälten vor Ort widersprochen.[55]

Einzelne Tatopfer und Angehörige von Opfern, aber auch Ulrich Chaussy, ein Journalist des Bayerischen Rundfunks, wollen die Verfahrenseinstellung durch die Bundesanwaltschaft nicht akzeptieren. Sie vermuten, dass hinter dem Anschlag rechtsradikale Mittäter Köhlers stecken, und fordern deshalb über den Rechtsanwalt Werner Dietrich immer wieder eine Wiederaufnahme der Ermittlungen. In einem Buch mit dem Titel »Oktoberfest – ein Attentat« greift Chaussy im Jahr 1985 die Arbeit der Ermittler an und behauptet u.a.: »Die scheinbar akribischen Ermittlungen der Behörden entpuppen sich als ein fragwürdiges Konstrukt, zielstrebig darauf gerichtet, die Tat als das unpolitische, menschliche Drama eines verzweifelten Einzeltäters plausibel zu machen.« Auch politische Kreise fordern, dass die Ermittlungen wieder aufgenommen werden, so der Bayerische Landtag und der Münchner Stadtrat. Die Bundesanwaltschaft lehnt aber den entsprechenden förmlichen Antrag des Opferanwalts mit dem Hinweis ab, es seien keine neuen Erkenntnisquellen ersichtlich.

Am 28.7.2010 – ich bin inzwischen württembergischer Generalstaatsanwalt – interviewt mich Ulrich Chaussy vor laufender Kamera einen Nachmittag lang, nachdem die Bundesanwaltschaft dazu ausdrücklich ihr Einverständnis erklärt hatte. Ich versuche, ihm deutlich zu machen, dass

---

[55] Auf die Vorhaltung, viele würden glauben, »dass bei den Ermittlungen zum Oktoberfestattentat vertuscht wurde«, antworte ich im Rahmen eines Interviews mit der Süddeutschen Zeitung am 24.11.2014: »Das ist unter der Gürtellinie. Das geht gegen meine Berufsehre. Wir haben uns bei den Ermittlungen zum Oktoberfestanschlag auch nicht irgendwelchen Vorgaben der Politik gebeugt. Ich bin Staatsanwalt, ich bin der Objektivität, der Wahrheitssuche, verpflichtet. Das ist mir heilig. Es ist abwegig, ausgerechnet mir, einem 68er, vorzuwerfen, ich sei auf dem rechten Auge blind!«

ich nicht ausschließen kann, dass an dem Oktoberfestanschlag 1980 neben dem Attentäter Köhler Mittäter, Gehilfen oder Hintermänner beteiligt waren, dass wir Ermittler alles Denkbare an Recherchen unternommen haben, um solche Personen festzustellen, dass wir dafür aber keine hinreichenden Anhaltspunkte gefunden haben. (Wörtlich: »Und dann sind wir irgendwann mit unserem Latein am Ende gewesen. Deshalb ist das Verfahren eingestellt worden.«). Mein Eindruck sei, dass auch er als Kritiker unserer Ermittlungsarbeit für seine These, Köhler sei kein Alleintäter gewesen, nicht mehr als Vermutungen und Spekulationen zu bieten habe. Deshalb erlaube ich mir, vor Verschwörungstheorien und einer Mythenbildung zu warnen. Ich lasse bei dem Interview aber auch keinen Zweifel daran, dass ich nach dem Ergebnis unserer Recherchen zu der Annahme neige, dass Gundolf Köhler das Attentat alleine verübte und es sich bei dem Anschlag um eine Mischung von privater Verzweiflungstat und politischer Aktion handelte.[56]

Überrascht bin ich, als mir Ulrich Chaussy in diesem Interviewgespräch erklärt, dass nach Auskunft der Bundesanwaltschaft sämtliche beim Oktoberfestattentat angefallenen Asservate im Jahr 1997 vernichtet worden seien. Verschwunden sei auch eine abgetrennte Hand, die am Tatort gefunden und von der Bundesanwaltschaft

---

[56] In der jüngsten Auflage seines Buches »Oktoberfest – Das Attentat« (jetzt mit dem Untertitel »Wie die Verdrängung des Rechtsterrors begann«) gibt Chaussy Teile dieses Interviews in einem gesonderten Abschnitt mit der Überschrift »Köhlers Profiler – Klaus Pflieger, ein nachdenklicher Ermittler« wieder.

Gundolf Köhler zugeordnet worden sei.[57] Meine spontane Sorge ist, dass dieses Vernichten bzw. Verschwinden weiteren Spekulationen Tür und Tor öffnet. In diesem Augenblick empfinde ich das, was ich später wie folgt formuliere:

»Es ist immer schlecht, wenn man den Eindruck erweckt, man hätte etwas zu verbergen… Die Vernichtung befeuert leider den Vorwurf, man wolle etwas verdecken. Dieser Vorgang ist meines Erachtens nicht zu verteidigen.«

Im Mai 2013 werden die Ermittlungen der Bundesanwaltschaft nochmals eröffnet, als der Historiker Andreas Kramer vor einem luxemburgischen Gericht u.a. behauptet, sein kurz zuvor verstorbener Vater habe während seiner Tätigkeit beim Bundesnachrichtendienst das Oktoberfestattentat eingefädelt, indem er den Sprengstoff organisiert, den Attentäter Köhler für die Tat angeworben und den Bau der Bombe kontrolliert habe. Insider und selbst Kritiker der Einstellungsverfügung der Bundesanwaltschaft halten diese Aussage, für die Kramer keinerlei Belege nachweisen kann, für völlig unglaubwürdig und teilweise eindeutig falsch.[58]

Am 22.1.2014 kommt der Film »**Der blinde Fleck**« u.a. mit Benno Führmann und Heiner Lauterbach in den Hauptrollen ins Kino. Darin wird die Arbeit von Ulrich Chaussy bei seinen investigativen Recherchen zum

---

[57] Ulrich Chaussy hat Zweifel, dass die abgetrennte Hand von Köhler stammt; er hält es für möglich, dass es sich um die Hand eines potentiellen Mittäters handeln könne. In einer Dokumentation zum Oktoberfestanschlag, die am 4.2.2015 im ARD-Fernsehen gezeigt wird, wird auf eine Krankenschwester hingewiesen, die sich daran erinnert, dass im Jahr 1980 in einem Krankenhaus in Hannover ein Mann behandelt wurde, dessen Unterarm abgetrennt war und der sich merkwürdig verhielt. Chaussy hält diese Aussage für einen vielversprechenden Ermittlungsansatz hinsichtlich der »verschwundenen Hand«.

[58] Vgl. http://de.wikipedia.org/wiki/Oktoberfestattentat vom 29.8.2016

Oktoberfestattentat dargestellt. Kurz vorher erhalte ich (nach dem Tod der Kollegen bin ich der letzte noch Lebende der 1980 ermittelnden Staatsanwälte) die Gelegenheit, in einem Interview mit dem Bayerischen Rundfunk, das auszugsweise am 15.1.2014 in der TV-Sendung »Kontrovers« gesendet wird, meine Position zum Oktoberfestattentat darzulegen und mich gegen den Vorwurf zu wehren, bei den Ermittlungen handele es sich um »Staatsversagen« bzw. einen »Justizskandal« und die Justiz sei »auf dem rechten Auge blind«.

Am 28.9.2014 meldet die Süddeutsche Zeitung in einer Überschrift **»Oktoberfest-Attentat – Neue brisante Spur aufgetaucht«**. Rechtsanwalt Dietrich habe erneut einen Wiederaufnahmeantrag gestellt, nachdem sich bei ihm eine Zeugin mit interessanten neuen Informationen gemeldet habe. Diese Frau, eine Theologin, habe am 27.9.1980, also am ersten Tag nach dem Oktoberfestattentat, einen Stapel gedruckter Flugblätter mit einem lobenden Nachruf auf den Bombenleger Köhler gesehen, und zwar noch bevor dessen Name öffentlich bekannt war. Sie habe damals als Studentin Sprachkurse in einer Aussiedler-Unterkunft gegeben und habe eine Jacke in den Schrank eines Schülers namens Andreas W., eines Neonazis, hängen wollen. Dort habe sie neben den Flugblättern zwei Pistolen gesehen. Sie sei zwar zur Polizei gegangen, sei dort aber abgewimmelt worden.

Am 11.12.2014 gibt die Bundesanwaltschaft in einer Pressekonferenz bekannt, dass sie aufgrund dieser neuen Spur die Ermittlungen in Sachen Oktoberfestanschlag wieder aufgenommen und das bayerische Landeskriminal-amt angewiesen habe, sich wieder mit dem Fall zu befassen. Dabei sollen die Ermittlungen aber nicht auf die Angaben dieser Frau beschränkt sein, man werde vielmehr allen Ansatzpunkten erneut und umfassend nachgehen.

Kurz zuvor hatte ich mir bei zwei Interviews Ende November bzw. Anfang Dezember 2014 u.a. folgende Bemerkungen zu unserer Suche nach möglichen Mittätern Köhlers und zu denkbaren neuen Ermittlungen erlaubt:

»Wir haben alle Register gezogen, um eventuelle Hintermänner zu ermitteln. Wir sind gescheitert …

Ich war selbst enttäuscht, dass wir mit unseren Ermittlungen zu möglichen Hintermännern nicht weiterkamen. Wir haben aber nichts vertuscht. Wir haben nicht geschlampt, wir haben nicht manipuliert. Wir haben nur keine Mittäter von Gundolf Köhler gefunden …

Ich glaube zwar nicht, dass bei neuen Ermittlungen irgendetwas herauskommt; gleichwohl wünsche ich mir dies, damit endlich Ruhe ist mit den ständigen Spekulationen.«

Der RAF-Angehörige Boock und sein ≫taktisches Verhältnis zur Wahrheit≪

Am **22.1.1981** wird das RAF-Mitglied **Peter-Jürgen Boock** in Hamburg verhaftet. Er zählt nach dem bundesweit ausgehängten Fahndungsplakat zu den meistgesuchten Terroristen der RAF. Laut dem gegen ihn bestehenden Haftbefehl ist er dringend verdächtig, an mehreren RAF-Attentaten des Deutschen Herbstes als Mittäter mitgewirkt zu

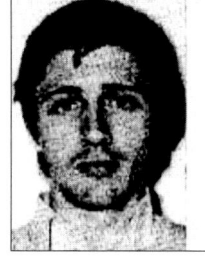

haben, nämlich an der geplanten Entführung und der anschließenden Ermordung Jürgen Pontos am 30.7.1977, an dem versuchten Raketenwerferanschlag auf das Gebäude der Bundesanwaltschaft in Karlsruhe am 25.8.1977 sowie an der Entführung von Hanns-Martin Schleyer am 5.9.1977 bis zu dessen Ermordung am 18./19.10.1977. Gestützt wird dieser Vorwurf auf den Umstand, dass bei allen drei Tatkomplexen Fingerabdrücke von Boock gefunden wurden, etwa an dem VW-Bus, mit welchem Hanns-Martin Schleyer vom Tatort in Köln verschleppt wurde, an einem Videoband, auf dem Schleyer als Geisel zu sehen ist, oder an der Stalinorgel, mit der auf die Bundesanwaltschaft geschossen werden sollte.

Schon nach kurzer Zeit stellt sich heraus, dass sich Boock Anfang 1980 von der RAF getrennt und seither unter Decknamen und mit gefälschten Ausweispapieren in Hamburg gelebt hatte. Er gilt deshalb als erster **Aussteiger aus der RAF** und wird aus diesem Grund in den Medien nahezu als Vorbild gefeiert.

Der SPIEGEL erhält vom Ermittlungsrichter des Bundesgerichtshofs sogar die Genehmigung, mit Boock ein Interview zu führen, nachdem dieser signalisiert hatte, nur dann über sein Leben im Untergrund, seinen Ausstieg aus der Terrorismus-Szene und über einen geplanten RAF-Anschlag zu berichten. Die Genehmigung wird unter der Bedingung erteilt, dass ein Beamter des Bundeskriminal-

amtes anwesend ist und das Gespräch auf Tonband aufge-zeichnet wird. Da Boock in dem Interview von einem angeblich von der RAF ins Auge gefassten Attentat auf das Heidelberger Schloss spricht, wird das Boock-Gespräch zur Titelgeschichte des SPIEGELs vom 25.2.1981.

Unser Referat ist für das personenbezogene Verfahren gegen Peter-Jürgen Boock zuständig. Im Frühjahr 1981, als der zunächst mit dem Verfahren betraute Hiwi-Kollege in die Revisionsabteilung der Bundesanwaltschaft wechselt, erhalte ich den Auftrag, das Boock-Verfahren zu bearbeiten und die Anklage zu koordinieren. Natürlich reizt mich diese Aufgabe, zählt Boock doch nach den Vorwürfen seines Haftbefehls zu den TOP-Leuten der RAF während des Deutschen Herbstes. Hinzukommt, dass den Ermittlungsbehörden nur wenige der per Fahndungsplakat gesuchten Terroristen ins Netz gegangen sind, denen eine Beteiligung an den Straftaten des »Deutschen Herbstes 1977« angelastet wird. So wurden zwar die RAF-Mitglieder Stefan Wisniewski[59] am 11.5.1978 auf dem Flughafen Paris-Orly, Rolf Klemens

---

[59] Im Frühjahr 1981 ist Wisniewski wegen Beteiligung an der Entführung und Ermordung Schleyers angeklagt (und wird deshalb am 4.12.1981 zu einer lebenslangen Freiheitsstrafe verurteilt).

116

Wagner[60] am 19.11.1979 nach einem Banküberfall in Zürich und Sieglinde Hofmann[61] am 5.5.1980 in Paris verhaftet, nach den Übrigen wird aber bislang vergeblich gefahndet. Da sich Boock freiwillig von der RAF und damit vom Terrorismus gelöst hat, hege ich die leise Hoffnung, dass er auch zu seiner terroristischen Vergangenheit stehen und dazu Angaben machen könnte.

Mit der Abfassung der Anklageschrift sind zu diesem Zeitpunkt bereits drei Kollegen befasst, und zwar in Bezug auf die Boock zur Last gelegten Tatkomplexe »Ponto«, »Raketenwerferanschlag« und »Schleyer-Entführung«. Meine Aufgabe besteht darin, diese Teile in der Anklage zusammenzuführen und die Klammer für diese Taten – den Anklageteil »Mitgliedschaft in der terroristischen Vereinigung RAF« – zu schreiben. Meine Verfügung »Abschluss der Ermittlungen und Anklageerhebung« trägt das Datum des 9.11.1981, die von Generalbundesanwalt Rebmann unterzeichnete, insgesamt 181 Seiten starke Anklageschrift das Datum des 21.11.1981. Die Anklageschrift an das Oberlandesgericht Stuttgart enthält dieselben Vorwürfe wie im Haftbefehl; ihr sind insgesamt 137 Stehordner Sachakten beigefügt.

Interessant ist für mich das **Aussageverhalten Boocks**, das sich für mich bereits vor Beginn der Hauptverhandlung abzeichnet und im Prozess Wirklichkeit wird. Er gibt zwar zu, Mitglied der RAF gewesen zu sein, bestreitet aber, an

---

[60] Wagner ist bereits wegen des RAF-Bankraubs in der Schweiz vom 19.11.1979 zu lebenslänglichem Zuchthaus verurteilt worden (vgl. S. 191). Später wird er in die Bundesrepublik überstellt und am 16.3.1987 wegen Beteiligung am Schleyer-Attentat zu einer weiteren lebenslangen Freiheitsstrafe verurteilt.

[61] Sieglinde Hofmann wird in Bezug auf das Ponto-Attentat die Beteiligung an einer geplanten Entführung mit Todesfolge angelastet (sie wird deshalb am 16.6.1982 zu einer Freiheitsstrafe von 15 Jahren verurteilt).

den Attentaten auf Jürgen Ponto und Hanns-Martin Schleyer mitgewirkt zu haben. Die von ihm im Zusammenhang mit diesen Anschlägen hinterlassenen Fingerabdrücke erklärt er damit, dass er der »Techniker der Gruppe« gewesen sei; er habe sich deshalb um die Einsatzbereitschaft der Fahrzeuge, aber auch von Gegenständen wie Video-Bändern kümmern müssen. Wozu diese Sachen – vor allem die Autos – benötigt wurden, sei ihm von der Gruppe nicht gesagt worden. So sagt er in dem erwähnten SPIEGEL-Interview:

»Dabei kommt natürlich gleich hinzu, daß meine Rolle überhaupt so war, daß sie sehr eng mit allen möglichen technischen Sachen zusammenhängt. Von daher wird auch erklärbar, wieso es so viele Fingerabdrücke von mir gibt.«

Lediglich in Bezug auf den geplanten Raketenwerferanschlag auf die Bundesanwaltschaft gibt er zu, die Schussanlage entwickelt und am Tatort in Karlsruhe aufgebaut zu haben. Gleichzeitig behauptet er aber, er habe beim Ausrichten der Raketenrohre im gegenüberliegenden Gebäude der Bundesanwaltschaft Sekretärinnen gesehen, weshalb er aus Mitleid das Attentat verhindert habe, indem er den Wecker, der die Zündung der Raketen auslösen sollte, bewusst nicht aufgezogen habe. Juristisch betrachtet macht Boock mit dieser Darstellung einen freiwilligen **»Rücktritt vom Versuch«** geltend, der zur Konsequenz hätte, dass er wegen der geplanten Tat nicht bestraft werden kann.

In § 24 Absatz 1 StGB heißt es nämlich nach der Überschrift **»Rücktritt«** einleitend: »Wegen Versuchs wird nicht bestraft, wer freiwillig die weitere Ausführung der Tat aufgibt oder deren Vollendung verhindert.«

Würde die Behauptung Boocks zutreffen, könnte er nicht wegen versuchten Mordes mittels des geplanten Raketenwerferanschlags, sondern nur wegen der vollendeten Delikte (etwa Freiheitsberaubung) bestraft werden, die er und seine Mittäter während der Anschlagsvorbereitung begingen, als sie in der Wohnung gegenüber der Bundesanwaltschaft die dort befindlichen Eheleute fesselten und ihnen den Mund zuklebten, um die Stalinorgel ungestört aufbauen zu können.

Bereits vor Beginn des Prozesses gegen Boock ist klar, dass es vor allem um die Frage gehen wird, in welchem Umfang all seinen Angaben Glauben geschenkt werden kann, nachdem relativ früh zu erkennen ist, dass er zu Unwahrheiten und Unehrlichkeiten neigt. So hat er sich in dem SPIEGEL-Interview quasi damit gebrüstet, dass er seine früheren Freunde aus der RAF durch das Vorspiegeln einer Krankheit getäuscht habe, um mit der Duldung der Gruppe Rauschmittel einnehmen zu können. Interessant ist eine weitere Passage dieses Interviews, in welcher Boock seinen Umgang mit der Wahrheit anspricht:

»Wenn ich an mich selber denke, ist es der Opportunismus und eine gewisse Feigheit, was bestimmend ist für das, worüber man sich verbal auseinandersetzt.«

Besonders bezeichnend ist vor allem aber die Äußerung seiner inzwischen von ihm geschiedenen früheren Ehefrau Waltraud Boock, die ebenfalls Mitglied der RAF war. In einem Schreiben schreibt sie an den inhaftierten Peter-Jürgen Boock etwas, was mir ewig in Erinnerung bleiben wird:

»typ! das ist ein taktisches verhältnis zur wahrheit.«

Nach meiner Einschätzung ist es nicht möglich, das Aussageverhalten Boocks kürzer und treffender zu charakterisieren. **»Taktisches Verhältnis zur Wahrheit«** bedeutet, dass Boock nur dort Zugeständnisse macht, wo ein Sachverhalt bereits durch andere Beweismittel nachgewiesen ist. »Taktisches Verhältnis zur Wahrheit« bedeutet beim ihm außerdem, dass er zwar Teilbereiche, die bewiesen sind, einräumt, dann aber versucht, seine Tatbeteiligung auf ein Minimum herunterzuspielen und Strafausschließungsgründe zu konstruieren. Dieses Taktieren mit der Wahrheit lässt deshalb aus meiner Sicht – und dies bringe ich später auch vor Gericht zum Ausdruck – folgende allgemeine Bewertung der **Glaubwürdigkeit Boocks** zu: Seine Angaben sind nur glaubhaft, soweit er seine Beteiligung und die seiner Mittäter an den ihm oder seinen RAF-Gefährten zur Last gelegten Straftaten einräumt.[62]

Der Beginn des Boock-Prozesses vor dem Oberlandesgericht Stuttgart ist auf Ende Januar 1983 terminiert. Vorher ereignet sich aber etwas völlig Überraschendes:

---

[62] In Bezug auf Boocks weiteres Aussageverhalten siehe S. 217 ff. und 346 ff.

120

Die Erddepots der RAF -
Pharaonengräber und Verhaftungsorte

Am frühen Morgen des **26.10.1982** – ich bin gerade aufgestanden – klingelt das Telefon. Am Apparat ist Bundesanwalt Zeis, mein Referatsleiter bei der Bundesanwaltschaft. Er informiert mich darüber, dass Pilzsammler[63] in der vergangenen Nacht in einem Waldstück bei Heusenstamm in Hessen ein **Erddepot** entdeckt und die Polizei alarmiert haben; nach der ersten Bewertung des Inhalts handele es sich offensichtlich um ein im Boden vergrabenes Lager der RAF. Entsprechend seiner Bitte fahre ich sofort zur Einsatzzentrale des Bundeskriminalamts in Wiesbaden. Natürlich bin ich überaus gespannt, was die RAF da im Erdreich gebunkert hat. Allein der Umstand, dass es sich dabei ersichtlich um ein Versteck handelt, spricht dafür, dass es Material aus dem Innenleben der RAF enthält. Hinzukommt, dass man bei den bisherigen Verhaftungen von RAF-Mitgliedern und bei der Entdeckung der von ihnen benutzten »konspirativen Wohnungen« den Eindruck haben musste, dass die Gruppenmitglieder immer nur das Allernötigste mit sich führten oder in ihrer unmittelbaren Nähe verwahrten. Also mussten die übrigen Utensilien der RAF irgendwo versteckt sein. War das Erddepot vielleicht ein solches Versteck?

In Wiesbaden herrscht bei dem für den Linksterrorismus zuständigen Referat TE 11, dessen Mitarbeiter mir aus früheren Anlässen persönlich bekannt sind, vor

---

[63] Michael Sontheimer hält in seinem Buch »Natürlich kann geschossen werden – Eine kurze Geschichte der Roten Armee Fraktion« die Version für glaubhafter, Verena Becker habe den entscheidenden Tipp auf das Erddepot gegeben.

Begeisterung helle Aufregung, die ich sofort teile, als man mir Einzelheiten des Depotfundes mitteilt und mir auch einzelne der sichergestellten Gegenstände zeigt. Bei dem Lager handelt sich um zwei im Boden vergrabene Plastikbehälter, in welchen die RAF – wasserdicht verpackt – alles bereithielt, was man an Logistik für das terroristische Leben im Untergrund benötigt: z.B. zahlreiche Waffen, jede Menge Munition, gefälschte Ausweispapiere mit offensichtlich neuen Passbildern von RAF-Mitgliedern sowie Geld aus einem Banküberfall, den die RAF kurz zuvor am 15.9.1981 in Bochum verübt hatte. Angesichts des gefundenen Materials platzt es aus mir heraus: »Das ist ja ein wahres Pharaonengrab!« Schon in den ersten Stunden wird nämlich klar, dass die Funde Rückschlüsse auf die Anzahl der aktuell im Untergrund lebenden »Illegalen« der RAF, aber auch auf das Beziehungsgeflecht zu einzelnen ihrer Unterstützer zulassen.

Noch am selben Tag kommt es zu einer Begegnung mit Michael Lee, dem neuen Leiter der GSG 9 und Nachfolger des seit dem Einsatz in Mogadischu legendären Ulrich Wegener. Wir vereinbaren, dass das bei Heusenstamm entdeckte Erdlager von Beamten der GSG 9 bewacht wird und ein Zugriff erst dann erfolgt, wenn jemand beginnt, an dem Depot zu graben. Es ist der zweite Einsatz der GSG 9 nach der Befreiung der »Landshut«-Geiseln am 18.10.1977 in Mogadischu.

Fasziniert verfolge ich in diesen Tagen die Arbeit der Beamten des Bundeskriminalamts. So kommen aus dem für die kriminaltechnische Auswertung zuständigen Bereich fast täglich neue Erfolgsmeldungen, etwa wenn eine der gefundenen Waffen als Tatwaffe eines RAF-Anschlags identifiziert werden konnte. Besonders beeindruckt bin ich auch von TE 13, dem für die Auswertung von Schriften zuständigen Referat. Dort halte ich mich in den ersten Tagen besonders häufig auf, da in dem Depot bei Heusenstamm auch Papiere entdeckt wurden, bei denen es sich ersichtlich um Wegebeschreibungen zu weiteren Verstecken der RAF handelt.

Allerdings sind diese Texte verschlüsselt. Hautnah kann ich verfolgen, wie es TE 13 gelingt, den Schlüssel zu knacken und so diese Beschreibungen lesbar zu machen. Die Folge: noch in derselben Woche kommt alle paar Stunden die Meldung, man habe anhand der Wegebeschreibungen erneut ein Erddepot gefunden.

Schließlich sind es **zehn weitere Verstecke**, die über das ganze Bundesgebiet verteilt sind und die in der RAF spezielle Namen haben – von der »Fünf-Zimmer-Wohnung« im Süden bei Schwetzingen bis zum Depot »Daphne« im Norden bei Hamburg. Dass die RAF so zahlreiche Verstecke unterhielt, überrascht uns Ermittler nicht sonderlich, weil eine im Untergrund lebende Terrorgruppe selbstverständlich auf jeweils nahe gelegene Lager Zugriff haben will und ihre Utensilien möglichst dezentral verwahren muss, um beim zufälligen Entdecken eines Depots nicht die gesamte Logistik zu verlieren. Ab sofort werden diese weiteren Erdverstecke von Sondereinsatzkommandos der jeweiligen Bundesländer bewacht. Jetzt gilt es, unsere Entdeckungen möglichst geheim zu halten und zu warten, ob jemand zu graben anfängt.

Inzwischen bin ich damit beschäftigt, die neuesten kriminaltechnischen Erkenntnisse zu den rund 1000 Gegenständen zu verarbeiten, die in den insgesamt 11 Depots sichergestellt wurden. Bei den täglichen Besprechungen beim für Terrorismus zuständigen Abteilungs-

123

präsidenten erfahre ich immer von den neuesten »Treffern«. So befinden sich unter den 30 gefundenen Schusswaffen drei Gewehre (nämlich zwei Schnellfeuergewehre und eine Schrotflinte), mit denen die RAF-Attentäter bei der Entführung von Hanns-Martin Schleyer und der Ermordung seiner Begleiter am 5.9.1977 in Köln geschossen haben, sowie eine Pistole, die beim Attentat auf Jürgen Ponto am 30.7.1977 zum Einsatz gekommen ist.

Meine Aufmerksamkeit erregt auch ein Revolver, dessen wasserdichte Verpackung mit »**ärger in do**« beschriftet ist und bei dem sich herausstellt, dass er die Tatwaffe ist, mit der am 24.9.1978 in Dortmund der **Mord an Polizeimeister Hansen** begangen wurde. Ich habe erst vor Kurzem das Urteil des Oberlandesgerichts Düsseldorf vom 30.11.1979 gelesen, durch das die RAF-Angehörige **Angelika Speitel** wegen dieses Tatgeschehens zu einer lebenslangen Freiheitsstrafe verurteilt wurde. Deshalb ist mir das, was die RAF als »ärger in do« bezeichnet, bekannt[64]:

> Das **Tatgeschehen im Wald bei Dortmund am 24.9.1978**: An diesem Tag gegen 14:40 Uhr führen drei RAF-Angehörige, darunter Angelika Speitel und Michael Knoll, auf einer Waldlichtung bei Dortmund Schießübungen durch. Anwohner, welche die Schüsse hören, informieren die Polizei, worauf sich die Polizeibeamten Schneider und Hansen an den vermuteten Ort des Schießens begeben. Sie treffen auf die drei RAF-Mitglieder, als diese gerade dabei sind, ihre Waffen

---

[64] Dieses Mordgeschehen am 24.9.1978 in Dortmund wird für mich später noch einmal eine nicht unwesentliche Rolle spielen (vgl. S. 201 ff.).

> wegzupacken. In den folgenden Sekunden wird auf die Polizeibeamten geschossen. Polizeimeister Hansen stirbt. Sein Kollege Schneider bricht aufgrund der erlittenen Treffer ohnmächtig zusammen – ihn halten die RAF-Mitglieder ebenfalls für tot. Als Polizeiobermeister Schneider wieder zu sich kommt, schießt er auf die drei RAF-Leute. Er trifft Angelika Speitel und Michael Knoll so schwer, dass sie nicht mehr flüchten können; Knoll stirbt nach einigen Tagen. Dem dritten RAF-Mitglied – einem Mann, den Polizeiobermeister Schneider aber nicht identifizieren kann – gelingt es, unerkannt vom Tatort zu entkommen.

Nahezu unfassbar ist für mich, dass in den Erddepots auch Unterlagen aufbewahrt wurden, die ich als **»Archiv der RAF«** bezeichnen möchte. So finden wir dort Original-Kommandoerklärungen zum Anschlag auf NATO-General Alexander Haig[65], der darin unter der Tarnbezeichnung »Hengst« geführt wird; außerdem Lichtbilder der Stalinorgel, die beim versuchten Raketenwerferanschlag auf die Bundesanwaltschaft verwendet wurde; ferner sog. Fury-Pläne für die Befreiung von Stefan Wisniewski aus dem Gefängnis in Frankenthal. Eine Erklärung aus den Reihen der RAF für diese Archivierung gibt es nicht. Aus meiner Sicht will die RAF mit diesen Unterlagen ihre Urheberschaft belegen, falls es zu der von ihr angestrebten politischen Veränderung in der Bundesrepublik kommen sollte.

Unter den Depotfunden interessieren mich vor allem die Original-Kommandoerklärungen zur Schleyer-Entführung sowie Polaroid-Bilder und Tonbandaufnahmen, auf denen Hanns-Martin Schleyer als Geisel der RAF zu sehen und zu hören ist. Alle diese Unterlagen zum Schleyer-Komplex sind mit **»Spindy«** beschriftet, weshalb für die Beamten

---

[65] Zum Sachverhalt des Haig-Attentats vgl. S. 206.

des Bundeskriminalamts und mich sofort klar ist, dass Schleyer innerhalb der RAF die Tarnbezeichnung »Spindy« trug.[66] Viele dieser Asservate berühren mich, weil sie mich an die schlimme Zeit im »Deutschen Herbst 1977« erinnern. Dies gilt vor allem für dieses Schriftstück über das Ende der Schleyer-Entführung:

Es ist der Text, der mir bereits aus dem Boock-Verfahren bekannt ist und den eine bislang unbekannte

```
wir haben nach 43 tagen hanns-martin schleyers klägliche
und korrupte existenz beendet. herr schmidt, der in seinem
machtkalkül von anfang an mit schleyers tod spekulierte,
kann ihn in der rue charles peguy in muhlhouse in einem
grünen audi 100 mit bad homburger kennzeichen abholen.

für unseren schmerz und unsere wut über die massaker von
mogadischu und stammheim ist sein tod bedeutungslos.
andreas, gudrun, jan, irmgare und uns überrascht die
faschistische dramaturgie der imperialisten
imperialisten zur vernichtung der befreiungsbew
nicht. wir werden schmidt und der daran beteili
allianz diese blutbäder nie vergessen.

der kampf hat erst begonnen.

freiheit durch bewaffneten antiimperialistischen kampf

kommando siegfried hausner
```

RAF-Angehörige verlas, als sie am 19.10.1977 das dpa-Büro in Stuttgart anrief und auf die anschließende Frage nach ihrer Legitimation nur erwiderte: »Wenn Sie den Wagen aufmachen, werden Sie es schon sehen!« Tatsächlich wurde Schleyers Leiche unmittelbar danach an der besagten Stelle im elsässischen Mühlhausen gefunden.

Am meisten elektrisiert mich ein Tonband, das direkt auf der Kassette und auf der Verpackung mit der Aufschrift **»Spindy-Gespräch«** versehen ist. Der Grund meiner Auf-

---

[66] Die Bezeichnung »Spindy« wird später in den Vernehmungen von zwei RAF-Angehörigen damit erklärt, dass Schleyer in einer Art Spind gefangen gehalten wurde (Werner Lotze) bzw. er das Gegenteil von spindeldürr gewesen sei (Peter-Jürgen Boock).

regung ist klar: auf diesem Tonband müsste ein Gespräch festgehalten sein, das Hanns-Martin Schleyer (als »Spindy«) während seiner Gefangenschaft mit einem seiner Entführer aus dem Kreis der RAF-Mitglieder geführt hat. Da die Kriminaltechnik seit einiger Zeit in der Lage ist, Stimmen einer bestimmten Person zuzuordnen, hoffe ich, dass es uns gelingt, den Gesprächspartner von Hanns-Martin Schleyer zu identifizieren und ihn so als einen der für die Schleyer-Entführung Verantwortlichen zur Rechenschaft ziehen zu können. Umso größer ist meine Enttäuschung, als ich beim ersten Anhören des Tonbands nur ein Rauschen vernehme.

Die Verhaftungen

Am 11.11.1982 ist es so weit – das fast vierwöchige Warten an den Erddepots bei eiskalten Temperaturen hat sich gelohnt. Ich bin gerade in Stuttgart, wo beim für den Boock-Prozess zuständigen Strafsenat mit den Verfahrensbeteiligten – also den Richtern, den Verteidigern und uns Anklagevertretern – der Ablauf der Hauptverhandlung vorbesprochen wird und wo ich erstmals mit den Verteidigern Boocks zusammentreffe, als mich diese Nachricht erreicht: An dem von uns so bezeichneten »Zentraldepot« im Wald bei Heusenstamm ist es am Nachmittag dieses Tages zur **Verhaftung von Brigitte Mohnhaupt und Adelheid Schulz** gekommen.

Gegen beide RAF-Frauen bestehen bereits Haftbefehle. Brigitte Mohnhaupt, der Chefin der RAF, wird die

Beteiligung an allen Anschlägen der RAF während der
»Offensive 77« angelastet, Adelheid Schulz die Mittäterschaft am Schleyer-Attentat sowie die Ermordung von zwei
niederländischen Zollbeamten am 1.11.1978 bei Kerkrade.
Die beiden Frauen sind bei ihrer Verhaftung mit Pistolen
aus einem RAF-Überfall auf das Waffengeschäft Fischlein
vom 1.7.1977[67] bewaffnet und haben das Erdversteck
offensichtlich aufgesucht, um dort Gegenstände, insbesondere eine Schusswaffe[68] zu deponieren und Geld aus
dem Bankraub in Bochum zu holen. Die Verhaftung der
beiden RAF-Frauen, die auch sofort Verteidiger zu
sprechen wünschen, können und wollen wir nicht geheim
halten. Als ich nach der Besprechung beim Oberlandesgericht Stuttgart wieder in der Einsatzzentrale des
Bundeskriminalamts bin, erörtern wir unsere weitere
Vorgehensweise in Sachen Erddepots. Es gibt anfangs zwar
Stimmen, die sich dafür aussprechen, auf die weitere
Bewachung dieser RAF-Verstecke zu verzichten, weil nach
der Verhaftung von Mohnhaupt und Schulz nicht damit zu
rechnen sei, dass dort ein weiteres Mal ein
RAF-Angehöriger auftaucht. Letztlich sind wir uns aber
einig, dass wir auch die geringe Chance, nochmals ein
RAF-Mitglied festnehmen zu können, nicht ungenutzt
lassen dürfen. Deshalb verständigen wir uns auf folgende
Vorgehensweise: Wir geben über die Medien nicht nur

---

[67] Bei diesem Überfall, bei dem der Ladeninhaber schwer verletzt
wurde, erbeutete die RAF insgesamt 19 großkalibrige Faustfeuerwaffen.

[68] Die polnische Maschinenpistole Makarov ist wasserdicht verpackt;
Adelheid Schulz ist verdächtig, diese Waffe benutzt zu haben, als es am
1.11.1978 bei Kerkrade zu einer Schießerei an der niederländisch-
deutschen Grenze kam und die beiden holländischen Zollbeamten
Dinonysius de Jong und Johannes Goemans ermordet wurden. Ihr
Begleiter, der am 9.6.1979 verhaftete RAF-Angehörige Rolf Heißler, ist
wegen dieser Tat vom Oberlandesgericht Düsseldorf bereits zu einer
lebenslangen Freiheitsstrafe verurteilt worden.

bekannt, dass Brigitte Mohnhaupt und Adelheid Schulz an einem Erddepot der RAF bei Heusenstamm verhaftet wurden, sondern teilen ergänzend mit, dass wir im Rhein-Main-Gebiet weitere solcher Erdverstecke der RAF gefunden haben – was ja der Wahrheit entspricht. Die Mitteilung, dass wir auch in anderen Bereichen der Bundesrepublik solche Depots gefunden haben, unterlassen wir bewusst. Hintergrund für dieses Agieren ist, dass in zwei der nicht erwähnten Verstecke Geld aus dem Bochumer Bankraub deponiert ist und wir unterstellen, dass die RAF dieses Geld eventuell bald brauchen wird. Hinzukommt, dass wir davon ausgehen, dass die RAF davon überzeugt ist, dass ihr Verschlüsselungscode bei den Wegebeschreibungen von den Ermittlungsbehörden nicht, jedenfalls nicht so schnell, geknackt werden kann.

Fünf Tage später, am 16.11.1982, geschieht dann das, was wir erhofft haben. Im Laufe des Nachmittags erlebe ich mit, wie in der Einsatzzentrale des Bundeskriminalamts die Meldung eingeht, dass am RAF-Depot »Daphne« im Sachsenwald bei Hamburg ein Mann festgenommen worden sei. Er sei mit einer Pistole aus dem RAF-Überfall auf das Waffengeschäft Fischlein[69] bewaffnet gewesen und habe sich als Jogger verkleidet dem Erddepot genähert. Natürlich rätseln wir in Wiesbaden, wer der Verhaftete sein könnte. Es dauert aber Stunden, die ich als Ewigkeit empfinde, bis am frühen Abend die Nachricht kommt: es ist der laut Medien meist gesuchte RAF-Angehörige **Christian Klar**. Gegen ihn besteht ebenfalls bereits ein Haftbefehl, in welchem ihm

---

[69] Mit der Pistole wurde beim versuchten Mord an einem niederländischen Polizeibeamten am 19.9.1977 in Den Haag und bei einem Banküberfall der RAF am 19.9.1979 in Zürich geschossen.

vor allem die Beteiligung an den RAF-Anschlägen des Jahres 1977 zur Last gelegt wird.

Man kann sich vorstellen, wie groß die Freude unter uns Ermittlern beim Bundeskriminalamt in Wiesbaden über diese Festnahme ist. Besonders beeindruckend ist für mich, dass wir noch am selben Abend Besuch vom Vizepräsidenten des Bundeskriminalamts, **Gerhard Boeden**, erhalten, der mir im Zusammenhang mit der Befreiung der Landshut-Geiseln am 18.10.1977 in Mogadischu deshalb bekannt ist, weil ich jenes Foto kenne, auf dem nicht nur Souhaila Andrawes Sayeh, die einzige überlebende Täterin der Landshut-Entführung, zu sehen ist, wie sie schwer verletzt abtransportiert wird, sondern dahinter stehend auch Gerhard Boeden. Boeden bedankt sich – sichtlich tief gerührt und mit bewegenden Worten – bei der SOKO, weil er nach der Festnahme von Christian Klar wieder ruhig schlafen könne. Er fühle sich für das Fahndungsdebakel vom 6.8.1978 bei Michelstadt/Odenwald mitverantwortlich, als die RAF-Mitglieder Willy-Peter Stoll, Adelheid Schulz und Christian Klar im Zusammenhang mit Hubschrauberflügen[70] von der Polizei beobachtet wurden, aber flüchten konnten. Am Ende des Abends legt Gerhard Boeden als Dankeschön und mit der Bemerkung »Machen Sie ein schönes SOKO-Abschiedsfest« einen 50-DM-Schein auf den Tisch. Dem schließe ich mich und dann auch der für Terrorismus zuständige Abteilungspräsident des Bundeskriminalamts an. Ich bin mir sicher, dass wir dieses Fest, das Wochen später im Bundeskriminalamt stattfindet, gemeinsam genießen werden.

---

[70] Diese Hubschrauberflüge sollten der Vorbereitung der Entführung des RAF-Gefangenen Stefan Wisniewski dienen, der per Hubschrauber aus der Justizvollzugsanstalt Frankenthal befreit werden sollte.

Am Ende der Ermittlungen zu den Erddepots der RAF bekomme ich von TE 13 zur Erinnerung an unsere gemeinsame Arbeit diese mit einer Widmung versehene Karikatur geschenkt, die in Anlehnung an die Geschichte »Der Hase und der Igel« wohl den Eindruck erwecken soll, die RAF habe das »Wettrennen« gegen die Ermittlungsbehörden verloren. In der Tat gibt es in  dieser Zeit Stimmen, die meinen und noch mehr hoffen, dass die Entdeckung der Erddepots, mit der die RAF nahezu ihre gesamte Logistik verloren hat, und die Verhaftung von drei Führungspersonen – darunter mit Brigitte Mohnhaupt die Chefin der Gruppe – das Ende der RAF zur Folge haben könnten. Wie im Juni/Juli 1972, als innerhalb von fünf Wochen mit Andreas Baader, Jan-Carl Raspe, Holger Meins, Gudrun Ensslin, Brigitte Mohnhaupt, Bernhard Braun, Ulrike Meinhof, Gerhard Müller, Klaus Jünschke und Irmgard Möller fast die gesamte RAF-Spitze verhaftet wurde, werden wir Ermittler auch dieses Mal eines anderen belehrt. Erneut bedeuten die Ermittlungs- und Fahndungserfolge nicht das Aus für die RAF, sondern nur das **Ende der zweiten RAF-Generation**. Wir werden bald erfahren, dass der »Hydra RAF« – wie sie in diesem Zusammenhang bezeichnet wird – in Form der dritten RAF-Generation ein neuer Kopf nachwachsen wird.

Die Anklage gegen Mohnhaupt und Klar

Innerhalb der Bundesanwaltschaft ist unser Referat II.5 für die Fertigung der Anklageschrift gegen Brigitte Mohnhaupt und Christian Klar zuständig. Sachbearbeiter dieses Verfahrens ist mein Hiwi-Kollege Rainer Griesbaum, der seit Kurzem ebenfalls an die Bundesanwaltschaft abgeordnet ist und mir aus der gemeinsamen Zeit als 20%-er bekannt ist. Ich fühle mich natürlich geschmeichelt, als Bundesanwalt Zeis mich damit beauftragt, zusammen mit den Hiwi-Kollegen **Rainer Griesbaum** und **Wilfried Henning** den § 129a-Teil der Anklage mit der Geschichte der RAF und den Spuren der beiden Beschuldigten zu verfassen und die gesamte Anklage zu koordinieren.

An der Anklageabfassung sind insgesamt neun Staatsanwälte beteiligt – sechs aus dem Referat von Bundesanwalt Zeis und drei aus anderen Referaten der Terrorismusabteilung. Wir wollen beiden Beschuldigten vor allem ihre Beteiligung an den RAF-Anschlägen des Jahres 1977 sowie das Panzerfaustattentat auf den US-General Kroesen am 15.9.1981[71] anlasten, dazu bei Christian Klar den versuchten Mord an einem schweizerischen Zollbeamten.

Rainer Griesbaum, Wilfried Henning und ich haben zwei hintereinanderliegende Diensträume (ich sitze im »gefangenen« Hinterzimmer), was eine hautnahe Zusammenarbeit garantiert. Unsere Aufgabe besteht neben der Fertigung des § 129a-Teils vor allem darin, die einzelnen Anklageteile zusammenzufügen, dabei Wiederholungen zu vermeiden sowie die Anklageschrift tippen und die gesamten Akten vervielfältigen zu lassen. Das Volumen der Akten dieses Verfahrens ist gewaltig. Insgesamt müssen 184 Stehordner Sachakten sowie ein Stehordner Verfahrensakten siebenmal für die Verfahrensbeteiligten kopiert werden. Auch unsere Anklage selbst zählt zu den umfangreichsten, die in der Bundesanwaltschaft bis dahin

---

[71] An diesem Tag schoss die RAF mit einer Panzerfaust zweimal auf General Frederick James Kroesen, als dessen Dienstwagen in Heidelberg an einer Ampel anhalten musste. Die Schüsse verfehlten das anvisierte Ziel nur knapp, so dass der General, seine Ehefrau und sein Adjutant nur leicht verletzt wurden.

gefertigt worden sind; sie umfasst schließlich zwei Stehordner, nämlich einen Ordner mit 324 Seiten allein für die Anklageschrift und einen Ordner für das Beweismittelverzeichnis. Bei der Abfassung der Anklageschrift müssen wir insbesondere darauf achten, dass Schreibfehler vermieden werden, weil der gesamte Text mit einer Schreibmaschine geschrieben wird, die beim Tippen nur die Korrektur der jeweils letzten drei Zeilen ermöglicht; oftmals müssen mehrere Seiten neu geschrieben werden.

In dieser Zeit fahren Rainer Griesbaum und ich ins Hauptquartier der US-Armee in Heidelberg, um gemeinsam mit General Kroesen, dessen Ehefrau und Sicherheitsbeauftragten mit einer Militärmaschine nach Bayern zu fliegen, wo wir in den Gefängnissen Aichach und Straubing verdeckte Gegenüberstellungen durchführen wollen, und zwar – wofür Rainer Griesbaum zuständig ist – von Christian Klar mit General Kroesen sowie – in meiner Zuständigkeit – von Brigitte Mohnhaupt mit Frau Kroesen. Leider bestätigen sich erste Anhaltspunkte, dass die beiden Zeugen die Beschuldigten am Tatort in Heidelberg gesehen haben könnten, nicht.

Bereits Ende Februar 1983 – also ca. dreieinhalb Monate nach der Verhaftung von Christian Klar – sind wir mit dem Entwurf der Anklageschrift fertig, die ich Generalbundesanwalt Rebmann mit Verfügung vom 21.2.1983 mit der Bitte um Billigung vorlege.

Bevor der Generalbundesanwalt die Anklage unterzeichnet, nehme ich an einer für mich unter juristischen Aspekten hochinteressanten Besprechung teil. Hintergrund ist, dass wir in der Anklage gegen Mohnhaupt und Klar in Bezug auf die Erschießung der vier Begleiter Schleyers bei dessen Entführung in Köln juristisch eine **natürliche Handlungseinheit** – das heißt nicht vier einzelne Morde, sondern eine einzige Tat mit vier Morden – annehmen wollen.

> Eine solche **Handlungseinheit** wird von der Rechtsprechung angenommen, wenn sich das Handeln des Täters bei natürlicher Betrachtungsweise wegen des räumlichen und zeitlichen Zusammenhangs als eine einheitliche Tat erscheint.

Demgegenüber haben nahezu zeitgleich die Sitzungsvertreter der Bundesanwaltschaft im Strafprozess gegen Stefan Wisniewski – entsprechend der bisherigen Praxis – in ihrem Schlussvortrag wegen desselben Tatkomplexes auf Tatmehrheit (also auf vier getrennte Mordtaten) plädiert. Ich erlebe bei dieser Besprechung hautnah einen Wechsel in der Handhabung solcher Fälle mit, weil Generalbundesanwalt Rebmann entscheidet, dass ab sofort entsprechend unserem Anklageentwurf bei solchen Delikten Handlungseinheit und somit eine einzige Tat zugrunde zu legen ist.

Da die bisherigen Haftbefehle des Ermittlungsrichters beim Bundesgerichtshof gegen Mohnhaupt und Klar nicht alle Tatvorwürfe enthalten, die Bestandteil der Anklage sein sollen, wollen Rainer Griesbaum, Wilfried Henning und ich die Haftbefehle kurzfristig der Anklageschrift anpassen lassen. Da uns die Zeit zu lange erscheint, bis die Haftbefehlsentwürfe neu geschrieben sind, schreiten wir selbst zur Tat und nehmen Schere, Klebstift und Tipp-Ex und schneiden uns aus dem Anklagesatz die Haftbefehlsentwürfe zurecht, wobei wir nicht nur einzelne Sätze und Worte, sondern auch Buchstaben und sogar Satzzeichen ausschneiden und einfügen. Wir freuen uns, dass durch Kopieren der so entstandenen Seiten, durch »Weißeln« der Schnittstellen mit Tipp-Ex und anschließend erneutes Kopieren ein Haftbefehlsentwurf entsteht, der von einer Urschrift nicht zu unterscheiden ist. Deshalb sind wir auch nicht überrascht, dass der Ermittlungsrichter unserem Antrag entspricht und am 10.3.1983 die quasi per Hand gefertigten Haftbefehle erlässt.

134

Die vom Generalbundesanwalt unterzeichnete Anklageschrift gegen Mohnhaupt und Klar wird mit dem Datum
14.3.1983   an   das   Oberlandesgericht   Stuttgart
abgeschickt.[72]

---

[72] Ein Exemplar dieser Anklageschrift wird später in den RAF-Teil der
Ausstellung im Bonner Haus der Geschichte aufgenommen.

Der Boock-Prozess

Am 25.1.1983 beginnt im sog. Mehrzweckgebäude in Stuttgart-Stammheim die Hauptverhandlung im Strafverfahren gegen Peter-Jürgen Boock. Wir sind auf Seiten der Bundesanwaltschaft drei Anklagevertreter: Bundesanwalt Zeis, Oberstaatsanwalt beim Bundesgerichtshof Kouril und meine Person. Dem 2. Strafsenat des Oberlandesgerichts mit dem Vorsitzenden Walter Eitel gehören fünf Richter und – für den Fall, dass ein Richter ausfällt – ein Ergänzungsrichter an. Zum ersten Mal trage ich als Vertreter der Anklage nicht meine gewohnte schwarze, sondern die rote Robe, die für die Anklagevertreter der Bundesanwaltschaft festgelegt ist. Zum ersten Mal begegne ich auch Peter-Jürgen Boock – er ist viel kleiner und schmächtiger als ich ihn mir trotz der Beschreibung auf den Fahndungsplakaten (»Größe: 172 cm«) vorgestellt hatte. Boocks Interessen werden von vier Verteidigern, unter ihnen Rechtsanwalt Heinrich H., wahrgenommen. Boock selbst gibt regelmäßig  Prozesserklärungen ab und bestreitet dabei – wie von uns erwartet – seine Beteiligung an den ihm zur Last gelegten Taten. Dabei fällt mir vor allem seine leicht singende Sprechweise auf, die mir von Bekannten aus Schleswig-Holstein geläufig ist und die sich für mich mit Boocks Jugendzeit in der Nähe von St. Peter-Ording erklärt. Auf mich macht er bei seinem Auftreten vor Gericht einen ausgesprochen selbstbewussten und eloquenten Eindruck.

Bereits zu Beginn des Prozesses wird deutlich, dass es Dinge gibt, die größeres Vergnügen bereiten. Allein das Prozessgebäude mit seinen kahlen Betonwänden und Fenstern, die kaum Licht in den Saal lassen, belasten jeden Prozessbeteiligten. Hinzu kommt, dass wir Sitzungsvertreter der Bundesanwaltschaft uns permanent heftige Wortgefechte mit der Verteidigung – insbesondere mit Rechtsanwalt H. – liefern. Dabei geht es z.B. erneut um die Frage, ob und inwieweit sich die Verteidiger beim Betreten des Mehrzweckgebäudes durchsuchen lassen müssen. Während die Rechtsanwälte diese Kontrolle als unzumutbar und diffamierend bezeichnen, sind wir und das Gericht der Ansicht, dass nach den Erfahrungen mit RAF-Verteidigern, die über das Prozessgebäude u.a. Waffen in das Stammheimer Gefängnis geschmuggelt hatten, auf die Durchsuchung nicht verzichtet werden kann. Folge der Wortgefechte sind mehrere Dienstaufsichtsbeschwerden, die von Seiten der Verteidigung gegen Bundesanwalt Zeis und mich erhoben werden. In einer dieser Beschwerden wird z.B. beanstandet, dass ich den Vorwurf der Verteidigung, gegen Boock finde kein faires Verfahren statt, als »bösartig und abwegig« bezeichnet hatte. Umgekehrt werden auf unsere Veranlassung wegen des Verhaltens einzelner Verteidiger ehrengerichtliche Disziplinarverfahren eingeleitet. Sowohl diese berufsrechtlichen Anwaltsverfahren als auch die Dienstaufsichtsbeschwerden gegen uns verlaufen – salopp formuliert unter dem Aspekt »Wo gehobelt wird, da fallen Späne« – im Sand. Für Generalbundesanwalt Rebmann, der für seine Bemühungen um eine konsequente Strafverfolgung bekannt ist, sind die gegen uns erhobenen Dienstaufsichtsbeschwerden kein Makel, sondern eher eine Auszeichnung für uns Sitzungsvertreter.

Diese »Auszeichnung« soll auch dem Kollegen **Leo Kouril** zuteil werden, das beschließen wir Hiwi-Freunde Rainer Griesbaum, Wilfried Henning und ich. Leo Kouril ist nämlich unter den drei Anklagevertretern im Boock-Prozess der einzige, dem eine Dienstaufsichts-beschwerde bislang erspart geblieben ist. Das mag daran liegen, dass er seine Stellungnahmen mit freundlicher Miene und noch freundlicherem Ton vorträgt, weshalb die Verteidigung selbst inhaltliche Grobheiten von ihm hinnimmt. Als er aber eines Tages einen der Verteidiger Boocks als »SPIEGEL-Mitarbeiter« bezeichnet, sind wir sicher, dass dies nicht ohne Dienstaufsichtsbeschwerde abgehen würde. Als dies nicht geschieht, entscheiden wir uns dazu, dem Kollegen Kouril eine solche Beschwerde zu schenken. Wir drei setzen uns also gemeinsam hin, nehmen eine frühere Beschwerde, arbeiten erneut mit Schere, Klebstoff, Tipp-Ex und Kopiermaschine und fügen als Text das »unflätige« Verhalten Kourils am letzten Verhandlungstag ein – fertig ist eine echt aussehende »Dienstaufsichtsbeschwerde«, die sich erst recht zur Täuschung eignet, als wir sie mit einem Eingangsstempel und bunten Sichtvermerken versehen. Eigentlich wollen wir unser Werk nur zu einem kleinen Späßchen inner-halb unseres Referats verwenden. Dann aber gerät unser Spaß fast aus den Fugen, weil Bundesanwalt Zeis von unserer Arbeit so angetan ist, dass er dem Kollegen Kouril diese »Dienstaufsichtsbeschwerde« in die Hand drückt und ihn auffordert, bis zum nächsten Morgen eine schriftliche Stellungnahme abzuliefern. Bei einer Bespre-chung am nächsten Tag erzählt Leo Kouril, wie er abends von seiner Ehefrau wegen seines beanstandeten Verhaltens getadelt worden sei, wie er sich dann mit einem Glas Wein an die Schreibmaschine gesetzt habe und wie ihm beim Schreiben verstärkt durch den Kopf gegangen sei, den Anwalt anzurufen, um sich über dessen

138

»Dienstaufsichtsbeschwerde« zu beklagen, wovon er aber dann doch abgesehen habe. Unser Schreck ist groß – wir wollen uns lieber gar nicht vorstellen, was passiert wäre, wenn er angerufen hätte.

Zwar gibt es in der Behörde Stimmen, die unser Späßchen mit der gefälschten Dienstaufsichtsbeschwerde zumindest für eine Ungehörigkeit halten. Generalbundesanwalt Rebmann hingegen lacht herzhaft, als wir ihm diese Geschichte erzählen. Speziell wir Hiwis haben bei unserem Behördenleiter einen besonders großen Stein im Brett, weil er wohl davon angetan ist, dass wir »jungen Kerle« – wie er uns nennt – mit einigen Ideen frischen Wind in die Bundesanwaltschaft bringen. So übernimmt er unseren Vorschlag, sämtliche Hiwis, die unter seiner Ägide an die Bundesanwaltschaft abgeordnet waren, jährlich zu einer Besprechung nach Karlsruhe einzuladen, um alte Kontakte zu pflegen und die ehemaligen Kollegen fachlich, insbesondere im Revisionsrecht auf dem Laufenden zu halten. So hat Rebmann auch nichts dagegen, dass die wissenschaftlichen Mitarbeiter für die Personalratswahl eine eigene Hiwi-Liste aufstellen, was von einzelnen Behördenangehörigen als Revolution empfunden wird.

Obwohl auch eine andere Dienstaufsichtsbeschwerde gegen mich erfolglos ist, sehe ich mein darin beanstandetes Prozessverhalten durchaus selbstkritisch: Die Verteidigung hatte einen Sachverständigen wegen Besorgnis der Befangenheit abgelehnt; er sei durch sein Verhalten als Psychiater während der NS-Zeit disqualifiziert. Unsere Erkundigungen bei der Zentralstelle zur Aufklärung von NS-Verbrechen ergeben jedoch, dass dort gegen den Sachverständigen kein Verfahren anhängig und er auch nicht NSDAP-Mitglied war. Gleichzeitig erfahren wir aber, dass Rechtsanwalt Heinrich H. Mitglied der NSDAP war. Im Prozess kann ich mir im Rahmen meiner Stellungnahme zu dem Befangenheitsantrag die Bemerkung nicht verkneifen, dass ein Angeklagter, dessen Vertrauensanwalt NSDAP-Mitglied war, durchaus Vertrauen zu einem Sachverständigen haben kann, der kein solches NSDAP-Mitglied war. Zurecht weist mich eine Kollegin der Bundesanwaltschaft anschließend darauf hin, dass der Hinweis auf die NS-Vergangenheit des Verteidigers doch wohl unnötig gewesen sei. Sie hat aber für mein Verhalten Verständnis, als ich ihr das Prozessklima schildere: Es herrscht aus meiner Sicht eine überaus vergiftete Atmosphäre, wie ich sie noch nie erlebt habe. Immer hängt ein Streit in der Luft – nach jedem Prozesstag, den wir wie Häftlinge an der Rückwand des Prozesssaales abstreichen, bin ich fix und fertig.

Die Belastung wird noch dadurch gesteigert, dass es Boock und seine Anwälte schaffen, die Medien auf ihre Seite zu bringen. Mein Eindruck ist, dass man deshalb unter den Journalisten kein Verständnis dafür hat, dass wir nicht bereit sind, bei Boock in Bezug auf die ihm angelasteten Taten ein Auge zuzudrücken, nur weil er aus der RAF ausgestiegen ist. Wir lassen an unserer Position keinen Zweifel: Mord bleibt Mord und kann durch den Verzicht auf weitere Mordtaten nicht ungeschehen gemacht werden, weshalb er entsprechend der Gesetzeslage mit lebenslanger Freiheitsstrafe zu ahnden ist.[73] Über unser

---

[73] Bei der späteren Urteilsbegründung führt der Vorsitzende Eitel insoweit zu Recht aus, dass man aus der RAF nicht aussteigen kann wie aus einer Straßenbahn.

Verhalten schreibt Gerhard Mauz, der »Papst« unter den Gerichtsreportern, im SPIEGEL vom 20.6.1983 u.a.:

»Die Bundesanwaltschaft reizt die Verteidigung in der Hauptverhandlung gegen Peter-Jürgen Boock bis aufs Blut, Technik und Taktik sind perfekt ... Bundesanwälte können sich aufführen, wie es ihnen beliebt. Nichts ist dem Stand des Vertreters einer objektiven Behörde widrig, nicht einmal ein Jagdeifer, der für ganze Rudel tollwütiger Löwen ausreichen würde, disqualifiziert ihn.«

Ich spüre, dass mich solche Berichte in meiner beruflichen Ehre treffen, bin ich doch gerade deshalb Ankläger geworden, weil mich das Objektivitätsgebot des deutschen Staatsanwalts so fasziniert. Deshalb bin ich auch der Auffassung, dass man im Rahmen einer konsequenten Strafverfolgung einem Streit mit der Verteidigung nicht aus dem Weg gehen darf. Solche Medienberichte führen leider auch dazu, dass mir gute Bekannte unter dem Motto »Was ist denn aus Dir für ein Dreckspatz geworden« fast die Freundschaft aufkündigen. Wenn ich ihnen dann aber die Hintergründe meines Verhaltens erkläre, merken sie, dass ich noch »der Alte« geblieben bin.

Angesichts dieser einseitigen Medienberichterstattung bitte ich Generalbundesanwalt Rebmann darum, uns Sitzungsvertretern in Stammheim Gespräche mit den Journalisten zu gestatten, um diesen unsere Sicht der Dinge zu vermitteln und den Verteidigern das Terrain der Medienarbeit nicht alleine zu überlassen. Rebmann, der mir sonst nahezu jeden Wunsch erfüllt, ist aber der Ansicht, dass die Pressearbeit ausschließlich Chefsache sei.[74]

---

[74] Interessant ist, was derselbe Gerhard Mauz später über mich schreibt, nachdem ich im Jahr 1993 dazu übergegangen bin, als Anklagevertreter Pressearbeit zu betreiben (siehe S. 294 f.).

Ende September 1983 werden wir erneut mit einer Überraschung konfrontiert: Der stellvertretende Senatsvorsitzende des Boock-Prozesses war in der Nacht zum 22.9.1983 einer schreienden Frau zu Hilfe geeilt, die von einem Mann auf der Straße verprügelt wurde. Als der Mann trotz Aufforderung nicht aufhörte und auf den Richter zuging, gab dieser mit seiner Dienstpistole zunächst einen Warnschuss in die Luft und dann zwei gezielte Schüsse ab, die den Mann in die Beine treffen sollten; einer dieser Schüsse traf den Mann aber in den Unterbauch und verletzte ihn schwer. Zwar wird das wegen dieses Sachverhalts eingeleitete Ermittlungsverfahren eingestellt, weil dem Richter kein schuldhaftes Verhalten nachgewiesen werden kann. Gleichwohl wird wegen dieser Schüsse von Boocks Verteidigung ein Befangenheitsantrag gegen ihn gestellt, der aber als unbegründet zurückgewiesen wird.[75] Für mich ist dieser Vorfall ein weiterer Grund, die mir zugeteilte Waffe so bald wie möglich abzugeben.

Das Spindy-Tonband

Gegen Ende des Boock-Prozesses erfahre ich von Beamten des Bundeskriminalamts, dass es in Sachen »Spindy-Gespräch« ausgesprochen Erfreuliches gäbe: der Kriminaltechnik sei es gelungen, auf dem Tonband die Fehlgeräusche zu eliminieren, weshalb man jetzt jedes einzelne Wort des Gesprächs verstehen könne. Als sie mir das auf diese Weise verbesserte Tonband vorspielen, ist dies eine Situation, in der man sich am liebsten in den Arm kneifen möchte, weil man nicht glauben will, was man in diesem Moment hört: Für mich ist sofort klar, dass die eine

---

[75] Vgl. die Berichte in DIE ZEIT vom 25.11.1983 und in DER SPIEGEL vom 12.8.1985.

der beiden Männerstimmen jene von Peter-Jürgen Boock ist. Aufgrund des Gesprächsinhalts können wir sogar feststellen, dass die Unterhaltung zwischen den beiden Männern am 7.9.1977 – also am dritten Tag der Schleyer-Entführung – stattfand.

Am nächsten Sitzungstag fragen wir Boock angesichts dieser neuen Erkenntnis, ob er dabeibleibe, dass er mit der Schleyer-Entführung nichts zu tun habe. Dies bejaht er. Und auf unsere konkrete Frage, ob er mit Hanns-Martin Schleyer während dessen Geiselhaft gesprochen habe, antwortet Boock mit »Nein!«. Daraufhin präsentieren wir das Tonband. Als es im Gerichtssaal abgespielt wird, sehen wir viele überraschte Gesichter von Prozessbeteiligten, die – wie ich zuvor – sofort die Stimme Boocks erkennen, der im Laufe des Prozesses zahlreiche Erklärungen abgegeben hatte, weshalb allen seine Tonlage und Sprechweise geläufig ist. Neu ist für viele, dass die Kriminaltechnik inzwischen eine Stimme fast so gut wie einen Fingerabdruck einer Einzelperson zuordnen kann, weil jeder Mensch eine besondere Eigenart hat, Sprechtöne, vor allem Zischlaute wie »s«, »st«, oder »sch« zu bilden. Von unschätzbarem Vorteil ist dabei, dass zum Vergleich mit dem »Spindy-Gespräch« jenes Tonband zur Verfügung steht, das bei Boocks SPIEGEL-Interview mitlief. Der in den Prozess geladene Sachverständige kommt sogar zu dem Ergebnis, dass der von uns als Boock erkannte Sprecher eine Zahn-Vollprothese tragen müsse, ohne zu wissen, dass Boock bei einem Nahost-Aufenthalt sämtliche Zähne verloren hatte. Für jeden objektiven Prozessbeobachter ist nach dieser Darstellung klar, dass Boock auf dem »Spindy-Tonband« der eine der beiden Sprecher ist, also im Prozess immer wieder die Unwahrheit gesagt hatte.

Besonders bedrückend empfinde ich die Situation, als Eberhard Schleyer, der Sohn von Hanns-Martin Schleyer, in die Hauptverhandlung geladen wird, um den Gesprächspartner Boocks zu identifizieren. Er hört beim Abspielen des »Spindy-Tonbandes« quasi ein letztes Mal seinen Vater sprechen. Während der gesamten Vernehmung von Eberhard Schleyer, in der er seinen Vater eindeutig als den zweiten Sprecher erkennt, geht mir nicht aus dem Kopf, wie ich mich selbst in dieser Situation fühlen würde. Ich bewundere Eberhard Schleyer, wie er trotz aller Betroffenheit seine Emotionen im Griff behält. In dem Gespräch zwischen Hanns-Martin Schleyer und Peter-Jürgen Boock, in welchem es um die Übermittlung eines Lebenszeichens von Schleyer geht, lauten die entscheidenden Passagen:

Boock: »Die wollen nachher – das ist wohl Teil der Verzögerungstaktik – Fragen stellen, die Du beantworten sollst, damit's eindeutig ist, dass Du ... noch existent bist.«

Schleyer: »Ist dies über die Medien durchgegeben worden?«

Boock: »Ja, ja, durchs Radio. Ja, das haben sie beim Lorenz[76] genauso gemacht, das war genau dasselbe Spiel ... Und die Frage ist, wie wir's jetzt überlegen, ob wir uns darauf so rum einlassen sollen oder ihn anders rum, diesen eindeutigen Beweis – ... zum Beispiel über den Südwestfunk-Reiseruf an irgendeinen Herrn Sowieso ... einlassen sollen. Das wär die eine Sache, oder ob wir's so ändern.«

Nach dieser für alle Verfahrensbeteiligten und Prozessbeobachter überraschenden Wende geht die Beweisaufnahme recht schnell zu Ende. In unserem Plädoyer tragen wir vor, dass aus unserer Sicht keine Zweifel bestehen, dass Boock der angeklagten Straftaten schuldig ist und auch den Raketenwerferanschlag nicht absichtlich, sondern aus Versehen verhindert hat.

---

[76] Gemeint ist die Lorenz-Entführung (vgl. S.69).

144

Dementsprechend beantragen wir, gegen den Angeklagten für jeden der vier Tatkomplexe eine lebenslange Freiheitsstrafe zu verhängen. Durch Urteil des Oberlandesgerichts Stuttgart, das am 7.5.1984 (dem 85. Prozesstag) ergeht, wird Boock zu **dreimal lebenslanger Freiheitsstrafe plus 15 Jahre Freiheitsstrafe** verurteilt.[77]

---

[77] Abweichend von unserem Plädoyer verhängt das Gericht in Bezug auf den versuchten Raketenwerferanschlag keine lebenslange, sondern eine 15-jährige Freiheitstrafe.

Das neue »Lebenslänglich«

Nach dem Boock-Urteil ist für mich für gut drei Jahre Schluss mit der Bearbeitung von Terrorismus-Verfahren. Direkt nach dem Urteil wechsle ich in die Revisionsabteilung der Bundesanwaltschaft, um das für Hiwis generell vorgesehene Jahr mit der **Bearbeitung von Revisionsverfahren** zu absolvieren; deshalb wird meine Abordnung an die Bundesanwaltschaft auch bis Ende April 1985 verlängert.

Ausspähungen der Justiz und der Schießbefehl der RAF

Mein neues Dienstzimmer in der Revisionsabteilung der Bundesanwaltschaft liegt – worauf mich ein Kollege hinweist – in dem Bereich, den die RAF am 25.8.1977 mit ihrer Raketenwerferanlage beschießen wollte. Diese Information berührt mich unter dem Aspekt, dass ich selbst gefährdet sein könnte, weniger als der Umstand, dass Richter und Staatsanwälte, die – wie ich während der Ermittlungen – mit dem Strafverfahren gegen Brigitte Mohnhaupt und Christian Klar befasst sind, offensichtlich erneut Ziel von Attentaten der RAF werden sollen.

- So wird die RAF-Angehörige **Manuela Happe** am 22.6.1984 in der Nähe von Stuttgart verhaftet, als sie dabei ist, die Wohnung des Vorsitzenden Richters Knospe auszuspähen, der seit 1.2.1984 den Prozess gegen die RAF-Gefangenen Mohnhaupt und Klar leitet und zu jenen Repräsentanten des Staates zählt, auf welche die RAF Mordanschläge verüben will. Als Happe bei diesem Ausspähversuch von der Polizei bemerkt wird und kontrolliert werden soll, zieht sie ihren Revolver und schießt entsprechend dem innerhalb der RAF geltenden Schießbefehl auf die Polizeibeamten. Als

146

die Beamten zurückschießen, ergibt sich Manuela Happe.[78]

> Der **Schießbefehl der RAF** gilt seit deren Anfängen, als Ulrike Meinhof 1970 in einem Interview erklärte: »Bullen sind Schweine – und natürlich kann geschossen werden«. Diese Formulierung, die in einem RAF-Papier zu einem Befehl konkretisiert wurde, schreibt jedem RAF-Angehörigen vor, dass er im Falle einer drohenden Festnahme durch die Polizei von seiner Schusswaffe Gebrauch machen muss. Dieser Schießbefehl hat zur Folge, dass in solchen Festnahmesituationen insgesamt 18 Menschen zu Tode kommen, nämlich neun Polizeibeamte, acht RAF-Angehörige sowie eine unbeteiligte Passantin, die durch einen Querschläger getötet wird.

- Im Zusammenhang mit der Verhaftung von Manuela Happe entdecken die Ermittlungsbehörden wenige Tage später ein von der RAF seit 8.6.1984 konspirativ genutztes Zimmer in der **Bahnhofstraße 1 in Karlsruhe**. Aus dort sichergestellten Unterlagen ergibt sich, dass die RAF nicht nur den Vorsitzenden des Mohnhaupt-Klar-Prozesses im Visier hat, sondern auch die Sitzungsvertreter der Bundesanwaltschaft, unter ihnen meine Kollegen Peter Zeis und Rainer Griesbaum.

Der erste Abschied von der Bundesanwaltschaft

Die Tätigkeit in der Revisionsabteilung ist unter juristischen Aspekten ausgesprochen interessant und anspruchsvoll – ich lerne in diesem Jahr sehr viel im Revisionsrecht. Natürlich ist es für mich auch ein besonderes Erlebnis, in drei Verhandlungen als Sitzungs-vertreter der Bundesanwaltschaft vor dem Revisionssenat

---

[78] Aufgrund dieses Sachverhalts wird Manuela Happe durch Urteil des Oberlandesgerichts Stuttgart vom 20.3.1986 wegen zweifachen Mordversuchs zu einer Freiheitsstrafe von 15 Jahren verurteilt.

des Bundesgerichtshofs aufzutreten; die Prozess-atmosphäre ist das völlige Gegenteil zu jener, die ich im Boock-Prozess erlebt habe. Auch im Vergleich zu dem stressigen Geschäft als Ermittler – etwa in Sonder-kommissionen – ist die Revisionstätigkeit deutlich weniger aufregend. Ich kann mir aber nicht so recht vorstellen, diese Tätigkeit bis zum Ende meiner Berufszeit auszuüben.

Im Frühjahr 1985 sind wir Hiwis zu **Gast im Hause Rebmann** in Stuttgart-Vaihingen, was natürlich eine besondere Ehre für uns ist. Wir sind beeindruckt von der tollen Lage des Hauses oberhalb von Stuttgart, von den Schutzmaßnahmen rund um das Anwesen, vor allem aber von der nicht überbietbaren Gastfreundlichkeit der Eheleute Rebmann. Frau Rebmann, die auch zur Weihnachtsfeier der Bundesanwaltschaft regelmäßig selbst gebackene »Guatsla«[79] mitbringt, hat für uns ca. 20 Hiwis eigenhändig gekocht und Generalbundesanwalt Rebmann bedient uns mit umgebundener Schürze. Meine Aufgabe als inzwischen Dienstältester unter uns Hiwis besteht darin, die Begrüßungsrede zu halten, was nicht ganz so einfach ist, weil zwei Hiwi-Kollegen gegen mich gewettet haben, dass ich mich nicht traue, in der Rede den Satz unterzubringen »Wo kann man denn hier hin ..., wenn es einem schlecht wird?«[80] Am Ende der phantastischen Veranstaltung im Hause Rebmann kommen die beiden Kollegen auf mich zu, um mir zu der gewonnenen Wette zu gratulieren.

---

[79] Schwäbische Bezeichnung für Weihnachtsgebäck.

[80] Hintergrund der Wette ist, dass man uns erzählt hatte, dass es bei der letzten Einladung von Hiwis ins Haus Rebmann einem japanischen Gast schlecht geworden war.

148

Kurz vor Ende meiner Abordnung am 30.4.1985 verabschiede ich mich von der Behörde mit einem kleinen Stehempfang, zu dem auch Generalbundesanwalt Rebmann kommt. Im Gespräch bittet er mich, am nächsten Morgen in sein Büro zu kommen. Für alle, die dies mithören, ist – wie für mich – ziemlich klar, dass es bei diesem Gespräch darum gehen wird, ob ich in absehbarer Zeit Planbeamter  der Bundesanwaltschaft werden kann bzw. soll; eine direkte Beförderung ist nur aus der Position eines Oberstaatsanwalts möglich, was ich aber noch nicht bin. Da meine Freunde in der Behörde wissen, dass ich zu jenen zähle, die nicht sicher sind, ob sie eine solche Planstelle der überaus attraktiven Besoldungsgruppe R 3[81] anstreben sollen, werde ich in den folgenden Stunden ganz intensiv bearbeitet, ich solle um Himmelswillen ja ein voraussichtliches Angebot Rebmanns nicht ablehnen. Beim Abendessen diskutieren wir die Situation in der Familie und meine Frau überlässt mir auch dieses Mal die Entscheidung. In der folgenden Nacht schlafe ich ausgesprochen schlecht. Mir ist bewusst, dass am kommenden Tag eine entscheidende Weichenstellung in meinem beruflichen Werdegang auf mich zukommen dürfte – ich habe permanent die Alternative vor Augen: einerseits die fraglos spannende, interessante, aber durch Schutzmaßnahmen und Dienstreisen auch belastende

---

[81] Ich kann mir ausrechnen, dass ich deutlich mehr verdienen würde und wir uns vielleicht ein frei stehendes Häuschen leisten können. In den Bundesländern ist diese Besoldungsgruppe in der Regel etwa für den Behördenleiter einer Staatsanwaltschaft vorgesehen.

149

Tätigkeit bei der Bundesanwaltschaft, andererseits das eher beschauliche Geschäft als Amtsrichter, das ich zu Beginn meines Berufslebens im Auge hatte. Mir ist aber auch klar, dass ich das voraussichtliche Angebot nicht ernsthaft ausschlagen kann. Als ich mich am nächsten Morgen bei Generalbundesanwalt Rebmann melde, macht er mir tatsächlich das Angebot, zum nächstmöglichen Termin als Planbeamter zur Bundesanwaltschaft zurückzukehren; zu meiner völligen Überraschung fragt er mich aber, ob ich mir vorstellen könne, dann auch sein Persönlicher Referent und Pressesprecher zu sein. Nach einer Schrecksekunde, in der ich mich wie gelähmt fühle, bedanke ich mich für dieses überaus ehrenwerte Angebot, das ich in Bezug auf die Planstelle auch gerne annehmen wolle, dass ich aber angesichts der negativen Medienberichte über mich während des Boock-Prozesses Bedenken hätte, die Bundesanwaltschaft als Pressesprecher nach außen zu vertreten. Ich habe am Ende unseres Gesprächs den Eindruck, dass Generalbundesanwalt Rebmann für meine Reaktion Verständnis hat.

Referatsleiter im Justizministerium Baden-Württemberg

Klar ist, dass ich nach Ablauf meiner Abordnung an die Bundesanwaltschaft wieder in den baden-württembergischen Landesdienst zurückkehre – auch um Oberstaatsanwalt zu werden und damit die Voraussetzung für eine Planstelle bei der Bundesanwaltschaft zu schaffen. Wie selbstverständlich gehe ich davon aus, dass ich meine Tätigkeit bei der Staatsanwaltschaft Stuttgart fortsetze, und bin deshalb einigermaßen überrascht, dass ich direkt im Anschluss an meine Karlsruher Zeit an das baden-württembergische Justizministerium in Stuttgart abgeordnet werden soll. Ein Angebot, das man – wie ich von allen Seiten höre – nicht ablehnen darf und das ich auch nicht ablehne. Dort leite ich ab 1.5.1985 das Referat »Strafverfahrensrecht« und erblasse, als man mir die »Ahnengalerie« meiner vier prominenten Amtsvorgänger aufzählt (aktuell ist einer Präsident des Oberlandesgerichts, ein anderer Generalstaatsanwalt, einer ist Landgerichtspräsident und einer Leitender Oberstaatsanwalt). Es ist mein am schönsten gelegener Arbeitsplatz mit Fenstern auf das Alte Schloss und den Schillerplatz, wo regelmäßig der Wochenmarkt sowie je einmal im Jahr das berühmte Weindorf und der wunderschöne Weihnachtsmarkt stattfinden. Die Tätigkeit im Ministerium ist interessant, weil mein Referat die Kontaktstelle zu den Staatsanwaltschaften des Landes ist, weshalb ich regelmäßig mit den Chefs der staatsanwaltlichen Behörden zu tun habe und die jährlichen Besprechungen des Ministeriums mit den beiden Generalstaatsanwälten und den Leitenden Oberstaatsanwälten organisiere. Nicht uninteressant ist für mich auch, dass ich mit Gesetzgebungsvorhaben – etwa zum »Recht auf informationelle Selbstbestimmung« – befasst bin und dabei miterlebe, wie schwierig es ist, die unterschiedlichen Interessen der einzelnen Bundesländer unter einen Hut zu bekommen und juristisch vielleicht sinnvolle Gesetze politisch durchzusetzen.[82] Nach rund einem Jahr werde ich zum Oberstaatsanwalt ernannt.

---

[82] Es gibt im Ministerium aber auch nicht-juristische Dinge: So wird die Fußballmannschaft des Ministeriums 1986 beim jährlich stattfindenden Ministerpräsidenten-Cup, an dem alle Ministerien teilnehmen, das erste und einzige Mal Sieger und mein fußballerisches Ansehen wird noch dadurch erhöht, dass ich im Endspiel das einzige Tor schieße.

Das neue »Lebenslänglich«

Natürlich verfolge ich in dieser Zeit auch mit großem Interesse, was aus den RAF-Verfahren wird, an denen ich mitgearbeitet habe. So bin ich geradezu entsetzt, als der Bundesgerichtshof in der Revisionsinstanz das Urteil des Oberlandesgerichts Stuttgart gegen **Peter-Jürgen Boock** mit der Begründung aufhebt, die Schuldfähigkeit Boocks während der ihm angelasteten Taten sei nicht ausreichend geprüft worden. Hierauf findet eine erneute Hauptverhandlung vor einem anderen Strafsenat des Oberlandesgerichts Stuttgart statt. Interessant finde ich, was ich über Boocks Schlusswort in diesem zweiten Prozess lese; danach hat er Folgendes gesagt[83]:

»Das erste Urteil sagt, Boock ist ein Mörder. Ich sage dagegen mit aller Klarheit, ich bin kein Mörder. Ich habe niemals auf einen Menschen geschossen. Ich war niemals dabei, als Menschen getötet wurden oder als auf sie geschossen worden ist. Ich habe auch niemanden anderen veranlaßt, das zu tun.«

Gleichwohl wird Boock am 28.11.1986 erneut wegen aller Anklagepunkte verurteilt, dieses Mal allerdings – entsprechend der seit 13.4.1986 geltenden neuen Rechtslage – zu **einer** lebenslangen Freiheitsstrafe als Gesamtstrafe. Diese Entscheidung wird rechtskräftig. Hintergrund für das **neue Gesetz zur lebenslangen Freiheitsstrafe** ist Folgendes:

> Bereits durch Urteil vom 21.6.1977 hat das Bundesverfassungsgericht entschieden, dass die bis dahin für lebenslange Freiheitsstrafen geltende gesetzliche Regelung verfassungswidrig sei, weil – vereinfacht ausgedrückt – die lebenslange Haft ohne Perspektive quasi eine scheibchenweise Todesstrafe darstelle,

---

[83] Vgl. DER SPIEGEL 21/1992, S. 99

die nach dem Grundgesetz verboten sei. Deshalb hat das Gericht festgelegt, dass auch Verurteilte, gegen die eine lebenslange Freiheitsstrafe verhängt worden ist, eine konkrete Chance haben müssen, im gerichtlichen Verfahren – also nicht bloß per Gnadenakt – wieder in Freiheit zu gelangen.

Diesem Auftrag des Bundesverfassungsgerichts an den Gesetzgeber wird neun Jahre später per Gesetz vom 13.4.1986 Rechnung getragen, das folgende neue Regelungen für lebenslange Freiheitsstrafen trifft:

- Es kann – unter dem Motto, dass der Mensch nur ein Leben hat – maximal eine lebenslange Freiheitsstrafe verhängt werden.
- Bei der lebenslangen Freiheitsstrafe bleibt es grundsätzlich bei einer Mindestverbüßungszeit von 15 Jahren.
- Stellt das Gericht aber – wie bei nahezu allen RAF-Angeklagten – im Urteil eine **»besondere Schwere der Schuld«** fest, muss es eine höhere Mindestverbüßungszeit bestimmen, die nicht unter 17 Jahren liegen darf.[84]
- Nach Verbüßung der Mindestverbüßungszeit wird der Verurteilte aber nicht automatisch entlassen. Vielmehr ist eine **Haftentlassung auf Bewährung** nur dann möglich, wenn bei ihm eine günstige Sozialprognose besteht.[85] Ist er nicht mehr gefährlich, muss er entlassen werden – auch wenn er weder Reue noch Schuldeinsicht zeigt.

---

[84] Eine Obergrenze für diese Mindesthaftdauer ist nicht bestimmt. Die bisher höchste Mindestverbüßungszeit wird später mit 42 Jahren gegen den mehrfachen Frauenmörder Heinrich Pommerenke festgelegt.

[85] Die häufig vertretene Ansicht, das »Lebenslänglich« sei auch nicht mehr das, was es einmal war, trifft meines Erachtens nicht zu, weil die Sachverständigen verstärkt dazu tendieren, speziell bei Sexualmördern keine günstige Sozialprognose anzunehmen. Erhebungen haben ergeben, dass etwa 7 % aller zu einer lebenslangen Haft Verurteilten im Gefängnis sterben. So ist z. B. der Frauenmörder Heinrich Pommerenke nach mehr als 49 ½ Jahren Haft im Justizvollzug gestorben.

Entsprechend dieser neuen Gesetzeslage wird auch das Urteil des Oberlandesgericht Stuttgart vom 2.4.1985, mit dem **Brigitte Mohnhaupt und Christian Klar** jeweils zu fünfmal lebenslanger Freiheitsstrafe und zu einer Freiheitsstrafe von 15 Jahren verurteilt worden waren, in der Revisionsinstanz durch Beschluss des Bundesgerichtshofs vom 16.7.1986 auf »eine lebenslange Freiheitsstrafe als Gesamtstrafe« korrigiert, ansonsten aber rechtskräftig. Sowohl bei Brigitte Mohnhaupt als auch bei Christian Klar bejaht das Oberlandesgericht Stuttgart die »besondere Schwere der Schuld« und legt später folgende Mindestverbüßungszeiten fest:

- bei Brigitte Mohnhaupt 24 Jahre und
- bei Christian Klar 26 Jahre[86]

---

[86] Die höhere Mindestverbüßungszeit bei Christian Klar erklärt sich damit, dass Klar aufgrund der Kronzeugenaussage des RAF-Aussteigers Henning Beer später nochmals wegen des RAF-Banküberfalls in Zürich vom 19.11.1979 angeklagt und verurteilt wurde (siehe S. 214 f.).

»Revolutionäre Heimwerker« -
vom Umweltschutz zu Todesschüssen auf
Polizeibeamte

Am 1.7.1987 kehre ich zur Bundesanwaltschaft zurück und erhalte dort in der Terrorismusabteilung eine Planstelle als Oberstaatsanwalt beim Bundesgerichtshof. Dieses Mal werde ich dem Referat II 6 zugewiesen. Dem gehören mit dem Referatsleiter, dessen Stellvertreter und meiner Person drei Planbeamte sowie zwei Hiwis an. Unser Referat ist u.a. für die Ermittlungen bei linksterroristischen Straftaten in Hessen, Hamburg und Schleswig-Holstein sowie für den gesamten Komplex der Schleyer-Entführung zuständig. Mein Dienstzimmer liegt – wie während meiner Revisionstätigkeit als Hiwi – in dem Bereich, den die RAF am 25.8.1977 mit ihrer Raketenwerferanlage beschießen wollte.[87]

Die »Revolutionären Heimwerker«

Zu den Vorgängen des Dezernats II 6.3, die jetzt in meine Zuständigkeit fallen, zählen bei meinem Dienstantritt bereits mehrere **Anschläge auf Hochspannungsmasten und Elektrizitätseinrichtungen** im Großraum Frankfurt/Main:

- So sägten unbekannte Täter in der Nacht zum 20.6.1986 alle vier Eckstiele eines Strommastes bei Mörfelden durch, sodass dieser gegen 1:30 Uhr umstürzte und einen weiteren Mast beschädigte, wodurch ein Sachschaden von ca. 130.000 DM entstand. Zu der Tat bekannte sich schriftlich eine Gruppe, die sich selbst als »Revolutionäre Heimwerker« bezeichnete.

---

[87] Siehe S. 63 f. und 146

- Auf ähnliche Weise und ebenfalls durch »Revolutionäre Heimwerker« wurde am 9.7.1986 gegen 2:20 Uhr ein Hochspannungsmast bei Hasselroth-Neuenhaßlau zum Umstürzen gebracht, wodurch ein Schaden von ca. 250.000 DM verursacht wurde.

- Am 26.8.1986, gegen 1 Uhr, wurde ein solcher Mast bei Dreieich-Offenthal umgesägt und dadurch ein Schaden von etwa 250.000 DM verursacht, wobei sich dieses Mal eine Gruppe »Kommando Säg weg den Scheiß« zu der Tat bekannte.

- Am 11.4.1987, gegen 4 Uhr, verübten »Revolutionäre Osterhasen« einen Brandanschlag auf eine Halle der Fa. Hochtief in Mörfelden-Walldorf und führten so einen Schaden von rund 60.000 DM herbei.

- Am 17.6.1987, gegen 3 Uhr, versuchten unbekannte Täter, eine Schaltstation bei Kelsterbach in Brand zu setzen, was ihnen aber letztlich nicht gelang. In der Tatbekennung bezeichneten sie sich als »Revolutionäre Zellen«.

Die Anschlagsserie, hinter der wir Ermittler hauptsächlich wegen der ähnlichen Bekennerschreiben eine einzige Tätergruppe vermuten, hält auch in der zweiten Jahreshälfte 1987 an:

- Am 29.8.1987, gegen 4:40 Uhr, wird auf der Gemarkung Mörfelden erneut ein Strommast umgesägt und dadurch ein Schaden von ca. 55.000 DM verursacht.

- Am 18.9.1987, gegen 22:50 Uhr, ist ein Umspannwerk bei Wackersdorf Ziel eines Brandanschlags, der einen Schaden von rund 1 Million DM zur Folge hat.

- Ein ähnlicher Anschlag wird am 10.10.1987, gegen 0:45 Uhr, auf ein Umspannwerk bei Rüsselsheim verübt und dadurch ein Sachschaden von etwa 500.000 DM verursacht.

In Bekennerschreiben zu diesen drei Anschlägen bezeichnen sich die Täter durchgängig als **»Revolutionäre Zellen«**.

156

 Seit den 1970er-Jahren besteht in der Bundesrepublik ein linksterroristisches Netzwerk aus autonomen Gruppierungen, die sich selbst als **Revolutionäre Zellen (abgekürzt: RZ)** bezeichnen und bei denen es sich um mehrere kleine, streng voneinander abgeschottete Einzelgruppen handelt. Ihre Mitglieder agieren – anders als etwa bei der RAF und der »Bewegung 2. Juni« – nicht aus dem Untergrund heraus, sondern leben und arbeiten unerkannt in der Legalität, weshalb sie auch als »Feierabendterroristen« bezeichnet werden. RZ verübten in der Bundesrepublik zahlreiche Sprengstoff- und Brandanschläge, bei denen ein Sachschaden von mehreren Millionen DM entstand. Am 11.5.1981 verblutete der hessische Wirtschaftsminister Heinz Herbert Karry, nachdem Mitglieder einer RZ nachts in sein Schlafzimmer geschossen hatten. Mitte der 1980er-Jahre schossen RZ in Berlin dem Leiter der Ausländerbehörde Hollenberg und dem Vorsitzenden Richter am Bundesverwaltungsgericht Korbmacher gezielt in die Beine. RZ kooperierten auch mit der international tätigen Terrorgruppe um den Palästinenser Ilich Ramirez Sánchez (auch »Carlos genannt). So war das RZ-Mitglied Hans-Joachim Klein beteiligt, als die Gruppe um »Carlos« am 21.12.1975 die OPEC-Konferenz in Wien überfiel; bei einem Schusswechsel wurden dort drei Personen getötet und Klein erlitt einen lebensgefährlichen Bauchschuss. Die RZ-Mitglieder Wilfried Böse und Brigitte Kuhlmann gehörten der Tätergruppe an, die am 27.6.1976 einen Airbus der Air-France nach Entebbe/Uganda entführte, wo ein israelisches Kommando am 4.7.1976 die Entführung gewaltsam beendete, wobei insgesamt 56 Personen – darunter Kuhlmann und Böse – zu Tode kamen.

Hinsichtlich der Anschläge auf Strommasten und Umspannwerke richtet sich unser Verdacht in erster Linie gegen Umweltschützer im Großraum Mörfelden-Walldorf, die sich seit der Nuklearkatastrophe von Tschernobyl in der Ukraine am 26.4.1984 vehement gegen die Nutzung der Atomenergie zu Wehr setzen und wegen drohender Waldrodungen auch den Bau der geplanten Startbahn 18 West des Frankfurter Flughafens verhindern wollen. Unser Interesse gilt insbesondere dem Umfeld von Ursula J., die wenige Stunden nach dem Strommastanschlag vom 26.8.1986 bei Dreieich-Offenthal mit schwersten Verletzungen – über 50 % ihrer Haut waren verbrannt – in ein Krankenhaus eingeliefert worden war. Deshalb genehmigt der Ermittlungsrichter des Bundesgerichtshofs Telefonüberwachungen gegen mehrere Beschuldigte aus diesem Personenkreis.

Die Todesschüsse auf Polizeibeamte

Am Abend des **2.11.1987**, gegen 22.30 Uhr, ruft mich Herr Löchner, unser Abteilungsleiter, zu Hause an und bittet mich, sofort nach Frankfurt/Main zu fahren. An der geplanten Startbahn 18 West seien während der traditionell an diesem Tag stattfindenden Großdemonstration zwei Polizeibeamte erschossen worden. Herr Löchner ist erkennbar genauso betroffen über dieses Ereignis wie ich selbst. Es ist in der Geschichte der Bundesrepublik der erste tödliche Angriff auf Polizeibeamte aus einer Demonstration heraus.

Die Pläne für die **Startbahn 18 West** gehen auf das Jahr 1971 zurück, als der Bau einer zusätzlichen Startbahn festgelegt wurde, die 4000 Meter lang und 600 Meter breit sein soll und in Verlängerung der Rollbahn eine zusätzliche Sicherheitsfläche von 960 Meter Länge und 600 Meter Breite benötige. Gegen diese Pläne wurden – letztlich erfolglos – über 100 Anfechtungsklagen erhoben.

Daneben gab es zahllose Protestaktionen hauptsächlich von Umweltschützern. Ab Mai 1980 errichteten Startbahngegner auf dem geplanten Startbahngelände ein sog. Hüttendorf, in dem rund 70 Personen wohnten und das tagsüber viele Besucher anzog. Um die geplanten Baumaßnahmen, insbesondere auch Rodungsarbeiten durchführen zu können, wurde das Hüttendorf am 2.11.1981 von der Polizei gewaltsam geräumt. Die Hüttendorfräumung wurde für die Startbahngegner zum Symboltag, weshalb es in den folgenden Jahren an diesem Tag jeweils zu Demonstrationen und gewaltsamen Aktionen gegen die geplante Startbahn 18 West kam. Dabei wurden Polizeibeamte immer mit Steinen, Flaschen und Molotowcocktails beschossen und viele von ihnen verletzt.

Entsprechend der Bitte von Herrn Löchner fahre ich sofort mit meinem Auto zur Bundesanwaltschaft nach Karlsruhe, wo schon einer unserer Fahrer mit seinem Dienstwagen auf mich wartet. Mit permanentem Blaulicht und zeitweilig eingeschaltetem Martinshorn rasen wir über die Autobahn nach Frankfurt. Meine Anspannung wird durch unser eigenes Blaulicht noch gesteigert, das ich wegen der Dunkelheit ununterbrochen miterlebe und das mich nervt. Gegen 1 Uhr treffen wir bei der im Polizeipräsidium eingerichteten SOKO ein. Die meisten Kriminalbeamten des hessischen Landeskriminalamts, das die Ermittlungen führt, sind mir aus den Verfahren wegen der Anschläge auf Stromeinrichtungen bekannt. Es herrscht – so mein Eindruck – eine gespenstische Anspannung bei den Beamten, weil zwei aus ihren Reihen erschossen worden sind. Ich werde im Stakkato-Tempo über den aktuellen Stand der polizeilichen Ermittlungen informiert. Dabei erfahre ich die wesentlichen Fakten zur Vorgeschichte und zum bisher bekannten Ablauf der Tat:

In einem anonym verfassten Flugblatt mit dem Logo »Keine Startbahn West! Nachtflugverbot« war auf den 6. Jahrestag der Hüttendorfräumung am 2.11.1987 sowie in diesem Zusammenhang auf einen »Treffpunkt: 18 Uhr – SKG-Heim/Walldorf« hingewiesen worden. Dementsprechend trafen sich an diesem Abend ca. 200 Startbahngegner in Walldorf und zogen – wie an den Jahrestagen der Hüttendorfräumung üblich – gegen 19 Uhr in einem Protestmarsch Richtung Startbahn 18 West. Zum überwiegenden Teil handelte es sich um so bezeichnete »Bürgers« aus den umliegenden Gemeinden, die sich generell von militanten Aktionen fernhielten. Rund 40 schwarz gekleidete Demonstranten, die teilweise dunkle Sturmhauben über den Kopf gezogen hatten, begannen gegen 20 Uhr damit, Barrikaden zu bauen und Aktionen gegen die Polizei vorzubereiten. Um 20:30 Uhr erfolgte deshalb von Seiten der Polizei per Lautsprecher die Aufforderung, die Ansammlung zu beenden und sich zu entfernen. Gleichwohl rückten jetzt etwa 200 schwarz gekleidete und vermummte Personen, die meist schon vor dem Demonstrationszug vor Ort waren, gegen die Mauer vor, die zum Schutz der Baumaßnahmen an der neuen Startbahn errichtet worden war. Sie schossen mit Molotowcocktails, Stahlkugeln, Feuerwerkskörpern und Signalmunition, worauf die Polizei über Lautsprecher die Demonstration für aufgelöst erklärte. Da die Störer der Aufforderung, sich zu entfernen, nicht nachkamen, setzte die Polizei kurzfristig Wasserwerfer und Tränengas ein und rückte gegen 20:35 Uhr mit mehreren Hundertschaften der Bereitschaftspolizei gegen die Störer vor.

Diese ca. 100 Gewalttätigen unter den Demonstranten zogen sich daraufhin nach Südosten über ein freies Wiesengelände zum etwa 800 Meter von der Startbahn entfernten Grundbach zurück, den sie über eine selbst gebaute Behelfsbrücke überquerten. Als die letzten Störer die Brücke passiert hatten, wurde diese in Brand gesetzt, um ein Nachrücken der Polizei zu verhindern. Anschließend nahmen ca. 70 Störer in dem unmittelbar an den Grundbach angrenzenden Wald Aufstellung und beschossen die über das Wiesengelände anrückenden

Polizeibeamten mit Schleudern und Signalschussgeräten. Als sich einzelne Beamte gegen 21 Uhr dem Grundbach bis auf etwa 70 Meter genähert hatten, wurden mehrere Schüsse aus einer scharfen Waffe auf sie abgegeben. Dabei erlitten insgesamt fünf Beamte – in zwei Fällen tödliche – Schussverletzungen. Ich erschrecke, als mir die Namen der beiden getöteten Polizisten mitgeteilt werden, weil ich einen von ihnen kenne:

- Polizeimeister Thorsten Schwalm, 23 Jahre alt;
- Polizeihauptkommissar Klaus Eichhöfer, 44 Jahre alt; ihn hatte ich bei Besprechungen als den Verantwortlichen der Bereitschaftspolizei kennen gelernt.

Die Ermittlungen

Im Laufe der Nacht wird der SOKO mitgeteilt, dass bei der Überwachung des Telefons von **Andreas E.**, einem der Verdächtigen der Anschläge auf Stromeinrichtungen, festgestellt worden sei, dass sich die Gesprächspartner am 2.11. gegen 17 Uhr über eine Örtlichkeit unterhielten, die in unmittelbarer Nähe des Tatorts liegt. Wir Ermittler entschließen uns deshalb, am frühen Morgen des 3.11. die Wohnung von Ingrid T., der Verlobten E.s, zu durchsuchen. Aufgrund der Ermittlungen zu den Strommastanschlägen wissen wir, dass E. dort zu übernachten pflegt und Frau T. hochschwanger ist, weshalb wir bei der Durchsuchung besonders vorsichtig vorgehen wollen. An Schlaf ist in dieser Nacht nicht mehr zu denken.

Gegen 6:30 Uhr stehen wir – Beamte des Sondereinsatzkommandos in Einsatzmontur, Kripobeamte, ein Schlüsseldienstmitarbeiter und ich – vor der Wohnungstür von Frau T., die trotz mehrfachen Klopfens nicht reagiert. Daraufhin entriegelt der Schlüsseldienst das Türschloss. Als wir die Wohnung betreten, kommt uns Frau T. entgegen. Auf die Frage, ob Andreas E. hier wohne, antwortet sie: »Nein, wer ist das?« Dann sehen wir Andreas E., der auf der Fensterbank im Schlafzimmer der im Dachgeschoss gelegenen Wohnung steht. Auf die Frage, was er denn da mache, erklärt er, er habe vor der hereinstürmenden Polizei fliehen wollen. Anschließend wird er verhaftet und abgeführt. Dann geschieht für mich etwas Unvergessliches:

Auf dem Weg zum Streifenwagen bemerken Polizeibeamte auf einem Dachvorsprung oberhalb des genannten Schlafzimmers einen größeren Gegenstand, der bei unserem Eintreffen vor dem Gebäude noch nicht dort gelegen hatte. Als wir diese Meldung in der Wohnung erhalten, wird dieser Gegenstand sofort vom Dach geholt. Es handelt sich um einen Leinenrucksack, den wir natürlich direkt überprüfen. Schon ein erster Blick zeigt uns, dass es der typische Rucksack eines der Störer an der Startbahn ist. Wir finden u.a. ein Notsignalgerät mit eingeführtem und mit Patronen gefülltem Magazin, ein zusätzliches Magazin und weitere Patronen, eine schwarze Sturmhaube und Funkgeräte. Dann aber bleibt mir fast die Luft weg, als die Beamten aus dem Rucksack eine Schusswaffe herausziehen. Es handelt sich um eine **Pistole der Marke SIG-Sauer P 6**, wie sie bei der Polizei Verwend-

ung findet. In der Waffe befinden sich sechs Patronen des Kalibers 9 mm – eine im Patronenlager und fünf im eingeführten Magazin. Zwei weitere Magazine, die zu der Pistole passen, sind leer. Die Pistole wird sofort zur kriminaltechnischen Untersuchung gegeben. Von dort kommt umgehend die Meldung, dass es sich um jene Polizeiwaffe handelt, die am 8.11.1986, gegen 15:30 Uhr, in Hanau im Rahmen einer Demonstration geraubt worden war, als etwa 15 vermummte Personen einen

Polizeibeamten umringten, ihn festhielten und ihm mit Gewalt mehrere Gegenstände wegnahmen, darunter Handschellen, ein Reizstoffsprühgerät und vor allem seine Dienstpistole samt Holster.

Im Laufe des Nachmittags nehme ich zeitweilig an der Obduktion der beiden getöteten Polizeibeamten teil. Ich war bis dahin schon an etwa 20 solcher Leichenöffnungen dabei. Die heutige Sektion empfinde ich aber als ähnlich belastend wie vor Jahren die Obduktion eines Babys, das – von seiner Mutter vernachlässigt – gestorben war. Damals bekam ich eine Gänsehaut beim Anblick des verhungerten kleinen Wesens, heute geht es mir genauso, als ich die toten Polizeibeamten auf dem Sektionstisch sehe. Die Leichenöffnung lässt keinen Zweifel, dass die Beamten durch Schüsse zu Tode gekommen sind:

- **Thorsten Schwalm** war durch einen Schuss in den Unterbauch getroffen worden und ca. eine Stunde nach der Tat aufgrund innerer Verblutung verstorben; spätere Erkenntnisse ergaben, dass er aus einer Entfernung von etwa 83 Metern getroffen worden war.

- **Klaus Eichhöfer** hatte ebenfalls eine Schussverletzung im Unterbauch erlitten, was auch bei ihm zu einem Tod durch Verbluten geführt hatte; eine Kugel hatte ihn aus 516 Metern Entfernung getroffen.

Am frühen Abend erhalten wir das mit Spannung erwartete Ergebnis der kriminaltechnischen Untersuchung der im Rucksack von Andreas E. gefundenen Pistole: es ist die Tatwaffe, mit der an der Startbahn die Polizeibeamten Schwalm und Eichhöfer erschossen und weitere verletzt wurden. Man kann sich die Reaktion in der SOKO vorstellen: Einerseits ein Entsetzen darüber, dass die Polizisten mit einer Polizeiwaffe getötet wurden; andererseits eine Erleichterung darüber, dass wir in Bezug auf diese schreckliche Tat die Tatwaffe sichergestellt und einen dringend Tatverdächtigen dingfest gemacht haben. Mein Empfinden ist: Wir haben die Stecknadel im Heuhaufen gefunden.

Abends kaufe ich auf die Schnelle Unterwäsche, Duschmittel, Zahnbürste, Zahnpasta etc. – alles hatte ich beim abrupten Aufbruch daheim vergessen – und komme spät und nach rund 38 Stunden ohne Schlaf todmüde in ein nahe gelegenes Hotel. Im Laufe des nächsten Tages kommt auf meine Bitte der zuständige Ermittlungsrichter des Bundesgerichtshofs in die Räume der SOKO im Polizei-präsidium in Frankfurt/Main. Als die Polizeibeamten den Beschuldigten E. vorführen, habe ich den Eindruck, dass sie sich zurückhalten müssen, um ihm gegenüber nicht ausfallend oder gar handgreiflich zu werden. Das verstehe ich zwar, steht E. doch im Verdacht, Polizeikollegen erschossen zu haben. Gemeinsam sorgen wir aber dafür, dass ein Mindestmaß an gebotener Höflichkeit eingehalten, dem Beschuldigten und seinem Verteidiger etwa ein Besprechungszimmer mit Tisch und Stühlen zur Verfügung gestellt wird. Bei der Haftprüfung durch den Ermittlungs-richter bestreitet Andreas E. zwar, die tödlichen Schüsse abgegeben zu haben, er behauptet, ihm sei die Pistole auf dem Heimweg von einem Unbekannten in den Rucksack gesteckt worden. Gleichwohl bejaht der Ermittlungsrichter den dringenden Tatverdacht und erlässt den von mir beantragten Haftbefehl wegen zweifachen Mordes und mehrfachen Mordversuchs und setzt ihn in Vollzug. Mit dieser Inhaftierung – so mein Eindruck – sind wir der Aufklärung der tödlichen Schüsse an der Startbahn 18 West schon kurz nach der Tat einen ganz großen Schritt nähergekommen.

In Bezug auf die Anschläge auf Strommasten und sonstige Energieeinrichtungen erleben wir am folgenden Tag eine faustdicke Überraschung: Unter den Gegen-ständen, die bei der Festnahme von Andreas E. sichergestellt wurden, befindet sich auch ein Schlüssel, der – wie die Polizei schnell herausfindet – zu einem **Bankschließfach** gehört, das E. bei einer Frankfurter Bank angemietet hat. Es herrscht Hochspannung, als die Beamten den Inhalt des Tresors zur SOKO bringen. Es handelt sich um zahlreiche linksradikale Schriften und vor allem um zwölf Plastikhüllen, in welchen E. sauber getrennt Unterlagen – vor allem Zeitungsberichte, Tatbekennungen und Lichtbilder – zu insgesamt zwölf Brand- und Strommastanschlägen gesammelt hat, darunter alle zu Beginn dieses Abschnitts erwähnten Attentate. Mir schießt sofort durch den Kopf, dass es sich offensichtlich um ein Archiv über selbst verübte Straftaten handelt – genauso wie wir ein solches im Herbst 1982 in den RAF-Depots gefunden hatten. Einen Moment lang hoffe ich, dass in den Schließfachunterlagen auch der unaufgeklärte RZ-Mord vom 11.5.1981 an Herbert Karry archiviert sein könnte; dies ist aber nicht der Fall.

Für mich ist der Schließfachfund ein Beweis dafür, dass alle archivierten Anschläge von ein- und derselben terroristischen Gruppierung unter Beteiligung von Andreas E. begangen worden sind. Der Kampf gegen Atomkraftwerke sowie der Widerstand gegen die Startbahn 18 West sind die Leitgedanken, die sich wie ein roter Faden durch alle Bekennerschreiben der Gruppe ziehen. Ziel der Gruppe ist aber letztlich – so meine persönliche Einschätzung aufgrund der Bekenner- schreiben - eine »soziale Revolution« und die »Abschaffung der herrschenden Gesellschaft«.

Die weiteren Ermittlungen der SOKO, an denen außer mir weitere Kollegen der Bundesanwaltschaft in den Räumen des Landeskriminalamts in Wiesbaden beteiligt sind, zeigen, dass die tödlichen Schüsse vom 2.11. auch für die meisten Startbahngegner schockierend sind. In unseren Vernehmungen machen deshalb mehrere

Beschuldigte in Bezug auf die Anschläge auf Strom-einrichtungen Angaben und distanzieren sich gleichzeitig von den Schüssen auf die Polizeibeamten. Insbesondere der Beschuldigte Michael K. legt ein – aus meiner Sicht glaubwürdiges – Geständnis zu den einzelnen Anschlägen auf Strommasten und Energieeinrichtungen, aber auch zum Raub der Tatwaffe und zu den jeweils Tatbeteiligten ab. Aufgrund dieser Aussagen finde ich meine Auffassung bestätigt, dass die im Bankschließfach archivierten Taten – wenn auch in unterschiedlichen personellen Besetzungen – von den Mitgliedern derselben linksorientierten Terror-gruppe verübt worden sind. Gegen mehrere dieser Beschuldigten ergeht Haftbefehl, der bei einigen von ihnen – etwa bei der im Rahmen des Strommastanschlags vom 26.8.1986 schwer verletzten Ursula J. und bei der hoch-schwangeren Ingrid T. – außer Vollzug gesetzt wird.

Im Vordergrund stehen aber weiterhin unsere Ermitt-lungen zu den tödlichen Schüssen. So laden wir den Zeugen Baldur O. für den Abend des 2.12.1987 zur staatsan-waltlichen Vernehmung, weil wir Anhaltspunkte dafür haben, dass er bei seiner vorangegangenen polizeilichen Vernehmung in Bezug auf einen Strommastanschlag die Unwahrheit gesagt und hinsichtlich der Todesschüsse am 2.11.1987 erkennbar unvollständig ausgesagt hat, weil er sich wohl in der Nähe des Schützen, der mit der Pistole geschossen hat, befunden haben muss. Im Rahmen einer aus meiner Sicht nicht einfachen Vernehmung sagt der Zeuge überraschend aus, er habe am Tatort eine Person gesehen, die mit einer Pistole geschossen und die dem Beschuldigten Frank H. ähnlich gesehen habe; H. habe ihm gegenüber dies anschließend auch zugegeben. Diese Aussage fügt sich durchaus in unser bisheriges Bild von H., da wir bei einer Durchsuchung seiner Wohnung am 5.11.1987 u.a. ein von ihm geschriebenes Papier gefunden haben, in welchem eine Passage enthalten ist, die bei mir

166

Erinnerungen an die Vietnam-Demonstrationen Ende der 1960er-Jahre wachruft, vor allem an die damalige Diskussion über die Anwendung von »Gewalt gegen Sachen und Personen«: In diesem Papier wird die Frage diskutiert, ob es möglich sein könnte, den geplanten Bau der Startbahn 18 West zu verhindern, wenn die Startbahngegner ihren Kampf verstärken, dabei eventuell sogar Pistolen einsetzen und damit Polizeibeamte töten.

Da der Zeuge O. während sein Vernehmung plötzlich angibt, H. plane seine Flucht nach Holland, brechen wir die Vernehmung gegen 23 Uhr ab, ohne die stichwortartig festgehaltene Aussage zu protokollieren, um noch in dieser Nacht bei mehreren Durchsuchungen nach H. zu suchen. Mein Referatskollege Volker Brinkmann, den ich um Unterstützung bitte, ist sofort bereit, nach Frankfurt zu kommen, um an den wichtigsten Durchsuchungen vor Ort mitzuwirken. Die restliche Nacht machen wir kein Auge zu. Frank H. ist aber nicht zu finden.[88]

Noch spannender verläuft eine Vernehmung, die Volker Brinkmann und ich am 26.1.1988 mit dem Beschuldigten Andreas E. durchführen. Dieser bestreitet weiterhin, die tödlichen Schüsse auf die Polizeibeamten abgegeben zu haben. Aufgrund der inzwischen durchgeführten Ermittlungen haben wir für die Vernehmung einen neuen Trumpf, mit dem wir E. konfrontieren wollen: An der von ihm am Tatabend getragenen Kleidung sind an mehreren Stellen Schmauchspuren von der Tatpistole gefunden worden. Dies ist nicht mit seiner bisherigen Einlassung zu vereinbaren, er habe mit der geraubten Polizeipistole nichts zu tun gehabt und ihm sei diese Tatwaffe in der Tatnacht von einem Unbekannten in den Rucksack

---

[88] Am 18.3.1988 wird Frank H., den wir wegen Beteiligung an den tödlichen Schüssen vom 2.11.1987 per Haftbefehl suchen, in Amsterdam verhaftet und in die Bundesrepublik ausgeliefert.

gesteckt worden. In einer zähen Vernehmung, bei der man spürt, dass E. bei jedem Satz innerlich mit sich ringt, was er sagen soll, fängt er nach einer längeren Vernehmungspause schließlich damit an, diese Beweissituation zu erklären. Sinngemäß sagt er Folgendes aus:

- Er habe die am 8.11.1986 in Hanau geraubte Polizeipistole vorübergehend in Verwahrung gehabt.
- In dieser Zeit habe er – kurz vor dem 2.11.1987 – gemeinsam mit Frank H. ein Übungsschießen durchgeführt, bei dem er mit der geraubten Pistole vier und H. etwa acht bis neun Schüsse abgegeben hätten. Tatsächlich wird am 27.1.1988 entsprechend seiner Einlassung in einem Waldstück bei Walldorf der Ort des von ihm eingestandenen Probeschießens gefunden, wo auch leere Patronenhülsen und Projektile zu insgesamt 20 Schüssen sichergestellt werden.
- Es sei Frank H. gewesen, der ihm die Tatwaffe nach der Demonstration am 2.11.1987 in den Rucksack gesteckt habe.

Am Ende der Vernehmung haben wir Staatsanwälte den Eindruck, dass Andreas E. nervlich fertig ist. Deshalb weisen wir die Vollzugsbeamten, die E. ins Gefängnis zurücktransportieren, darauf hin, dass E. möglicherweise suizidgefährdet ist. Zwar gibt E. Wochen später an, er habe sich nach dieser Vernehmung am 26.1.1988 erleichtert gefühlt; gleichwohl unternimmt er am 28.1.1988 in der Justizvollzugsanstalt Preungesheim einen Selbstmordversuch, indem er sich mit einer Rasierklinge Verletzungen an den Handgelenken zufügt, die er aber ohne wesentliche Beeinträchtigung seiner Gesundheit übersteht.

Nach Abschluss der Ermittlungen klagen wir insgesamt neun Beschuldigte wegen Beteiligung an einzelnen Anschlägen auf Strommasten und andere Energieeinrichtungen, aber auch wegen anderen Straftaten an, darunter die Verwahrung der geraubten Polizeipistole. Den Beschuldigten Andreas E. und Frank H. werfen wir zusätzlich vor, die tödlichen Schüsse vom 2.11.1987 in Mittäterschaft abgegeben zu haben, weil wir aufgrund des Fundes der Tatwaffe im Rucksack von E., der Schmauchspuren an seiner Kleidung, der Angaben von Andreas E. zum Probeschießen und zum Verstauen der Waffe sowie aufgrund der Aussage des Zeugen Baldur O. davon ausgehen, dass E. und H. die Schüsse auf die Polizeibeamten gemeinsam geplant, vorbereitet und durchgeführt haben.

Der Startbahn-Prozess

Am 23.2.1989 beginnt vor dem Oberlandesgericht Frankfurt/ Main der sog. Startbahn-Prozess gegen neun Angeklagte mit insgesamt 18 Verteidigern. Es handelt sich aus meiner Sicht um die »Crème de la Crème« der Frankfurter Rechts- anwälte, die häufig in Verfahren gegen linksextre- mistische Beschuldigte auftreten und von denen einzelne für eine sog. Konfliktverteidigung[89] bekannt sind. Mir ist bewusst, dass wir Staatsanwälte uns auf einen nicht gerade einfachen Prozess einstellen müssen.

Die Bundesanwaltschaft ist auf der Bank der Ankläger in wechselnder Besetzung mit vier Staatsanwälten vertreten, durchgängig mit Staatsanwalt Brinkmann und in weiten Phasen auch mit meiner Person.

---

[89] Unter »Konfliktverteidigung« versteht man das – durchaus zulässige – taktische Vorgehen von Strafverteidigern, unter Ausschöpfung aller prozessualen Möglichkeiten (etwa das Stellen von Befangenheits- und Beweisanträgen) einen Prozess an die Grenze der Durchführbarkeit zu bringen und so im Sinne des Mandanten zu beeinflussen.

Die Hauptverhandlung, die zweimal pro Woche stattfindet, verläuft zäh und ist durch häufige Kontroversen mit den Verteidigern geprägt. Hinzukommt, dass in der Szene der Startbahngegner ein Papier mit dem Titel »Anna und Arthur halten's Maul« verbreitet wird, das dazu aufruft, im Startbahnprozess bereits gemachte Angaben zurückzuziehen und die Aussage zu verweigern. U.a. heißt es dort:

»Wir wissen nicht, wer und ob jemand aus unseren Reihen geschossen hat ... Diese tödlichen Schüsse entsprechen keinem gemeinsamen Vorgehen, sondern einer militärischen Logik, die das eigene Handeln und die Mittel nicht mehr aus unseren Zielen und gemeinsamen Möglichkeiten heraus bestimmt, sondern ausschließlich daran mißt, wie man die Verluste des Feindes effektiv erhöhen kann. So eindeutig unsere Kritik ist, so unmissverständlich ist unsere Haltung, niemanden dieser Justiz auszuliefern ... Einige von uns haben z. T. weitreichende belastende Aussagen gemacht, nicht nur gegen sich, sondern auch gegen andere ... Wir haben dieses Aussagekarussell unter großen Anstrengungen zum Stoppen gebracht. Wir wollen nicht, dass dieses Aussagekarussell im Prozess neu angetreten wird ... Wir fordern alle Angeklagten und Zeugen auf, ihre belastenden Aussagen zu Beginn des Prozess zurückzunehmen.«

Tatsächlich widerrufen vor und während der Hauptverhandlung einige Angeklagte ihre geständigen Angaben, die sie während des Ermittlungsverfahrens gemacht hatten; ähnliches gilt für die im Prozess als Zeugen auftretenden Startbahngegner. In Bezug auf frühere Geständnisse bzw. belastende Aussagen von Zeugen wird behauptet, sie seien durch unzulässigen Druck seitens der vernehmenden Beamten zustande gekommen.

Da aber vier der Angeklagten – darunter Michael K., der das »Aussagekarussell« ausgelöst hat – bezüglich ihrer eigenen Tatbeiträge geständig bleiben, wird das Verfahren gegen sie abgetrennt und mit Urteilen vom 27.4. und 16.5.1989 beendet. Im Rahmen unseres Schlussvortrags bringe ich zum Ausdruck, dass die fraglos berechtigten Anliegen von Umweltschützern und Atomkraftgegnern keinen **Rechtfertigungsgrund im Sinne eines Widerstandsrechts** darstellen, Straftaten gegen Stromeinrichtungen oder gegen Polizeibeamte zu begehen.

Extremistische und terroristische Täter glauben in der Regel, aufgrund bestimmter Missstände in unserer Gesellschaft zu ihren Taten befugt oder geradezu aufgerufen zu sein. Ein **Widerstandsrecht** ist in Art. 20 Absatz 4 des Grundgesetzes normiert; dort heißt es: »Gegen jeden, der es unternimmt, diese (verfassungsrechtliche) Ordnung zu beseitigen, haben alle Deutschen das Recht zum Widerstand, wenn andere Abhilfe nicht möglich ist.

Bei sämtlichen in diesem Buch dargestellten Terrorakten bestand kein solches Widerstandsrecht, weil die Demokratie andere, gesetzmäßige Möglichkeiten bietet, um sich mit dem politischen Gegner auseinanderzusetzen. Beispielsweise heißt es im Urteil gegen einen der Schleyer-Attentäter:
»Die Bundesrepublik Deutschland ist ein rechtsstaatlich organisiertes Gemeinwesen, in dem Staatsgewalt im Rahmen des rechtsstaatlich Zulässigen ausgeübt wird. Bewaffneter Kampf gegen rechtsstaatlich ausgeübte Staatsgewalt ist unzulässig und damit strafbares Unrecht.«

In den abgetrennten Verfahren werden drei der Angeklagten zu Bewährungsstrafen zwischen 12 und 22 Monaten verurteilt; bei Ursula J., die beim Strommastanschlag vom 26.8.1986 schwerste Verbrennungen erlitten hatte, sieht das Gericht entsprechend unserem Antrag von der Verhängung einer Strafe ab; sie ist durch die Folgen der Tat schon genügend gestraft.[90]

In der Hauptverhandlung vom 19.9.1989 behauptet der Zeuge Baldur O. u.a., die Angaben bei seiner staatsanwaltlichen Vernehmung vom 2.12.1987 seien durch Drohungen zustande gekommen, sinngemäß erklärt er:

»Oberstaatsanwalt Pflieger hat mir damit gedroht, er werde mich wegen Strafvereitelung belangen. Wörtlich hat er gesagt, er werde sich persönlich dafür einsetzen, dass ich mindestens drei Jahre Haft bekommen würde. Allein aufgrund dieser Drohung habe ich mich veranlasst gesehen, auszusagen und falsche Angaben zu machen.«

Dies ist für mehrere Verteidiger Anlass, O.s frühere Angaben als unverwertbar zu bezeichnen und meine Ablösung als Anklagevertreter zu verlangen.

Ein Staatsanwalt ist von der Ausübung seines Amts wegen **Besorgnis der Befangenheit** ausgeschlossen, etwa wenn er selbst oder ein Angehöriger Opfer der Straftat ist, wenn er im selben Verfahren zuvor als Richter tätig war oder wenn ein Grund vorliegt, der berechtigte Zweifel an seiner Objektivität rechtfertigt. Seine Mitwirkung an Ermittlungshandlungen im Vorfeld der Hauptverhandlung ist kein solcher Grund.

Die Frage, ob die Angaben des Zeugen O. durch verbotene Vernehmungsmethoden zustande kamen, wird im Prozess durch die Vernehmung aller Personen geprüft, die bei dieser Vernehmung am 2.12.1987 anwesend waren, also der Beamten der Polizei, aber auch meiner Person. Meine eigene Vernehmung Ende November 1989 dauert einen

---

[90] Nach § 60 StGB kann das Gericht von Strafe absehen, »wenn die Folgen der Tat, die den Täter getroffen haben, so schwer sind, dass die Verhängung einer Strafe offensichtlich verfehlt wäre«, wenn beispielsweise eine Mutter in Selbstmordabsicht mit ihrem Kind im Arm von einer Brücke springt, das Kind tot ist, die Mutter aber überlebt.

ganzen Verhandlungstag. Dabei stelle ich klar, dass von verbotenen Vernehmungsmethoden keine Rede sein kann, weil der Zeuge O. von mir ordnungsgemäß belehrt und nur in allgemeiner Form auf die strafrechtlichen Folgen einer Strafvereitelung durch falsche Angaben hingewiesen worden ist. Trotz intensivster Befragung seitens der Verteidigung kann ich nur bei meiner Darstellung bleiben, dass die anderslautenden Behauptungen O.s unzutreffend sind. Entsprechend dieser Aussage, die auch von den bei der Vernehmung anwesenden Polizeibeamten bestätigt wird, entscheidet der Strafsenat, dass die früheren Angaben von O. verwertbar sind. Auch meine Ablösung als Anklagevertreter wird nicht ansatzweise erwogen. Gleichwohl bin ich während dieses Prozessabschnitts, in welchem es auch um die Glaubwürdigkeit meiner eigenen Person geht, in meiner Funktion als Anklagevertreter eingeschränkt, weil ich meine eigene Aussage natürlich nicht bewerten darf. Deshalb nehme ich während mehrerer Verhandlungstage nicht am Prozess teil und übernehme auch bei unseren Schlussvorträgen nur Teile, die mit der Bewertung meiner eigenen Glaubwürdigkeit nichts zu tun haben.

Am 22.3.1990 werden nach Abtrennung ihrer Verfahren weitere drei Angeklagte wegen ihrer Beteiligung an Anschlägen auf Stromeinrichtungen bzw. wegen ihrer Mitwirkung bei der Aufbewahrung der geraubten Polizeipistole zu jeweils zwei Jahren Freiheitsstrafe verurteilt – bei zwei von ihnen, darunter Ina T., wird die Strafe zur Bewährung ausgesetzt. Von den zunächst neun Angeklagten sind jetzt noch Andreas E. und Frank H. übrig, denen wir mit der Anklage die tödlichen Schüsse vom 2.11.1987 anlasten. Nach einer langen und zähen Beweisaufnahme zu diesen Schüssen an der Startbahn West erhalten wir Staatsanwälte am 18.2.1991 Gelegenheit zu unserem Schlussvortrag. Während ich mich auf einführende Bemerkungen zu § 129 a StGB beschränke, plädieren meine Kollegen zu den Mordvorwürfen und zu den übrigen Anklagevorwürfen. Wir sehen in Bezug auf die Schüsse vom 2.11.1986 an der Startbahn West den **Tatbestand des Mordes** als erfüllt an.

Der **Unterschied zwischen Totschlag und Mord** besteht vor allem im Strafmaß. Während § 212 StGB für den Totschlag einen Strafrahmen von fünf Jahren bis zu lebenslanger Freiheitsstrafe vorsieht, steht in § 211 StGB, dass »der Mörder (immer) mit lebenslanger Freiheitsstrafe bestraft« wird. Nach dem Gesetz wird der Totschlag zum Mord, wenn bei der Tötung eines Menschen zusätzlich bestimmte **Mordmerkmale** vorliegen, nämlich bestimmte Umstände der Tatausführung (Heimtücke, Grausamkeit, Benutzung gemeingefährlicher Mittel) oder die folgenden subjektiven Beweggründe des Täters: aus Mordlust, zur Befriedigung des Geschlechtstriebs, aus Habgier oder sonstigen niedrigen Beweggründen oder zur Ermöglichung bzw. Verdeckung einer anderen Straftat.

Seit Jahren wird darüber diskutiert, ob man diese Unterscheidung zwischen Mord und Totschlag aufheben und durch eine einzige Tötungsvorschrift ersetzen soll, weil die geltende Gesetzeslage auf das Dritte Reich zurückgehe und weil das »Lebenslang« für Mord in Ausnahmefällen zu hart sei. Ich halte dies für unnötig, weil die Rechtsprechung des Bundesgerichtshofs inzwischen klare und von der Praxis nachvollziehbare Definitionen für die einzelnen Mordmerkmale geschaffen und für den »Familientyrannen-Mord«[91] auch eine eng begrenzte Ausnahme zugelassen hat, bei der trotz heimtückischer Tötung von der lebenslangen Strafe bei Mord abgewichen werden kann.

---

[91] Damit sind in der Rechtsprechung Fälle gemeint, in welchen in der Regel eine Frau ihren Ehemann per Heimtücke (etwa durch Gift oder im Schlaf) tötet, nachdem sie jahrelang von ihm auf üble Art und Weise misshandelt worden war.

174

In Bezug auf die Tötung der Polizeibeamten Eichhöfer und Schwalm sehen wir Staatsanwälte das **Mordmerkmal der Heimtücke** als erfüllt an, weil die Polizeibeamten an diesem Abend aufgrund der jahrelangen Gewalttaten von militanten Startbahngegnern zwar mit dem Beschuss durch Leuchtraketen, Molotowcocktails, Steine und Flaschen rechnen konnten, nicht aber mit Schüssen aus einer scharfen Pistole, insoweit aus unserer Sicht also wehr- und arglos waren. Deshalb

beantragen wird gegen jeden der beiden Angeklagten wegen Mordes und anderer Straftaten eine lebenslange Freiheitsstrafe. Nach 122 Prozesstagen und einer Verhandlungsdauer von mehr als zwei Jahren verkündet der Strafsenat am 15.3.1991 sein Urteil:

- **Frank H.** wird bezüglich der tödlichen Schüsse an der Startbahn freigesprochen (weil das Gericht die ihn belastenden Aussagen von E. und O. nicht für ausreichend hält) und wegen der weiteren Anklagepunkte zu der Gesamtfreiheitsstrafe von viereinhalb Jahren verurteilt, deren Strafrest nach bereits verbüßten drei Jahren Untersuchungs- und Auslieferungshaft zur Bewährung ausgesetzt wird.

- **Andreas E.** wird wegen zweifachen Totschlags und mehrfachen Totschlagversuchs sowie wegen der übrigen Anklagepunkte zur höchstmöglichen zeitigen Gesamtfreiheitsstrafe von 15 Jahren verurteilt. Im Gegensatz zu uns Anklagevertretern sieht das Gericht bei den Todesschüssen an der Startbahn das

Mordmerkmal der »Heimtücke« nicht als erfüllt an und kommt deshalb zu keiner lebenslangen Freiheitsstrafe.

In Bezug auf das Urteil gegen Andreas E. legen sowohl dessen Verteidiger als auch wir Revision ein. Wir machen geltend, das Gericht habe hinsichtlich der Todesschüsse an der Startbahn zu Unrecht keine Mordtat angenommen. Im Februar 1993 findet die Revisionsverhandlung vor dem Bundesgerichtshof statt, an der ich als Zuhörer teilnehme. Aus den Fragestellungen der Richter und ihren Reaktionen folgere ich, dass sich der Senat bei den tödlichen Schüssen bezüglich des Mordmerkmals »Heimtücke« nicht einig ist. Schließlich verwirft der Bundesgerichtshof aber unsere Revision mit der Begründung, die Polizeibeamten seien am 2.11.1986 wegen der fortdauernden offenen Feindselig-keiten von Seiten der Startbahngegner, insbesondere an den Jahrestagen der Räumung des Hüttendorfes, nicht arglos und somit nicht Opfer von Heimtücke gewesen. Da auch die Revision der Verteidiger erfolglos bleibt, wird das Urteil des Oberlandesgerichts Frankfurt/Main gegen Andreas E. rechtskräftig.

Die »spurenlose« dritte RAF-Generation, die Kronzeugenregelung und die Kinkel-Initiative

Unsere leise Hoffnung, die Depotfunde von Ende Oktober 1982 und die anschließenden Verhaftungen von Brigitte Mohnhaupt, Adelheid Schulz und Christian Klar könnten das Ende der RAF bedeuten, hatte sich schon kurz darauf als unzutreffend erwiesen. Mitte der 1980-er Jahre verübt eine neue Garde von RAF-Angehörigen – die sog. dritte RAF-Generation – eine ganze Reihe schwerer Mordanschläge, nämlich

- am 18.12.1984 den Versuch eines Sprengstoffanschlags auf die NATO-Schule in Oberammergau, der nur wegen eines kleinen Schaltfehlers scheitert;

- am 1.2.1985 in Gauting/Oberbayern den Mord an Ernst Zimmermann, dem Vorsitzenden der Motoren- und Turbinenunion GmbH (MTU);

- am 8.8.1985 einen Sprengstoffanschlag auf die US-Airbase in Frankfurt/Main mit zwei Toten und dem vorausgegangenen Mord an dem US-Soldaten Edward Pimental;

- am 9.7.1986 in Straßlach/Oberbayern den Mord an dem Siemens-Vorstandsmitglied Karl-Heinz Beckurts und seinem Fahrer Eckhard Groppler;

- am 10.10.1986 in Bonn den Mord an Gerold von Braunmühl, Ministerialdirektor im Auswärtigen Amt.

Das Neue an diesen Attentaten – und damit das Problematische für uns Ermittler – ist, dass die Täter im Gegensatz zu den ersten beiden RAF-Generationen am Tatort und an den Tatwerkzeugen nahezu keine kriminaltechnisch zuzuordnenden Spuren hinterlassen, also keine Fingerabdrücke, keine Handschriften, keine

Schreibmaschinenspuren und keine Stimmen. Dieses Fehlen von Spuren führt sogar dazu, dass in einem Buch mit dem Titel »Das RAF-Phantom«[92] die These aufgestellt wird, die dritte RAF-Generation habe nie existiert, sie sei ein »Phantom« und die ihr angelasteten Anschläge ab 1984 seien in Wahrheit von den Geheimdiensten in Deutschland begangen worden. Dieser Spekulation wird von Seiten der RAF mit Nachdruck widersprochen. So erklärt die RAF-Angehörige Birgit Hogefeld nach ihrer Verhaftung:

»In den linksradikalen Zusammenhängen hatte dieser Unsinn nie eine Bedeutung!«

Mein Eindruck ist, dass die neuen RAF-Attentäter aus unseren Strafprozessen gegen Angehörige der zweiten RAF-Generation, in denen die Täterschaft einzelner RAF-Mitglieder häufig über solche Spuren nachgewiesen wurde, gelernt und deshalb bei ihren Taten solche Spuren vermieden haben.

Die Kronzeugenregelung

In dieser Situation, die ich parallel zum Startbahnprozess erlebe, werden vom Gesetzgeber und innerhalb der Bundesanwaltschaft Überlegungen angestellt, wie man auch ohne solche Spuren zu einer Aufklärung der RAF-Anschläge kommen könnte. Im Ergebnis geht es in der Diskussion um diese Frage: Wie können wir festgenommene oder ausstiegsgeneigte RAF-Mitglieder zum Reden, aber auch zum Ausstieg aus dem Terrorismus bringen? Nach geltender Gesetzeslage können wir RAF-Leuten nämlich in der Regel keinen Strafrabatt in Aussicht stellen, falls sie geständige oder andere belastende Aussagen machen, weil nahezu jedes Gruppenmitglied an

---

[92] Gerhard Wisnewski, Wolfgang Landgraeber und Ekkehard Sieker: »Das RAF-Phantom« , erschienen 1992 im Droemer-Knaur-Verlag

einem Mordanschlag der RAF beteiligt ist und § 211 StGB mit dem Wortlaut »Der Mörder wird mit lebenslanger Freiheitsstrafe bestraft« eine einzige Strafe vorsieht, die immer verhängt werden muss. Deshalb wird in der Diskussion verstärkt darüber nachgedacht, eine **Kronzeugenregelung** einzuführen, weil z.B. in Italien mit einer entsprechenden Strafmilderung für aussagebereite Terroristen seit 1982 gute Erfahrungen gemacht wurden. Eine solche Gesetzesregelung ist aus mehreren Gründen nicht unproblematisch – etwa wegen der Sonderbehandlung von Terrorverdächtigen im Vergleich zu anderen Straftätern oder wegen der Gefahr, dass andere zu Unrecht belastet werden. Dennoch ist sie in meinen Augen angesichts der Terrorbedrohung und der schlechten Beweislage alternativlos.

Letztlich beschließt die Politik eine **»Kronzeugenregelung bei terroristischen Straftaten«**, die am 9.6.1989 in Kraft tritt und zunächst nur für drei Jahre gilt[93]. Die wesentlichen Passagen lauten:

---

[93] Die Geltungsdauer des Kronzeugengesetzes für Terroristen wird später zweimal verlängert und endet schließlich am 31.12.1999. Mit Wirkung vom 1.9.2009 wird in Anlehnung an dieses Kronzeugengesetz mit § 46b StGB eine für alle schweren Straftaten geltende Regelung eingeführt, wonach die »Hilfe zur Aufklärung oder Verhinderung von Straftaten« strafmildernd berücksichtigt werden kann. Interessant ist, dass wohl aufgrund der Erfahrungen mit der Kronzeugenregelung für Terroristen bei Mord nicht mehr eine Mindeststrafe von drei, sondern von zehn Jahren festgelegt ist.

»§ 1. Offenbart der Täter oder Teilnehmer einer Straftat nach § 129a des Strafgesetzbuches oder einer mit dieser Tat zusammenhängenden Straftat selbst oder durch Vermittlung eines Dritten gegenüber einer Strafverfolgungsbehörde sein Wissen über Tatsachen, deren Kenntnis geeignet ist,
1. die Begehung einer solchen Straftat zu verhindern,
2. die Aufklärung einer solchen Straftat, falls er daran beteiligt war, über seinen eigenen Tatbeitrag hinaus zu fördern oder
3. zur Ergreifung eines Täters oder Teilnehmers einer solchen Straftat zu führen,
so kann der Generalbundesanwalt mit Zustimmung eines Strafsenats des Bundesgerichtshofes von der Verfolgung absehen, wenn die Bedeutung dessen, was der Täter oder Teilnehmer offenbart hat, insbesondere im Hinblick auf die Verhinderung künftiger Straftaten, dies im Verhältnis zu der eigenen Tat rechtfertigt.
§ 2 ...
§ 3 ... Bei Straftaten nach den §§ 211, 212 des Strafgesetzbuches ist ein Absehen von Verfolgung und Strafe nicht und eine Strafmilderung nach § 2 Satz 1 nur bis zu einer Mindeststrafe von drei Jahren zulässig.«

Folgende Kriterien dieser Kronzeugenregelung sind für uns Praktiker vor allem von Bedeutung:

- Der Terrorverdächtige muss, um in den Genuss der Kronzeugenregelung kommen zu können, einen anderen Terrorverdächtigen in Bezug auf eine bereits begangene Straftat nachweisbar belasten, zur Verhaftung eines anderen Terrorverdächtigen beitragen oder die Begehung einer bevorstehenden Terrortat verhindern. Das pure Geständnis einer eigenen Tat genügt nicht.

- Bei einem vom Kronzeugen begangenen Mord kann das Gericht auf eine Strafe erkennen, die – je nach Qualität seiner Aussage – zwischen einer dreijährigen und einer lebenslangen Freiheitsstrafe liegen kann.

180

Natürlich bin ich gespannt, ob diese neue Gesetzesregelung jene Wirkung zeigen kann, die aus meiner Sicht nicht zu Unrecht von manchen als »Belohnung von Verrat« bezeichnet wird.

Auch nach der Einführung der Kronzeugenregelung gehen die Mordanschläge der RAF unvermindert weiter:

- Am 30.11.1989 wird Alfred Herrhausen, der Sprecher des Vorstands der Deutschen Bank, Opfer eines Sprengstoffattentats, als RAF-Mitglieder in Bad Homburg eine technisch komplizierte Lichtschranke installieren, die eine Bombe auslösen soll, die auf dem Gepäckträger eines am Straßenrand abgestellten Fahrrads deponiert ist. Als Herrhausens Fahrzeug die Lichtschranke passiert, kommt es zur Explosion, durch die Herrhausen tödlich verletzt wird und sein Fahrer relativ leichte Verletzungen davonträgt.

- Ein ähnliches Bombenattentat auf Hans Neusel, den Staatssekretär im Bundesinnenministerium, am 27.7.1990 in Bonn scheitert nur deshalb, weil Neusel an diesem Tag das Fahrzeug selbst steuert und so nur leicht verletzt wird; hätte er – wie üblich – auf dem Beifahrersitz gesessen, wäre wie beim Herrhausen-Attentat ein tödlicher Ausgang möglich gewesen.

- Am 13.2.1991 geben RAF-Angehörige aus drei automatischen Langwaffen mehr als 250 Schüsse auf die US-Botschaft in Bonn-Bad Godesberg ab, wodurch aber nur Sachschaden angerichtet wird.

- Opfer des zunächst letzten RAF-Attentats ist der Vorstandsvorsitzende der Treuhandanstalt, Detlev Karsten Rohwedder. Am späten Abend des 1.4.1991 wird in Düsseldorf-Oberkassel aus einem Garten- gelände heraus mit einem Gewehr auf ihn geschossen, als er am erleuchteten Fenster seines Hauses steht;

durch die Schüsse wird er tödlich und seine Ehefrau erheblich verletzt.

Die Kinkel-Initiative

Rund neun Monate nach dem Rohwedder-Attentat macht Bundesjustizminister Klaus Kinkel am 6.1.1992 in Bezug auf die Frage, ob verurteilte Terroristen aus der Haft entlassen werden können, einen Vorschlag, der später die »Kinkel-Initiative« genannt wird. Danach solle der Staat auch bei Terroristen, die zu einer lebenslangen Freiheitsstrafe verurteilt wurden, »dort, wo es angebracht ist, zur Versöhnung« (d.h. zu einer Haftentlassung) bereit sein. Dieser Vorschlag entspricht der Rechtsprechung des Bundesverfassungsgerichts und der gesetzlichen Regelung des § 57 a StGB[94], ist aber eine politisch aufsehenerregende Aussage. Auf die Kinkel-Initiative reagiert die RAF mit einer schriftlichen Erklärung vom 10.4.1992. Darin heißt es u.a.:

»WIR HABEN UNS ENTSCHIEDEN, DASS WIR VON UNS AUS DIE ESKALATION ZURÜCKNEHMEN. DAS HEISST, WIR WERDEN ANGRIFFE AUF FÜHRENDE REPRÄSEN-TANTEN AUS WIRTSCHAFT UND STAAT FÜR DEN JETZT NOTWENDIGEN PROZESS EINSTELLEN.«

Mit dieser Formulierung bringt die RAF zum Ausdruck, dass sie mit Mordanschlägen, also mit »Gewalt gegen Personen«, aufhören werde. In dem Papier behält sie sich aber ausdrücklich eine Rückkehr zu Gewalttaten gegen Menschen vor. Das nächste Attentat zeigt, dass die RAF mit dieser »Rücknahme der Eskalation« jetzt wieder »Gewalt

---

[94] Danach müssen grundsätzlich auch zu lebenslanger Freiheitsstrafe verurteilte Täter die Chance haben, durch gerichtliche Entscheidung aus der Haft entlassen zu werden (siehe S. 152 ff.).

gegen Sachen« begehen will – wie bei den allerersten Brandanschlägen von Baader und Ensslin am 2.4.1968.

In der Nacht zum 27.3.1993 verübt die RAF auf den kurz vor seinem Bezug stehenden Neubau der Justizvollzugs-anstalt im hessischen Weiterstadt einen Sprengstoff-anschlag, bei dem ein enormer Schaden von ca. 123 Millionen DM entsteht, bei dem die Attentäter aber gezielt dafür sorgen, dass das Wachpersonal aus dem Explosions-bereich weggebracht wird und deshalb unversehrt bleibt.

Boocks Gnadengesuch

Das Urteil des Oberlandesgerichts Stuttgart vom 28.11.1986, durch das **Peter-Jürgen Boock** zu einer lebenslangen Freiheitsstrafe verurteilt worden ist, hat nach der Verwerfung seiner Revision Rechtskraft erlangt. Im Gefängnis hat Boock inzwischen einen Roman mit dem Titel »Abgang« geschrieben, der Anfang 1988 auf den Markt kommt und sich mit einem fiktiven Attentat befasst, das aus meiner Sicht Parallelen zur Schleyer-Entführung aufweist, ohne dass wir Ermittler daraus neue Erkenntnisse ableiten könnten.

Im Laufe des Jahres 1988 – also nach einer Haftzeit von rund sieben Jahren – stellt Boock ein **Gnadengesuch**, in welchem er Bundespräsident Richard von Weizsäcker bittet, ihn auf Bewährung aus der Haft zu entlassen.[95] Entsprechend seiner bisherigen Einlassung behauptet er weiter, er habe nie in seinem Leben auf einen Menschen geschossen und sei auch nie dabei gewesen, als das geschah; an seinen Händen klebe kein Blut. In einem SPIEGEL-Interview[96] erklärt er, er habe zwar »mit anderen den VW-Bus besorgt, in dem Herr Schleyer später vom Tatort entführt wurde«, an der Schleyer-Entführung am 5.9.1997 in Köln sei er aber nicht unmittelbar beteiligt gewesen (»Ich war nicht dabei, und ich habe nicht geschossen«).

Obwohl ich in meiner aktuellen Position bei der Bundesanwaltschaft nicht mehr für das personenbezogene Verfahren gegen Boock zuständig bin, berührt mich sein Gnadengesuch doch ganz erheblich. So ist mein Eindruck, dass mit einer gnadenweisen Haftentlassung die aufgrund

---

[95] Zu den Grundsätzen des Gnadenrechts siehe S. 342 ff..

[96] DER SPIEGEL Nr. 39/1988, S. 23 f.

unserer Anklage herbeigeführte Verurteilung Boocks ausgehöhlt würde. Hinzukommt, dass bis zu diesem Zeitpunkt mit Klaus Jünschke nur ein einziges RAF-Mitglied, gegen das eine lebenslange Freiheitsstrafe verhängt worden war, begnadigt wurde, und zwar erst nach einer Haftzeit von rund 16 Jahren. Außerdem ist Boock – im Gegensatz zu Jünschke – nicht nur wegen einer, sondern wegen dreier Mordtaten und mehrfachen Mordversuchs verurteilt worden. Am meisten stört mich, dass Boock bereits nach rund sieben Jahren entlassen werden will, während ein »normaler Krimineller«, der zu einer lebenslangen Freiheitsstrafe verurteilt worden ist, in der Regel erst nach einer Haftdauer von rund 18 Jahren mit einer gnadenweisen Haftentlassung rechnen kann. Deshalb spricht Generalbundesanwalt Rebmann auch davon, über ein Gnadengesuch von Peter-Jürgen Boock könne frühestens in den ersten Jahrzehnten des nächsten Jahrtausends diskutiert werden.

Auch die RAF-Angehörige **Angelika Speitel** hat nach einer Haftzeit von knapp zehn Jahren ein entsprechendes Gnadengesuch an den Bundespräsidenten gerichtet. Sie war am 24.9.1978 in Dortmund nach Schüssen auf zwei Polizeibeamte verhaftet und anschließend wegen Mordes und versuchten Mordes zu einer lebenslangen Freiheitsstrafe verurteilt worden.[97]

Interessant ist für mich die öffentliche Diskussion, als bekannt wird, dass Bundespräsident von Weizsäcker wohl in beiden Fällen zu einer Haftentlassung tendiere und zur Vorbereitung seiner Entscheidung Speitel und Boock in der Haft aufsuchen wolle. Eine Umfrage des SPIEGELs ergibt, dass sich 1989 unter 1000 Befragten 46 % für und ebenfalls 46 % gegen eine Begnadigung von ehemaligen

---

[97] Siehe S. 124 f.

Terroristen mit lebenslanger Haftstrafe ausgesprochen haben.

Die Stellungnahme der Bundesanwaltschaft

In dieser Phase veröffentlichen »Die Bunte« und »Die Welt« Schreiben von Generalbundesanwalt Rebmann, die an das Bundesjustizministerium gerichtet waren und in welchen sich der Generalbundesanwalt – speziell wegen Gnadenunwürdigkeit bei Peter-Jürgen Boock – gegen die beantragten beiden Begnadigungen aussprach. Da man hinter diesen Veröffentlichungen eine gezielte Indiskretion von Seiten der Bundesanwaltschaft vermutet, wird Generalbundesanwalt Rebmann »zum Rapport nach Bonn bestellt«.[98] Außerdem werden innerhalb der Bundesanwaltschaft Recherchen angestellt, ob ein Behördenmitglied für die Indiskretion verantwortlich sein könnte. Zu den Verdächtigen gehören geradezu automatisch die staatsanwaltlichen Sitzungsvertreter im Strafverfahren gegen Peter-Jürgen Boock – also auch meine Person. Bei der behördeninternen Befragung durch einen Abteilungsleiter der Bundesanwaltschaft kann ich nur wahrheitsgemäß sagen, dass ich die Stellungnahme des Generalbundesanwalts nicht an die Medien gegeben habe und auch nicht weiß, ob dies ein Behördenmitglied der Bundesanwaltschaft getan hat.

Letztlich entscheidet Bundespräsident von Weizsäcker im März 1989 über die beiden Gnadengesuche wie folgt:

- Angelika Speitel, die in der Haft erheblich erkrankt war, wird zum 29.6.1990 begnadigt und nach einer Haftdauer von knapp zwölf Jahren auf Bewährung aus dem Gefängnis entlassen.

---

[98] DER SPIEGEL Nr. 39/1988, S. 19

- Boocks Gesuch auf gnadenweise Haftentlassung wird weder bewilligt noch abgelehnt, sondern quasi auf Wiedervorlage gelegt.

»Hansi, der Hahn«

Neben dem Wirbel um die Frage, ob ein Behördenmitglied die Stellungnahme der Bundesanwaltschaft in der Gnadensache Boock an die Medien gegeben hat, mache ich Ende 1990 als Privatperson noch eine besonders unerfreuliche Erfahrung mit einem Pressebericht, der mir an die Nieren geht und der ohne meine berufliche Tätigkeit sicher nicht so passiert wäre:

Am 29.12.1990 veröffentlicht die BILD-Zeitung einen fast halbseitigen Bericht mit der Überschrift **»Hansi, der Hahn treibt Anwalt zum Wahn«** und schreibt darin u.a.:

»Hansi« ist ein Prachtkerl. Groß, stark – und bei 20 Hennen auf dem Bauernhof von Karl M. im schwäbischen Sersheim Hahn im Korb. Seit einem halben Jahr macht der stolze Gockel Bauer M.s Hühner glücklich. Unglücklich dagegen den Nachbarn Klaus P. (43). »Kikeriki« zum Sonnenaufgang, »Kikeriki« zum Sonnenuntergang – das treibt den Bundesanwalt zum Wahn. ... Der Wunsch des Juristen: »Bitte verwahren Sie Ihren Hahn nachts so, daß wir schlafen können.«

Außerdem veröffentlicht »BILD« zu diesem Bericht nicht nur ein Foto von der Örtlichkeit mit unserem Haus, sondern auch noch einen Kommentar, in welchem es u.a. heißt:

»Laßt den Hahn im Dorf ... Ein Bundesanwalt zieht aufs Dorf und will einen Bauern verklagen, weil dessen Hahn morgens kurz nach fünf kräht. Merke: Wer von der ländlichen Idylle schwärmt, aber Hühner nur gebraten ertragen kann, sollte sich eine Fototapete von einem Dorf ins Schlafzimmer kleben und in der Stadt bleiben.«

Was »BILD« nicht berichtet, das ist die Tatsache, dass nicht ich, sondern ein anderer Nachbar den Bauern M. wegen des morgendlichen Hahn-Krähens verklagt hat, dass Bauer M. diesen Prozess auch schon vor einigen Monaten verloren hat, dass Bauer M. entsprechend dem Gerichtsurteil (und meinem Wunsch) seither seinen Hahn über Nacht bis morgens 7 Uhr einsperrt und dass dieser Nachbarschaftsstreit somit schon seit geraumer Zeit erledigt ist.

Meine Frau wird noch an diesem 29.12.1990 im Dorf auf diesen Artikel angesprochen; sie überlegt zwar kurz, ob sie mir den Ärger ersparen und uns eine schöne Silvesterfeier gönnen soll. Dann aber bringt sie doch ein Exemplar der Zeitungsausgabe mit, die im Dorf alsbald ausverkauft ist. In den folgenden Wochen bekomme ich aus ganz Deutschland, teilweise sogar aus Urlaubsorten im Ausland Post (»An den Nachbarn Klaus P. des Bauern Karl M. in Sersheim«), in der ich meist auf übelste Weise beschimpft werde. Außerdem wird unser Grundstück – man will es fast nicht glauben – zu einer Art Pilgerstätte, wo Leute reihenweise stehen bleiben, um sich ein eigenes Bild von dem zu machen, was sie in der Bild-Zeitung gelesen haben und was – so höre ich es immer wieder – ja wohl der Wahrheit entsprechen muss. Meine spontane Reaktion ist: Da musst du dich sofort und mit aller Macht zu Wehr setzen, etwa mit einer Gegendarstellung oder einem Leserbrief. Im nächsten Augenblick ist mir aber klar, dass ich die ganze Angelegenheit damit nur noch »verbösern« würde, weshalb ich zu dem Hahn-Thema in der Öffentlichkeit überhaupt nichts sage, auch nicht in den Sitzungen des örtlichen Gemeinderats, dem ich seit eineinhalb Jahren als Vertreter der politisch unabhängigen FREIEN WÄHLER angehöre. Natürlich bin ich zutiefst davon beeindruckt, am eigenen Leib verspüren zu müssen, wie wenig man sich gegen solche Zeitungsberichte wehren kann. Jedenfalls verstehe ich in dieser Situation meine Frau, als sie sagt: »Manchmal wäre es mir lieber, wenn Du nicht Staatsanwalt, sondern Busfahrer geworden wärst!« Erstaunt bin ich, wie lange sich das Thema »Hansi der Hahn« in unserem Dorf hält. So wird »Hansi« im Sommer 1992 im Rahmen des Festumzugs anlässlich der 1200-Jahr-Feier unseres Dorfes als besondere Attraktion mitgeführt.[99]

---

[99] So schrecklich schadet der »BILD«-Artikel meinem Ansehen im Dorf wohl nicht, werde ich doch bei den nächsten beiden Gemeinderatswahlen mit spürbar steigenden Stimmenzahlen wiedergewählt, bevor ich im Jahr 2001 aus dienstlichen Gründen vorzeitig aus dem Gemeinderat ausscheide.

Sachbearbeiter des »Schleyer-Komplexes«

In meinem Dienstzimmer in Karlsruhe stehen – noch von meinen Vorgängern des Dezernats II 6.3 – die gesamten Akten des Ermittlungsverfahrens wegen der **Entführung und Ermordung Hanns-Martin Schleyers**. Es sind genau 66 Stehordner. In den Phasen zwischen den einzelnen Prozessen, an denen ich seit meiner Rückkehr zur Bundesanwaltschaft im Jahr 1987 teilnehme, arbeite ich mich Blatt für Blatt durch diesen Berg an Akten. Das bisherige Ermittlungsergebnis ist aus meiner Sicht eher bescheiden. Wir wissen lediglich, dass

- bei der Entführung am 5.9.1977 in Köln die Begleiter Schleyers – sein Fahrer Heinz Marcisz sowie die Polizeibeamten Roland Pieler, Reinhold Brändle und Helmut Ulmer – von mehreren Tätern erschossen worden sind,

- die Täter dabei mit fünf Waffen (woraus wir Ermittler auf fünf Attentäter schließen) geschossen und insgesamt 119 Schüsse abgegeben haben,

- Hanns-Martin Schleyer anschließend bis 16.9.1977 in einer Wohnung des Hochhauses Zum Renngraben 9 in Erftstadt-Liblar gefangen gehalten worden ist,

- sich seine Spur dann verliert,

- Hanns-Martin Schleyer nach der Befreiung der »Landshut«-Geiseln in Mogadischu und dem Selbstmord der Stammheimer Häftlinge in der Zeit zwischen 18.10.1977, 13 Uhr, und 19.10.1977, 1 Uhr, mit drei Revolverschüssen in den Kopf ermordet worden ist und

- seine Leiche dann in einem Audi 100 mit Bad Homburger Kennzeichen nach Mühlhausen im Elsass transportiert wurde, wo sie nach dem telefonischen Hinweis einer bislang unbekannten RAF-Angehörigen am 19.10.1977 gefunden wurde.

Als besonders deprimierend empfinde ich beim Lesen der Akten, dass die örtliche Polizei am 7.9.1977, also ganz kurz nach Schleyers Entführung, das **RAF-Versteck in Erftstadt-Liblar** per Rasterung herausgefunden hatte und schon vor der Wohnung stand, für einen Zugriff aber das Bundeskriminalamt zuständig war, wo das Fernschreiben über die Entdeckung der Wohnung jedoch nicht ankam. Ich habe eingedenk der Befreiungsaktion durch die GSG 9 in Mogadischu nicht den geringsten Zweifel, dass Hanns-Martin Schleyer ohne diese schlimme Fahndungspanne lebend aus dieser Wohnung befreit worden wäre und seine Entführung damit und ohne die spätere »Landshut«-Entführung ein Ende gefunden hätte.

Inzwischen sind zwar einige RAF-Mitglieder wegen ihrer Beteiligung an der Schleyer-Aktion jeweils zu einer lebenslangen Freiheitsstrafe verurteilt worden, nämlich

- **Stefan Wisniewski**, der am 11.5.1978 am Flughafen Paris-Orly verhaftet wurde. Seiner Verurteilung liegt hauptsächlich zugrunde, dass er am 12.9.1977 »in der Angelegenheit Schleyer« Eberhard von Brauchitsch anrief, dessen Sekretärin das Telefonat per Tonband aufnahm und seine Stimme so als die des Anrufers identifiziert werden konnte.

- **Rolf Klemens Wagner**, der nach einem RAF-Banküberfall am 19.11.1979 in Zürich festgenommen wurde. Er wurde in Sachen Schleyer vor allem verurteilt, weil aufgrund eines Stimmgutachtens festgestellt wurde, dass er als Sprecher der RAF am 15.10.1977 mehrfach mit Eberhard Schleyer, dem Sohn von Hanns-Martin Schleyer, wegen der Übergabe des Lösegelds von 15 Millionen US-Dollar telefonierte, das nach der Landshut-Entführung zusätzlich zur Freilassung von RAF-Gefangenen verlangt worden war.

- **Peter-Jürgen Boock**, verhaftet am 22.1.1981 in Hamburg. Er hatte – wie bereits erwähnt – im VW-Bus, mit dem Hanns-Martin Schleyer vom Tatort in Köln verschleppt wurde, sowie auf einem Videoband, auf der Schleyer als Geisel zu sehen und zu hören ist, Fingerabdrücke hinterlassen und außerdem am 7.9.1977 mit Hanns-Martin Schleyer ein auf Tonband festgehaltenes Gespräch über ein Lebenszeichen Schleyers geführt.

- **Adelheid Schulz**, die mit Brigitte Mohnhaupt am 11.11.1982 am Zentraldepot bei Heusenstamm festgenommen wurde. Sie war vor allem mit der Anmietung von Wohnungen in Köln befasst, die der Vorbereitung und Durchführung des Schleyer-Attentats dienten.

- **Brigitte Mohnhaupt**. Sie wurde vor allem wegen ihrer Position als Rädelsführerin der RAF verurteilt, weil sie nach ihrer Haftentlassung am 8.2.1977 entsprechend dem ihr erteilten Auftrag der Stammheimer RAF-Gefangenen mit den Attentaten auf Generalbundesanwalt Buback, Jürgen Ponto, die Bundesanwaltschaft und Hanns-Martin Schleyer die bereits für Ende 1976 geplante RAF-Offensive in die Tat umsetzte.

- **Christian Klar**, der am 16.11.1982 am RAF-Depot im Sachsenwald verhaftet wurde. Seiner Verurteilung liegt hauptsächlich zugrunde, dass er im Rahmen der Schleyer-Entführung mehrere Fingerabdrücke hinterließ und vor allem der Käufer jenes Pkw Audi 100 war, in welchem Schleyers Leiche gefunden wurde.

Zahlreiche Fragen sind aber noch offen, etwa wer die Attentäter am Tatort der Entführung in Köln waren, wo Hanns-Martin Schleyer nach seinem Gefängnis in Erftstadt-Liblar eingesperrt war oder wer schließlich die tödlichen Schüsse auf ihn abgefeuert hat.

Ein erster kleiner Ermittlungserfolg gelingt auf Grund des Inhalts der Akten in Verbindung mit den neuen Erkenntnissen aus den Depotfunden. Aufgrund der Aktenlage war schon bisher vermutet worden, dass Hanns-Martin Schleyer nach seinem Aufenthalt in Erftstadt-Liblar in den Niederlanden eingesperrt war, und zwar vom 16. bis 19.9.1977[100] in dem **Reihenhaus Stevinstraat 266 in Den Haag**, das **Angelika Speitel** am 13.9.1977 angemietet hatte. Dies verdichtet sich jetzt zum dringenden Verdacht, weil in den Depots Unterlagen über dieses, innerhalb der RAF so bezeichnete »Edna-Haus« sichergestellt wurden, die zusätzliche Anhaltspunkte für den Aufenthalt Schleyers in diesem Haus beinhalten und belegen, dass »Edna« die Tarnbezeichnung von Angelika Speitel innerhalb der Gruppe war. Diese Verdachtslage halte ich in einem Vermerk fest und rege an, gegen Angelika Speitel ein neues Ermittlungsverfahren wegen des Verdachts der Mittäterschaft an der Schleyer-Entführung einzuleiten. Mir ist bewusst, dass eine solche Verfahrenseinleitung nicht unproblematisch ist. Angelika Speitel ist nämlich wegen des Vorfalls in Dortmund vom 24.9.1978, bei dem der Polizeibeamte Hansen erschossen und sein Kollege Schneider durch Schüsse schwer verletzt wurde, bereits zu

---

[100] An diesem Tag kommt es in Den Haag im Zusammenhang mit der Rückgabe eines von der RAF angemieteten Fahrzeugs zu einer Schießerei, bei der ein RAF-Mann einen niederländischen Polizeibeamten durch zwei Schüsse verletzt und flüchtet. Es besteht Grund zur Annahme, dass dieser Vorfall für die RAF der Grund war, das nahe gelegene Haus in der Stevinstraat fluchtartig zu räumen und Hanns-Martin Schleyer an einen anderen Ort zu bringen.

einer lebenslangen Freiheitsstrafe verurteilt, inzwischen aber – entgegen der Stellungnahme der Bundesanwaltschaft – mit Wirkung vom 29.6.1990 vom Bundespräsidenten begnadigt und dementsprechend auf Bewährung aus der Haft entlassen worden. Zwar ist Angelika Speitel bislang wegen ihrer möglichen Beteiligung an der Schleyer-Entführung strafrechtlich nicht belangt worden. Ein neues Ermittlungsverfahren – eventuell verbunden mit einer neuen Inhaftierung – würde aber den Gnadenakt des Bundespräsidenten konterkarieren und den Eindruck erwecken, die Bundesanwaltschaft wolle sich über dessen Gnadenentscheidung hinwegsetzen. Letztlich trifft Generalbundesanwalt Rebmann folgende grundsätzliche Entscheidung: RAF-Mitglieder, die bereits zu einer lebenslangen Freiheitsstrafe verurteilt worden sind, werden nur dann erneut angeklagt, wenn sie an einer weiteren Mordtat **unmittelbar am Tatort** mitgewirkt haben.[101] Dies ist bei Angelika Speitel nach dem aktuellen Ermittlungsstand in Sachen Schleyer nicht der Fall, weshalb das Verfahren in Bezug auf ihre Tatbeteiligung bei der Verwahrung Schleyers als Geisel gemäß § 154 StPO[102] eingestellt wird.

---

[101] Entsprechend dieser Grundsatzentscheidung werden später folgende RAF-Mitglieder, die bereits zu einer lebenslangen Freiheitsstrafe verurteilt worden sind, nochmals angeklagt und verurteilt: Rolf Klemens Wagner wegen seiner Beteiligung am Haig-Attentat (vgl. S.205) sowie Christian Klar und Peter-Jürgen Boock wegen ihrer Beteiligung an dem Züricher Banküberfall vom 19.11.1977 (vgl. S.215).

[102] Zum Anwendungsbereich des § 154 StPO siehe S. 368 ff.

Durchsuchung der Hafenstrasse

Im Frühjahr 1990 – noch während des Startbahnprozesses – lässt Generalbundesanwalt Rebmann meinen Kollegen Brinkmann und mich zu sich kommen, um sich für unseren Einsatz in diesem nicht einfachen Strafverfahren vor dem Oberlandesgericht Frankfurt/Main zu bedanken. Am Ende des Gesprächs überreicht er jedem von uns ein Porträt-Foto von sich mit einer handschriftlichen Widmung, so für mich: »Herrn Oberstaatsanwalt Pflieger mit Dank und Anerkennung für die Aufklärung der Morde vom 2.11.1987«.[103] Ich bin mehr als gerührt über diese Geste unseres Chefs, dem ich hinsichtlich meiner beruflichen Karriere sehr viel verdanke, von dem ich im Umgang mit Mitarbeitern und Untergebenen eine Menge gelernt habe und der in Bälde im Alter von 66 Jahren in den Ruhestand gehen wird.

Die Hafenstraße

Quasi zum Abschied von Generalbundesanwalt Rebmann wollen wir Mitte Mai 1990 die besetzten Häuser in der Hamburger Hafenstraße durchsuchen. Hausbesetzungen in Hamburg sind für die Bundesanwaltschaft in terroristischer Hinsicht nichts Neues, hatten sich doch schon Mitte der 1970er-Jahre mehrere Besetzer von Hamburger Häusern der RAF angeschlossen, etwa Susanne Albrecht, Christa Eckes, Wolfgang Beer und Bernd Rößner.

> Die Bezeichnung **Hafenstraße** ist spätestens seit 1984 bundesweit ein Begriff, unter dem man die besetzten Häuser der Hafenstraße und der Bernhard-Nochte-Straße in Hamburger Stadtteil Sankt Pauli zwischen der

---

[103] Siehe das Foto Rebmanns auf S. 92

Reeperbahn und den Landungsbrücken versteht, und zwar – von den Besetzern so bezeichnet – als Symbol für einen »rechtsfreien Raum« sowie als »Widerstand gegen den Staat«. Um der immer wieder drohenden Räumung der Häuser zu begegnen, renovieren die »Instandbesetzer« die Gebäude teilweise, bauen aber auch Barrikaden und verschanzen sich in den Häusern. Immer wieder finden mit mehreren tausend Teilnehmern Demonstrationen für die »Hafenstraße« statt, bei denen es regelmäßig zu Ausschreitungen mit zahlreichen Verletzten kommt. Ab und an kommt auch der Verdacht auf, dass in der Hafenstraße Sympathisanten und Unterstützer der RAF wohnen, insbesondere als 1985 zur Unterstützung des Hungerstreiks der RAF brennende Barrikaden in der Hafenstraße errichtet wurden. Vereinzelt finden Durchsuchungen der Gebäude durch die örtlichen Sicherheits- und Ordnungsbehörden statt.

Um die Jahreswende 1989/1990 konkretisiert sich der Verdacht, dass die Hafenstraße tatsächlich etwas mit der RAF zu tun hat und dort RAF-Unterstützer wohnen. Schon das äußere Bild der Häuser legt meines Erachtens diese Annahme nahe, sind doch an einer Fassadenseite Formulierungen wie »ISOLATIONSHAFT IST FOLTER« oder »UNTERSTÜTZEN auch SIE eine revolutionäre Vereinigung« angebracht. Da unser Referat für den Stadtstaat Hamburg zuständig ist, wollen wir die besetzten Häuser der Hafenstraße in der Zuständigkeit von Bundesanwaltschaft und Bundeskriminalamt durchsuchen. Nachdem Generalbundesanwalt Rebmann zugestimmt und der Ermittlungsrichter des Bundesgerichtshofs den beantragten Durchsuchungsbeschluss erlassen hat, ist diese Maßnahme für den 15.5.1990 geplant. Am Vortag reisen mehrere Staatsanwälte der Bundesanwaltschaft – darunter unser gesamtes Referat – mit dem Zug an. Ich merke bei den Gesprächen auf der Fahrt, dass wir alle gespannt sind, was uns bei der anstehenden Durchsuchung erwartet. Ich selbst war zwar schon bei mehreren solcher Exekutivmaßnahmen direkt am Einsatzort dabei, die alle nicht ohne Brisanz waren, aber die bisherige Geschichte der Hafenstraße lässt Schlimmstes befürchten. Unsere Sorge steigert sich noch, als wir im Hotel bei der abendlichen Einsatzbesprechung merken, dass das Bundeskriminalamt in Kompaniestärke anwesend ist und noch durch örtliche Polizeikräfte verstärkt wird. Es wird wohl der mit Abstand größte Einsatz werden, den ich bislang mitgemacht habe – mehr als 1000 Polizeibeamte sollen unsere Durchsuchung absichern.

Am frühen Morgen des 15.5.1990 hat an unserem Hotel bereits eine Karawane von Fahrzeugen der Polizei Aufstellung genommen, darunter Mannschaftstransporter, Wasserwerfer, gepanzerte Autos, ein riesiger Rammbock und Busse, in denen auch wir zur Hafenstraße transportiert werden. Die Beamten, welche die Häuser an vorderster Front stürmen sollen, tragen Helme und schusssichere Westen. Unser eigenes Outfit ist – wie bei solchen Einsätzen üblich – ausgesprochen leger, also nicht Anzug und Krawatte, sondern Jeans, Turnschuhe und Schimanski-Jacke. Im Hinblick auf die zahlreichen

Einsatzkräfte und die erwartet vielen Bewohner tragen wir Ermittler als Erkennungszeichen eine weiße Armbinde mit der Aufschrift »Polizei«.

Nach einer länger dauernden Anfahrt – die mich trotz aller Ernsthaftigkeit der Situation stark an einen Karnevalszug erinnert – kommen wir am Hafen unterhalb der Gebäude der Hafenstraße an. Wir Staatsanwälte müssen in dieser angespannten Situation noch fast eine halbe Stunde warten, bis die Meldung kommt, dass die Polizei die Gebäude gesichert habe. Dann können wir mit der Durchsuchung anfangen. Ich kann es nicht fassen, als ich mitgeteilt bekomme, dass nahezu keine Bewohner anwesend waren, als die Gebäude von der Polizei gestürmt wurden. Auch jetzt ist außer uns Ermittlern fast niemand in den Wohnungen. Wir finden auf den ersten Blick auch nichts, was unseren Verdacht, Bewohner hätten die RAF unterstützt, intensiv verstärken würde. Mit der Überprüfung des mir zugedachten Gebäudeteils bin ich deshalb schon nach rund zwei Stunden fertig, weshalb ich Kollegen bei deren Arbeit unterstütze; auch sie haben den Eindruck, dass wir mit unserer Aktion ins Leere laufen. Ich erlaube mir deshalb, die oberste Wohnung unter dem Dach aufzusuchen, von der man einen unbeschreiblich schönen Blick auf den Hamburger Hafen mit den Landungsbrücken hat; ich empfinde dies als kleine Entschädigung für den leichten Frust, den ich in mir spüre. Einerseits bin ich zwar erleichtert, dass die Durchsuchung weit weniger dramatisch verlaufen ist als wir dies erwartet hatten. Andererseits kann ich ein Gefühl der Enttäuschung nicht verhehlen, weil ich den Eindruck nicht loswerde, dass unsere heutige Aktion verraten worden ist.

Abschied von Generalbundesanwalt Rebmann

Kurz nach dieser Hamburger Aktion ist es so weit. Mit einem Festakt im Badischen Staatstheater in Karlsruhe und einer großen Feier bei der Bundesanwaltschaft wird Generalbundesanwalt Kurt Rebmann am 1.6.1990 verabschiedet. Er hat die Behörde seit 1.7.1977 und mit nahezu 13 Jahren länger als jeder andere Generalbundesanwalt geleitet, und dies in ausgesprochen schwierigen Zeiten wie dem Deutschen Herbst. Er hat aber auch die Bundesanwaltschaft selbst und ihren Ruf wie kein anderer geprägt, etwa durch seinen konsequenten Kampf gegen terroristisches Unrecht und durch seine Medienpräsenz. Wir spüren alle, dass er uns fehlen wird und dass es sein Nachfolger bei diesen großen Fußspuren seines Vorgängers nicht einfach haben wird. Dieser neue Generalbundesanwalt ist der FDP-Politiker **Alexander von Stahl**, der bis Februar 1989 Staatssekretär der Justiz in Berlin war und sein Amt am 1.7.1990 antritt.

Natürlich wird der scheidende Generalbundesanwalt von allen Seiten reich beschenkt. Bundesanwalt Peter Zeis, der schon immer ein besonders enges Vertrauensverhältnis zu Kurt Rebmann hatte, schlägt den ca. zehn Personen aus dem unmittelbaren Umfeld seines Referats, zu dem auch ich mich zählen darf, vor, dem Generalbundesanwalt ein besonders persönliches Abschiedsgeschenk zu machen. Nachdem er sich noch bei Frau Rebmann vorab erkundigt hat, damit wir mit diesem Präsent keinen Fehler machen, schenken wir einen Hund, und zwar das dann so genannte »**Fritzle**«.

Dieses Geschenk ist ab sofort der Anlass, dass der Kreis der Schenker zum jährlichen »**Fritzle-Fest**« ins Haus der Eheleute Rebmann in Stuttgart-Vaihingen eingeladen wird. Zu Beginn des Festes ist auch immer ein Journalist eingeladen, der nicht nur Fotos schießt, sondern am nächsten Tag über »Fritzle« und das Fest berichtet. Wir alle genießen diese Begegnungen, gibt es doch nicht nur beste Gespräche und schöne Erinnerungen an gemeinsam Erlebtes, sondern auch ein exzellentes Essen und – wie beim Weinkenner Rebmann nicht anders zu erwarten – erlesene Tropfen aus dem Schwäbischen. Auch bei diesen Treffen lässt es sich Rebmann nicht nehmen, seine Gäste mit umgebundener Schürze selbst zu bedienen und mit einem Schnäpsle an seiner Kellerbar zu verabschieden.

Ich bedaure, dass Rebmann nicht mehr als amtierender Generalbundesanwalt miterleben kann, wie sich schon wenige Tage nach seinem Ausscheiden aus der Bundesanwaltschaft völlig Überraschendes tut:

Mauerfall,
DDR-Aussteiger und der erste RAF-Kronzeuge

Der Bau der »Berliner Mauer« am 13.8.1961 und der Fall dieser Mauer am 9.11.1989 sind ganz prägende Ereignisse der deutschen Nachkriegsgeschichte, deren Bedeutung ich mir immer wieder anhand der Vorgeschichte bewusst mache:

Auf der von Juli bis August 1945 stattfindenden Potsdamer Konferenz wurde als neue Grenze zwischen Polen und Deutschland die Oder-Neiße-Linie bestimmt und Deutschland unter den vier alliierten Mächten in sog. Besatzungszonen aufgeteilt: die USA erhielten den südlichen, Frankreich bekam den westlichen, Großbritannien den nordwestlichen und die Sowjetunion den östlichen Teil. Nach demselben System wurde Berlin in vier Sektoren unterteilt. Am 23.5.1949 wurde aus den drei westlichen Besatzungszonen die Bundesrepublik Deutschland (BRD) gegründet, während aus der sowjetischen Besatzungszone am 7.10.1949 die Deutsche Demokratische Republik (DDR) entstand.

Bereits ab November 1946 wurde entlang der westlichen Grenze der sowjetisch besetzten Zone eine fast 1400 km lange Demarkationslinie mit einem zehn Meter breiten Kontrollstreifen und einer fünf Kilometer breiten Sperrzone geschaffen, die nur mit Sondergenehmigung betreten werden durfte. Von Anfang an bestand für die Grenzsoldaten der DDR der Befehl, bei jedem illegalen Grenzübertritt zu schießen. Gleichwohl versuchten zahlreiche DDR-Bürger, die Grenze nach Westberlin und zur Bundesrepublik zu überwinden. Wohl mehr als 150 Menschen kamen bei solchen Fluchtversuchen ums Leben. Um den Flüchtlingsstrom zu unterbinden, kam es in der

Nacht vom 12. zum 13.8.1961 zum **Bau der Berliner Mauer**, als die DDR zwischen Ost- und Westberlin eine mit Stacheldraht versehene Betonmauer errichtete. Trotzdem kam es auch in der Folgezeit zu zahlreichen Fällen der »Republikflucht«, die in der DDR strafbar war. Insgesamt flüchteten ca. 3 Millionen DDR-Bürger in die Bundesrepublik.

Die schmerzhafte Trennung Deutschlands in Ost- und Westdeutsche ist in unserer Familie permanent gegenwärtig, da die Eltern meiner Ehefrau nach dem DDR-Arbeiteraufstand vom 17.6.1953 mit ihren Kindern von Dresden in den Westen geflohen waren und Verwandte noch in und bei Dresden wohnen. Umso größer ist unser Glücksgefühl, als wir am Abend des 9.11.1989 im Fernsehen hautnah miterleben, wie sich die Berliner Mauer öffnet und sich Bürger von beiden Seiten der bisherigen Grenze vor Glück weinend um den Hals fallen.

Die »DDR-Aussteiger« der RAF

Zu meiner völligen Überraschung stellen wir Strafverfolger nach dem Mauerfall und noch vor der deutschen Wiedervereinigung, die ja dann am 3.10.1990 vollzogen wird, fest, dass in der DDR mehrere frühere RAF-Mitglieder leben, die wir seit Jahren erfolglos mit Haftbefehl gesucht haben und die in der DDR – mit Wissen und Wollen der SED-Regierung – unter neuer Identität wohnten und einer normalen Tätigkeit nachgingen. In der Zeit zwischen dem 6. und dem 18.6.1990 werden insgesamt zehn dieser ehemaligen RAF-Angehörigen von Beamten der DDR verhaftet, unter ihnen:

- Susanne Albrecht, die im Rahmen der geplanten Entführung von Jürgen Ponto als Bekannte der Familie Ponto dem RAF-Täterkommando den Zugang ins Haus Ponto ermöglichte und dabei war, als ihr »Onkel Jürgen« erschossen wurde: die geplante

Entführung endete am 30.7.1977 mit dessen Ermordung.

- Monika Helbing, die zur Vorbereitung des Schleyer-Attentats die Wohnung in Erftstadt-Liblar anmietete, in der Hanns-Martin Schleyer direkt nach seiner Entführung am 5.9.1977 rund zehn Tage lang gefangen gehalten wurde.

- Silke Maier-Witt, die während der Entführung Schleyers den Schriftverkehr der Geiselnehmer mit der Bundesregierung abwickelte.

- Sigrid Sternebeck und Ralf Baptist Friedrich, denen eine Beteiligung an der Schleyer-Entführung bzw. am Anschlag auf General Haig angelastet wird.

LOTZE
Werner, Bernhard
27 Jahre
Größe: 174 cm

Unter den Festgenommenen befindet sich auch **Werner Lotze**, gegen den ein Haftbefehl wegen Beteiligung an zwei Banküberfällen der RAF besteht, die am 19.3.1979 in Darmstadt und am 17.4.1979 in Nürnberg begangen wurden. Da im Sommer 1990 weiterhin zwei deutsche Staaten bestehen, bedarf es eines offiziellen Auslieferungsverfahrens, in welchem die DDR-Behörden die Überstellung der Festgenommenen in die Bundesrepublik bewilligen sollen. Dieses Verfahren dauert bei nahezu allen verhafteten ehemaligen RAF-Mitgliedern mehrere Monate, bis sie den Strafverfolgungsbehörden der Bundesrepublik zur Verfügung stehen. Als einziger unter den Festgenommenen verzichtet Werner Lotze auf dieses förmliche Auslieferungsverfahren und wird entsprechend seiner Bitte bereits am 12.7.1990 in die Bundesrepublik überstellt.

Innerhalb der Bundesanwaltschaft bin ich für das personenbezogene Verfahren gegen Werner Lotze zuständig.

Für den späten Nachmittag des 12.7.1990 ist beim Ermittlungsrichter des Bundesgerichtshofs bereits ein Termin vereinbart, um die nach der Überstellung vorgeschriebene richterliche Anhörung des Beschuldigten durchzuführen. Zuvor wird Lotze in mein Dienstzimmer gebracht, um eine erste kurze Vernehmung zu versuchen. Anwesend sind Frau Bitzer, meine bewährte Protokollkraft, und mehrere Kriminalbeamte. Zunächst belehre ich Lotze – wie üblich – über seine Rechte als Beschuldigter. Dann geschieht etwas, was ich so noch nicht erlebt habe. Lotze bricht in Tränen aus, kann sich kaum beruhigen und erklärt dann an mich gewandt sinngemäß:

»Bevor Sie mich zu den im Haftbefehl genannten Banküberfällen vernehmen, will ich etwas ganz anderes sagen. Ich war 1978 im Wald bei Dortmund an der Schießerei mit der Polizei beteiligt und habe den jüngeren Polizeibeamten mit einem aufgesetzten Schuss in den Rücken erschossen.«

Mir ist sofort klar, dass er damit die Schießerei am 24.9.1978 meint, bei der der Polizeibeamte Hans-Wilhelm Hansen erschossen wurde.[104] Mir ist auch bewusst, dass ich diese Vernehmungssituation nie mehr vergessen werde, weil ich zuvor nie einen Beschuldigten erlebt habe, der so sehr unter der eigenen Straftat leidet. Die folgende Zeit ist – immer wieder unterbrochen durch Lotzes Schluchzen – so schnell vorbei, dass wir nicht mehr dazu kommen, seine Angaben zu protokollieren. Beim unmittelbar anschließenden Termin beim Ermittlungsrichter wiederholt Lotze dieses Geständnis zu der Dortmunder Tat in vollem Umfang und gibt außerdem seine Beteiligung am RAF-Sprengstoffattentat auf den NATO-General

---

[104] Vgl. S. 124 f.

Alexander Haig am 25.6.1979 bei Obourg in Belgien[105] zu, weshalb der Haftbefehl gegen ihn um diese Straftaten ergänzt wird.

In den folgenden Tagen bis zum 20.7.1990 vernehme ich – immer gemeinsam mit dem für den jeweiligen Tatkomplex zuständigen Kollegen der Bundesanwaltschaft – Werner Lotze mehrfach und über Stunden hinweg. Dabei legt er ein umfassendes Geständnis ab, das man als echte Lebensbeichte bezeichnen kann. So schildert er, wie er zunächst nur als Sympathisant und Unterstützer der RAF agiert habe, dann aber im Sommer 1978 zu den Illegalen der RAF in den Untergrund gegangen sei, auch weil er geglaubt habe, die »Stammheimer« – also Ensslin, Baader und Raspe – seien am 18.10.1977 von staatlicher Seite ermordet worden. Gegenstand der Vernehmung ist vor allem die Zeit bis Ende 1979, in der Lotze dem harten Kern der RAF angehörte. Diesbezüglich beschreibt er alles, was er in der Terrorgruppe erlebte und welche Straftaten von ihr begangen wurden. Dabei gibt er seine eigenen Tatbeiträge uneingeschränkt zu und schont auch seine früheren RAF-Freunde nicht.

Ein Schwerpunkt der Vernehmung ist natürlich der **Polizistenmord von Dortmund** am 24.9.1978. Diesbezüglich schildert Lotze umfassend und immer wieder durch Weinen unterbrochen, wie ihm der jüngere Polizeibeamte Hansen kurzzeitig den Rücken zuwendet, wie er diesen Moment dazu nützt, seinen Revolver zu ziehen und Hansen in den Rücken zu schießen, so dass

---

[105] Am Morgen dieses 25.6.1979 brachten RAF-Mitglieder unter einer Brücke bei Obourg/Belgien eine Sprengstoffbombe zur Zündung, als die Fahrzeugkolonne des NATO-Generals Alexander Haig diese Stelle auf seinem Weg zum NATO-Hauptquartier in Maisière passierte, wobei die Explosion nur das Heck von Haigs Fahrzeug traf, weshalb Haig unverletzt blieb, Insassen im nachfolgenden Begleitfahrzeug aber verletzt wurden.

dieser aufstöhnt und zu Boden geht, wie er auch auf den älteren Polizeibeamten Schneider schießt, so dass dieser zusammenbricht, aber plötzlich zurückschießt und dabei seine Begleiter Angelika Speitel und Michael Knoll so verletzt, dass sie nicht mehr fliehen können, und wie er schließlich selbst vom Tatort flüchtet.

In Bezug auf den zweiten Vernehmungsschwerpunkt – den **Mordanschlag auf General Haig** – beschreibt Lotze, wie nahezu sämtliche RAF-Mitglieder an der Vorbereitung und Durchführung dieses Attentats beteiligt sind, wie man die Fahrtstrecke des Generals von seinem Wohnort zum NATO-Hauptquartier ausspäht, wie man den Plan verwirft, das Attentat mit einer Panzerfaust zu verüben, und sich stattdessen für einen Sprengsatz entscheidet, wie mehr als 11 kg Strengstoff in einen gusseisernen Topf gefüllt und mit Steinen verdämmt werden, wie die Bombe unter einer Brücke vergraben und von dort ein Zündkabel verlegt wird, wie Rolf Klemens Wagner[106] und er mit einem Motorrad zum Tatort fahren, wie er die Fahrzeugkolonne Haigs kommen sieht und dies per Funkgerät an Wagner durchgibt, der die Zündeinrichtung betätigt.

Werner Lotze beschreibt aber auch, wie sich im Herbst 1979/Anfang 1980 mehrere Mitglieder – darunter er selbst – von der RAF trennen und ihre Beteiligung am »bewaffneten Kampf« aufgeben wollen. Die Gruppe habe deshalb beschlossen, dass diese als »Fehler« bezeichneten Aussteiger ihre Waffen abgeben und umgehend in ein geeignetes – kommunistisches – Aufnahmeland über-

---

[106] Wagner war bereits in der Schweiz wegen seiner Beteiligung an dem RAF-Banküberfall in Zürich vom 19.11.1979, bei dem er verhaftet wurde, zu lebenslangem Zuchthaus verurteilt worden. Nach seiner Auslieferung wurde er außerdem als Mittäter der Schleyer-Entführung erneut zu lebenslanger Freiheitsstrafe verurteilt. Wegen Lotzes Angaben wird er schließlich auch noch wegen des Haig-Attentats verurteilt.

siedeln sollen. Zu diesem Wechsel ins Exil sei es dann in der zweiten Hälfte 1980 gekommen, als sich die DDR bereit erklärt habe, diese Aussteiger aufzunehmen und mit neuer Identität zu versehen.

Auf die Frage nach den Hintergründen seiner Aussagebereitschaft erklärt Lotze, er habe mit seinen umfassenden Angaben seine RAF-Vergangenheit aufarbeiten wollen – sich selbst gegenüber, gegenüber seiner Familie und speziell gegenüber seiner Tochter, aber auch gegenüber der Gesellschaft. Dazu habe für ihn auch gehört, die Namen seiner RAF-Mittäter nicht zu verschweigen. Diese Einlassungen Lotzes halte ich durchweg für ausgesprochen glaubwürdig. Leichte Zweifel habe ich, als er behauptet, die Kronzeugenregelung habe in Bezug auf seine Aussagebereitschaft keine Rolle gespielt.

Im Herbst 1990 genehmigt der Ermittlungsrichter des Bundesgerichtshofs dem NDR ein Fernsehinterview mit Werner Lotze. Um öffentliche Vorverurteilungen zu verhindern und anstehende Strafprozesse nicht zu belasten, ist entsprechend meiner Stellungnahme allerdings Bedingung, dass Lotze keine Tatdetails und keine Mittäter nennt, die noch nicht verurteilt sind. Das Wichtigste an diesem Interview, das die ARD am 21.11.1990 in einer Brennpunkt-Sendung zeigt und »Die Zeit« abdruckt, ist in meinen Augen die Tatsache, dass Lotze an die noch aktiven RAF-Mitglieder appelliert, sie sollen ihren bewaffneten Kampf beenden.

In der von mir verfassten Anklageschrift der Bundesanwaltschaft, die das Datum 15.10.1990 trägt, wird Werner Lotze die Mittäterschaft am Haig-Attentat und an den beiden RAF-Banküberfällen in Darmstadt und Nürnberg angelastet, insbesondere aber der Mord an dem Polizeibeamten Hansen und der Mordversuch an dessen Kollegen Schneider. Bereits in dieser Anklageschrift lassen wir anklingen, dass aus unserer Sicht die Voraussetzungen

für die Anwendung des neuen Kronzeugengesetzes erfüllt
sind.

Der Lotze-Prozess

Bereits am **9.1.1991** beginnt die Hauptverhandlung gegen
Werner Lotze vor dem 3. Strafsenat des Bayerischen
Obersten Landesgerichts in München. Innerhalb der
Bundesanwaltschaft ist im Hinblick auf zahlreiche parallel
laufende Terrorismusprozesse entschieden worden, dass
ich die Anklage – zeitgleich findet der Startbahnprozess
ohne mich statt – alleine vertrete.

Das Interesse der Medien an diesem ersten Prozess
gegen einen RAF-Kronzeugen ist groß, jede Kleinigkeit
wird registriert und berichtet. So kann ich nach dem ersten
Prozesstag lesen, dass »der anklagende Oberstaatsanwalt
Klaus Pflieger ... Lotze freundlichst begrüßt« hat, dabei
habe ich Lotze und seinem Verteidiger zur Begrüßung nur
die Hand geschüttelt, wie ich es immer mache, wenn dies
von meinem Gegenüber nicht als unerwünscht signalisiert
wird.

Die Beweisaufnahme
selbst verläuft unpro-
blematisch, da Lotze
sein umfassendes Ge-
ständnis auch vor
Gericht wiederholt. Für
mich wird der Prozess
aber aus zwei Gründen
spannend:

So findet in Karlsruhe am 22.1.1991 bei Generalbundesanwalt von Stahl eine wichtige, ja grundsätzliche Bespre-
ung statt, weil die Bundesanwaltschaft im Lotze-Verfahren
– dem ersten RAF-Prozess gegen einen Kronzeugen – mit
ihrem Strafantrag Flagge zeigen muss, welche Strafmaß-
milderung sie in derartigen Fällen generell und bei Lotze

speziell für angemessen hält. Interessant ist für mich, dass die Meinungen bei dem in Betracht kommenden Strafrahmen (drei Jahre bis lebenslange Freiheitsstrafe) himmelweit auseinanderliegen. Einzelne sind der Ansicht, dass es wegen der Art, wie Lotze den Polizeibeamten Hansen ermordet hat, bei einer sehr hohen, ja sogar lebenslangen Freiheitsstrafe bleiben müsse. Andere äußern sich dahingehend, die Bundesanwaltschaft müsse mit einem niedrigen Strafantrag von etwa vier Jahren ein Zeichen setzen, dass es sich für RAF-Mitglieder lohnt, Aussagen zu machen. Ich spreche mich für eine **Gesamtfreiheitsstrafe von elf Jahren** aus, die ich nach langen Gesprächen mit befreundeten Kollegen als richtig empfinde. Nicht zuletzt, weil in erster Linie der Sitzungsvertreter aufgrund seiner persönlichen Prozesseindrücke das Sagen hat, wird mein Vorschlag akzeptiert.

Aufregend wird der Lotze-Prozess für mich, als die Beweisaufnahme überraschend schnell zu Ende geht und ich am Nachmittag des 24.1.1991 gebeten werde, schon am nächsten Morgen zu plädieren. Ich setze mich deshalb nach dem Abendessen im Hotelzimmer an meine Schreibmaschine, die ich sicherheitshalber mitgebracht habe, und tippe das Plädoyer. In dem Schlussvortrag will ich deutlich machen, dass Lotze nicht den von der Kronzeugenregelung erhofften Idealfall darstellt, weil er schon lange vor seiner Lebensbeichte aus dem Terrorismus ausgestiegen war. Wichtig ist mir auch die Klarstellung, dass es zwischen Lotze und den Ermittlungsbehörden – anders als von manchen vermutet – keine Absprache über das Strafmaß gegeben, Lotze vielmehr bedingungslos ausgesagt hat. Und ich will keine Zweifel daran lassen, dass ohne die Kronzeugenregelung für Lotze nur ein »Lebenslänglich« in Frage gekommen wäre. Am wichtigsten ist mir aber eine Passage, in der ich darstellen will, dass es bereits konkrete

208

Anzeichen dafür gibt, dass die Terrorismusszene durch Lotzes Aussagen verunsichert und seine Aussagebereitschaft geeignet ist, die RAF in ihren Grundfesten zu erschüttern. Wörtlich will ich sagen: »Dieses zarte Pflänzchen der Hoffnung auf ein Ende der RAF kann nur durch ein moderates Urteil genährt werden«. Erst deutlich nach Mitternacht bin ich mit meinem Papier, das ich vor Gericht vortragen will, fertig.

Als ich am nächsten Morgen kurz vor Prozessbeginn im Gerichtsgebäude eintreffe, erfahre ich, dass »die Bundesanwaltschaft« angerufen habe und ich mich möglichst schnell dort melden solle. Bei dem anschließenden Telefonat mit einem Karlsruher Kollegen werde ich gebeten, in meinem Plädoyer anstelle der ins Auge gefassten elf Jahre eine Gesamtfreiheitsstrafe von neun Jahren zu beantragen. Ich bin völlig perplex und kann auf die Schnelle nicht bewerten, ob dies eine Weisung oder nur eine freundliche Bitte ist. Mir geht Sekundenbruchteile lang durch den Kopf, ob ich diese Bitte/Weisung ablehnen oder gar meine Ablösung als Sitzungsvertreter anbieten soll. Dann ist mir aber sofort klar, dass auch eine Freiheitsstrafe von neun Jahren durchaus in der Bandbreite meiner eigenen Einschätzung liegt und aus meiner Sicht eine akzeptable, jedenfalls keine unangemessene Strafe für Lotze darstellen würde. Aus der vermeintlichen Weisung wird deshalb eine pure Bitte, weshalb ich mich nach einem kurzen Durchatmen auf die Antwort beschränke: Einverstanden! Dann aber wird es für mich hektisch, weil ich auf die Schnelle die Einsatzstrafen für die einzelnen Anklagepunkte neu festlegen muss (sie summieren sich letztlich auf 16 ½ Jahre[107]), um daraus die **Gesamtfreiheitsstrafe von neun Jahren** zu bilden, die ich am Schluss meines etwa zweistündigen Plädoyers auch beantrage.

Am **31.1.1991** verkündet der Strafsenat seine Entscheidung: Werner Lotze wird zu einer **Gesamtfreiheitsstrafe von zwölf Jahren** verurteilt. Sofort sprechen die Medien von »Sensation« und »schallender Ohrfeige für die Bundesanwaltschaft«, weil das Gericht – was tatsächlich nicht oft passiert – den staatsanwaltlichen Strafantrag deutlich überboten hat. Dagegen bin ich selbst nicht sonderlich überrascht, lag ich ja mit meinen vorgeschlagenen elf Jahren recht dicht beim Urteilsspruch. An der Urteilsbegründung stört mich aber, dass das Gericht den Opfer- und Abschreckungsgedanken in den Vordergrund stellt (»Jede übertriebene Barmherzigkeit gegenüber dem Täter wird zur Ungerechtigkeit an den Opfern und vermindert die Abschreckung anderer«) und nicht meinen Gedanken, mit dem Urteil den Terrorismus zu bekämpfen. Nach telefonischer Rücksprache lege ich – was ebenfalls selten vorkommt – noch am selben Tag zu Protokoll der Geschäftsstelle des Gerichts Revision ein, und zwar zugunsten Lotzes.

Und tatsächlich: Ende **Oktober 1991** hebt der Bundesgerichtshof in der Revisionsinstanz das Lotze-Urteil teilweise auf, aber nicht wegen falscher Anwendung der Kronzeugenregelung, sondern mit der Begründung, der Münchner Senat habe nicht hinreichend geprüft, ob Lotze bezüglich seiner Schüsse auf den Polizeibeamten Schneider eventuell gemäß § 24 StGB strafbefreiend von

---

[107] Für den Mord an Hansen sechs Jahre, für den Mordversuch an Schneider drei Jahre, für das Haig-Attentat vier Jahre, für den Bankraub in Darmstadt eineinhalb Jahre und für den Banküberfall in Nürnberg zwei Jahre.

diesem Mordversuch zurückgetreten ist, weil er vom Tatort geflüchtet sei, ohne weiter auf Schneider zu schießen.[108] Dementsprechend befasst sich Anfang März 1992 der 6. Strafsenat des Bayerischen Obersten Landesgerichts an drei Verhandlungstagen nochmals mit dem Lotze-Fall. Erneut bin ich – parallel zum Startbahnprozess – Sitzungsvertreter der Bundesanwaltschaft. In Bezug auf den Mordversuch an dem Polizeibeamten Schneider stellen wir das Verfahren nach § 154 StPO ein.[109] Dieses Mal beantrage ich »mein« von Anfang angestrebtes Strafmaß, nämlich eine Gesamtfreiheitsstrafe von elf Jahren, die das Gericht in seinem Urteil vom **11.3.1992** auch verhängt.

In der Urteilsbegründung schließt sich das Gericht der Einschätzung in meinem Plädoyer an, dass bei Werner Lotze eine bewährungsweise **Haftentlassung schon nach Verbüßung der Halbstrafe** in Betracht komme, weil er durch seinen Ausstieg aus der RAF und das anschließende, rund zehn Jahre lange Leben in der DDR ausreichend resozialisiert sei.

Nach § 57 StGB wird bei einer zeitigen (also nicht lebenslangen) Freiheitsstrafe die **Aussetzung des Strafrests** grundsätzlich angeordnet, »wenn zwei Drittel der verhängten Strafe ... verbüßt sind« und »dies unter Berücksichtigung des Sicherheitsinteresses der Allgemeinheit verantwortet werden kann«. Ausnahmsweise kann das Gericht »schon nach Verbüßung der Hälfte der zeitigen Freiheitsstrafe ... die Vollstreckung des Restes zur Bewährung aussetzen, wenn ... die Gesamtwürdigung von Tat, Persönlichkeit der verurteilten Person und ihre Entwicklung während des Strafvollzugs ergibt, dass besondere Umstände vorliegen«.

---

[108] § 24 StGB hat einleitend folgenden Wortlaut: »Rücktritt - Wegen Versuchs wird nicht bestraft, wer freiwillig die weitere Ausführung der Tat aufgibt oder deren Vollendung verhindert.« (vgl. auch S. 118).

[109] Zum Anwendungsbereich des § 154 StPO vgl. S. 368 ff..

In der Tat wird Werner Lotze bereits nach der Hälfte der gegen ihn verhängten Freiheitsstrafe – also nach fünfeinhalb Jahren – auf Bewährung aus dem Gefängnis entlassen. Dies wird von manchen, ich spüre dies vor allem bei Vorträgen vor Polizeibeamten, als »schreiendes Unrecht« begriffen. Dafür habe ich durchaus Verständnis, wenn man nur die von Lotze begangenen Straftaten mit der Haftdauer in Relation setzt. Ich erfahre aber in der Regel Zustimmung, wenn ich die Zielsetzung meines Strafantrags erkläre, nämlich mit der konsequenten Anwendung der Kronzeugenregelung die RAF im Inneren zu treffen und sie auf diesem Weg – so meine Hoffnung – einem Ende zuzuführen.

Mit Werner Lotze habe ich auch in den nächsten Jahren unmittelbar, per Telefon oder über seinen Anwalt, Kontakt. So bin ich ihm behilflich, als er an seinem neuen Wohnort einen Antrag auf Namensänderung stellt und letztlich auch eine neue Identität bekommt. Auf meinen Rat hin ist er auch bereit, der Journalistin Klünder für einen SWR-Dokumentarfilm mit dem Titel »Die Witwe und der Mörder« Rede und Antwort zu stehen, der am 3.4.2011 im ARD-Fernsehen gezeigt wird.

Weitere DDR-Aussteiger sagen aus

Der Wert des Aussageverhaltens von Werner Lotze wird für mich auch darin deutlich, dass praktisch alle anderen RAF-Aussteiger, die in der DDR verhaftet wurden, seinem Beispiel folgend ebenfalls Angaben machen und so eine Strafmilderung nach dem Kronzeugengesetz erlangen.[110]

---

[110] U.a. werden zu zeitigen Freiheitsstrafen verurteilt: wegen Beteiligung an der Schleyer-Entführung Silke Maier-Witt zu zehn Jahren und Monika Helbing zu sieben Jahren sowie Susanne Albrecht wegen des Ponto-Attentats zu zwölf Jahren.

An diesen Angaben der RAF-Kronzeugen sind für mich als Sachbearbeiter des Schleyer-Komplexes und des Boock-Verfahrens sowie als früheres Mitglied des Ermittlerteams, das die Todesfälle der RAF-Gefangenen am 18.10.1977 untersucht hat, vor allem folgende Punkte von Interesse:

- Bei einer Vernehmung in der Frauenvollzugsanstalt Leonberg erklärt mir Monika Helbing am 12.10.1990, dass innerhalb der RAF unstrittig gewesen sei, dass die Stammheimer Häftlinge Baader, Ensslin und Raspe am 18.10.1977 nicht von staatlicher Seite getötet wurden, sondern kollektiven Selbstmord begangen haben. Es habe dafür sogar einen Spezialbegriff innerhalb der RAF gegeben, nämlich »**suicide action**«, weil die Häftlinge mit ihrem Selbstmord den Eindruck erwecken wollten, umgebracht worden zu sein, also ihren eigenen Tod gegen den verhassten Staat instrumentalisieren wollten – was ihnen ja auch geraume Zeit gelungen ist. Diese Darstellung bestätigt auch Susanne Albrecht. Damit ist meines Erachtens die Kampagne der RAF mit der Mord-Version endgültig widerlegt.

- Außerdem kann ich aus den gesamten Kronzeugen-aussagen ableiten, dass den im Untergrund lebenden Illegalen der RAF **während der Schleyer-Entführung exakt 20 Personen** angehörten, nämlich elf Frauen[111] und neun Männer[112].

---

[111] Susanne Albrecht, Elisabeth von Dyck, Monika Helbing, Sieglinde Hofmann, Christine Kuby, Friederike Krabbe, Silke Maier-Witt, Brigitte Mohnhaupt, Adelheid Schulz, Angelika Speitel und Sigrid Sternebeck.

[112] Peter-Jürgen Boock, Knut Folkerts, Rolf Heißler, Christian Klar, Gert Schneider, Willy Peter Stoll, Christof Wackernagel, Rolf Klemens Wagner und Stefan Wisniewski.

Der **hohe Frauenanteil** ist typisch für die RAF. Er sticht bereits bei der Befreiung von Andreas Baader am 14.5.1968 ins Auge, an der ein Mann und vier Frauen unmittelbar vor Ort beteiligt waren. Auch während der gesamten »Offensive 77« gehörten der RAF bei einem Verhältnis 12:10 mehr Frauen als Männer an.

Manche sehen darin ein sichtbares Zeichen der Emanzipation und Gleichberechtigung oder einen Akt der »weiblichen Selbstverwirklichung«. Eine eindeutige Erklärung dieses Phänomens gibt es aber nicht. Beeindruckend ist in meinen Augen jedoch, mit welcher Intensität sich diese Frauen an terroristischen Aktivitäten beteiligten und dabei teilweise – wie etwa Gudrun Ensslin und Ulrike Meinhof – die dauerhafte Trennung von ihren Kindern in Kauf nahmen.

- Vor allem ergibt sich aus diesen Angaben der DDR-Aussteiger auch weitgehend der **Aufenthaltsort der einzelnen RAF-Mitglieder am 5.9.1977**, als Hanns-Martin Schleyer entführt und seine vier Begleiter erschossen wurden. So ist u.a. davon auszugehen, dass Angelika Speitel und Silke Maier-Witt an diesem 5.9.1977 in Köln waren, wobei offen ist, ob sie dem Entführungskommando der RAF am Tatort angehörten oder nur den beiden Telefonketten. Diese waren an den möglichen Fahrtstrecken Schleyers positioniert und hatten den Auftrag, den Attentätern, die in einem Café auf den Anruf warteten, die baldige Ankunft der Schleyer-Kolonne am Tatort anzukündigen.

- Schließlich kann der **RAF-Banküberfall vom 19.11.1979 in Zürich** vollständig aufgeklärt werden, bei dem es auf der Flucht der Täter zu einem Schusswechsel mit der Polizei und zu weiteren Schüssen kam, wobei eine Passantin zu Tode kam und ein Polizeibeamter sowie weitere Personen zum Teil schwer verletzt wurden. Aufgrund des Geständnisses von Henning Beer steht jetzt fest, dass außer ihm und Rolf Klemens Wagner, der nach der Tat verhaftet wurde, auch Christian Klar und Peter-Jürgen Boock an diesem Überfall beteiligt waren und deshalb nochmals verurteilt werden.

Das Kronzeugengesetz hat auch zur Folge, dass **Souhaila Andrawes Sayeh** – die einzige überlebende Geiselnehmerin bei der Entführung der Lufthansa-Maschine »Landshut« im Herbst 1977 – nach ihrer Verhaftung am 13.10.1994 in Oslo und ihrer Auslieferung an die Bundesrepublik ebenfalls aussagebereit ist.[113] Sie wird deshalb am 19.11.1996 unter Anwendung der Kronzeugenregelung vom Hanseatischen Oberlandesgericht Hamburg zu einer Freiheitsstrafe von zwölf Jahren verurteilt, wobei die in Somalia erlittene rund einjährige Gefängnishaft wegen der dortigen Haftbedingungen dreifach angerechnet wird.

Im Hinblick auf meine guten Erfahrungen mit der Kronzeugenregelung spreche ich mich wiederholt für eine Verlängerung bzw. Neueinführung dieser Gesetzesregelung und – nach Möglichkeit – für ihre Ausdehnung auf die allgemeine Kriminalität aus.[114]

---

[113] Sie belastet u.a. die frühere RAF-Angehörige Monika Haas, die den palästinensischen »Landshut«-Entführern die Tatwaffen nach Palma de Mallorca gebracht hatte und deshalb am 16.11.1998 vom Oberlandesgericht Frankfurt/Main zu fünf Jahren Freiheitsstrafe verurteilt wird.

[114] Ab 1.9.2009 gibt es mit § 46 b StGB (»Hilfe zur Aufklärung oder Verhinderung von schweren Straftaten«) eine neue Kronzeugenregelung, die nicht auf terroristische Straftäter beschränkt ist und jetzt z.B. für Mord einen Strafrahmen zwischen zehn Jahren und lebenslanger Freiheitsstrafe vorsieht.

Nach Leipzig?

Nach dem Fall der Mauer zeichnet sich mehr und mehr ab, dass versucht wird, mit der deutschen Wiedervereinigung die vormaligen Zustände wiederherzustellen. Dazu gehört, dass Berlin wieder die gesamtdeutsche Hauptstadt wird und nicht nur die Bundesregierung, der Bundespräsident, der Deutsche Bundestag und der Bundesrat von Bonn nach Berlin umziehen, sondern auch zahlreiche Bundesministerien. In den ersten Monaten des Jahres 1992 verdichten sich Gerüchte, dass der Bundesgerichtshof und damit auch die Bundesanwaltschaft von Karlsruhe nach Leipzig, dem früheren Standort des Reichsgerichts, verlagert werden. Der Gedanke, dass auch wir nach Leipzig umziehen müssen, ist für meinen Freund Rainer Griesbaum und mich nicht gerade erfreulich, weil wir uns an unseren Wohnorten bei Karlsruhe bzw. Stuttgart ausgesprochen wohl fühlen. Deshalb suchen wir Ende August 1992 unseren Mentor Ministerialdirektor Schmolz auf, der inzwischen Amtschef im Stuttgarter Justizministerium ist, um ihm zu signalisieren, dass wir im Falle eines Umzugs nach Leipzig nicht desinteressiert wären, wieder in den baden-württembergischen Landesdienst zurückzukehren. Monate später fällt die Entscheidung, dass nur ein Strafsenat des Bundesgerichtshofs und damit ein Revisionsreferat der Bundesanwaltschaft nach Leipzig verlagert werden, wir Ermittler in Sachen Terrorismus also in Karlsruhe bleiben.

Die »Lebensbeichte« des Peter-Jürgen Boock

Peter-Jürgen Boock verbüßt inzwischen – es ist Frühjahr 1991 – die gegen ihn verhängte lebenslange Freiheitsstrafe in der Hamburger Justizvollzugsanstalt Fuhlsbüttel, auch »Santa Fu« genannt. Seit seiner Verhaftung im Jahr 1981 sind gut zehn Jahre vergangen. Über sein Gesuch um gnadenweise Haftentlassung aus dem Jahr 1988 hat Bundespräsident Richard von Weizsäcker noch nicht endgültig entschieden. Boock behauptet weiterhin, an seinen Händen klebe kein Blut.

Am **18.4.1991** suche ich Boock in »Santa Fu« auf, um ihn bezüglich der Schleyer-Entführung als Zeugen zu vernehmen. Seit der Urteilsverkündung im Frühjahr 1984 sind wir uns nicht mehr persönlich begegnet. Boock wirkt auf mich noch schmächtiger und kleiner, als ich ihn aus dem Prozess in Stammheim in Erinnerung habe. Er hat seine Frisur verändert und ist – wie ich selbst – sichtbar älter geworden; ansonsten ist er aber aus meiner Sicht, vor allem in Bezug auf seine Eloquenz, unverändert. Bemerkungen der Anstaltsleitung entnehme ich, dass er innerhalb des Gefängnisses und unter den Häftlingen als Respektsperson anerkannt ist.

Bei der Vernehmung bestätigt er zwar meine Annahme, dass Hanns-Martin Schleyer nach rund zehn Tagen seiner Gefangenschaft in der Hochhauswohnung in Erftstadt-Liblar nach Holland in das Haus Stevinstraat 266 in Den Haag gebracht wurde. Meinen Ratschlag, entsprechend dem Beispiel des RAF-Kronzeugen Werner Lotze reinen Tisch zu machen und umfassend auszusagen, lehnt er aber mit der Begründung ab, er halte die Kronzeugenregelung moralisch für falsch und wolle niemanden verraten; deshalb werde er keine Namen nennen, wenn diesen Personen dadurch in irgendeiner Form Nachteile, etwa eine weitere Freiheitsstrafe, drohen würden. Es ist klar und ich mache dies auch gegenüber Boock deutlich, dass er selbst im Falle einer umfassenden Aussage nicht in den Genuss der Kronzeugenregelung kommen kann, da sein Strafverfahren bereits rechtskräftig abgeschlossen ist; vorteilhaft könnte eine Aussage nur in Bezug auf eine Haftentlassung sein. Während der Vernehmung bin ich permanent am Überlegen, ob es vielleicht eine Lösung für Boocks deutlich gewordenes Problem gibt, einerseits durchaus Angaben machen zu wollen, andererseits dabei aber keinen seiner früheren RAF-Freunde zu belasten. Um ihm quasi eine Brücke für diesen Spagat zu bauen, gebe ich Boock bei meinem Abschied zu bedenken, ob er sich vorstellen könne, in Bezug auf seine eigene Person unein-geschränkt auszusagen und dabei hinsichtlich anderer Personen nur Buchstaben zu benützen. Mit dieser spontanen Idee, die bis dahin wohl noch nie praktiziert wurde, will ich mir natürlich endlich Klarheit über die konkrete Tatbeteiligung Boocks vor allem im Schleyer-Komplex verschaffen. Eine Antwort auf diesen Vorschlag erhalte ich weder spontan noch in den nächsten Monaten.

Ein neuer Ansatz für eine Vernehmung Boocks ergibt sich für mich Anfang des Jahres 1992. Aufgrund der Aussagen von DDR-Aussteigern kristallisiert sich mehr und mehr heraus, dass sich **Angelika Speitel** am 5.9.1977 – also am Tag der Schleyer-Entführung – in Köln aufhielt. Offen ist aus meiner Sicht lediglich, ob sie dem Täterkommando angehörte, das Hanns-Martin Schleyer entführte und dessen Begleiter erschoss, oder ob sie »nur« Mitglied einer der beiden Telefonketten war, die auf der Fahrtstrecke Schleyers zu seiner Kölner Wohnung positioniert waren, um den Attentätern, die in einem Café auf den Anruf warteten, die baldige Ankunft Schleyers am Tatort zu signalisieren. Innerhalb der Bundesanwaltschaft ist ja vereinbart, dass Angelika Speitel nur bei der ersten Fallkonstellation – also, wenn sie bei den Kölner Morden geschossen hat – nochmals angeklagt wird.[115] Um dies zu klären, entscheide ich mich dazu, am 23.3.1992 mit Frau Bitzer, meiner Protokollführerin, nach Köln zu fahren, um zunächst Angelika Speitel als Beschuldigte zu vernehmen, und dann nach Hamburg zu fliegen, um Peter-Jürgen Boock als Zeugen zu hören. Mein Vernehmungsversuch in Köln ist unergiebig. In den Räumen ihres Rechtsanwalts kommt es zwar zu einer Begegnung mit Angelika Speitel, die vor allem wegen ihrer angegriffenen Gesundheit durch den Gnadenakt des Bundespräsidenten von Weizsäcker am 29.6.1990 auf Bewährung aus der Haft entlassen wurde. Sie macht auch an diesem Tag auf mich einen gesundheitlich angeschlagenen Eindruck. Obwohl ich natürlich gerne von ihr Näheres über die Schleyer-Entführung erfahren hätte, habe ich zu respektieren, dass sie als Beschuldigte von ihrem Aussageverweigerungsrecht Gebrauch macht.

Am **24.3.1992** um 9:20 Uhr beginnt im **Gefängnis »Santa Fu«** die Vernehmung Boocks. Anwesend ist – wie bei der Vernehmung vor einem Jahr – auch sein Rechtsbeistand. Im Vergleich zum Vorjahr ist mein Kenntnisstand deutlich besser: insbesondere weiß ich jetzt mit einiger Sicherheit, dass an Boocks Händen entgegen seiner permanenten Behauptung doch »Blut klebt«. So ergibt sich aus der Aussage des DDR-Aussteigers Henning Beer, dass Boock Mittäter des Banküberfalls der RAF am 19.11.1979 in Zürich war und mehrere Schüsse abgab, als auf der Flucht der Täter eine Passantin zu Tode kam und ein Polizist sowie weitere Passanten zum Teil schwer verletzt wurden.[116]

---

[115] Siehe S. 194

[116] Siehe S. 214 f. Wegen Beteiligung an diesem Züricher Banküberfall wird Boock später nochmals zusammen mit Christian Klar angeklagt und vom Oberlandesgericht Stuttgart verurteilt.

Stutzig macht mich, dass Boock noch vor Beginn der Vernehmung erklärt, er sei überrascht, dass ich nach meinem Vorschlag im letzten Jahr erst jetzt zu ihm komme, er habe mit einem früheren Besuch gerechnet. Als ich ihn dann als Zeuge im Ermittlungsverfahren gegen Angelika Speitel wegen des Verdachts ihrer Beteiligung an der Schleyer-Entführung vernehme, schildert Boock zunächst seine persönliche Beziehung zu Frau Speitel und wie sie zu den Illegalen der RAF gestoßen ist. Dann aber kommen wir zum eigentlichen Thema. Auf meine Frage, ob Frau Speitel dem Täterkommando angehört habe, das Hanns-Martin Schleyer entführt und seine Begleiter erschossen hat, erklärt Boock sinngemäß, er wisse, dass Angelika Speitel am Tatgeschehen in Köln am 5.9.1977 nicht beteiligt war.

Auf meine sofortige Frage, woher er dies wisse, gibt Boock die folgende Antwort, bei der mir fast das Herz stehen bleibt und die ich nie vergessen werde:

»Ich war selbst am Tatort in Köln beteiligt!«

Man kann sich vielleicht meine Gefühlslage in dieser Situation vorstellen: Da hört man plötzlich aus dem Mund eines Mannes, der bisher immer bestritten hatte, an einem RAF-Mord beteiligt gewesen zu sein, dass er an einem der schlimmsten Verbrechen der deutschen Nach-kriegsgeschichte mitgewirkt und am Tatort der Schleyer-Entführung selbst geschossen hat. Das ist selbst für einen nicht unerfahrenen Staatsanwalt wie mich nichts Alltägliches. Die Frage, die ich mir natürlich sofort stelle, ist: Kann man Boock – dem »Baron Münchhausen der RAF«, wie er teilweise genannt wird – in Bezug auf dieses Geständnis Glauben schenken? Meine Antwort ist eingedenk meiner Einschätzung im Plädoyer des ersten Boock-Prozesses eindeutig: Peter-Jürgen Boock kann, ja muss man glauben, wenn und soweit er mit seinen

220

Angaben sich selbst oder seine früheren RAF-Freunde belastet!

Natürlich frage ich mich in dieser Situation auch, weshalb sich Boock gerade jetzt zu diesem Geständnis durchgerungen hat. Meine Vermutung ist, dass er nach den Aussagen der RAF-Kronzeugen gemerkt hat, dass er mit seinen Unwahrheiten – insbesondere seiner Behauptung, an seinen Händen klebe kein Blut – nicht mehr durchkam. Deshalb hatte er sich dafür entschieden, in Bezug auf seine terroristische Vergangenheit reinen Tisch zu machen.[117] Jedenfalls habe ich den sicheren Eindruck, dass Boock sich diese Aussage, die er auch mit völlig ruhiger Stimme macht, gut überlegt hat und deshalb sogar erleichtert wirkt.

Am Schluss dieser Vernehmung, die ich – nicht zuletzt wegen des sensationellen Geständnisses – bereits gegen 11 Uhr beende, erklärt Boock, dass er nach Rücksprache mit seinem Anwalt bereit sei, umfassend Angaben zu seiner eigenen Person und zu den objektiven Geschehensabläufen zu machen, dass er dabei aber weiterhin niemand belasten möchte; er sei damit einverstanden, dass ein baldiger Termin für diese Vernehmung vereinbart werde. Als ich in diesem Zusammenhang darauf hinweise, dass ich innerhalb der Bundesanwaltschaft inzwischen nicht mehr für sein personenbezogenes Verfahren und damit auch

---

[117] Entsprechend meiner Bitte gibt Boock ein handschriftliches Papier zu Protokoll, in welchem er die Gründe für sein »verändertes Aussageverhalten« darlegt. Darin sowie später vor Gericht begründet Boock sein Geständnis wie folgt: »Ich habe die Gefahr gesehen, daß ehemalige Mitglieder der RAF aus der Zeit, in der ich in der RAF war, wegen Taten verurteilt werden, an denen sie keinen Anteil haben. Ich wollte dem entwürdigenden Zustand ein Ende machen, der darin bestand, daß ich Menschen nicht die Wahrheit sagte, die sich für mich eingesetzt haben. Und ferner, das ist ein eher subjektiver Grund, wollte ich aus dem inneren Gefängnis heraus, in das ich mich gebracht hatte« (siehe DER SPIEGEL 22/1992 vom 25.5.1992, S. 93).

nicht für seine Vernehmung als Beschuldigter zuständig sei, betont Boock zu meiner leichten Überraschung (immerhin war ich aus seiner Sicht einer seiner unnachgiebigen Ankläger im ersten Prozess), dass ihm daran gelegen sei, dass auch seine weitere Vernehmung durch mich geführt werde.

Nach einer kurzen Verständigung wird bei der Bundesanwaltschaft festgelegt, dass ich die weitere Vernehmung Boocks leiten und der Hiwi-Kollege Salzmann aus dem für Boock zuständigen Referat dabei sein soll. Bereits in der nächsten Woche reisen Frau Bitzer, Horst Salzmann und ich nach Hamburg, um Boock weiter zu vernehmen. Vom 1.4. bis 14.5.1992 finden in der Regel wöchentlich an zwei Tagen Vernehmungen statt. Während ihres Verlaufs behalte ich meinen Stil bei, den ich seit meiner Tätigkeit als Haftrichter gepflegt habe: Ich benütze kein Tonband und auch kein Videogerät, weil ich den Eindruck habe, dass sich das Aussageverhalten verändert, wenn quasi jedes Wort auf die Goldwaage gelegt wird. Ich will nicht protokollieren, was ein Beschuldigter bzw. Zeuge spontan formuliert, sondern was er zum Ausdruck bringen will. Deshalb lasse ich ihn abschnittsweise erzählen, mache mir dazu Notizen und diktiere dann das Gesagte in die Schreibmaschine, so wie ich die Aussage verstanden habe. Dabei hat der Beschuldigte bzw. Zeuge permanent die Möglichkeit, korrigierend einzugreifen, etwa nach dem Motto, so habe ich dies nicht gemeint. Die Protokollniederschrift liest der Beschuldigte bzw. Zeuge anschließend nochmals durch, nimmt handschriftlich Korrekturen oder Ergänzungen vor, bringt am Ende jeder Seite sein Unterschriftskürzel an und unterschreibt schließlich das gesamte Protokoll. Ziel ist es, dass der Beschuldigte bzw. Zeuge bei einer späteren Vernehmung vor Gericht auch zu der bei mir gemachten Aussage steht. Von den ihm dabei eingeräumten Korrekturmöglichkeiten macht Peter-Jürgen Boock intensiv Gebrauch. Am Schluss umfasst das gesamte Vernehmungsprotokoll, das der SPIEGEL alsbald als die »Lebensbeichte« Boocks bezeichnet, 196 Seiten.

Bereits am 1.4.1992 gibt Peter-Jürgen Boock ein Schreiben vom 29.3.1992 als Anlage zum Protokoll, das er an den Bundespräsidenten gerichtet hat; es hat folgenden Wortlaut:[118]

»Sehr geehrter Herr Bundespräsident von Weizsäcker, ich möchte Ihnen hiermit anheimstellen, mein bei Ihnen anhängiges Gnadengesuch niederzuschlagen, da es – was meine Person, meine Beteiligung an den Aktionen der RAF und meine objektive Position in dieser Gruppe angeht – auf unzutreffenden Voraussetzungen beruht. Ich habe es in der Vergangenheit nicht geschafft, zu den Taten zu stehen, an denen ich beteiligt war. Ich war bis zum heutigen Tag zu feige und zu ängstlich, mich hinsichtlich meiner Beteiligung an den Aktionen der RAF zu offenbaren. Insbesondere was meine Rolle und meine Funktion bei den mörderischen Anschlägen auf Herrn Ponto und Herrn Schleyer und seine Begleiter angeht, habe ich bisher die Unwahrheit gesagt. Ich habe mich nun entschlossen, diesem unwürdigen Zustand ein Ende zu machen und gegenüber der Bundesanwaltschaft über meine Beteiligung an diesen Anschlägen umfassend auszusagen. Andere Beteiligte werde ich auch jetzt nicht nennen oder belasten, den Kronzeugenstatus strebe ich nicht an. Ich schäme mich, daß ich in der Vergangenheit nicht den Mut aufgebracht habe, mich zu meinem wirklichen Anteil an den RAF-Anschlägen zu bekennen.

Sehr geehrter Herr Bundespräsident, ich hoffe sehr, daß Sie sich bei eventuellen zukünftigen Gnadengesuchen anderer ehemaliger RAF-Mitglieder nicht von den negativen Erfahrungen mit meiner Person beeinflussen lassen. Menschen, die sich ehrlich aus der Verstrickung

---

[118] Auch abgedruckt in DER SPIEGEL 26/1992 vom 18.5.1992, S. 97

des Terrorismus gelöst haben, verdienen es, daß ihnen die Chance einer Rückkehr gewährt wird. Ich kann Sie nur um Entschuldigung für mein unredliches Verhalten bitten, mit vorzüglicher Hochachtung

Peter-Jürgen Boock«

Tatsächlich schildert Boock in den anschließenden Vernehmungen die gesamten Geschehensabläufe – insbesondere der einzelnen Attentate – während seiner Zugehörigkeit zur RAF und seine eigene Beteiligung an den einzelnen Straftaten. Von der namentlichen Nennung seiner Mittäter sieht er weiterhin ab. Entsprechend meinem Ratschlag benützt er stattdessen für jedes RAF-Mitglied einen bestimmten Buchstaben.

In seiner Aussage beschreibt Boock insbesondere, wie es zu den einzelnen Anschlägen des Deutschen Herbstes 1977 kam und in welchem Umfang er daran beteiligt war. So gibt er zu, dass er bei der Vorbereitung und Durchführung des Anschlags auf Jürgen Ponto hautnah mitgewirkt hat, indem er am 30.7.1977 bei der geplanten Entführung die drei Täter vor dem Haus Pontos absetzte und später mit ihnen flüchtete, nachdem die Geiselnahme gescheitert und Ponto erschossen worden war. Außerdem gesteht Boock, dass er nicht nur zu den Attentätern bei der Schleyer-Entführung zählte, sondern auch zu den Bewachern Schleyers (wovon ich aufgrund des »Spindy«-Tonbandes bereits ausgegangen bin). Er gibt auch zu, in Bagdad an der Vorbereitung der Landshut-Entführung mitgewirkt zu haben. Besonders wichtig für mich als Sachbearbeiter des Schleyer-Komplexes ist vor allem das, was Boock an konkreten Einzelheiten zum Schleyer-Attentat am 5.9.1977 in Köln und zum Mord an Hanns-Martin Schleyer berichtet:

- Neu für uns Ermittler ist zunächst, dass bei der **Entführung Schleyers und der Ermordung seiner Begleiter** nicht – wie von uns bisher vermutet – fünf, sondern nur vier RAF-Mitglieder mitgewirkt haben, nämlich eine Frau und drei Männer, die Boock mit den Buchstaben A, B, C und D benennt. Den Umstand, dass wir am Tatort fünf unterschiedliche Munitionsteile gefunden hatten, die nicht den Waffen der getöteten Polizeibeamten zugeordnet werden konnten, erklärt er damit, dass die Person D (die am Tatort das Sagen hatte) zwei Waffen benutzte, weil die RAF nicht sicher war, ob das Fahrzeug Schleyer gepanzert war, und man deshalb zusätzlich eine panzerbrechende Waffe mitführte.

- Besonders spannend ist für mich natürlich die Frage, welche RAF-Personen sich hinter den einzelnen Buchstaben verbergen. Zunächst erklärt Boock, dass **er selbst die Person »A«** sei und **Willy-Peter Stoll die Person »C«**[119]. Aus dem Gesamtzusammenhang seiner Aussage ergibt sich

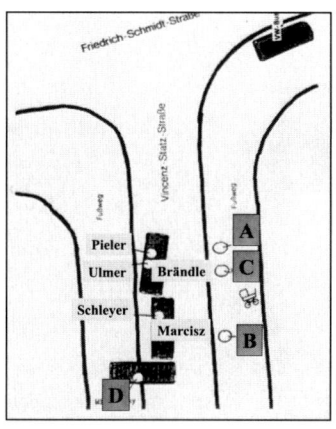

ferner, dass es sich bei »B« um die noch unbekannte Frau und bei »D« um den noch nicht identifizierten weiteren Mann handelt. In Bezug auf diese beiden Personen schließt Boock auf meine Fragen neben Angelika Speitel weitere RAF-Mitglieder als Tat-

---

[119] Stoll wurde am 6.9.1978 im Rahmen einer versuchten Festnahme von der Polizei erschossen, kann also von Boock nicht mehr »verraten« werden.

beteiligte aus, und zwar Silke Maier-Witt, Christoph Wackernagel, Gert Schneider, Rolf Wagner, Christian Klar, Brigitte Mohnhaupt, Elisabeth von Dyck und Christine Kuby. Als ich ihm weitere Namen von RAF-Angehörigen als potentielle Kommando-Mitglieder vorhalte, erklärt Boock in der Vernehmung vom 28.4.1992 sinngemäß, dass er dieses Spiel nicht weiter mitmachen und deshalb keine weiteren Personen als Täter ausschließen werde, weil man sonst aus seinen Aussagen in einem **»Subtraktionsverfahren«** die übrigbleibenden Gruppenmitglieder als die Täter von Köln identifizieren könnte. Damit ist klar, dass Boock meinen »Braten gerochen« hat. Das von ihm so bezeichnete Subtraktionsverfahren ist zu diesem Zeitpunkt aber bereits abgeschlossen. Zwar kann ich allein aufgrund Boocks Aussage die restlichen Attentäter »B« und »D« nicht errechnen. Legt man aber in Bezug auf den 5.9.1977 die Angaben der DDR-Kronzeugen, nach denen alle übrigen RAF-Mitglieder als Attentäter auszuschließen sind, und die Boock-Aussage übereinander, so bleiben zwei Personen übrig, welche die von Boock namentlich nicht genannten Täter »B« und »D« sein müssen. Bei diesem Subtraktionsverfahren kommt mir zugute, dass nach allen Aussagen unstrittig ist, dass der RAF während der Schleyer-Entführung genau 20 im Untergrund agierende Illegale – nämlich elf Frauen und neun Männer – angehörten, die mit unterschiedlichen Tatbeiträgen an dieser von der Gruppe sogenannten »big raushole« beteiligt waren. Das Ergebnis lautet: Die Person **»B« ist Sieglinde Hofmann**[120] und die Person **»D« ist Stefan Wisniewski.**

---

[120] Sieglinde Hofmann ist bisher »nur« in Bezug auf das Ponto-Attentat verurteilt worden, und zwar wegen versuchter Entführung mit Todesfolge zu einer Freiheitsstrafe von 15 Jahren.

- Natürlich bin ich im Rahmen der Vernehmung Boocks auch bestrebt, herauszufinden, wer für den **Mord an Hanns-Martin Schleyer** unmittelbar verantwortlich ist. Dazu sagt Boock aus: Nach Abschluss der Schleyer-Entführung sei ein männliches RAF-Mitglied, das er mit dem Buchstaben »G« bezeichnet, nach Bagdad gekommen und habe ihm dort vom Ende Schleyers Folgendes berichtet: Er (»G«) habe zusammen mit der von Boock mit »D« bezeichneten Person (= Stefan Wisniewski) Hanns-Martin Schleyer aus einer konspirativen Wohnung der RAF in Brüssel abgeholt und ihn in dem Glauben gelassen, er werde freikommen. Man sei mit Schleyer im Kofferraum über die französische Grenze gefahren und habe in einem Wald angehalten, wo er (»G«) Schleyer aus dem Kofferraum geholt und auf dem Waldboden liegend erschossen habe. Dann habe man das Fahrzeug mit Schleyers Leiche im Kofferraum im Elsass abgestellt.

Bei dem Bemühen, diese **Person »G«** zu identifizieren, versuche ich erneut, per Subtraktion fündig zu werden. Auch insoweit schließt Boock einige RAF-Angehörige aus, nämlich Christian Klar, Gert Schneider und Christof Wackernagel. Nach diesem Ausschlussverfahren bleiben für mich während der laufenden Boock-Vernehmung bei dem Versuch, »G« zu identifizieren, zwei Personen übrig: Rolf Heißler und Rolf Klemens Wagner. Als Boock am 28.4.1992 sinngemäß aussagt, dass Heißler während seiner – Boocks – Zeit in Bagdad nicht dort war, bleibt für mich als Konsequenz übrig: Rolf-Klemens Wagner müsste die Person »G« sein.

Kurz vor Ende der gesamten Vernehmung in Hamburg besuchen Frau Bitzer, Horst Salzmann und ich eine Ausstellung von Kunstwerken, die von Häftlingen des Santa-Fu-Gefängnisses gefertigt wurden, darunter auch Gedichte des Häftlings Peter-Jürgen Boock. In dem ausgelegten Gästebuch der Ausstellung erlaube ich mir einen Eintrag, der sinngemäß lautet: »Oh Peter-Jürgen Boock, hätten Sie sich doch schon früher zur Wahrheit durchgerungen!« Von dieser Formulierung bekommt Boock wohl alsbald Kenntnis, weshalb er mir am 14.5.1992, dem letzten Tag der Vernehmung, dieses Gedicht überreicht.

> Die Wahrheit ....
>
> worte
> nichts als worte
> trennen die welten
> durch all die jahre
> bis ans ende der träume
> auf dem gipfel der macht
> wie in der tiefe der nacht
> worte
> nichts als worte
> verbinden uns menschen
>
> Peter Jürgen Boock
> Mai 1992

Der Sternebeck-Friedrich-Prozess

Nach Karlsruhe zurückgekehrt fertige ich unter dem Datum des 19.5.1992 einen Vermerk über die »Lebensbeichte« Boocks einschließlich der Ergebnisse meiner Subtraktion zu den Tätern der Schleyer-Entführung in Köln und den mutmaßlichen Mördern. Anlass dafür ist, dass wesentliche Teile der Boock-Vernehmung durch einen SPIEGEL-Artikel vom 18.5.1992 mit dem Titel »Ein moralisch leerer Mensch?« publik geworden sind. Außerdem ist Boock vom Oberlandesgericht Stuttgart für den 21.5.1992 in das Mehrzweckgebäude in Stuttgart-Stammheim geladen, um im **Prozess gegen das Ehepaar Sigrid Sternebeck und Ralf Baptist Friedrich** (beide zählen zu den RAF-Aussteigern in der DDR) als Zeuge auszusagen.

In diesem Prozess, der die RAF-Attentate auf Hanns-Martin Schleyer und den NATO-General Alexander Haig zum Gegenstand hat, bin ich – teilweise parallel zu den Boock-Vernehmungen – seit 11.12.1991 gemeinsam mit zwei Hiwi-Kollegen Anklagevertreter der Bundesanwaltschaft.[121] In dieser Funktion erlebe ich, wie Peter-Jürgen Boock die wichtigsten Teile unserer Vernehmung in Santa Fu nahezu wörtlich wiederholt, aber weiterhin nicht bereit ist, die Namen jener Personen zu nennen, die hinter den von ihm benutzten Buchstaben stehen. Nachdem Boock aus dem Zeugenstand entlassen ist, gebe ich in einer Prozesserklärung den wesentlichen Inhalt meines Vermerks vom 19.5.1992 samt den Ergebnissen unserer Subtraktion wieder. Am nächsten Tag sind die Schlagzeilen in den Medien meist ähnlich wie diese: »Bundesanwalt: Jetzt alle Schleyer-Attentäter bekannt – Boock belastet sich selbst, nennt aber weiterhin keine Namen von Mittätern.«

Interessant ist für mich, was DER SPIEGEL, der uns Vertreter der Bundesanwaltschaft wegen unseres stringenten Verfolgungsverhaltens im ersten Boock-Prozess beschimpft hatte, in der folgenden Woche »über das Geständnis des Zeugen Peter-Jürgen Boock« schreibt. In dem Bericht von Gisela Friedrichsen, der Nachfolgerin von Gerhard Mauz als Gerichtsreporterin des SPIEGELs, heißt es einleitend[122]:

»Ein Triumph für die geschmähte Bundesanwaltschaft? Sie hieß Peter-Jürgen Boock, 40, über die Jahre einen Lügner, einen Heuchler. Sie hieß ihn trotz seiner

---

[121] Sternebeck und Friedrich werden vom OLG Stuttgart unter Anwendung der Kronzeugenregelung verurteilt: Sternebeck zu acht Jahren und sechs Monaten (wegen ihrer Beteiligung am Schleyer- sowie am Haig-Anschlag) und Friedrich zu sechs Jahren und sechs Monaten (wegen seiner Beteiligung am Haig-Anschlag).

[122] DER SPIEGEL Nr. 22/1992 vom 25.5.1992 S. 93

Beteuerung, niemals auf einen Menschen geschossen zu haben, niemals dabei gewesen zu sein, wenn getötet, wenn geschossen wurde, immer einen Mörder. Jetzt ist man endlich bestätigt worden. Er hat gelogen, geheuchelt. Er hat getötet, er war auch dabei, wenn andere getötet haben. Endlich gibt er es zu. Er liegt am Boden. Ein Triumph? Jetzt empfinde man wenigstens »durchaus Genugtuung«, wie es Bundesanwalt Klaus-Ernst Pflieger, 45, nach Boocks spätem Geständnis in der vorigen Woche vor dem 5. Strafsenat des Stuttgarter Oberlandesgerichts nannte.«

Bemerkenswert ist für mich auch, wie Boocks früherer Verteidiger, Rechtsanwalt Heinrich H., der sich ja ebenfalls von Boock hintergangen fühlen muss und deshalb jetzt vom SPIEGEL als »tragische Gestalt« bezeichnet wird, auf Boocks Lebensbeichte reagiert. In einem Interview mit der Frankfurter Rundschau sagt er etwas, was ich geradezu als Kompliment an meine Adresse verstehe:

»Das, worüber man sich aufregen müßte, ist die Frage, wie ein Mensch, der offenbar entschlossen war, in zwei Anklagepunkten kein Geständnis abzulegen, nach elf-jähriger Haft dazu gebracht werden kann, zu sprechen. Es gibt in unserem rechtsstaatlichen System keine Verpflichtung des Angeklagten, sich selbst zu belasten. Wenn er es jetzt dennoch tut, zu einem Zeitpunkt, wo es ihm keine Vorteile mehr bringt, dann fragt man sich, wer hat ihn dazu gebracht und mit welchen Mitteln.«

Die Reaktion Boocks auf die Ergebnisse meiner Subtraktion lässt nicht lange auf sich warten. Er teilt mit und sagt dies bei einer späteren Vernehmung auch so aus, dass das Subtraktionsergebnis in Bezug auf den vermeintlichen Mörder von Hanns-Martin Schleyer – bei der Person »G« handele es sich um den RAF-Angehörigen Rolf Klemens Wagner – unzutreffend sei. Dies empfinde ich zwar als bedauerlich, ist es doch eines meiner dringendsten Anliegen, die letzten Begleiter Schleyers zu identifizieren, die für seine Ermordung unmittelbar verantwortlich sind. Andererseits kann ich der Reaktion Boocks auch ausgesprochen Positives abgewinnen:

Da Boock meinem Subtraktionsergebnis in Bezug auf die Schleyer-Attentäter vom 5.9.1977 in Köln nicht widerspricht, ist dies ein ausgesprochen wichtiger Beleg dafür, dass meine Bewertung hier richtig ist. Dementsprechend wird Sieglinde Hofmann durch Urteil des Oberlandesgerichts Stuttgart vom 26.9.1995 als die weibliche Attentäterin der Schleyer-Entführung in Köln zu einer lebenslangen Freiheitsstrafe verurteilt.[123] Zum anderen spricht nach dem Ausschluss von Wagner vieles dafür, dass Rolf Heißler die von Boock erwähnte Person »G« ist.

Die Aussagen Boocks und der RAF-Kronzeugen sind für mich als Sachbearbeiter des Schleyer-Komplexes Veranlassung, weitere Vernehmungen durchzuführen. U.a. suche ich **Silke Maier-Witt** am 28.10.1992 in der Frauenvollzugsanstalt Vechta/Niedersachsen auf, weil ich der Überzeugung bin, dass sie als Angeklagte in ihrem Strafverfahren – anders als vom Gericht angenommen – nicht die vollständige Wahrheit gesagt hat. Das wegen ihrer Beteiligung an der Schleyer-Entführung vom Oberlandesgericht Stuttgart verhängte Urteil[124] ist inzwischen rechtskräftig, weshalb ich sie als Zeugin anhöre. Im Rahmen einer zähen Vernehmung räumt sie schließlich – über ihre bisherige Aussage als Kronzeugin hinausgehend und aus meiner Sicht geradezu wütend – ein, am 5.9.1977

---

[123] Stefan Wisniewski war bereits als Mittäter des gesamten Schleyer-Komplexes zu einer lebenslangen Freiheitsstrafe verurteilt worden (vgl. S. 191). Bei einem Telefonat am 20.2.2007 wird mir Peter-Jürgen Boock sagen, welches RAF-Mitglied sich hinter der Person »G« verbirgt (siehe S. 347 ff.).

[124] In diesem Urteil vom 8.10.1991 wurde gegen Silke Maier-Witt unter Anwendung der Kronzeugenregelung eine Freiheitsstrafe von zehn Jahren verhängt.

Mitglied einer der beiden »Telefonketten«[125] in Köln gewesen zu sein, selbst aber die Fahrzeugkolonne Schleyers nicht gesehen und deshalb die Attentäter nicht informiert zu haben. Am Ende der Vernehmung werde ich das Gefühl nicht los, dass sie immer noch nicht die vollständige Wahrheit gesagt hat. Ich werde also wohl nochmals zu einer weiteren Vernehmung von Silke Maier-Witt nach Vechta fahren müssen.

---

[125] Vgl. S. 215 f.

Justiz und Medien

Mein Eindruck ist bis Anfang der 1990er-Jahre, dass die Justiz und die Medien zwar miteinander kooperieren müssen, dass diese Zusammenarbeit aber eher durch Misstrauen geprägt ist. Dabei spielt auch eine Rolle, dass nach unserem geltenden Recht in Bezug auf die Hauptverhandlung im Strafprozess Film- und Fernseh- aufnahmen verboten sind.

In § 169 GVG heißt es nach der Überschrift **»Öffentlichkeit«** wörtlich: »Die Verhandlung vor dem erkennenden Gericht einschließlich der Verkündung der Urteile und Beschlüsse ist öffentlich. Ton- und Fernseh-Rundfunkaufnahmen sowie Ton- und Filmauf- nahmen zum Zwecke der öffentlichen Vorführung oder Veröffentlichung ihres Inhalts sind unzulässig.«
Eine Ausnahme bildet lediglich der Anfang 1998 in das Bundesverfassungsgerichtsgesetz eingefügte § 17 a, wonach bei Verfahren vor dem Bundesverfassungs- gericht Ton- und Fernseh-Rundfunkaufnahmen bis zur Feststellung der Anwesenheit der Beteiligten in der mündlichen Verhandlung und im Übrigen bei der öffentlichen Verkündung von Entscheidungen grund- sätzlich zulässig sind.

Aus diesem Grund sind spektakuläre Verfahren, vor allem um Kapitalverbrechen, in den letzten Jahren die **Domäne der Gerichtszeichner** gewesen. In den zahlreichen Pausen des »Startbahn-Prozesses« und im Prozess gegen Werner Lotze bin ich immer wieder ins Gespräch mit dem bekannten Gerichtszeichner **Erich Dittmann** gekommen, der fast alle großen Gerichtsverhandlungen der letzten Jahrzehnte für das ZDF gezeichnet hat und mir bereits aus zwei Prozessen in Stammheim bekannt ist. Eines Tages lädt Herr Dittmann meinen Kollegen Brinkmann und mich ein, ihn in seinem Atelier zu besuchen und sein Archiv zu besichtigen. Dieser Besuch wird für mich zu einem besonderen Erlebnis. Herr Dittmann zeigt uns nämlich seinen Schatz von ungefähr 600 Zeichnungen über Aufsehen erregende Gerichtsverfahren, darunter der Auschwitz-Prozess und nahezu alle großen Terrorismus-Verfahren – etwa der Baader-Meinhof-Prozess sowie Hauptverhandlungen, an denen ich selbst beteiligt war, z.B. gegen Rechtsanwalt Croissant, Peter-Jürgen Boock, Werner Lotze oder gegen die Startbahn-Gegner. Ich empfinde es als besonderes Geschenk, als uns Herr Dittmann einige Originalzeichnungen zur Verfügung stellt, um Kopien für unseren Gebrauch zu fertigen.[126] Erich Dittmann ist etwas traurig, weil er den Eindruck hat, dass die Gerichtszeichner Gefahr laufen, mehr und mehr durch Fotoaufnahmen und Fernsehbilder aus den Gerichtssälen verdrängt zu werden.

Spannend ist in meinen Augen, wie sich im Laufe der Jahre das Verhältnis zwischen der Justiz und den Medien verändert. Lange Zeit – so mein Eindruck – war es unter Richtern und Staatsanwälten geradezu verpönt, mit Vertretern von Presse, Rundfunk und Fernsehen intensiveren Kontakt zu pflegen oder gar Werbung für die eigene Sache zu betreiben. Man war wohl der Ansicht, die Entscheidungen der Justiz würden schon für sich selbst sprechen und bedürften keiner näheren Erklärung oder Kommentierung. Gleichzeitig war man verwundert oder gar empört, wenn die Medien etwa über staatsanwaltliche Plädoyers oder mündliche Urteilsbegründungen Merkwürdiges veröffentlichten, was rechtlich schwer haltbar und auch so nicht gemeint war. Es gab zwar sowohl bei den Gerichten wie bei den Staatsanwaltschaften Pressereferenten, die ihre Auskünfte aber in der Regel auf das

---

[126] Siehe die Zeichnungen S. 46, 52, 84, 136, 169, 175 und 207. Das Haus der Geschichte in Bonn hat die Gerichtszeichnungen von Erich Dittmann nach dessen Tod am 20.11.1999 in seine Sammlung aufgenommen.

Nötigste beschränkten. Natürlich ist es verständlich, dass die Richter des erkennenden Gerichts während eines laufenden Verfahrens, aber auch nach ihrem Urteil keine Kommentare abgeben. Aber auch den Sitzungsvertretern der Staatsanwaltschaft ist es – wie ich es selbst im ersten Prozess gegen Peter-Jürgen Boock erlebt habe[127] – grundsätzlich untersagt, Interviews zu geben, weshalb es allenfalls zu unverbindlichen Gesprächen mit einzelnen Medienvertretern in den Sitzungspausen oder bei einer Tasse Kaffee kommt.

Ab Anfang der 1990er-Jahre ist auf dem Gebiet der Öffentlichkeitsarbeit der Justiz, aber auch auf Seiten der Medien eine deutliche Veränderung zu spüren. Hintergrund ist wohl, dass die Justiz erkannt hat, dass sie mehr Transparenz zeigen muss, um dem Informationsbedürfnis der Öffentlichkeit besser gerecht zu werden. Hinzukommt, dass die Medien – insbesondere die Fernsehanstalten – registriert haben, dass bei ihren Abnehmern vor allem mit Blick auf das Strafrecht ein immer größer werdendes Interesse besteht, über spektakuläre Verbrechen und Strafprozesse möglichst hautnah und am besten mit Bildern informiert zu werden.

Dies zeigt sich vor allem an der ständig ansteigenden Nachfrage nach **Gerichtsserien**, die ihren Anfang wohl im Jahr 1961 mit der ARD-Sendung »Das Fernsehgericht tagt« nahmen, in welcher echte Fälle nachgestellt wurden. Auch die ZDF-Sendung »Aktenzeichen XY ... ungelöst«, die sich ab 1967 die Aufklärung von Verbrechen zum Ziel gesetzt hat, ist in meinen Augen zu dieser Art von Unterhaltungssendungen zu rechnen. Damit hat man auf das Interesse des Publikums an möglichst realitätsnahen Berichten über schwere Straftaten reagiert. Anfang der 1970er-Jahre

---

[127] Siehe S. 141

folgte mit der ZDF-Serie »Ehen vor Gericht« die nächste Serie, allerdings mit fiktiven Ehedramen. Im Jahr 1999 begann mit der SAT 1-Serie »Richterin Barbara Salesch« eine weitere Gerichtsshow.

Von diesen Gerichtsserien mit nachgestellten oder fiktiven Fällen und Prozessen unterscheidet sich das sog. **Gerichtsfernsehen**, worunter die Übertragung von echten Prozessen an staatlichen Gerichten verstanden wird und das im amerikanischen Court-TV sein Vorbild hat, bei dem seit 1991 Direktübertragungen aus den Gerichtssälen gesendet werden.[128] Die Möglichkeit, auch in Deutschland solche Sendungen aus Strafverfahren und anderen Prozessen möglichst live auszustrahlen, ist das erkennbare Ziel der Fernsehindustrie. Dem steht das geltende Recht (noch) entgegen, wonach die Gerichtsverhandlungen zwar öffentlich, Film- sowie Ton- und Bildaufnahmen aber verboten sind. Demzufolge können zwar vor und nach den Prozessen bzw. in Verhandlungspausen Aufnahmen gemacht werden, nicht aber während des eigentlichen Prozessgeschehens, nämlich bei der Beweisaufnahme, den Plädoyers und der Urteilsverkündung. Interessant ist für mich, dass dieses Aufnahmeverbot während der Hauptverhandlung vor allem damit begründet wird, dass viele Menschen ihr Verhalten bei solchen Aufnahmen verändern würden.[129] Dies deckt sich mit meinen eigenen

---

[128] Die Live-Übertragung des Strafprozesses gegen den Footballstar O.J.Simpson wegen des Verdachts, seine Ehefrau und deren Liebhaber ermordet zu haben, zählt ab 1994 aus meiner Sicht zu den beeindruckenden, aber auch abschreckenden Beispielen des amerikanischen Court-TV. Dazu gehört auch das Verfahren gegen Dominique Strauss-Kahn, dessen Haft-Vorführung im Mai 2011 in New York weltweit live zu sehen ist.

[129] Vgl. z.B. das Grundsatzurteil des Bundesverfassungsgerichts vom 24.1.2001 – BVerfGE 103,44). Interessant ist meines Erachtens, dass in diesem Urteil zwar das Aufnahmeverbot bestätigt wird, dass aber drei der sieben Bundesver-fassungsrichter in einer abweichenden Meinung der Auffassung sind, dass der Gesetzgeber das Aufnahmeverbot in § 169 Satz 2 GVG ändern sollte.

Erfahrungen, dass sich das Aussageverhalten von Beschuldigten und Zeugen ändert, wenn bei Vernehmungen ein Tonband oder gar eine Videokamera mitläuft, weshalb ich immer auf ein derartiges Hilfsmittel verzichtet habe.[130] Auffallend ist aber, dass ich in den verschiedenen Prozessen immer wieder registriere, dass die erkennenden Richter, die selbst keine Aufnahmen ihrer Vernehmungen zulassen dürfen bzw. müssen, am liebsten alle Verhöre während des Ermittlungsverfahrens in aufgezeichneter Form präsentiert bekommen möchten.

Das Aufnahmeverbot in § 169 Satz 2 GVG ist den Medien natürlich ein Dorn im Auge, kann doch ein spürbares Publikumsinteresse nicht befriedigt werden. Deshalb wird seitens der Medien immer wieder versucht, das Verbot einzuengen oder Ausnahmen von diesem Verbot genehmigt zu bekommen. Teilweise mit Erfolg. So kommt es im Jahr 1992 im Zusammenhang mit dem **Honecker-Prozess** zu einer für uns Praktiker weitreichenden Entscheidung des Bundesverfassungsgerichts, die das Aufnahmeverbot neu definiert und wohl auch für die Strafprozesse, an denen ich beteiligt bin, spürbare Veränderungen mit sich bringt. In seiner Entscheidung vom 11.11.1992 bringt das Bundesverfassungsgericht zum Ausdruck, dass die Anordnung des Vorsitzenden Richters im Strafverfahren gegen Erich Honecker und andere Angeklagte verfassungswidrig sei, soweit darin Filmaufnahmen im Gerichtssaal auch außerhalb der eigentlichen Sitzungszeiten uneingeschränkt verboten werden. Gleichzeitig erlässt das Bundesverfassungsgericht eine einst-

---

[130] Dementsprechend kritisch bewerte ich deshalb Medienberichte vom 11.7.2016 über Pläne des Bundesjustizministeirums, künftig per Gesetz vorzuschreiben, dass Aussagen im Zusammenhang mit schweren Straftaten von der Polizei per Videoaufzeichnung zu dokumentieren sind. Meine Sorge ist, dass dadurch die Wahrheitsfindung nicht verbessert, sondern erschwert würde.

weilige Anordnung, wonach den Fernsehanstalten vor Beginn und nach dem Ende der Hauptverhandlung in angemessenem zeitlichem Umfang das Filmen im Sitzungssaal des Gerichts zu gestatten ist. Dies bedeutet insbesondere:

- Fernsehteams und Fotografen dürfen in spektakulären Prozessen bis zum Aufruf der Strafsache im Gerichtssaal filmen bzw. fotografieren.

- Es dürfen auch Aufnahmen von Prozessbeteiligten – also den Richtern einschließlich der Schöffen, den Verteidigern und Nebenklagevertretern sowie den Staatsanwälten – gemacht und gesendet werden.

- Aufnahmen von Angeklagten dürfen nur mit deren Zustimmung veröffentlicht werden; notfalls müssen ihre Gesichter bei der Veröffentlichung unkenntlich gemacht werden.

Ich bin darauf gefasst, dass sich diese neuen Regeln gerade auch bei Terrorismusprozessen unter Beteiligung von Sitzungsvertretern der Bundesanwaltschaft bemerkbar machen werden. Während des Lotze-Prozesses in München habe ich bereits das erste Mal ein Fernsehinterview gegeben, und zwar für die Regionalnachrichten des Bayerischen Rundfunks. Wie selbstverständlich wird mein Gesicht in der Sendung – ersichtlich aus Gefährdungsaspekten, obwohl ich dies nicht gefordert habe – unkenntlich gemacht. Mein Eindruck ist aber, dass dies ein erster Schritt in die richtige Richtung zu einer verstärkten Öffentlichkeitsarbeit der staatsanwaltlichen Sitzungsvertreter sein könnte.

Mölln am 23.11.1992 -
»Es brennt in der Mühlenstrasse, Heil Hitler!«

Es ist Montag, der 23.11.1992. Mein Koffer ist für eine zweitägige Dienstreise nach Vechta gepackt, wo ich im Frauengefängnis nochmals die frühere RAF-Angehörige Silke Maier-Witt vernehmen möchte. Im Frühstücksradio  höre ich, dass in der vergangenen Nacht ein schrecklicher – offensichtlich rechtsradikaler – Brandanschlag auf ein von türkischen Mitbürgern bewohntes Haus im Zentrum von Mölln verübt wurde, durch den drei Türkinnen zu Tode kamen.[131]

Als ich später bei der Bundesanwaltschaft ankomme, werde ich bereits an der Pforte mit dem Hinweis begrüßt, ich solle mich sofort bei Bundesanwalt Löchner, unserem für Terrorismus zuständigen Abteilungsleiter, melden. Ich bin in dieser Stunde der amtierende Leiter des eigentlich für linksextremistische Straftaten in Schleswig-Holstein zuständigen Referats. Bei dem anschließenden Gespräch mit Bundesanwalt Löchner erfahre ich, dass in der vergangenen Nacht in Mölln noch ein zweiter Brandanschlag auf ein türkisches Wohnhaus verübt worden war. Dann geht es zwischen uns um die konkrete Frage, ob die Bundesanwaltschaft die **Ermittlungen wegen der Brandanschläge von Mölln** an sich ziehen soll. Unser Problem besteht darin, dass die Bundesanwaltschaft gemäß

---

[131] Bild der Feuerwehr, abgedruckt in der Wochenschrift STERN vom 16.11.2012 http://www.stern.de/panorama/gesellschaft/20-jahre-nach-brandanschlag-von-moelln-die-nie-endende-angst-vor-den-brandstiftern-3572544.html

§§ 120 und 140 GVG grundsätzlich nur für Straftaten von terroristischen Gruppierungen[132] zuständig ist, wir aber zu diesem Zeitpunkt keine Anhaltspunkte dafür haben, dass das Attentat von Mölln von einer solchen Terrorgruppe verübt wurde. Wir diskutieren deshalb eine andere Zuständigkeitsvariante, die aufgrund einer Gesetzesänderung seit Anfang 1989 gilt, bislang aber noch nie zur Anwendung gekommen ist.

> Nach diesem neuen Gesetz ist die Bundesanwaltschaft u.a. auch bei besonders schweren Straftaten wie Mord und Totschlag zuständig, »wenn die Tat nach den Umständen bestimmt und geeignet ist, ... den Bestand und die Sicherheit eines Staates zu beeinträchtigen ... und der Generalbundesanwalt wegen der besonderen Bedeutung des Falles die Verfolgung übernimmt« (§ 120 Absatz 2 GVG).

Wir sind uns recht schnell einig, dass der Brandanschlag von Mölln eine solche Verfahrensübernahme rechtfertige, nachdem bereits die schrecklichen, rassistischen Ausschreitungen von Hoyerswerda ab 17.9.1991 und von Rostock-Lichtenhagen am 24.8.1992 weltweite Empörung verursacht hatten.

> Im sächsischen **Hoyerswerda** hatten bis zu 500 Personen vom 17. bis 23.9.1991 immer wieder zwei Heime für Gastarbeiter und Flüchtlinge angegriffen, ohne dass die Polizei dies verhindern konnte, bis die Bewohner schließlich in Bussen evakuiert wurden
> In **Rostock-Lichtenhagen** hatten Ende August 1992 mehrere hundert Rechtsradikale ein von Vietnamesen bewohntes Gebäude mit Molotowcocktails in Brand gesetzt und rund 3000 applaudierende Zuschauer den Einsatz von Rettungskräften behindert, weshalb es nur durch sehr viel Glück zu keinen Toten kam.

---

[132] Nach der Rechtsprechung wird eine terroristische Vereinigung als eine auf Dauer angelegte Gruppierung von mindestens drei Personen definiert, deren Zwecke und deren Tätigkeit darauf gerichtet sind, Mord oder andere schwere Straftaten zu begehen.

240

Hintergrund dieser fremdenfeindlichen Straftaten ist die enorm gestiegene Zahl von Asylbewerbern, was in Teilen der Bevölkerung Existenzängste verursacht.

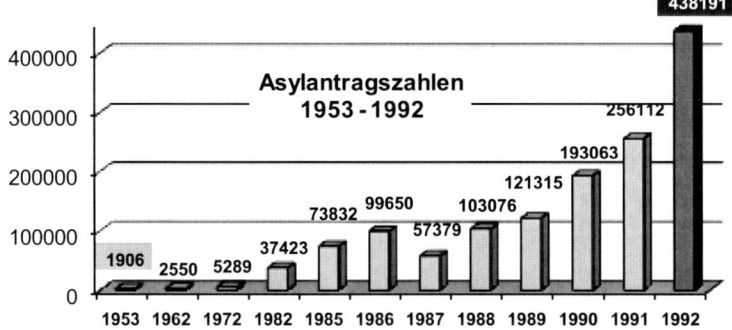

So haben sich die Asylanträge im Bundesgebiet seit 1982 mehr als verzehnfacht und sind allein von 1991 auf 1992 um rund 71 % auf die Rekordzahl von 438.191 Anträgen angestiegen.[133]

Schon an diesem Montagmorgen ist zu spüren, dass der Aufschrei im In- und Ausland diesmal besonders intensiv sein wird. Schließlich hat es in Mölln bei einem solchen ausländerfeindlichen Anschlag erstmals Tote gegeben. Bundesanwalt Löchner teilt deshalb der mit den Brand-anschlägen befassten SOKO »Mölln« des schleswig-holsteinischen Landeskriminalamts telefonisch mit, dass die Bundesanwaltschaft das Ermittlungsverfahren an sich gezogen habe, und beauftragt unser Referat per Einzel-zuweisung – wir sind ja laut Geschäftsverteilungsplan nur für Linksterrorismus zuständig – mit der Sachbearbeitung. Noch am selben Tag werden innerhalb der Bundesan-waltschaft einzelne Stimmen laut, die der Ansicht sind,

---

[133] Laut den statistischen Zahlen des Bundesamts für Migration und Flüchtlinge.

dass unsere Verfahrensübernahme eventuell rechtlich nicht haltbar sei.

Nach der Übernahme des Verfahrens starten wir – unser Fahrer, Frau Bitzer als Protokollführerin, drei polizeiliche Begleitschützer und ich – am späten Vormittag des 23.11.1992 zu der geplanten Vernehmung von Silke Maier-Witt Richtung Vechta, wo wir nach einer Fahrt von rund 470 km in den späten Nachmittagsstunden ankommen. Von unterwegs vereinbare ich mit Bundesanwalt Löchner, dass meine Begleiter und ich am nächsten Tag nach Mölln weiterfahren, um vor Ort unmittelbar an den Ermittlungen beteiligt zu sein. Entsprechend dieser Absprache fällt die Vernehmung von Frau Maier-Witt am Morgen des 24.11.1992 eher knapp aus[134] und wir sind nach einer Fahrt von gut 220 km bereits gegen 15 Uhr in Mölln, einem mittelalterlich wirkenden Ort, der mir bisher nur als die Stadt Till Eulenspiegels ein Begriff war. Mein erster Eindruck ist, dass Mölln wegen des Brandanschlags geradezu traumatisiert ist. Es herrscht eine beklemmende Atmosphäre, als wir zur Seestraße fahren, wo wir die SOKO vermuten. Mit unseren gepanzerten Fahrzeugen erregen wir natürlich Aufsehen, besonders bei einem Imbissstand, an dem türkische Bewohner aufgebracht diskutieren. Dort erfahren wir, dass die SOKO nicht in der Möllner Seestraße, sondern in der Seestraße im rund 10 km entfernten Ratzeburg in den Räumen der dortigen Polizeidirektion tätig ist. Kurz danach sind wir bei der SOKO. Anwesend ist auch Oberstaatsanwalt Günter Möller, der die Ermittlungen für die Staatsanwaltschaft Lübeck bis

---

[134] Die erneute Vernehmung von Silke Maier-Witt ergibt inhaltlich nichts Wesentliches. Erst in einer Fernsehsendung am 10.9.2007 gibt sie zu, jene RAF-Frau gewesen zu sein, die am 19.10.1977 im Stuttgarter dpa-Büro anrief und den Tod von Hanns-Martin Schleyer sowie den Fundort seiner Leiche im elsässischen Mülhausen mitteilte (vgl. S. 73f. und S. 126).

zur Verfahrensübernahme durch die Bundesanwaltschaft geführt hatte, mich nun über den aktuellen Verfahrensstand informiert und mir auch – zusammen mit den leitenden Beamten der SOKO – die Tatorte in Mölln zeigt:

- Zuerst bekomme ich den abgesicherten **Tatort in der Ratzeburger Straße 13** zu sehen, wo am 23.11.1992 gegen 0:30 Uhr der erste Brand ausbrach, nachdem zwei Molotowcocktails in das Obergeschoss geworfen worden waren. Mir zeigt sich das makabre Bild eines zweistöckigen Hauses, aus dessen Fenstern noch zusammen geknüpfte Betttücher hängen, mit denen sich die meisten der 32 Bewohner ins Freie gehangelt hatten; andere waren aus den Fenstern gesprungen. Mehrere Bewohner erlitten Verletzungen, vor allem Rauchvergiftungen, einer von ihnen beim Sprung aus dem Haus einen Unterschenkelbruch. Man zeigt mir auch eine Telefonzelle, von der die Täter wohl bei der Möllner Polizeistation mit den Worten anriefen »In der Ratzeburger Straße brennt ein Haus! Heil Hitler!«.

- Dann fahren wir zum **Tatort in der Mühlenstraße 9**, einem dreistöckigen Backsteinbau im eng bebauten Ortskern von Mölln, in dem die türkische Großfamilie Arslan wohnte. Die Spuren des Brandanschlags sind noch deutlich zu sehen: der zentrale Eingangsbereich, wo die Täter kurz nach 1 Uhr im Flur einen Molotowcocktail gezündet hatten, ist stark  verrußt, die meisten Fenster sind zerborsten und das Dachgeschoss ist völlig ausgebrannt. Auch nach diesem Attentat hatten die Täter mit den Worten »In der

Mühlenstraße brennt es! Heil Hitler!« auf den Brandanschlag hingewiesen, dieses Mal durch einen Anruf bei der Freiwilligen Feuerwehr in Mölln.

Man erklärt mir, dass vor allem der Brand im Eingangs- und Flurbereich für die fatalen Folgen des Attentats ursächlich war, weil sich das Feuer im Treppenhaus wegen des Kamineffekts in Windeseile ausbreitete, sodass die Bewohner das Haus nicht mehr über die Treppe verlassen konnten. Deshalb sprang Nazim Arslan, mit 60 Jahren der Familienälteste, aus einem Fenster des ersten Obergeschosses; er erlitt – wie alle Bewohner – eine Rauchvergiftung und außerdem eine Prellung. Sein Ehefrau Bahide Arslan lief ins Kinderzimmer, um ihre Enkelkinder Yeliz Arslan und Ibrahim Arslan sowie Ayse Yilmaz zu retten. Im Dachgeschoss ließ ihre Schwiegertochter Hava Arslan zunächst ihren sieben Monate alten Sohn in ein Sprungtuch fallen, bevor sie selbst aus dem Fenster sprang und sich beim Aufprall eine beidseitige Beckenfraktur sowie einen Nasenbeinbruch zuzog. Die ebenfalls im Dachgeschoss wohnende, weitere Schwiegertochter Ayten Arslan wickelte ihren sechsjährigen Sohn in Decken und sprang mit ihm im Arm auf den Boden des Hinterhofs; dabei zog sie sich zahlreiche Brüche zu, vor allem einen offenen Trümmerbruch des linken Fersenbeines und einen Beckenringbruch.

Als die Ratzeburger Feuerwehr – die Möllner Wehr war ja durch den ersten Brandanschlag in der Ratzeburger Straße gebunden – gegen 1:30 Uhr am Tatort in der Mühlenstraße eintraf, befanden sich noch mehrere Bewohner in dem brennenden Haus. Die Feuerwehrleute konnten die 84-jährige Mutter von Bahide Arslan (Emine Kartal) und deren achtjährigen Urenkel (Ibrahim Arslan) lebend retten. Drei

Bewohnerinnen konnten aber nur noch tot geborgen werden:

Die 51-jährige **Bahide Arslan** war im Treppenhaus auf dem Weg, die Kinder zu retten, ohnmächtig geworden und infolge einer Kohlenmonoxidvergiftung in Verbindung mit einem Verbrennungsschock gestorben. Sie hatte am ganzen Körper Hautverbrennungen zweiten und dritten Grades erlitten, die später ebenfalls zum Tod geführt hätten. Bei ihrer zehnjährigen Enkelin **Yeliz Arslan** und deren 14-jährigen Nichte **Ayse Yilmaz**, beide hatten sich unter Bettdecken verkrochen, war der Tod gleichfalls infolge einer brandbedingten Kohlenmonoxidvergiftung eingetreten. Auch sie erlitten schwerste Brandverletzungen, die ebenfalls tödlich gewesen wären.

Diese Sachverhaltsschilderung kann ich – direkt vor dem Brandhaus stehend – hautnah nachvollziehen. Es schüttelt mich. Ich kann verstehen, dass Mölln schon wenige Stunden nach diesem Brandanschlag im In- und Ausland zum Symbol des Fremdenhasses in Deutschland geworden ist. Was mich in dieser überaus traurigen Situation etwas tröstet, das ist die spürbare neue Sensibilität im Umgang mit ausländischen Mitbürgern, die nach dem Attentat bereits in ersten Demonstrationen und Lichterketten zum Ausdruck gekommen ist; so zogen bereits am Montagabend 6500 Menschen in einem Schweigemarsch durch die Möllner Innenstadt. Zeichen des Mitgefühls sind auch die zahlreichen Blumenkränze und -gestecke, die vor dem Brandhaus in der Mühlenstraße abgelegt sind.

Zum Abschluss dieser Tatortbesichtigung am Dienstagabend zeigt man mir den polizeilichen Fahndungsaufruf, in welchem in deutscher und türkischer Sprache unter Hinweis auf eine Belohnung von bis zu 50.000 DM um Mithilfe bei der Aufklärung des Mordanschlags gebeten wird. Ich erfahre auch, dass bereits erste Hinweise – vor allem auf rechtsradikale Verdächtige – bei der SOKO eingegangen sind.

Die Ermittlungen

In der Tat beschäftigen sich unsere Ermittlungen – ich bin hautnah in die SOKO-Arbeit eingebunden und nehme an allen Besprechungen der Polizei teil – vor allem mit der örtlichen Szene der Rechtsradikalen. Dabei erfahre ich, dass südlich von Mölln in den letzten Monaten bereits fremdenfeindliche Anschläge mit Molotowcocktails verübt worden sind, und zwar

- in der Nacht zum 6.9.1992 gegen 1:45 Uhr auf die mit 47 Personen belegte Asylbewerberunterkunft in Gudow, das rund zwölf km von Mölln entfernt liegt; die sechs Molotowcocktails richteten lediglich geringen Sachschaden an, da einer der Brandsätze kein Feuer fing und die restlichen zwar brannten, aber an der Hauswand zerschellten;

- vom 12. auf 13.9.1992 gegen Mitternacht auf das im Wald gelegene und von mindestens elf Asybewerbern bewohnte ehemalige Kurhaus der Gemeinde Kollow (ca. 26 km von Mölln entfernt); von den fünf geworfenen Brandsätzen zertrümmerten zwei ein Fenster und einen Dachziegel, die übrigen trafen das Mauerwerk und brannten aus. Größerer Schaden entstand nicht.

In diesem Zusammenhang erfahre ich auch, dass wegen dieser Anschläge bereits ein Tatverdacht gegen bestimmte Personen bestand, nämlich gegen Michael P., einen Neo-Nazi aus Gudow, sowie eine Gruppe junger Leute aus dem nahe gelegenen Wittenburg, der mehrere junge Männer angehören, aber mit Sandra T. auch eine 17-Jährige. Gegen Michael P. hatte die Staatsanwaltschaft Lübeck bezüglich dieser beiden Anschläge bereits den Erlass eines

246

Haftbefehls beantragt, worüber der örtlich zuständige Richter aber noch nicht entschieden hatte.[135] Angesichts dieser Verdachtslage wurde Michael P. bereits an diesem **24.11.**, festgenommen; am darauffolgenden Tag wird der beantragte Haftbefehl vom Amtsgericht Lübeck erlassen und P. in Untersuchungshaft genommen. In der Nacht zum **26.11.** gegen 3:00 Uhr leite ich mit einem Vermerk ein Ermittlungsverfahren gegen P. und die zehn »Wittenburger« wegen des Verdachts der Beteiligung an den Brandanschlägen von Gudow und Kollow sowie wegen des Verdachts der Mitgliedschaft in einer kriminellen Vereinigung ein. Mit der SOKO ist vereinbart, dass die noch auf freiem Fuß befindlichen »Wittenburger« am Freitag, dem **27.11.**, inhaftiert und am nächsten Tag dem Haftrichter vorgeführt werden. An diesem Freitag verfassen Oberstaatsanwalt Möller und ich insgesamt zehn Haftbefehlanträge, die der örtlich zuständige Haftrichter am Samstag auch erlässt und in Vollzug setzt.

Damit sind wir aber in Bezug auf die Brandanschläge von Mölln keinen entscheidenden Schritt weiter gekommen. Diesbezüglich ergibt sich an diesem 27.11. aber etwas in meinen Augen geradezu Sensationelles: Unter der **Spur Nr. 119** wird bekannt, dass ein neunjähriges Mädchen möglicherweise den Tatablauf des Brandanschlags in der Möllner Mühlenstraße beobachtet hat. **»Die kindliche Zeugin«**, wie das Mädchen in den Akten genannt wird, hatte zunächst ihrer Mutter Folgendes erzählt:

Sie sei nachts auf die Toilette gegangen. Auf dem Rückweg in ihr Bett habe sie von ihrem Kinderzimmer aus (das sich im ersten Stock im Gebäude schräg gegenüber

---

135 In den Medien wird später spekuliert, ob das Attentat von Mölln hätte verhindert werden können, wenn Peters früher in Haft genommen worden wäre.

dem Tatort befindet) gesehen, wie vor dem Haus der Familie Arslan ein Pkw VW-Polo in heller Farbe mit Schrägheck (sinngemäß: »wie das von meiner Tante«) anhielt. Auf der Rückbank habe eine ca. 70 cm breite rote Bierkiste gestanden. Dem Fahrzeug sei auf der Beifahrerseite ein schwarz gekleideter, auffallend großer Mann entstiegen, der sein Gesicht mit einer schwarzen Überziehmaske verdeckt habe. Dieser Mann habe sich mit einem halb gefüllten Glas und Streichhölzern in den Händen zum Eingang des Hauses Mühlenstraße 9 begeben, habe die Tür geöffnet und sei im Gebäudeinneren verschwunden. Nach kurzer Zeit sei er wieder erschienen, ohne die Tür zu schließen. Zu diesem Zeitpunkt habe bereits die Fußmatte im vorderen Hausflur gebrannt. Anschießend habe ein kleiner, ebenfalls vermummter Mann den Pkw auf der Fahrerseite verlassen, habe sich links vom Gebäude in den Durchgang zum Kurpark begeben und von dort einen Gegenstand gegen die Seitenwand des Hauses Mühlenstraße 9 geworfen. Nachdem das Haus Feuer gefangen habe, seien beide mit quietschenden Reifen davon gefahren, wobei an dem sonst beleuchteten Fahrzeug die hintere Kennzeichenbeleuchtung nicht gebrannt habe, das Kennzeichen also nicht erkennbar gewesen sei.

Die Mutter glaubte diese Geschichte zunächst nicht. Erst als das Mädchen seiner Oma davon erzählte, meldete man sich bei der SOKO. Ich bin von dieser Spur 119 wie elektrisiert, insbesondere als mir mitgeteilt wird, dass in der Möllner Skinhead-Szene ein einziger hellfarbener VW-Polo dieser Art existiert, der dem 19-jährigen Lars Ch. gehört. Meine Euphorie steigert sich noch, als ich erfahre, dass in diesem Fahrzeug bei einer ersten routinemäßigen Durchsuchung nach der Tat eine Sturmhaube gefunden wurde und die hintere Kennzeichenbeleuchtung des Autos einen Wackelkontakt hat, der zu zeitlichen Ausfällen führt.

Von entscheidendem Gewicht ist für mich auch die Beschreibung des Mädchens hinsichtlich der beiden beobachteten Männer, weil Lars Ch. mit 1,90 m Körpergröße auffallend groß und sein bester Freund, der bereits inhaftierte Michael P., mit 1,70 m dagegen auffallend klein ist.

Um sicher zu gehen, dass das Mädchen diese Geschichte nicht erfunden hat, beauftragen wir noch an diesem **Freitag (27.11.)** eine psychologisch-kinderpsychiatrische Sachverständige damit, ein Gutachten zur Glaubwürdigkeit der Angaben der »kindlichen Zeugin« zu erstatten. Das Ergebnis wird uns für den nächsten Tag in Aussicht gestellt. Am späten Nachmittag werde ich von meinem aus Karlsruhe angereisten Referatsleiter abgelöst, da meine Frau am Wochenende ein lange geplante Reise antreten will und ich zugesagt habe, unsere drei Kinder zu betreuen.

Am frühen **Samstagvormittag (28.11.)** erreicht mich daheim der Anruf von Bundesanwalt Löchner, der mir mitteilt, dass die Angaben des Mädchens nach Darstellung der Gutachterin völlig glaubhaft seien. Auf seine Frage, welche Konsequenzen wir daraus ziehen sollten, rate ich dazu, Lars Ch. festnehmen zu lassen und gegen ihn sowie den bereits inhaftierten Michael P. Haftbefehl wegen mittäterschaftlicher Beteiligung an den Möllner Brandanschläge zu beantragen. Herr Löchner erklärt, dass er eine entsprechende »Bitte« telefonisch an die SOKO in Ratzeburg durchgeben werde. Mit ihm vereinbare ich auch, dass ich am frühen Nachmittag nach Karlsruhe fahre, um gemeinsam mit dem Kollegen Hubert Ströber, der als Hiwi in unserem Referat tätig ist, den Haftbefehlsantrag gegen P. und Ch. zu entwerfen. Nachmittags erfahre ich von Herrn Löchner, dass sich die Polizei zunächst geweigert habe, seiner »Bitte« um Festnahme von Lars Ch. nachzukommen, weil man Ch. zunächst »an der langen Leine führen«, ihn also nur beobachten wollte, um eventuell eine bessere Beweislage zu erhalten. Erst auf seine ausdrückliche Anordnung sei Ch. verhaftet worden; in einem schriftichen Vermerk habe die Polizei aber ihre Bedenken gegen diese Verhaftung festgehalten. Dies ist für mich ein völlig unbekanntes Verhalten der Polizei, weil ich gewohnt bin, dass die Ermittlungsbehörden am selben Strang ziehen. Klar ist aber auch, dass die Staatsanwaltschaft – wenn man sich zwischen den Ermittlern nicht einigen kann – als die »Herrin des Ermittlungsverfahrens« das Sagen hat, dementsprechend aber auch die Verantwortung trägt. Mir ist bewusst, dass der Schwarze Peter in meinen Händen liegt, falls die Verhaftung von Ch. letztlich nicht zur Aufkärung der Möllner Brandanschläge führen sollte.

Als wir in Karlsruhe die Haftbehlsanträge gegen Ch. und P. formulieren, wird mir die Bitte von Generalbundesanwalt Alexander von Stahl übermittelt, ich solle angesichts der heutigen Turbulenzen mit der SOKO so schnell wie möglich wieder nach Ratzeburg fahren. Nachdem meine Kinder überzeugend erklärt hatten, dass sie einen Tag auch alleine zurecht kommen, fahre ich am Sonntagmorgen (**29.11.**) gegen 5 Uhr mit Fahrer und polizeilichem Begleitschutz gen Norden. Von unterwegs informiere ich den zuständigen Ermittlungsrichter des Bundesgerichtshofs über den Sachstand und bitte ihn, noch an diesem Sonntag nach Ratzeburg zu kommen, um über unsere Haftbefehlsanträge zu entscheiden. Er schafft es tatsächlich, per Flugzeug und Auto am frühen Abend vor Ort zu sein. Mein Eindruck ist, dass innerhalb der SOKO Wetten laufen, dass unsere Haftbefehlsanträge vom Richter abgelehnt werden. Bei dem Termin mit dem Ermittlungsrichter sehe und erlebe ich die beiden Beschuldigten das erste Mal: Während der 19-jährige Lars Ch. auf mich den durchaus cleveren Eindruck eines Realschülers mit Mittlerer Reife macht, ist der 25-jährige

Hilfsarbeiter Michael P. ersichtlich gegenüber Ch. der geistig Unterlegene. Obwohl beide Beschuldigte nicht geständig sind, erlässt der Ermittlungsrichter die beantragten Haftbefehle. Mir ist allerdings klar, dass bei unveränderter Beweislage eine Anklage gegen die beiden und erst recht ihre Verurteilung nicht einfach sein würde. Welchen Gegenwind ich zu erwarten habe, wird mir noch am Abend dieses 29.11. bewusst, als ich erfahre, dass der schleswig-holsteinische Justizminister bei einem öffentlichen Auftritt in Hannover in Bezug auf unsere Verhaftungen Folgendes geäußert hat:

»... und es war jüngst nichts populärer als wenn nach dem Motto »Verhaften Sie die üblichen Verdächtigen!« jetzt einige Rechtsextreme eingefegt wurden. Eingefegt steht hier umgangssprachlich für verhaften. Vor 50 Jahren wurde der Film »Casablanca« uraufgeführt, aus dem das zitierte Motto stammt.«

Man kann sich deshalb meine Erleichterung vorstellen, als am Dienstag (**1.12.**) in der SOKO die Meldung eingeht, dass Lars Ch. gegenüber einem Kriminalbeamten ein Geständnis bezüglich der Möllner Brandanschläge abgelegt habe. Wir Staatsanwälte fahren deshalb sofort ins Landeskriminalamt nach Lübeck, wo Ch. und P. getrennt vernommen werden und wir mitbekommen, dass jetzt auch P. geständig ist und beide Aussagen protokolliert sind. Um diese polizeilichen Geständnisse abzusichern, rufe ich umgehend den Ermittlungsrichter in Karlsruhe an und bitte ihn, nochmals zur SOKO zu kommen, um die beiden Beschuldigten richterlich zu vernehmen. Dies geschieht auch am nächsten Tag (**2.12.**). Während P. sein Geständnis wiederholt, macht Ch. – jetzt beraten durch einen Verteidiger – keine Angaben.[136]

---

[136] Einen Monat später widerruft Lars Ch. das bei der Polizei abgelegte Geständnis.

Da mit den Geständnissen die ersten Ermittlungen abgeschlossen sind, beendet die SOKO ihre Arbeit vor Ort und
verlagert sie in das Landeskriminalamt in Lübeck. Aus
diesem Anlass findet am Abend des 2.12. in Ratzeburg ein
Zusammentreffen aller SOKO-Mitarbeiter statt, zu dem
auch wir Staatsanwälte und der Ermittlungsrichter, aber
auch die bei der Löschung der Möllner Brände einge-
setzten Feuerwehrleute eingeladen sind. Zu meinem
großen Erstaunen erfahre ich von meinem Tischnachbarn,
dass er nicht nur der Kommandant der Ratzeburger
Feuerwehr ist, die beim Brand in der Mühlenstraße zum
Einsatz gekommen war, sondern der weithin bekannte
**Organist und Kapellmeister am Ratzeburger Dom
Neithard Bethke**. Er erzählt mir, dass er bei
Löscheinsätzen zwar schon Verbrennungen an den Händen
erlitten habe, dass ihn dies bei seinem Orgelspiel aber
nicht behindere. Zum Abschluss lädt er die polizeiliche
Führungsmannschaft der SOKO, den Ermittlungsrichter
und uns Staatsanwälte für den nächsten Morgen zu einer
Führung durch seinen Ratzeburger Dom ein. Diese
Begegnung an diesem 3.12. bei eiskaltem, aber strahlend
sonnigem Wetter wird für mich zu einem unvergesslichen
Erlebnis, das ich auch als Belohnung für unsere Ermittlungsarbeit empfinde. Nicht nur die persönliche Führung
durch Neithard Bethke mit zahlreichen Geschichten
beeindrucken mich zutiefst, sondern vor allem auch sein
Orgelspiel im sonst leeren Dom – allein für uns. Ich
empfinde in dieser Situation nur Ruhe und Frieden, ja
einen absoluten Kontrast zu den verheerenden Bränden
und dem belastenden Ermittlungsgeschäft. Zum Schluss
der Führung bittet uns Herr Bethke in das Innere seiner
Orgel, wo er als letztes »Register« eine Schublade zieht, in
der sich eine Flasche Schnaps mit Gläsern befindet ...

Möglicherweise wegen der Kritik des schleswig-
holsteinischen Justizministers an unseren Verhaftungen

252

wird der Generalbundesanwalt gebeten, am 10.12. vor dem Rechts- und Innenausschuss des Kieler Landtags über den Stand der Ermittlungen zu berichten. Von Karlsruhe erhalte ich den Auftrag, für die Bundesanwaltschaft diese Aufgabe zu übernehmen. Dies ist für mich vor allem deshalb ein besonderes Ereignis, weil die Sitzung bei laufenden Kameras stattfindet und ich anschließend zum ersten Mal im Fernsehen Bilder von mir sehe.

Bei einer Abschlussbesprechung der SOKO im Dezember 1992 in Mölln erfahre ich, dass einzelne Kripo-Beamte Probleme mit der »Filmklause« in Ratzeburg bekommen hatten, wo wir Ermittler uns am Ende der Arbeitstage regelmäßig noch auf ein Bier getroffen hatten. An den Wänden der Gaststätte waren zahlreiche Plakate von berühmten Filmen zu sehen, darunter jenes von »Casablanca« mit Humphrey Bogart und Ingrid Bergmann.

 Am letzten SOKO-Abend haben wohl Polizeibeamte dieses Plakat nach Lübeck »entführt«, sozusagen als Erinnerung an die SOKO-Arbeit und vor allem an die Aussage des schleswig-holsteinischen Justizministers zu unseren Verhaftungen. Da das Plakat aber postwendend wieder zurückgegeben wurde, hat die »Filmklause« das Ganze als Spaß verstanden und von einer Strafanzeige abgesehen. Zum Abschied bekomme ich von der SOKO diese Bildkomposition geschenkt: eine Kopie des Casablanca-Plakats mit Ausschnitten aus dem Manuskript für die erwähnte Rede des schleswig-holsteinischen Justizministers vom 29.11.1992.

Abteilungsleiter in Dresden?

Als wir zu Beginn des Jahres 1993 gerade dabei sind, die Anklage gegen Ch. und P. zu fertigen, überrascht mich ein Angebot, mit dem ich überhaupt nicht gerechnet habe: man wolle im Rahmen der »Aufbauhilfe Ost« den Posten des Leiters der Strafrechtsabteilung im Sächsischen Justizministerium neu besetzen und ich sei der angedachte Kandidat.

> Unter »**Aufbauhilfe Ost**« wird das Bemühen verstanden, nach dem Mauerfall und der Wiedervereinigung Deutschlands möglichst schnell in den neuen Bundesländern wirtschaftliche Verhältnisse, Lebensbedingungen, aber auch staatliche Strukturen auf Westniveau zu schaffen. Dazu zählt insbesondere auch die Herstellung einer rechtlichen Einheit in ganz Deutschland und damit die Überführung der DDR-Justiz in einen Rechtsstaat nach westdeutschen Strukturen. Vor allem musste überprüft werden, welche Richter und Staatsanwälte des bisherigen Systems weiterhin in der Justiz tätig sein konnten.[137]
> Gleichzeitig sollten auf einen Schlag die in Westdeutschland bekannten Justizstrukturen eingeführt werden. Zur Bewältigung dieser Mammut-Aufgabe sind zahlreiche Justizangehörige aus den alten Bundesländern in der ehemaligen DDR tätig[138].

Natürlich empfinde ich dieses Angebot als Ehre. Bei dieser Pionierarbeit mitzuhelfen, reizt mich auch. Allerdings ist die von allen »Aufbauhelfern« als überaus spannend bezeichnete erste Anfangsphase bereits vorbei und ich soll

---

[137] Von 664 Richtern und Staatsanwälten, die vor der Wende in der ostdeutschen Justiz tätig waren, stellen sich 529 (= 79,7 %) dieser Überprüfung. Von ihnen wurden 345 (= 65,2 %) übernommen.

[138] Beispiele: Für Sachsen engagieren sich Bayern und Baden-Württemberg, für Thüringen Hessen und Bayern.

254

auch nicht nur vorübergehend in Dresden tätig sein, sondern dort eine Planstelle erhalten. Ich entscheide mich, abzulehnen. Eine Rolle spielt dabei, dass ich mich nach den teilweise umstrittenen Maßnahmen bei den Ermittlungen nicht vor dem Prozess um die Möllner Brandanschläge drücken will. Ausschlaggebend ist aber ein Satz von meiner Ehefrau, die zwar in der Nähe von Dresden geboren und aufgewachsen ist, die dort noch Verwandte hat und die mir bisher alle beruflichen Entscheidungen überlassen hat, die aber – im Einklang mit unseren Kindern – sagt:

»Wenn Du unbedingt dort hinwillst, kannst Du natürlich gehen. Wir möchten hierbleiben!«

Der Mölln-Prozess

Da wir die 84-seitige Anklageschrift gegen Ch. und P. in Rekordzeit erstellen – sie trägt als Datum den 25.2.1993 – kann der Prozess wegen der Brandanschläge von Mölln vor dem Oberlandesgericht Schleswig bereits knapp sechs Monate nach der Tat beginnen. Die Bundesanwaltschaft hat entschieden, dass Staatsanwalt Ströber und ich die Anklage vertreten sollen. Als wir beide uns kurz vor dem Prozess bei dem zuständigen 2. Strafsenat in Schleswig vorstellen, erleben wir eine kleine Überraschung: Der Senatsvorsitzende begrüßt uns Anklagevertreter mit den Worten

»So, Sie sind also das nach der Strafprozessordnung vorgesehene notwendige Übel!«

Im ersten Augenblick ahne ich zwar, dass dies wohl als Joke gemeint ist, weiß aber auch, dass bei solchen Späßchen oftmals ein Fünkchen Ernst mitspielt, zumal ich weiß, dass in den norddeutschen Bundesländern – anders als bei uns im Süden – keine Durchlässigkeit innerhalb der Justiz besteht, man also entweder Richter oder Staatsanwalt wird und in der Regel die Juristen mit den besseren

Examensnoten Richter werden. Ich bin also gespannt, ob ich im Prozess zeigen kann, dass ich nicht nur ein »notwendiges Übel« bin.

Der Prozessbeginn am 17.5.1993 zeigt mir erstmals die Auswirkungen der Honecker-Entscheidung im Hinblick auf die neuen Medienrechte: Er wird aus meiner Sicht zu einem abschreckenden Spektakel. Im Gerichtssaal spielen sich tumultartige Szenen ab. Ich habe den Eindruck, die ganze Welt wolle sich ein Bild darüber verschaffen, wie der deutsche Rechtsstaat mit den fremdenfeindlichen Brandanschlägen von Mölln und dem Mord an drei türkischen Mitbewohnern umgeht. Als die Türen zum Gerichtsteil geöffnet werden, der aus Sicherheitsgründen durch eine Glasscheibe vom Zuhörerbereich abgetrennt ist, strömt eine unüberschaubare Flut von Journalisten, Reportern, Fernsehleuten und Fotografen in den Saal. Sie stürzen sich über Tische und Bänke auf die Angeklagten, um sich von diesen einen unmittelbaren Eindruck zu verschaffen und von ihnen möglichst hautnahe Bilder zu schießen. Der einzige Vorteil ist, dass das Gericht, die Nebenkläger und wir Anklagevertreter von diesem Blitzlichtgewitter weitgehend verschont bleiben. In einer ersten Stellungnahme erlaube ich mir, von einem unwürdigen Prozessbeginn zu sprechen und eine »Pool-Lösung« anzuregen, die in anderen großen Prozessen erprobt ist und bei der jeweils nur zwei Fotografen und zwei Fernsehteams vorgelassen werden, die ihr Material dann an die Medienkollegen weitergeben müssen. Dies wird vom Gericht auch für die nächsten Sitzungstage so angeordnet.

Ein anderes Spektakel besonderer Art findet zu diesem Zeitpunkt außerhalb des Gerichtsgebäudes statt. Der Münchner **Rechtsanwalt Rolf Bossi**, der sich erst vor wenigen Tagen als zweiter Verteidiger von Lars Ch. gemeldet hat, gibt – als der Prozess bereits begonnen hat –

256

Interviews und behauptet, sein Mandant sei bei der Möllner Tat nicht dabei gewesen. Von Rechtsanwalt Bossi und den beiden Angeklagten, von Rechtsanwalt Ströbele, der neben anderen Anwälten die Interessen der Tatopfer vertritt, auch von uns beiden Staatsanwälten werden diese Zeichnungen veröffentlicht.[139]

Für mich ist nicht uninteressant, dass kaum drei Meter von uns Anklagevertretern entfernt Rechtsanwalt Hans-Christian Ströbele sitzt, der ja wegen Unterstützung der RAF verurteilt ist.[140] Nun zieht er als Nebenklagevertreter mit uns am selben Strang und übertrifft uns bei seinem Bestreben, die Angeklagten einer Verurteilung zuzuführen, deutlich – als Anwalt ist er ja auch nicht wie wir Staatsanwälte zur Objektivität verpflichtet. Interessant ist für mich vor allem sein profihafter Umgang mit den Medien. Ich habe mich nämlich entschlossen, in diesem Mölln-Prozess von dem früher vorgegebenen Verhalten der Sitzungsvertreter der Bundesanwaltschaft abzuweichen und mit den Medienvertretern zu reden und erforderlichenfalls auch Interviews zu geben. Grund dafür ist, dass ich der Auffassung bin, dass wir als Anklagevertreter im Sinne einer objektiven Berichterstattung der Allgemeinheit auch die Position der Staatsanwaltschaft

---

[139] Die Gerichtszeichnerin Christine Böer stellt uns davon Kopien zur Verfügung.

[140] Vgl. S. 58 und sowie S. 86

darlegen müssen. So komme ich unter anderem mit Gisela Friedrichsen ins Gespräch, die gemeinsam mit Gerhard Mauz im SPIEGEL über unseren Prozess berichtet. In den ersten Prozesstagen gebe ich auch ein erstes Interview, und zwar der Fernsehreporterin Claudia Schulz-Britz, die für den NDR und die ARD berichtet. Gespannt verfolge ich am Abend das Regionalmagazin und registriere, dass nicht das mit mir, sondern ein mit Hans-Christian Ströbele geführtes Interview gesendet wird. Später erklärt mir die NDR-Reporterin lapidar, Ströbele sei einfach besser als ich gewesen, er habe inhaltlich mehr gesagt. Ich spüre, dass wir Staatsanwälte auf diesem Gebiet der prozessbegleitenden Medienarbeit nicht geschult sind. Aber es wird sich für mich hoffentlich bald Gelegenheit geben, dies besser zu machen.

Am zweiten Verhandlungstag widerruft auch Michael P. seine im Ermittlungsverfahren abgelegten Geständnisse und behauptet, unter Druck ausgesagt zu haben. Er sei in Wirklichkeit also bei den Möllner Brandanschlägen nicht beteiligt gewesen. Bereits bei der Frage, ob die früheren Aussagen der Angeklagten verwertet werden können, kommt es zu ersten verbalen Auseinandersetzungen zwischen Herrn Bossi und mir, wobei ich ihm vor allem Stimmungsmache über die Medien vorwerfe. Als der Strafsenat entscheidet, dass die Verwertung der früheren Geständnisse der beiden Angeklagten zulässig sei, kommt es am fünften Verhandlungstag zum Eklat: Rechtsanwalt Bossi fordert in einem langen, schriftlich vorbereiteten Antrag, der Fall müsse vor einem Jugendgericht verhandelt werden, und bezeichnet in diesem Zusammenhang die Richter des Strafsenats als »Riege alter Männer, die die Richterbank zieren«. Als ich direkt darauf Gelegenheit zur Stellungnahme erhalte, bin ich zunächst geneigt, zum Alter Bossis, der knapp 70 Jahre alt und damit rund zehn Jahre älter als der Schnitt der Senatsmitglieder ist, etwas zu sagen und darauf hinzuweisen, dass es anders als bei den Richtern für Rechtsanwälte leider keine Ruhestandsgrenze von 65 Jahren gibt.[141] Dann aber beschränke ich mich auf sinngemäß folgende Äußerung: Ich wolle zwar nicht die Meinung vertreten, es handele sich bei Herrn Bossi um einen eitlen, alt werdenden Anwalt, der nicht mehr ernst zu nehmen ist, aber Bossi laufe mit seinem Auftritten tatsächlich Gefahr, nicht mehr ganz für voll genommen zu werden. Wegen des anschließenden Wortgefechts zwischen Herrn Bossi und mir unterbricht der Vorsitzende den Prozess.

Am 9.6.1993, dem siebten Verhandlungstag, erscheint Rechtsanwalt Bossi nicht mehr zum Prozess und begründet dies u.a. damit, dass nach dem rechtsradikalen Anschlag von Solingen am 29.5.1993[142] im Mölln-Prozess kein Freispruch mehr möglich sei. Vor laufenden Kameras sage ich, dass Bossi damit dem Strafsenat mittelbar Freiheitsberaubung und Rechtsbeugung vorwerfe, was verletzend und bösartig sei; außerdem könne ich mich des Eindrucks nicht erwehren, dass sich hier ein Rechtsanwalt aus seiner Verantwortung stiehlt. So ist dies dann auch am nächsten Tag in den Zeitungen zu lesen.

Nach dem Ausscheiden von Rechtsanwalt Bossi empfinde ich das Prozessklima wie ausgewechselt. Auch im Vergleich zu den Verhandlungstagen, die ich in

---

[141] Dies hole ich anschließend bei einem Gespräch mit einem Journalisten nach.

[142] Bei diesem rechtsradikalen Brandanschlag auf ein Mehrfamilienhaus in Solingen, in dem – wie in Mölln – türkische Mitbewohner lebten, sterben fünf Menschen. Entsprechend unserer Vorgehensweise im Mölln-Verfahren übernimmt die Bundesanwaltschaft auch in diesem Fall die Ermittlungen. Wegen Beteiligung an diesem Brandanschlag werden am 13.10.1995 vom Oberlandesgericht Düsseldorf verurteilt: Markus G. zu 15 Jahren Freiheitsstrafe sowie Christian B. und Christian R. zu zehn Jahren Jugendstrafe.

Stammheim erlebt habe, ist für mich die Atmosphäre im Sitzungssaal, aber auch außerhalb völlig neu. Wir sind zwar vom Zuschauerbereich durch eine Glaswand getrennt, in den Sitzungspausen begegnen wir aber den Prozessbesuchern und vor allem den Medienvertretern. Jeder spricht mit jedem. Dies gilt auch für die Verteidiger und Nebenklägervertreter trotz unserer unterschiedlichen Positionen in der Sache. Es gibt nicht die geringsten Berührungsängste. Neu ist für mich auch die Erfahrung, dass wir Staatsanwälte wie viele andere Prozessbeteiligte und -beobachter im selben Hotel in Schleswig untergebracht sind, was beim Frühstück und vor allem abends an der Hotelbar zu überaus interessanten Begegnungen führt. So rede ich an einem Abend mit Rechtsanwalt Ströbele und den Prozessbeobachtern des türkischen Konsulats. Belebend und inspirierend sind für mich aber insbesondere die abendlichen Gespräche mit den Medienvertretern – also etwas, was ich in meinen bisherigen Terrorismusprozessen vermisst hatte und was uns ja von unserem früheren Chef Rebmann untersagt worden war. So sprechen wir praktisch jede Woche mit den NDR-Reportern Claudia Schulz-Britz und Uwe Germeroth, der im Radio über den Mölln-Prozess berichtet. Mein Eindruck ist, dass es alle Gesprächspartner genießen, völlig ungezwungen Unterhaltungen über den Prozess und x-beliebige Themen führen zu können.

Im weiteren Verlauf des Prozesses ist die Vernehmung der »kindlichen Zeugin« ein Höhepunkt; sie wiederholt unter Ausschluss der Öffentlichkeit in beeindruckender Weise ihre Beobachtungen während des Tatablaufs. Erfreulich sind dabei die Absprachen mit den Medienvertretern, die es ermöglichen, dass die Identität des Kindes nicht bekannt wird und auch keine Bilder von ihm veröffentlicht werden. Es steht mit seiner Familie wegen drohender Racheakte von Rechtsradikalen unter

260

Zeugenschutz. Unter die Haut gehen mir die herzzerreißenden Worte von Nazim Arslan, dem Familienoberhaupt im ausgebrannten Haus in der Mühlenstraße. Er hat zwar den Brandanschlag überlebt, aber seine Ehefrau und zwei weitere Familienangehörige in dem Feuer verloren. Ärgerlich finde ich den – letztlich untauglichen – Versuch von Rechtsanwalt und Grünenpolitiker Ströbele, per Beweisantrag einer bestimmten politischen Richtung die moralische Mitverantwortung für die Möllner Brandanschläge zuzuweisen. Dazu erlaube ich mir – verkürzt dargestellt – folgende Bemerkung:

Wer meint, es sei Aufgabe eines Strafprozesses, einen Anstoß zur Veränderung des politischen Klimas zu geben, irrt. Ein Prozess darf nicht zum Werkzeug der politischen Auseinandersetzung verkommen. Bemerkenswert ist, dass gerade jene eine Verschärfung der Strafvorschriften bei rechtsradikalen Tätern befürworten, die sich früher – insbesondere bei linksradikalen Gewalttätern – eher für eine Abschaffung des Strafrechts ausgesprochen hatten.[143]

Zwei Prozesssituationen werde ich wohl nicht vergessen:

- Zum einen ein mittelbares Geständnis von Michael P. vor Gericht. Uns Ermittlern war zu Ohren gekommen, dass P. dem Anstaltsgeistlichen im Gefängnis gesagt habe, er sei an den Brandanschlägen in Mölln beteiligt gewesen. Uns ist klar, dass der Pfarrer dies vor Gericht nicht bestätigen, sondern unter Bezugnahme auf das Beichtgeheimnis die Aussage verweigern würde. Deshalb frage ich P. ganz unvermittelt im Prozess, ob dies zutreffe. Er ist von meinen Fragen so überrascht, dass er spontan einräumt, dass er dies nicht nur gegenüber dem Geistlichen, sondern auch gegenüber

---

[143] Vgl. Gisela Friedrichsen in DER SPIEGEL 50/1993 S. 58 ff.

seinem Verteidiger mehrfach so zugegeben habe. Dass dies völlig freie Geständnisse waren, die er jetzt vor Gericht bestätigt, wird P. erst Sekunden später bewusst.

- Zum anderen die Vernehmung der Zeugin Sandra T., jener inzwischen 18-Jährigen aus der Gruppe der zehn »Wittenburger«, gegen die ich wegen der Brandanschläge von Gudow und Kollow ein Ermittlungsverfahren eingeleitet hatte und die vom Landgericht Lübeck inzwischen zu Haftstrafen verurteilt worden sind. Im Mölln-Prozess will die Zeugin gar nichts sagen, nichts mehr wissen, sich an nichts mehr erinnern. Auf Fragen des Gerichts, meines Kollegen Ströber, der Nebenkläger und der Verteidiger reagiert sie nur mit minutenlangem Schweigen, Kopfschütteln und Schulterzucken. Erst als ich sie intensiv über die Folgen falscher Aussagen bzw. einer unberechtigten Aussageverweigerung informiere, fängt sie langsam zu reden an. Während des folgenden, mehr als einstündigen und überaus zähen Vernehmungsgesprächs zwischen ihr und mir hätte man »Stecknadeln im Gerichtssaal hören können« (wie die Presse am nächsten Tag schreibt).

Folgender Zeitungsausschnitt gibt den Verlauf der entscheidenden Phase dieser Vernehmung in Kurzform wieder: »Nein, sagt die junge Frau mit fester Stimme, sie habe während ihrer Untersuchungshaft in der JVA Lübeck niemandem erzählt, daß sie mit dem Gefängnispfarrer über P. und Ch. gesprochen hat. Oberstaatsanwalt Klaus Pflieger hakt nach: Dies habe eine Mitgefangene aber ausgesagt. Sandra T. stutzt. Richtig, sie habe mit dem Gefängnispfarrer gesprochen. Aber nur darüber, wie es den beiden geht. Und noch bevor Pflieger nachsetzen kann, ergänzt sie: Der Pfarrer meinte zu mir, Lars würde die Tat bereuen, während P. stolz darauf ist.«

Am Schluss dieses Vernehmungsgesprächs, das erneut einen deutlichen Beleg für die Täterschaft der beiden Angeklagten erbracht hat, bin ich genauso fertig wie die Zeugin. Dass die Zeugin Sandra T. unter den zehn »Wittenburgern« und den weiteren Tätern der Brandanschläge von Gudow und Kollow die einzige weibliche Tatbeteiligte war, ist für mich ein weiterer Beleg dafür, dass unter den rechtsradikalen Attentätern der Frauen-Anteil auffallend gering ist – anders als in den linksterroristischen Vereinigungen.[144]

Am 42. Verhandlungstag wird die Beweisaufnahme im Mölln-Prozess geschlossen und wir Ankläger erhalten am 10.11.1993 Gelegenheit zu unserem schriftlich vorbereiteten, 141 Seiten umfassenden **Schlussvortrag**. In dem rund vierstündigen Plädoyer begründet mein Kollege Hubert Ströber, dass die Angeklagten die Täter der Möllner Brandanschläge sind. Wichtig sind dabei insbesondere seine Ausführungen, dass die Täter bei ihren Taten den Tod von Menschen billigend in Kauf genommen haben und deshalb nicht wegen Brandstiftung mit (fahrlässiger) Todesfolge, sondern wegen vorsätzlichen Mordes schuldig sind.

Der **Unterschied zwischen Fahrlässigkeit und Vorsatz** macht sich vor allem beim Strafmaß bemerkbar, weil nur bei (vorsätzlichem) Mord eine lebenslange Freiheitsstrafe zwingend vorgeschrieben ist. Bewusste Fahrlässigkeit wird angenommen, wenn der Täter bei der Tatausführung hofft, dass niemand zu Tode kommt. Demgegenüber liegt Vorsatz vor, wenn er den Tod beabsichtigt oder ihn – wie wir dies im Mölln-Prozess annehmen – im Sinne einer gewissen Gleichgültigkeit billigend in Kauf nimmt.

---

[144] Siehe S. 214

Meine Plädoyerteile betreffen inbesondere die Motive für die Brandanschläge, die Strafzumessung sowie den Strafantrag.[145] Bei der Frage, warum die Brände gelegt wurden, steht für mich außer Zweifel, dass dies vor allem in der rechtsradikalen, neofaschistischen und fremdenfeindlichen Gesinnung der Angeklagten begründet ist. Dies belegen ja bereits die mit »Heil Hitler!« endenden Anrufe unmittelbar nach den Brandlegungen. Treffendster Beleg für dieses Motiv ist für mich folgender Song, den wir bei Lars Ch. gefunden haben und in dem es u.a. heißt[146]:

»Morgens gehst Du früh zur Arbeit, doch Du hast die Schnauze voll,

Dein Boß wirf Dich raus, ein Türke erfüllt sein Soll,

Du bist rechts, Du bist ein Problem, Du bist Skinhead, Du kannst gehen,

der Ausländer hat jetzt Deinen Job, der kriegt dafür auf den Kopf ...

darum ziehst Du nachts durch deutsche Straßen und säuberst Dein Vaterland ... darum haben wir aus Wut und Trotz das Asylantenheim unserer Stadt abgebrannt.«

Am meisten beeindruckt und erschreckt mich aber ein ganz persönliches Motiv von Lars Ch., der im Sommer 1992 eine Art »**Selbstmordschreiben**« verfasst hatte. In diesem ging es darum, dass er sich entweder von seinen rechtsradikalen Freunden trennen musste oder bei ausländerfeindlichen Aktionen, die er bisher verweigert hatte, mitmachen musste. In dem Papier heißt es u.a.[147]:

---

[145] Auszüge meiner Plädoyer-Teile werden in einem Druckwerk der Landeszentrale für politische Bildung Schleswig-Holstein (»Brandwunden Brandmale – Das Verfahren vor dem Oberlandesgericht Schleswig über die Anschläge in Mölln im November«) veröffentlicht.

[146] Vgl. das Druckwerk der Landeszentrale, a.a.O., S. 95

[147] Vgl. das Druckwerk der Landeszentrale, a.a.O., S. 99

»Pulsader aufschneiden? – nein

Aus dem Fenster springen? – keinen Mut – nein

Unfall bauen? – Gefahr des Überlebens – nein

Schlaftabletten nehmen? – ja

Finger in die Steckdose? – Schmerzen – nein

Aufhängen? – nein

Vor den Zug springen? – nein

Ziel: Hat sich in meinem Leben bis Ende September nichts geändert, werde ich mich mit Schlaftabletten erlösen. Ich werde dieses Blatt jeden Abend durchlesen, um den Vertrag mit mir einzuhalten. Sollte mich meine »Lebens-energie« (oder auch Spaß am Leben) aufladen, verbrenne ich dieses Blatt am 30.9.'92 um 23.59 Uhr MEZ.«

In meinem Plädoyer-Teil interpretiere ich diesen »Suizid-Vertrag« dahingehend, dass sich Lars Ch. nach Ablauf der selbst gesetzten Frist dazu entschieden habe, nicht Selbstmord zu begehen und sich nicht von seinen rechtsradikalen Freunden zu trennen, sondern mit einer Aktion – den Möllner Brandanschlägen – aktiv zu werden.

Zum Schluss unseres Plädoyers beantrage ich, jeweils wegen dreifachen Mordes, mehrfachen Mordversuchs u.a.

- gegen den Angeklagten **Michael P. eine lebenslange Gesamtfreiheitsstrafe**

- und gegen den Angeklagten **Lars Ch.** die (höchst-mögliche) **Jugendstrafe von zehn Jahren**

zu verhängen.

Bei P. verzichte ich auf den Antrag, per Urteil die »besondere Schuldschwere« festzustellen, die bei einer lebenslangen Freiheitsstrafe nach dem Gesetz grund-sätzlich möglich ist. Zur Begründung trage ich vor, dass die Täter bei en den Brandanschlägen von Mölln – anders etwa als die RAF bei ihren Attentaten – nicht die Absicht hatten, Menschen zu töten, dass sie vielmehr den Tod dieser Menschen »nur« billigend in Kauf genommen haben, was

265

juristisch die mildeste Vorsatzform ist. Bei einem entsprechenden Schuldspruch käme bei P. somit eine Haftentlassung nach 15 Jahren Gefängnis in Betracht.[148]

Nach den Plädoyers von Nebenklage und Verteidigung erhalten die beiden Angeklagten Gelegenheit zu ihrem letzten Wort. Was Lars Ch. sagt, berührt mich sehr, weil er sich nicht nur als unschuldig bezeichnet und in diesem Zusammenhang die Ermittler der Aussageerpressung bezichtigt, sondern weil er mich in einer Passage direkt anspricht:

"Die Wahrheit können Sie nicht verfälschen, Herr Pflieger. Sie werden sich eines Tages verantworten müssen, wenn nicht auf Erden, dann im Himmel. Ich werde die Hoffnung nicht aufgeben, daß sich noch alles aufklärt. Ich habe mit den Anschlägen nichts zu tun ... Man kann mir alles nehmen, soziale Bindungen, die Freiheit, große Teile meiner Lebensenergie. Aber nicht mein Wissen, daß ich es nicht war."

Diese Erklärung löst wegen ihrer Dramatik nicht nur bei mir, sondern auch unter den Medienvertretern Betroffenheit aus. Die meisten teilen meine Einschätzung, dass Ch. in einem fast krankhaften Verdrängungsprozess tatsächlich an seine eigene Unschuld glaubt.

Nach den letzten Worten der Angeklagten ist die Urteilsverkündung auf Montag, den 6.12.1993, terminiert. Im Laufe des Samstags (4.12.) erhalte ich zu Hause einen Anruf der SOKO: In der vergangenen Nacht sei in Brandenburg ein 25-Jähriger, völlig betrunkener Autofahrer nach einer wilden Verfolgungsjagd von der Polizei verhaftet worden. Anschließend habe er der Polizei mit Vergeltung gedroht und darauf hingewiesen, er sei bei den Anschlägen von Mölln dabei gewesen. Meine spontane Reaktion ist:

---

[148] Zur »lebenslangen Freiheitsstrafe« siehe S. 146 ff..

Das ist pure Angeberei eines Betrunkenen. Gleichwohl informiere ich den Gerichtsvorsitzenden über diese Story und sage ihm, dass ich rein vorsorglich bereits dafür gesorgt habe, dass dieser 25-Jährige am Montagmorgen in Schleswig als Zeuge zur Verfügung steht. Tatsächlich tritt der Strafsenat an diesem Montagmorgen noch einmal in die Beweisaufnahme ein und vernimmt diesen Zeugen, der jetzt in nüchternem Zustand glaubhaft erklärt, mit Mölln überhaupt nichts zu tun zu haben. Gleichwohl verschiebt sich die Urteilsverkündung durch dieses Intermezzo auf den übernächsten Tag. An diesem 8.12.1993 verkündet der Senatsvorsitzende am 47. Prozesstag das Urteil, das unserem Antrag entspricht:

»Der Angeklagte Michael P.[149] wird zu einer lebenslangen Freiheitsstrafe als Gesamtstrafe verurteilt. Der Angeklagte Lars Ch. wird zu einer Jugendstrafe von zehn Jahren verurteilt.«[150]

Aus der mündlichen Urteilsbegründung bleibt bei mir vor allem folgende Passage hängen[151]:

»Das unterschiedliche Strafmaß befriedigt das Gerechtigkeitsgefühl nicht. Verschärft wird dieses Unbehagen durch die Tatsache, dass die Strafen nicht nur sehr ungleich sind, sondern derjenige mit der geringeren Strafe davonkommt, der an diesen Taten den größeren Anteil hat. Man muss sich jedoch damit abfinden. Alles andere wäre Rechtsbeugung. Die unterschiedlichen Strafen sind die unvermeidliche Konsequenz aus der Anwendung des

---

[149] Entsprechend unserem Antrag stellt das Gericht bei P. das Verfahren wegen der Brandanschläge von Gudow und Kollow gemäß § 154 StPO wegen »Unwesentlichkeit« ein (zum Anwendungsbereich des § 154 StPO vgl. S. 369).

[150] Nach Verwerfung der später eingelegten Revisionen durch den Bundesgerichtshof wird dieses Urteil so rechtkräftig.

[151] Vgl. das Druckwerk der Landeszentrale a.a.O., S. 191

Erwachsenenstrafrechts auf Michael P. und des Jugend-
strafrechts auf Lars Ch.«

Nach der Urteilbegründung bleiben die meisten Prozessbeteiligten und Zuhörer minutenlang wie betäubt sitzen –
auch ich. Mir geht durch den Kopf, dass einer meiner
schwierigsten Fälle ein gutes Ende gefunden hat und ich –
etwa in Bezug auf die umstrittene Verfahrensübernahme
durch die Bundesanwaltschaft oder in Bezug auf die
Verhaftung von Ch. – glücklicherweise richtig gelegen
habe.

Dieser gedankenversunkene Moment nimmt ein
abruptes Ende, weil die Medienvertreter nach Interviews
drängen. In dem ganzen Trubel
wollen fast alle auch ein kurzes
Statement von mir. Abends
kann ich in der Tagesschau
einen Ausschnitt des Interviews
sehen, das Claudia Schulz-Britz
mit mir geführt hat. Sinngemäß
bringe ich zum Ausdruck, dass

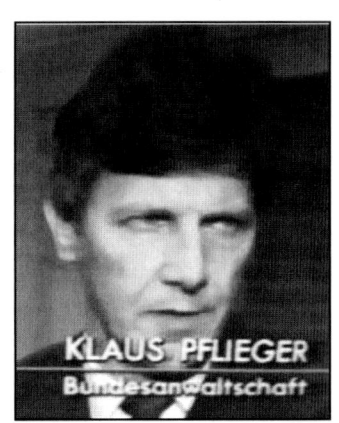

dieses Urteil ein wichtiges Zeichen
gegen die rechtsradikale Auslän-
derfeindlichkeit sei, weil erstmals
bei einem solchen Brandanschlag
eine Verurteilung wegen Mordes
ausgesprochen wurde, weshalb
auch künftig bei derartigen
Attentaten mit solchen Urteilen
und hohen Strafen zu rechnen sei.

Wachtmeister übergeben mir am
nächsten Tag dieses Foto eines
Textes, den Lars Ch. wohl direkt
vor der Urteilsverkündung an die

Wand der Vorführzelle des Gerichtsgebäudes geschrieben hat; dies ist meines Erachtens ebenfalls ein Ausdruck des bereits beschriebenen krankhaften Verdrängungsprozesses.

Lars Ch. wird im Sommer 2000 nach einer Haftdauer von 7 ½ Jahren auf Bewährung aus der Haft entlassen.[152] Im Herbst 2007 kommt auch Michael P. zur Bewährung auf freien Fuß, nachdem er mit 15 Jahren Haft die bei einer lebenslangen Freiheitsstrafe vorgeschriebene Mindestverbüßungszeit im Gefängnis verbracht hat.

Nicht unerwähnt soll die politische Reaktion auf die rechtsradikalen Ausschreitungen von Hoyerswerda und Rostock-Lichtenhagen sowie die Morde von Mölln bleiben:

> Am 26.5.1993 ändert der Bundestag das deutsche Asylrecht und führt in Artikel 16 GG die sog. **Drittstaatenregelung** ein, wonach Personen, die in ihrem Ursprungsland zwar politisch verfolgt wurden, in der Bundesrepublik kein Recht auf Asyl wegen politischer Verfolgung geltend machen können, wenn sie über einen für sie sicheren Drittstaat in die Bundesrepublik eingereist sind.

---

[152] Am 23.11.2007 schreibt Günter Kahl, der den Mölln-Prozess beobachtete und acht Jahre lang Gespräche mit Lars Ch. führte, für den Schleswig-Holsteinischen Zeitungsverlag u.a.: »In Lars Ch. hatte sich eine Krankheit, ein unglückseliges Erbe, mächtig und unaufhaltsam Bahn gebrochen. Es war eine Entwicklung, aus der es für ihn kein Entweichen gab. Aus seiner Täterschaft - so, wie das Gericht sie feststellte - konnte ihn das nicht befreien. Lars Ch. lebt heute in einem anderen Teil der Republik. Es hat sich bestätigt, was sich früh abzeichnete. Er ist schwer krank, arbeitsunfähig und wird es lebenslänglich bleiben.«

Ergänzend wird durch das sog. **Dublin-Übereinkommen**, das am 1.9.1997 in Kraft tritt, zwischen den Mitgliedstaaten der Europäischen Gemeinschaft vereinbart, dass jener EU-Staat für die Durchführung des Asylverfahrens zuständig ist, in den der Asylsuchende nachweisbar zuerst eingereist ist.[153]

Nicht uninteressant ist, dass – wohl aufgrund dieser politischen Maßnahmen – die Zahl der Asylanträge nach dem Höchststand mit 438.191 Anträgen im Jahr 1992 in den nächsten Jahren wieder spürbar sinkt und im Jahr 2008 mit 28.018 Anträgen einen Tiefststand erreicht. Erst im Jahr 2014 nehmen die Asylantragszahlen wieder deutlich zu und übersteigen im Jahr 2015 mit 476.649 formell gestellten Anträgen[154] sogar den Höchststand des Jahres 1992.

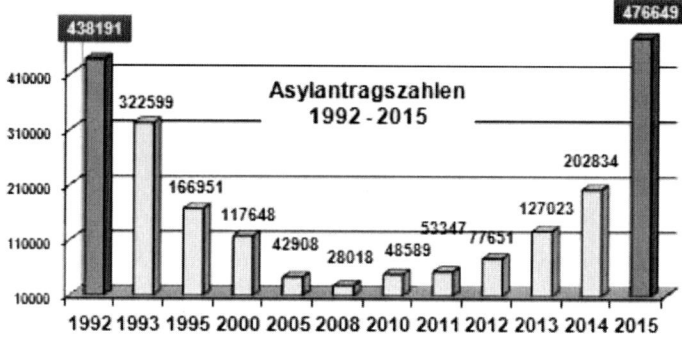

---

[153] Im Hinblick auf die permanent ansteigende Flut von Asylsuchenden im Jahr 2015 wird in der Politik diskutiert, die »Drittstaatenregelung« konsequent anzuwenden und das »Dublin-Abkommen«, das bei Syrien-Flüchtlingen ausgesetzt worden war, zu verschärfen.

[154] Nach Mitteilung des Bundesamtes für Migration und Flüchtlinge vom 5.2.2016 ist davon auszugehen, dass zu den offiziell gestellten Asylanträgen ca. 300.000 bis 400.000 Flüchtlinge hinzukommen, die noch keinen Antrag gestellt haben oder stellen konnten.

Wie Anfang der 1990er-Jahre kommt es deshalb zu politischen Auseinandersetzungen um die Frage, ob und wie die Zahl an Zuwanderern begrenzt werden soll. Wie damals kommt es auch im Jahr 2015 und zu Beginn des Jahres 2016 zu Brandanschlägen auf Ausländerunterkünfte, anders als seinerzeit in Mölln Gott sei Dank aber (noch) ohne Todesopfer. Viele zweifeln, ob es der Politik erneut gelingt, die Zahl der Zuwanderungen auf ein für die Integration und die demografische Entwicklung sachgerechtes Maß zu beschränken.

Die Kassiber der RAF-Angehörigen Eva Haule und ein berufliches Credo

Von der »spurenlosen dritten RAF-Generation«[155] konnten nur wenige Mitglieder verhaftet werden.[156] Umso interessanter ist für mich, diesen Mitgliedern, die nahezu keine kriminalistisch verwertbaren Spuren hinterlassen haben, einzelne Attentate der RAF in der Zeit ab 1982 zuzuordnen. Dazu gehört folgender Vorgang:

Am 29.3.1990 werden in der bayerischen Justizvollzugsanstalt Aichach bei einer anstaltsinternen Kontrolle in der Haftzelle der RAF-Angehörigen Manuela Happe[157] mehrere Zettel – etwa der Größe DIN A 5 – gefunden, die dem ersten Anschein nach nicht von Happe stammen.

Die kriminaltechnische Untersuchung dieser Zettel ergibt alsbald, dass sie von der RAF-Angehörigen **Eva Haule** verfasst wurden. So stammt der maschinenschriftliche Text der Papiere von einer Schreibmaschine, die von Eva Haule seit ihrer Inhaftierung be-nutzt wird. Auch die handschriftlichen Ergänzungen auf den Zetteln

---

[155] Vgl. S. 177ff.

[156] Die Verhafteten: Manuela Happe, Eva Haule, Birgit Hogefeld und Andrea Klump.

[157] Manuela Happe wurde am 22.6.1984 verhaftet, als sie das Haus des dort wohnenden Senatsvorsitzenden des Mohnhaupt-Klar-Prozesses, Klaus Knospe, ausspähen wollte (vgl. S. 146).

können Haule mit der erforderlichen Sicherheit zugeordnet werden.

Wie diese Kassiber von Haule zu Happe gewandert sind, kann zwar nicht rekonstruiert werden; Eva Haule schreibt aber im Sommer 1991 in einem veröffentlichten Brief an ihre Mutter dazu:

»das allermeiste zeug, das sie jetzt je nach bedarf und ganz gezielt verfälscht einsetzen, stammt aus zetteln zwischen manuela und mir und zwar aus der zeit in stammheim. wir hatten dort eine möglichkeit gefunden, uns zettel zu schreiben, verstecke überall in dieser hochsicherheitsmaschine – du weißt ja noch, daß wir uns nie begegnet sind und nie zusammen reden konnten wirklich. Aber eben jede menge zettelchen haben wir geschrieben, zu allem, was uns wichtig war.«

Eva Haule war ab 1984 Mitglied der RAF und am 2.8.1986 in einem Eiscafé in Rüsselheim verhaftet worden. Wegen ihrer Beteiligung an dem versuchten Sprengstoffanschlag der RAF auf die NATO-Schule in Oberammergau am 18.12.1984[158] wurde sie vom Oberlandesgericht Stuttgart am 28.6.1988 zu der Freiheitsstrafe von 15 Jahren verurteilt.

Der Sprengstoffanschlag auf die Rhein-Main-Airbase

Zunächst habe ich dienstlich mit diesen Haule-Kassibern nichts zu tun. Dann aber bekomme ich zwei der geschmuggelten Papiere zur Kenntnis, weil sie sich mit dem RAF-Sprengstoffanschlag auf die US-Airbase in Frankfurt/Main am 8.8.1985 und dem vorangegangenen Mord an dem US-Soldaten Edward Pimental befassen und ich Sachbe-

---

[158] Siehe S. 177

arbeiter dieser noch völlig ungeklärten Taten bin. Bislang ist folgender **Sachverhalt** bekannt:

Nach dem gescheiterten Attentat von Oberammergau entscheidet sich die RAF, einen vergleichbaren Sprengstoffanschlag auf die amerikanische Rhein-Main-Airbase beim Frankfurter Flughafen zu verüben. Um beim Zutritt in das Gelände nicht aufzufallen, wollen sie – anders beim Anschlag von Oberammergau – keine verfälschte, sondern eine echte Identity-Card (ID-Card) benutzen, also eine zum Betreten der Airbase erforderliche Ausweiskarte. Zu diesem Zweck lockt eine bislang unbekannte RAF-Angehörige[159] am 4.8.1985 kurz vor Mitternacht den

 US-Soldaten **Edward Pimental** aus einer Diskothek in Wiesbaden, anschließend wird Pimental niedergeschlagen, mit einem aufgesetzten Schuss in den Kopf ermordet und seiner ID-Card beraubt.

Als seine Leiche am nächsten Morgen gegen 7 Uhr entdeckt wird, fährt nahezu zeitgleich ein unbekannter RAF-Mann mit Pimentals ID-Card in die Airbase und bringt um 7:19 Uhr in der Nähe des Hauptquartiers sein u.a. mit 126 kg Sprengstoff und 25 kg Eisenmuttern gefülltes Fahrzeug zur Zündung. Die schreckliche Explosion tötet den US-Soldaten Frank Scarton und die Zivilangestellte Becky Bristol, verletzt 23 weitere Personen und verursacht einen Sachschaden von ca. einer Million DM. Schon am nächsten Tag erhalten mehrere Presseorgane ein

---

[159] Später wird festgestellt, dass es sich bei dieser Frau um Birgit Hogefeld handelt, die deswegen vom Oberlandesgericht Frankfurt/Main durch Urteil vom 29.6.1998 zu einer lebenslangen Freiheitsstrafe verurteilt wird.

274

dreiseitiges Schreiben, in welchem sich die RAF und die mit ihr kooperierende französische Terrorgruppe »ACTION DIRECTE (AD)« zu der Tat bekennen.

Der gezielte Mord an dem einfachen Soldaten Pimental, nur um in den Besitz seiner ID-Card zu kommen, stößt in der linken Szene auf schärfste Kritik (»Niveau eines beliebigen Frankfurter Eierdiebes!«). Danach versucht die RAF zwar, diesen Mord in einem Papier »ZUR ... ERSCHIESSUNG VON EDWARD PIMENTAL« zu rechtfertigen, was aber erneut kritisiert wird und schließlich im Januar 1986 zu dieser Selbstkritik der RAF führt:

»wir sagen heute, dass die erschießung des gi in der konkreten situation im sommer ein fehler war«.

Die Airbase-Kassiber

In den zwei eng beschriebenen Kassibern befasst sich Eva Haule intensiv mit dem Airbase-Attentat und dem Pimental-Mord. Der Inhalt dieser beiden Papiere begründet aus meiner Sicht den dringenden Verdacht, dass Eva Haule zu jenen RAF-Mitgliedern zählte, die gemeinsam mit Angehörigen der »AD« den Sprengstoffanschlag vom 8.8.1985 einschließlich des Pimental-Mordes beschlossen, vorbereitet und durchgeführt haben. Dafür spricht meines Erachtens vor allem, dass Haule konkret beschreibt, welche Zwecke die Täter bei der Anschlagsplanung mit dem Attentat verfolgt haben und welche Situation innerhalb der RAF nach dem Anschlag geherrscht hat. Gerade auch der Umstand, dass Haule in zahlreichen Passagen im Zusammenhang mit diesem Attentat von »wir« spricht, lässt meines Erachtens den Schluss zu, dass sie damit nicht die RAF als Gesamtheit, sondern die Urheber des Anschlags – also auch ihre eigene Person – meint. Auch die Ausführungen zu »pim« zeigen nach meiner Einschätzung, dass sich Eva Haule gerade auch für die Ermordung Pimentals verantwortlich fühlt.

Entsprechend dieser Bewertung wird Haule als Beschuldigte des Airbase-Anschlags und des Pimental-Mordes eingetragen. Anfang November 1992 suche ich sie in der hessischen Justizvollzugsanstalt Preungesheim auf, wo sie die wegen des Oberammergau-Attentats verhängte Strafe verbüßt. Mein Versuch, sie zu einer Aussage zu bewegen, scheitert, weil sie von ihrem Aussageverweigerungsrecht Gebrauch macht. Am 7.1.1993 erlässt der Ermittlungsrichter des Bundesgerichtshofs den von mir in diesem Verfahren beantragten Haftbefehl gegen Eva Haule. Die von mir entworfene und von Generalbundesanwalt von Stahl unterzeichnete 85-seitige Anklageschrift trägt das Datum des 17.3.1993.

Der Haule-Prozess

Am Tag nach unserem Plädoyer im Mölln-Prozess (ich bin noch abends von Hamburg nach Frankfurt geflogen) beginnt am Morgen des 11.11.1993 vor dem 5. Strafsenat des Oberlandesgerichts Frankfurt/Main die Hauptverhandlung gegen Eva Haule. Entsprechend meiner Bitte hat der Strafsenat in Schleswig beginnend mit dieser Woche die Sitzungstage so terminiert, dass ich an beiden Prozessen teilnehmen kann. Mein Partner in der Sitzungsvertretung in Frankfurt/Main ist ein Hiwi-Kollege unseres Referats.

Zwei Situationen stellen für mich die Höhepunkte dieses Airbase-Prozesses dar:

- Zum einen der Auftritt von Brigitte Mohnhaupt, der Chefin der RAF. Meinem Eindruck nach will sie als Zeugin der angeklagten Eva Haule nicht schaden, stützt durch ihre Angaben zu den Entscheidungsprozessen innerhalb der RAF aber eher unsere Anklage. Nach dem

Ende ihrer Aussage suche ich sie in der Vorführzelle des Gerichts auf, um mit ihr ins Gespräch zu kommen, ob sie eventuell – wie andere RAF-Mitglieder – bereit sei, sich von mir vernehmen zu lassen. Freundlich, aber sehr bestimmt lehnt sie dies ab.

- Zum anderen Medienberichte über das schriftliche »Gutachten« eines Beamten des Bundeskriminalamts, das in Bezug auf die beiden Airbase-Kassiber – konträr zu meiner Bewertung – zu der Einschätzung kommt, dass Haule möglicherweise nicht direkt an dem Airebase-Attentat und dem Pimental-Mord beteiligt war und das von ihr benutzte »Wir« nicht zwangsläufig die Täter des Anschlags, sondern die RAF insgesamt meint. Daraus schlussfolgern die Medien prompt, dass unsere Anklage »auf tönernen Füßen« stehe. Nach dem Streit um die Verhaftung von Lars C. im Mölln-Verfahren ist dies für mich der zweite Fall, in dem die Polizei bzw. jetzt ein einzelner Polizist der für das Ermittlungs-verfahren verantwortlichen Staatsanwaltschaft wider-spricht. Was mich ärgert, ist der Umstand, dass dieses »Gutachten«, das wir selbstverständlich schon zu den Akten gegeben hatten, jetzt während des laufenden Haule-Prozesses anonym mit Briefumschlag des Bundeskriminalamts den Medien zugespielt wurde. Mein Eindruck ist, dass da jemand aus den Reihen der Polizei Stimmung gegen unsere Anklage machen will. Deshalb mache ich aus meiner Verwunderung über diese abweichende Meinung eines einzelnen Polizeibeamten, der dazuhin ohne Auftrag gehandelt hat, keinen Hehl.

Am 21.4.1994 tragen wir Anklagevertreter unser 85 Seiten umfassendes schriftliches Plädoyer vor. In meinem einleitenden Teil erlaube ich mir im Hinblick auf Medienberichte über dieses Verfahren folgende

Bemerkung, ja geradezu mein **»juristisches Glaubensbekenntnis«:**

»Wer meint, die Bundesanwaltschaft hätte in diesem Verfahren je nach Gutdünken anklagen oder auf eine Anklage verzichten können, der verkennt oder verschweigt, dass unser Strafsystem nicht von solchen Opportunitätsgesichtspunkten geprägt ist, sondern vom sog. Legalitätsprinzip. Dieses Prinzip, durch das die Grundsätze der Gleichheit vor dem Gesetz und der Gerechtigkeit verwirklicht werden sollen, schreibt vor, dass der Staatsanwalt immer dann anzuklagen hat, wenn eine bestimmte Person einer Straftat hinreichend verdächtig erscheint. Dies bedeutet, dass die Bundesanwaltschaft – dass ich als Sachbearbeiter – zur Anklageerhebung gegen Eva Haule verpflichtet war, weil wir von ihrer Tatbeteiligung am Anschlag auf die Airbase und am Mord an Edward Pimental überzeugt waren und – um es gleich am Anfang deutlich zu sagen – noch heute davon überzeugt sind.

Ich kenne das Argument, Eva Haule sei doch bereits zu einer Freiheitsstrafe von 15 Jahren verurteilt, sodass ein »neuer Prozess gegen sie doch nichts oder nicht mehr viel bringe«. Wer so argumentiert, der verdrängt den gravierenden Vollstreckungs-Unterschied zwischen der höchsten zeitlichen Freiheitsstrafe (Mindestverbüßungszeit 7 ½ Jahre) und einer lebenslangen Freiheitsstrafe (Mindestverbüßungszeit 15 Jahre), mit der die Angeklagte im Falle ihrer Verurteilung rechnen muß; der verkennt insbesondere, dass es bei dieser rechtlichen Konstellation keine einzige strafprozessuale Vorschrift gibt, die es erlauben würde, von der Strafverfolgung abzusehen. Jedenfalls ist es einem Staatsanwalt untersagt, die Erhebung einer Anklage davon abhängig zu machen, ob sie momentan politisch opportun oder »politisch kontraproduktiv« ist …

Sowohl eine Tageszeitung als auch die Angeklagte Haule haben in Bezug auf dieses Verfahren denselben Ausdruck benutzt, nämlich: dieser Prozess sei »Teil eines Kampfes des Staates gegen die RAF«. Versteht man diesen Ausdruck »Kampf« – so wie er erkennbar gemeint ist – als den Versuch, die Mitglieder der RAF physisch und psychisch zu zerstören, so trifft dies weder die Aufgabe dieses Gerichts noch meine persönliche Berufsauffassung. Denn es ist nicht die primäre Aufgabe der Strafjustiz, Verbrechen zu bekämpfen, also zukünftige Straftaten zu verhindern. Diese präventive Tätigkeit, die wesentlicher Bestandteil der schutzpolizeilichen Aufgabe ist, muss sorgfältig von der Strafverfolgung getrennt werden, die prinzipiell auf die Vergangenheit gerichtet ist und dazu dient, Straftaten aufzuklären und den Täter der gerechten Bestrafung zuzuführen. Natürlich dient die Strafverfolgung mittelbar auch der Abwehr künftiger Verbrechen, weil eine zuverlässige, erfolgreiche Durchführung der Strafverfolgung die sicherste Gewähr gegen das Überhandnehmen des Verbrechens darstellt. Diese general- und spezialpräventive Wirkung ist aber nicht die primäre Aufgabe der Justiz. Deshalb geht es in diesem Verfahren auch nicht – wie Eva Haule behauptet – darum, die Angeklagte körperlich oder psychisch zu exekutieren, sie zu hassen, sie politisch zu brechen, sie zu vernichten oder sie zu unterwerfen. Es geht – wie bei jedem x-beliebigen Angeklagten – schlicht und einfach um die Frage, ob Eva Haule die angeklagten Straftaten verübt hat und – wenn ja – wie sie dafür zu bestrafen ist. Und eine eventuelle Bestrafung hat nichts damit zu tun, sie »lebenslänglich einzubetonieren« oder sie so lange wie möglich hinter Gittern zu halten. Jeder Gefangene – auch jeder aus der RAF, insbesondere jeder sog. Lebenslängliche – kann vorzeitig aus der Haft entlassen werden, wenn nach einer gewissen Mindestverbüßungszeit von ihm keine weiteren

Straftaten mehr zu befürchten sind. Dies hat nichts mit »Abschwören« zu tun. Und es hat auch nichts mit »Zwangspsychiatrisierung« zu tun, wenn das Gesetz vorschreibt, dass bei »Lebenlänglichen« durch einen Sachverständigen geprüft werden muss, ob die durch die Tat hervorgetretene Gefährlichkeit fortbesteht. Wer etwas anderes behauptet, lügt sich und seinen Sympathisanten etwas vor oder er meint unberechtigterweise, im Vergleich zu anderen Gefangenen Anspruch auf eine Sonderbehandlung zu haben. Dies ist – wenn man so will – mein Credo als Staatsanwalt. Und wenn Sie, Frau Haule, mich – wie zu Beginn des Verfahrens den Vorsitzenden – einen »furchtbaren Juristen« nennen, nur weil ich mich an Recht und Gesetz halte, so ist dieser Ausdruck für mich keine Beschimpfung, sondern Anerkennung.«

Am Ende unseres Plädoyers beantrage ich, Eva Haule wegen Mordes an Edward Pimental und wegen des Airbase-Attentats zu verurteilen und gegen sie – unter Einbeziehung des Urteils des Oberlandesgerichts Stuttgart wegen des Oberammergau-Anschlags – eine lebenslange Freiheitsstrafe als Gesamtstrafe zu verhängen sowie festzustellen, dass die Schuld der Angeklagten besonders schwer wiegt.[160] Am 28.4.1994 – dem 22. Prozesstag – verkündet der Strafsenat sein Urteil, das diesem Antrag entspricht.[161]

---

[160] Die Feststellung der besonderen Schuldschwere bewirkt, dass Eva Haule auf justiziellem Weg nicht bereits nach einer Haftdauer von 15 Jahren, sondern frühestens nach 17 Jahren Haft entlassen werden kann und das Gericht die genaue Mindestverbüßungszeit noch bestimmen muss (vgl. S. 152 f.).

[161] Am 17.8.2007 wird Eva Haule nach der vom Gericht festgelegten Haftdauer von rund 21 Jahren auf Bewährung entlassen.

280

Lübeck am 25.3.1994 – erster Synagogenbrand seit der »Reichskristallnacht«

Während des Haule-Prozesses erfahre ich von folgendem Brandanschlag: In der Nacht zum 25.3.1994, kurz nach 2 Uhr, drangen bislang unbekannte Täter über einen unverschlossenen Seitengang in die Synagoge[162] ein, die in der Lübecker Altstadt liegt, und brachten in dem dortigen Windfang den Inhalt von mindestens zwei Molotowcocktails zur Zündung; eine weitere, unbenutzte Brandflasche wurde auf der Gebäu-
deseite, die gegen-
überliegt, entdeckt.
Durch das Feuer
gerieten die im Wind-
fang gelagerten Holz-
teile der sog. Laub-
hütte[163] ebenso in
Brand wie die Wände, die Decke und die Eingangstür des Raumes. Aufgrund der Hitze barsten schließlich die Oberlichter der Eingangstür. Durch das Klirren des Fensterglases wurden die fünf im ersten Obergeschoss der Synagoge wohnenden Personen wach, die den Brand entdeckten und um 2:17 Uhr Polizei und Feuerwehr alarmierten. Beim Eintreffen des ersten Löschzuges schlugen die Flammen an dem Nebeneingang bereits bis zum ersten Obergeschoss hoch. Der Brand, der keine

---

[162] Bild siehe:
https://upload.wikimedia.org/wikipedia/commons/thumb/e/e8/SynagogeL%C3%BCbeck.jpg/220px-SynagogeL%C3%BCbeck.jpg

[163] Die »Laubhütte« gehört zum jährlich im Herbst stattfindenden »Laubhüttenfest«, bei dem eine mit Laub gedeckte Hütte im Freien errichtet wird, es zählt zu den drei großen jüdischen Festen des Jahres.

Personenschäden, aber einen Sachschaden von rund 150.000 DM verursachte, konnte alsbald gelöscht werden.

Der Aufschrei im In- und Ausland ist nach diesem Brandanschlag ähnlich groß wie nach dem Möllner Attentat, weil zum ersten Mal seit der »**Reichskristallnacht**« wieder in Deutschland ein jüdisches Gotteshaus in Brand gesetzt wurde.

Die »Reichskristallnacht«: In der Nacht zum 29.10.1938 wurden in Deutschland ca. 17.000 polnische Juden verhaftet und nach Polen abgeschoben, unter ihnen die Eheleute Grynspan. Als ihr 17-jähriger Sohn Herschel Grynspan in Paris hiervon erfuhr, suchte er am 7.11.1938 die Deutsche Botschaft in Paris auf und schoss dort auf den Gesandtschaftsrat Ernst vom Rath, der am 9.11.1939 an den Schussverletzungen starb. Diesem Mord folgte das, was als die »Reichskristallnacht« in die Geschichte einging: das NS-Regime organisierte noch in der Nacht vom 9. auf den 10.11.1938 im ganzen Reichsgebiet Gewaltaktionen gegen jüdische Mitbürger und ihre Friedhöfe, Wohn- und Geschäftshäuser, vor allem auch gegen ihre Synagogen. Im Verlauf dieses Pogroms wurden 91 jüdische Personen ermordet oder in den Tod getrieben sowie 191 Synagogen in Brand gesetzt und weitere 76 vollständig zerstört. Auch die Innenräume der Lübecker Synagoge wurden in dieser Nacht völlig verwüstet und konnten erst wieder ab 1.6.1945 für den jüdischen Gottesdienst genutzt werden.

Die Ermittlungen

Wegen des weltweiten Aufschreis zieht die Bundesanwaltschaft – wie bei den Brandanschlägen von Mölln und Solingen – auch dieses Mal die Ermittlungen an sich. Innerhalb unserer Behörde ist das für rechtsterroristische Straftaten zuständige Referat federführend; Sachbearbeiter ist mein unmittelbarer Zimmernachbar. Von ihm höre ich, dass die ersten Ermittlungen, die sich vorrangig gegen rechtsradikale Verdächtige richten, ins Leere gelaufen sind. Dann aber gibt es einen Hinweis auf drei junge Neonazis aus Lübeck, nämlich auf Boris H., Niko T. und Stefan W.; sie werden am 30.4.1994 festgenommen und legen prompt Geständnisse ab, in denen sie einen weiteren jungen Mann, Dirk B., als Mittäter belasten. Obwohl Dirk B., der einzige Nicht-Nazi unter den Beschuldigten, eine Tatbeteiligung bestreitet, erlässt der Ermittlungsrichter des Bundesgerichtshofs Haftbefehl gegen alle vier u.a. wegen des Verdachts des versuchten Mordes. Da außer den Geständnissen nahezu keine anderen Beweise gegen die vier Beschuldigten bestehen, werden nicht nur im SPIEGEL (»Was sind solche Geständnisse schon wert?«) Zweifel geäußert, ob die Beschuldigten angesichts dieser Beweislage als Täter überführt werden können, zumal man mit dem Widerruf der Geständnisse rechnet.[164]

Als ich im Sommer bei einem Gespräch mit dem sachbearbeitenden Kollegen ganz vorsichtig andeute, dass es mich reizen würde, erneut eine Sitzungsvertretung beim Oberlandesgericht in Schleswig wahrzunehmen, renne ich wohl offene Türen ein. Kurz darauf bin ich Sachbearbeiter des Verfahrens und weiß natürlich, dass es nicht einfach sein wird, eine Verurteilung der vier Angeklagten zu erreichen. Die von mir gefertigte Anklageschrift trägt das Datum 13.9.1994 und ist von **Generalbundesanwalt Kay Nehm** unterschrieben, der nach dem Ausscheiden von Alexander von Stahl im Zusammenhang mit den Vorfällen in Bad Kleinen seit 7.2.1994 unser neuer Behördenleiter ist.

---

[164] Siehe DER SPIEGEL Nr. 19/1994, S. 36

Zum »**Debakel von Bad Kleinen**«: 1992 war es den Sicherheitsbehörden gelungen, mit Klaus Steinmetz eine Person aus dem RAF-Umfeld als V-Mann zu gewinnen. Dieser signalisierte den Behörden, dass am 27.6.1993 am Bahnhof von Bad Kleinen/Mecklenburg-Vorpommern ein Treffen mit den RAF-Angehörigen Birgit Hogefeld und Wolfgang Grams stattfinden werde. Dort sollte die GSG 9 in der Bahnunterführung die Verhaftung vornehmen. Der Plan misslang. Zwar konnte Birgit Hogefeld festgenommen werden, Wolfgang Grams gelang es aber, aus der Unterführung auf die Gleise zu flüchten und auf die ihn verfolgenden GSG-9-Beamten zu schießen. Zwei dieser Schüsse trafen den Polizeikommissar Michael Newrzella, der noch am selben Tag verstarb. Auch Wolfgang Grams war tot. In ersten Medienberichten hieß es, Grams sei nach den Angaben einer Kioskverkäuferin »regelrecht hingerichtet« worden. Wegen des Debakels von Bad Kleinen trat Bundesinnenminister Rudolf Seiters am 4.7.1994 zurück und Bundesjustizministerin Leutheusser-Schnarrenberger versetzte Generalbundesanwalt Alexander von Stahl wegen eines angeblichen »Informationschaos« mit Wirkung vom 6.7.1994 in den einstweiligen Ruhestand. Als sich später herausstellt, dass die Kiosverkäuferin zu ihren ersten – falschen – Angaben verleitet worden war, stellt die Staatsanwaltschaft Schwerin das Verfahren wegen des Todes von Wolfgang Grams ein, weil er sich nach dem Ergebnis der kriminaltechnischen Untersuchungen selbst erschossen habe.

Der Synagogen-Prozess

Am 24.11.1994 beginnt in Schleswig der Prozess gegen die vier vermeintlichen Täter des Brandanschlags auf die Lübecker Synagoge. Im Vorfeld ist der Lübecker Oberstaatsanwalt Günter Möller, der die ersten Ermittlungen sowohl bei den Brandanschlägen von Mölln als auch beim Attentat auf die Synagoge geleitet hatte, mit einem Teil

284

seiner Arbeitskraft an die Bundesanwaltschaft abgeordnet worden, um gemeinsam mit mir die Anklage im Synagogen-Prozess zu vertreten. Der Strafsenat ist nahezu mit denselben Richtern besetzt wie im Mölln-Prozess. Auch viele der Medienvertreter kenne ich noch aus dieser Hauptverhandlung, sodass ich so etwas wie ein »Heimspiel« empfinde. Die vier Angeklagten sehe ich zu Prozessbeginn das erste Mal. Es sind junge Männer, inzwischen 20 bis 24 Jahre alt; drei von ihnen besuchten die Sonderschule, alle vier Lebensläufe und ihre Familienverhältnisse offenbaren ein einziges Elend – in den Medien ist davon die Rede, es seien »biographische Krüppel«.

Angesichts solcher Biographien, aber auch nach meinen Beobachtungen im Mölln-Prozess, tendiere ich dazu, dass **Rechtsextremisten** – im Gegensatz zu Linksextremisten – in der Regel gescheiterte Lebensläufe aufweisen, oftmals durch einen geringen Intelligenzquotienten auffallen, eher keine organisatorischen Strukturen bilden, ihre Taten häufig ohne genauen Plan, sondern aus einer momentanen Situation heraus begehen und ihre Anschläge teilweise nur mit einem dumpfen »Ausländer raus!« erklären. Gleichwohl sollte man sich vor einem solchen Schubladendenken hüten, weil es – etwa bei den »Deutschen Aktionsgruppen« um Rechtsanwalt Röder – im rechtsterrorischen Bereich Organisationformen oder ein völlig verdecktes Agieren gibt, was im Vergleich zur RAF an eine Art »Braune Armee Fraktion« denken lässt, von der schon einmal die Rede war, als eine rechsterroristische »Kameradschaft Süd« wegen eines von ihr geplanten Sprengstoffanschlags bekannt wurde, der am 9.11.2003 auf die Grundsteinlegung des neuen Jüdischen Kulturzentrums in München verübt werden sollte.[165]

---

[165] Martin Wiese, der Anführer der Terrorgruppe, wurde deshalb vom Bayerischen Obersten Landesgericht zu einer Freiheitsstrafe von sieben Jahren verurteilt.

Die ausgesprochen zähe Beweisaufnahme dreht sich nahezu ausschließlich um die Frage, ob die vier Angeklagten wirklich die Täter sind, die Geständnisse während des Ermittlungsverfahrens also der Wahrheit entsprechen. Heiß umstritten ist vor allem, ob der vierte Angeklagte, der weiterhin eine Tatbeteiligung vehement bestreitet, Mittäter ist. Schon am ersten Prozesstag geschieht das, was viele vorhergesagt hatten und mich nicht überrascht: Der 24-jährige Stephan W. widerruft sein Geständnis und behauptet, an dem Synagogen-Anschlag nicht beteiligt gewesen zu sein. Die beiden 20-jährigen Boris H. und Niko T. geben ihre Tatbeteiligung zwar spontan zu und sagen auch, dass die beiden anderen Angeklagten ebenfalls am Tatort beteiligt gewesen seien; aber man kann geradezu mit Händen greifen, dass sie ebenfalls auf dem Weg sind, ihre Geständnisse zu widerrufen. Am vierten Verhandlungstag geht es um die Frage, ob Dirk B. am Tatort mitgewirkt hat. Eine von den Verteidigern in diesem Zusammenhang beantragte Sitzungspause scheint aus meiner Sicht dem Zweck zu dienen, entsprechende Erklärungen zugunsten von Dirk B. vorzubereiten. Als in der anschließenden Hauptverhandlung nichts geschieht, wird mir dieses Taktieren und dieser Schwebezustand zu dumm, weshalb ich mit einer Prozesserklärung die Flucht nach vorne antrete: Ich weise an die Adresse der drei (ursprünglich) geständigen Angeklagten darauf hin, dass die Anklage gegen Dirk B. allein auf ihren Geständnissen beruht und sie sich in Bezug auf diesen Mitangeklagten wegen eines besonders schweren Falls der Freiheitsberaubung schuldig gemacht haben (für die das Gesetz eine Freiheitsstrafe von einem Jahr bis zu zehn Jahren vorsieht). Interessant ist, dass dieser Hinweis ersichtlich zu einer Verunsicherung unter den früher geständigen Angeklagten und letztlich zur Rückkehr zu ihren Geständnissen führt.

Wegen des Tatmotivs haben alle Prozessbeobachter den Eindruck, dass es sich bei den drei geständigen Angeklagten und bei Dirk B. – anders als bei den Mölln-Tätern – nicht um unbelehrbare, fanatische Rechtsradikale bzw. Antisemiten handelt, sondern um – wie es in einem Medienkommentar heißt – »ungebildete, geistig kaum bewegliche und aus der Bahn geworfene junge Suffköppe«. Zwar gibt der Angeklagte Nico T. im Prozess an, er sei zum Tatzeitpunkt der Meinung gewesen, Ausländer sollten in ihre Heimat zurück, damit »Deutschland sauber bleibt«, und Juden sollten »nach Israel oder was weiß wohin«. Die drei geständigen Angeklagten geben aber übereinstimmend an, sie hätten nicht gewusst, dass es sich bei dem Ziel ihrer Tat um eine Synagoge handelte, sie hätten das Gebäude für ein normales Haus, etwa eine »Judenschule« oder ein »jüdisches Museum« gehalten.

Die für mich spannendste Frage ist, ob die Angeklagten – die zum Tatzeitpunkt nicht unerheblich betrunken waren – bemerkt haben, dass in der ersten Etage der Synagoge Menschen wohnen, was den in der Anklage erhobenen Vorwurf, die Brandstifter hätten den Tod von Menschen billigend in Kauf genommen, belegen würde. Eine Bewohnerin gibt dazu glaubhaft an, dass zum Zeitpunkt des Brandanschlags jedenfalls in ihrer Wohnung eine Lampe gebrannt habe und dies auch von außen klar erkennbar gewesen sei. Hinzukommt, dass mit Boris H. einer der Anklagten während des Ermittlungsverfahrens angegeben hatte, man habe sich darüber unterhalten, dass in dem Gebäude Menschen wohnen könnten; er selbst habe sich das gedacht und deshalb kein gutes Gefühl bei der Sache gehabt. Zu der Frage, wie weit man auf die Richtigkeit dieser Aussage vertrauen könne, erklärt ein Psychiater als Sachverständiger, dass Boris H. – ähnlich wie Nico T. – bei einem Intelligenzquotienten von 62 in weiten Bereichen nur über ein Niveau verfüge, das dem der Sonderschule für geistig Behinderte entspreche; beide hätten einen geringen Wortschatz, könnten Fragen nicht einordnen und damit eben auch nicht richtig beantworten. Damit ist klar, dass wir auf den Satz von Boris H., auf den sich unsere Anklage hinsichtlich des Tötungsvorwurfs hauptsächlich stützte, »nichts mehr geben können«, wie ich dies im Prozess so formuliere. Eine Zeitung bewertet dies am nächsten Tag als »schwere Schlappe« der Bundesanwaltschaft – der Gutachter habe die Anklage halbiert.

Einige Verhandlungstage später erleben wir die nächste Überraschung. Der Angeklagte Dirk B., der bisher eine Anwesenheit am Tatort bestritten hatte, gibt plötzlich an, eher zufällig mit den drei Mitangeklagten am Tatabend zur Synagoge mitgegangen zu sein, wo er damit überrascht worden sei, dass die drei anderen Molotowcocktails dabei hatten, weshalb er vor dem Brandanschlag weggerannt sei.

Am 31.3.1995 erhalten wir Anklagevertreter das Wort zu unserem Schlussvortrag.[166] Das 104 Seiten starke Plädoyer haben wir wie folgt aufgeteilt: Mein Kollege Möller nimmt zur Tat – also zum Sachverhalt, zur Beweiswürdigung und zum Tatmotiv – Stellung, während ich für die Einleitung, die subjektive Tatseite, die rechtliche Würdigung und das Strafmaß zuständig bin. Günter Möller kommt nach dem Ergebnis der Beweisaufnahme zu dem sicheren Ergebnis, dass alle vier Angeklagten an dem Brandanschlag auf die Synagoge beteiligt waren und dass die Angeklagten Stephan W., Niko T. und Boris H. die Tat aus rechtsradikalen, neonazistischen, fremdenfeindlichen und antisemitischen Motiven verübt haben, während Dirk

---

[166] Wie im Mölln-Verfahren wird auch dieses Mal mein Plädoyer teilweise veröffentlicht, und zwar in der Broschüre »Frakturen – Das Verfahren vor dem OLG Schleswig über den Anschlag auf die Lübecker Synagoge am 25.2.1993«.

B. aus alter Verbundenheit zu Niko T. sowie wegen eines Anerkennungsbedürfnisses gehandelt habe.

Als Einleitung habe ich einen Satz gewählt, der mir während des gesamten Prozesses durch den Kopf gegangen ist und der auch meine rechtliche Bewertung dieses Falles prägt: »Vergib ihnen, denn sie wissen nicht, was sie tun! – Aber vergib ihnen nicht, sondern bestrafe sie, wenn und soweit sie wissen, was sie tun!« Dementsprechend komme ich bei der Bewertung der subjektiven Tatseite zu dem Ergebnis, dass zwar der Angeklagte Dirk B. die Synagoge als Gotteshaus anzünden wollte (und sich deshalb wegen schwerer Brandstiftung schuldig gemacht hat), nicht aber die übrigen Angeklagten. Zugunsten der Angeklagten nehme ich auch an, dass alle vier wegen ihrer starken Alkoholisierung das Licht in den Wohnungen der Synagoge nicht bemerkt haben, dass aber die Angeklagten Niko T., Stephan W. und Boris H. das Gebäude subjektiv für ein »normales Haus« hielten, in dem auch Menschen wohnen können. Daraus folge, dass sich diese drei Angeklagten nicht nur wegen schwerer Brandstiftung, sondern – anders als Dirk B., der das Gebäude für ein Gotteshaus gehalten habe – wegen versuchten Mordes schuldig gemacht haben. Bei diesen drei Angeklagten gehe ich von einer verminderten Schuldfähigkeit aus und nehme zugunsten von Dirk B. an, dass er nur Beihilfe zum Brandanschlag geleistet hat. Dementsprechend beantrage ich, die Angeklagten zu folgenden Freiheitsstrafen zu verurteilen:

- Stephan W. zu sechs Jahren
- Niko T. zu fünf Jahren und drei Monaten Jugendstrafe,
- Boris H. zu vier Jahren und sechs Monaten Jugendstrafe und
- Dirk B. zu vier Jahren und sechs Monaten.

Am 13.4.1995, dem 27. Prozesstag, verkündet der Senats-vorsitzende das Urteil: Die Angeklagten Stephan W., Niko T., und Boris H. sind der einfachen Brandstiftung schuldig, der Angeklagten Dirk B. der Beihilfe zu dieser Tat. Deshalb werden sie zu folgenden Freiheitsstrafen verurteilt: Stefan W. zu vier Jahren und sechs Monaten, Niko T. und Boris H. jeweils zu drei Jahren und neun Monaten Jugendstrafe sowie Dirk B. zu zwei Jahren und sechs Monaten. In der Urteilsbegründung stellt der Vorsitzende Ehrich dar, dass eine Verurteilung wegen schwerer Brandstifung oder versuchten Mordes letztlich wegen des Grundsatzes »in dubio pro reo«[167] unterblieben sei.

Nach der Urteilsverkündung bleibe ich sitzen und will kurz meinen Gedanken nachhängen: Ein aufgrund zahl-loser Verhandlungspausen unendlich langer Prozess liegt hinter uns, der wegen der problematischen Persönlich-keiten der Angeklagten zu meinen schwierigsten Fällen zählt. Ein Gerichtsreporter schreibt zwar, er habe in 30 Jahren keinen spannenderen Prozess erlebt. Ich dagegen bin heilfroh, dass die zähe Hauptverhandlung endlich vorbei ist. Auch genieße ich es trotz des besten Verhält-nisses zu meinen polizeilichen Beschützern, dass meine Gefährdungseinstufung während des Prozesses reduziert wurde und ich so weitestgehend ohne Begleitschutz nach Schleswig fahren konnte.

Dann will ich mich aber doch den Fragen der zahlreichen Medienvertreter stellen, die natürlich wissen wollen, ob wir Anklagevertreter das Urteil als Niederlage empfinden und ob wir dagegen ein Rechtsmittel einlegen werden. Manche scheinen verwundert zu sein, als ich erkläre, dass ich über das Urteil keineswegs enttäuscht bin, dass ich mich vielmehr darüber freue, dass es der Justiz

---

[167] Dieser juristische Grundsatz besagt, dass im Zweifel zugunsten des Angeklagten zu entscheiden ist.

trotz der ersichtlich schwierigen Beweislage gelungen ist, die Täter des weltweit aufsehenerregenden Brandanschlags auf die Lübecker Synagoge zu überführen. Im Hinblick auf die beeindruckende mündliche Urteilsbegründung würde ich dazu tendieren, gegen die Gerichtentscheidung keine Revision einzulegen. In der Tat legt die Bundesanwaltschaft kein Rechtsmittel gegen das Urteil ein, das auch rechtskräftig wird.

Der Abschied von der Bundesanwaltschaft und das ≫Spindy≪- Buch

Das Urteil im Synagogen-Prozess ist noch keinen Monat her, als ich schon wieder nach Lübeck reisen muss.

Erneut brennt die Lübecker Synagoge

Am Vormittag des 7.5.1995, einem Sonntag, werde ich zu Hause telefonisch darüber informiert, dass schon wieder ein Brandanschlag auf die Synagoge in Lübeck verübt worden sei und ich mich vor Ort um die Ermittlungen zu dieser Tat kümmern solle. Also alarmiere ich meine Protokollführerin Frau Bitzer, den neuen Hiwi in unserem Referat sowie den Bereitschaftsfahrer, worauf wir uns eine gute Stunde später bei der Bundesanwaltschaft treffen, um nach Lübeck zu fahren. Am späten Nachmittag sind wir bei der SOKO »St. Annen II« vor Ort, wo uns zuallererst der Sachverhalt geschildert wird.

In der vergangenen Nacht wurde gegen 2 Uhr ein an die Synagoge grenzender Steinschuppen angezündet, der nahezu völlig ausbrannte; auch im Seiteneingang der Synagoge wurde Feuer gelegt, das aber alsbald erlosch. Verletzt wurde bei dem Attentat niemand. Inzwischen ist für Hinweise auf den bzw. die Täter eine Belohnung in Höhe von insgesamt 100.000 DM ausgesetzt. Die Empörung ist wieder groß, insbesondere darüber, dass innerhalb von 14 Monaten ein zweites Mal das jüdische Gotteshaus in Lübeck in Brand gesetzt wurde. Wie beim ersten Attentat vermuten wir den/die Täter im Bereich der Rechtsradikalen in Lübeck, halten aber auch andere Personen – etwa Pyromanen – für mögliche Verursacher des Brandes.[168]

Der Anruf

Am Mittwoch, dem 17.5.1995, kommt ein Anruf bei der SOKO in Lübeck an, der sofort an mich weitergeleitet wird. Am Apparat ist Ministerialdirektor Wilhelm Schmolz, der Amtschef im Justizministerium Baden-Württemberg und der Mann, der es bisher immer gut mit mir gemeint hat. Bei unserem Gespräch kommt er ohne große Umschweife sofort auf sein Anliegen zu sprechen. Er selbst gehe im Laufe des Jahres in den Ruhestand, seine Position werde aller Voraussicht nach der jetzige Generalstaatsanwalt von Württemberg übernehmen und dessen Nachfolger werde sehr wahrscheinlich der Chef der Staatsanwaltschaft Stuttgart. Ob ich denn bereit sei, die Aufgabe des Leitenden Oberstaatsanwalts in Stuttgart zu übernehmen. Ich bin völlig perplex und deshalb dankbar, als Herr Schmolz auch dieses Mal unser Gespräch mit den Worten beendet: »Sie können sich das Angebot in Ruhe überlegen. Ich wäre Ihnen aber dankbar, wenn Sie mich in einer Woche über Ihre Entscheidung informieren würden.«

---

[168] Nach einigen Wochen entsteht ein gewisser Verdacht gegen einen 27-Jährigen, der auch verhaftet wird. Weil sich bei ihm keine Anhaltspunkte für ein fremdenfeindliches Motiv finden lassen, geben wir das Verfahren an die örtliche Staatsanwaltschaft Lübeck ab. Da sich aber auch dieser Verdacht nicht erhärten lässt, stellt die Staatsanwaltschaft Lübeck das Verfahren im August 1997 ein.

292

Meine Reaktion ist: Ich will alleine sein, um mir zunächst selbst Gedanken zu machen, wie ich auf diesen Anruf reagieren soll. Ich verlasse deshalb auf der Stelle das Gebäude des Landeskriminalamts und setze mich in ein nahegelegenes Café. Durch den Kopf geht mir: Ich soll Chef meiner staatsanwaltlichen Heimatbehörde werden! Bin ich dieser  Aufgabe überhaupt gewachsen, nachdem ich bisher weitestgehend Einzelkämpfer war? Werden mir die spannende Ermittlungsarbeit und die Anklagevertretung vor Gericht nicht sehr fehlen? Ist das Managementgeschäft nicht unendlich langweilig? Werde ich meine Kollegen und Freunde bei der Bundesanwaltschaft – insbesondere **Rainer Griesbaum und Frau Bitzer** – nicht schrecklich vermissen? Könnte ein Wechsel nach Stuttgart finanziell gar schädlich sein, da ich wohl relativ kurz vor der Ernennung zum Bundesanwalt stehe? Nach diesen Selbstgesprächen rufe ich meine Ehefrau an, die auf meine Frage, was meinst Du zu dem Angebot, auch dieses Mal sagt, dass sie mir diese Entscheidung nicht abnehmen könne und wolle, ich solle mich einfach auf mein Bauchgefühl verlassen. Auch Freunde, mit denen ich in den nächsten Tagen über dieses Thema rede, können mir nur das Für und Wider aufzeigen, falls ich das Angebot annehme oder ablehne. In dieser aufgewühlten emotionalen Lage trete ich am Nachmittag des 19.5.1995 per Bahn die Heimreise an. Beim Umsteigen in Hamburg habe ich eine halbe Stunde Zeit. Um den fast unerträglichen Zustand, bei dem ich zwischen Zusagen und Ablehnen hin- und hergerissen bin, zu beenden, suche ich eine Telefonzelle am Hauptbahnhof auf, rufe Ministerialdirektor Schmolz an und beschränke mich auf diesen Satz: »Ich mache das!«

Der Abschied

Natürlich geht das Tagesgeschäft bei der Bundesanwaltschaft weiter. Ich vernehme nochmals Peter-Jürgen Boock in Hamburg, allerdings ohne neue Erkenntnisse. Mein Versuch, auch das RAF-Mitglied Knut Folkerts in der Justizvollzugsanstalt Celle in Sachen Schleyer zu vernehmen, scheitert an dessen Aussageverweigerung. Zwischendurch stelle ich mich den Verantwortlichen im Stuttgarter Justizministerium, insbesondere Minister Thomas Schäuble, vor. Am 14.9.1995 sage ich im Mehrzweckgebäude im Prozess gegen Sieglinde Hofmann als Zeuge in Sachen Schleyer dazu aus, was Peter-Jürgen Boock mir gegenüber ausgesagt hat und was aus meiner Sicht davon zu halten ist. Zwei Mal trete ich noch beim Bundeskriminalamt in Bonn-Meckenheim auf, um jungen Kripo-Beamten über meine Erfahrungen in Terrorismusverfahren zu berichten.

Dort erreicht mich auch ein Anruf von Gerhard Mauz, dem Gerichtsreporter des SPIEGELs, mit dem ich seit dem Mölln-Prozess hin und wieder Kontakt hatte und dem offensichtlich zu Ohren gekommen ist, dass ich die Bundesanwaltschaft via Stuttgart verlassen werde. In der nächsten SPIEGEL-Ausgabe vom 16.10.1995, in welcher Gerhard Mauz über das Düsseldorfer Urteil im Prozess wegen des Solinger Brandanschlags berichtet, ist folgende Passage enthalten:

»Herr Pflieger ist ein exzellenter Mann, er fördert ein Verfahren, auch im Sinne des Gerichts und sogar der Verteidigung. Er verläßt dieser Tage die Bundesanwaltschaft und wird Leitender Oberstaatsanwalt in Stuttgart, den Stuttgartern darf man gratulieren dazu ... Für die Bundesanwaltschaft ist das ein herber Verlust.«

Ich kann nicht verhehlen, dass es mir guttut, Derartiges über mich zu lesen, zumal aus der Feder eines Mannes, der uns Sitzungsvertreter im Boock-Prozess noch beschimpft hatte.[169] Besonders freue ich mich darüber, dass er mir jetzt – im völligen Gegensatz zu seinem Kommentar im Boock-Verfahren – attestiert, dass ich es mit dem staatsanwaltlichen Objektivitätsgebot ernst meine. Seine Formulierung, ich würde ein Verfahren sogar im Sinne der Verteidigung fördern, empfinde ich als das größtmögliche Kompliment an die Adresse eines Staatsanwalts. Im nächsten Moment erinnere ich mich aber daran, dass es bei der Bundesanwaltschaft lange Zeit – zumindest unter Generalbundesanwalt Rebmann – geradezu als Ritterschlag galt, vom SPIEGEL beschimpft zu werden. Ich werde mir also Gedanken machen müssen, was ich falsch gemacht habe ...

Zu meinem Abschied aus Karlsruhe lade ich am Nachmittag des 31.10.1995 die gesamte Behörde sowie Weggefährten aus der Polizei und der Justiz ins Casino des Bundesgerichtshofs ein. Es ist ein für mich bewegendes Fest, sind doch viele dabei, mit denen mich spannende Situationen während der letzten acht Jahre verbinden: etwa mehrere Mitarbeiter des Bundeskriminalamts, die für die Erddepotfunde samt den Festnahmen zuständig waren; der Senatsvorsitzende des Startbahn- und des Haule-Prozesses; Oberstaatsanwalt Möller und weitere Gäste aus Schleswig-Holstein; vor allem auch meine früheren Chefs, Generalbundesanwalt a.D. Rebmann und Bundesanwalt a.D. Löchner.

Mir wird noch einmal ganz deutlich vor Augen geführt, was ich mit dem Abschied von der Bundesanwaltschaft alles aufgebe. Am schwersten fällt mir die Trennung von meinem Freund Rainer Griesbaum, weil ich in den letzten Jahren fast in jeder Situation registriert habe, dass wir

---

[169] Siehe S. 141

geradezu parallel denken (»gleich ticken«, wie es meine Kinder formulieren würden) und dass wir ein gutes Tandem waren, weshalb wir wohl in der Behörde trotz unserer optischen Unterschiede als die »siamesischen Zwillinge« bezeichnet wurden.

Zu meinen letzten Tätigkeiten in der Behörde gehört, dass ich meine Pistole abgebe – ein Moment, auf den ich mich schon lange gefreut habe und in dem ich eine enorme Erleichterung empfinde.

Vom Staatsanwalt zum Chef von Staatsanwälten

Meine Ernennungsurkunde zum Leitenden Oberstaatsanwalt ist mir bereits am 30.10.1995 ausgehändigt worden. Am darauffolgenden Montag trete ich mein neues Amt als Behördenleiter der Staatsanwaltschaft Stuttgart an.

> Die **Staatsanwaltschaft Stuttgart** ist mit mehr als 400 Mitarbeitern – darunter 114 Staatsanwälte und 19 Amtsanwälte – nach Berlin, Köln und Hamburg die viertgrößte unter den mehr als 100 Anklagebehörden in Deutschland. Sie ist für die Landeshauptstadt Stuttgart und für die Landkreise Esslingen, Böblingen, (teilweise) Ludwigsburg und Waiblingen zuständig. Intern ist sie in fünf Hauptabteilungen mit insgesamt 23 Ermittlungsabteilungen sowie in eine Vollstreckungsabteilung gegliedert. Für den ganzen Landesteil Württemberg ist sie außerdem in sog. Staatsschutzsachen und als Schwerpunktstaatsanwaltschaft für Wirtschaftkriminalität zuständig.

Die Begrüßung an diesem 6.11.1995 ist ausgesprochen herzlich. Unter den anwesenden Abteilungsleitern und Hauptabteilungsleitern sind mir nur wenige nicht bekannt. Mit einigen bin ich aus früheren Zeiten per Du und ich mache sofort deutlich, dass ich bei diesem Du – abgesehen von öffentlichen Auftritten – bleiben möchte. Nahezu alle Abteilungsleiter- und Hauptabteilungsleiterposten sind jetzt mit Personen besetzt, die ich aus der Abteilung 1 oder aus der gemeinsamen Referendarzeit kenne. So ist einer meiner früheren Vorgesetzten während meiner Zugehörigkeit zur Abteilung 1 inzwischen zum Hauptabteilungsleiter aufgestiegen, aber jetzt gleichwohl in der staatsanwaltlichen Hierarchie mir untergeordnet. Ich kann es mir bei meiner Begrüßung nicht verkneifen, darauf hinzuweisen, dass ich gelernt habe, man sollte seine Untergebenen immer ordentlich behandeln, sie könnten ja irgendwann der Vorgesetzte sein.

Am 27.11.1995 findet im Weißen Saal des Neuen Schlosses, der »guten Stube« der Landeshauptstadt, meine offizielle Amtseinführung statt, an der jede Menge Prominenz aus Stuttgart teilnimmt, vor allem aber auch mein früherer Chef, **Generalbundesanwalt a.D. Rebmann**. Im Hinblick auf meine neue Aufgabe habe  ich von ihm, aber auch von anderen Vorgesetzten – etwa den Bundesanwälten Löchner und Zeis – überaus viel gelernt, z.B. in Bezug auf Transparenz, Offenheit sowie das große Vertrauen in die Mitarbeiter, die besonders motiviert sind, wenn sie weitestgehend eigenverantwortlich agieren dürfen. Interessant ist, dass ich den Eindruck habe, fast noch mehr von weniger geschätzten Vorgesetzten gelernt zu haben, nämlich welche Eigenarten man als Chef möglichst nicht an den Tag legen sollte, etwa Gleichgültigkeit, Hochnäsigkeit, Egozentrik oder Rücksichtslosigkeit.

Das Managementgeschäft, für das ich jetzt zuständig bin, ist natürlich völlig neu für mich, weshalb ich anfangs stark auf die Unterstützung durch den Verwaltungsleiter und seine Mannschaft angewiesen bin. Neu ist für mich auch die Leitungsfunktion, da ich bislang nicht einmal einer

Abteilung vorgestanden habe; ich hoffe aber, dass mir hier meine Erfahrungen im Umgang mit Polizeibeamten in den verschiedenen SOKOs zugutekommen. Mein großer Vorteil ist, dass sich die Staatsanwaltschaft Stuttgart gerade in dieser Zeit in einem völligen Umbruch befindet, den die Behörde so noch nie erlebt hat:

- So sind das Personal und die Aktenbestände seit meinem Weggang zur Bundesanwaltschaft im Jahr 1980 geradezu explodiert, weshalb außerhalb des »Mutterhauses« für vier Abteilungen sog. Dependancen angemietet werden mussten. Einer glücklichen Fügung ist es zu verdanken, dass just in dieser Zeit der **Gebäudetrakt der Telekom** angemietet werden kann, der die u-förmig angeordneten Häuser der Staatsanwaltschaft zu einem Carré abschließt. Dadurch verdoppelt sich die bisherige Nutzungsfläche des »Mutterhauses« nahezu, was nicht nur die Rückkehr der ausgelagerten Abteilungen, sondern auch die Unterbringung der externen Beweisstückverwaltung ermöglicht. Zuvor sind aber umfangreiche Renovierungs-, Umbau- und Verkabelungsarbeiten – auch im »Mutterhaus« – erforderlich. Ende 1996 feiern wir den logistisch ausgesprochen schwierigen Umzug mit einem vorweihnachtlichen Dämmerschoppen.

- Gleichzeitig mit den baulichen Veränderungen ist die sog. **Modernisierungsoffensive** des Justizministeriums mit der Einführung einer leistungsfähigen EDV, mit flächendeckender Ausstattung der gesamten Behörde mit PC-Arbeitsplätzen und modernen Telekommunikationsanlagen, Online-Verbindungen zu Zentralregistern und der Neumöblierung in die Tat umzusetzen.

- Schon vor meinem Amtsantritt hat mir Ministerialdirektor Schmolz mehrere Bände eines externen Gutachtens in die Hand gedrückt und dazu bemerkt, die darin enthaltenen Vorschläge sollten möglichst bald umgesetzt werden. Das Gutachten kommt zu dem Ergebnis, dass in den Staatsanwaltschaften verschiedene **neue Strukturmaßnahmen** implantiert werden sollten, die sich in der freien Wirtschaft schon bewährt haben und die wir jetzt Stück für Stück und unter Anpassung an die speziellen Verhältnisse unserer Behörde einführen. Dabei stehen für mich im Vordergrund: das Delegieren von Verantwortung, die Vereinfachung des Berichtswesens, die Auflösung zentraler Schreibtische und deren Einbindung in sog. Serviceeinheiten sowie die Einführung einer dezentralen Budgetverantwortung.

- Von enormer Bedeutung ist die Einrichtung einer **Arbeitsgruppe »Strukturveränderungen«.** Vor allem die Arbeit dieser mit allen Diensten des Hauses besetzten Arbeitsgruppe führt aus meiner Sicht zu beachtlichen Erfolgen, weil dort Probleme der ganzen Behörde diskutiert werden und an der Spitze mit Oberstaatsanwältin Vogt-Binné und Oberstaatsanwalt Nusser[170] zwei Hauptabteilungsleiter stehen, die in der Behörde großes Ansehen genießen. So gelingt es, etwa gleich große und ähnlich wichtige Abteilungen zu schaffen und für eine in etwa gleich starke Arbeitsbelastung zu sorgen.

Gemeinsam mit den Hauptabteilungs- und Abteilungsleitern entscheiden wir auch, freiwillig sog. **Jahresgespräche** für alle Mitarbeiter des Hauses einzuführen, für die der jeweils direkte Vorgesetzte – in der Regel also der Abteilungsleiter – verantwortlich ist; gerade dies soll zu einem noch besseren Zusammenhalt

---

[170] Oberstaatsanwalt Hans Nusser ist der frühere Anstaltsleiter der Justizvollzugsanstalt Stuttgart-Stammheim.

innerhalb der »Kleinfamilie« der einzelnen Abteilungen beitragen.

Durch die gesamten Veränderungen gelingt es aus meiner Sicht, die Arbeitsatmosphäre in der Behörde spürbar zu verbessern und – woran mir ebenfalls besonders gelegen ist – die durchschnittliche Bearbeitungsdauer unserer Verfahren von rund 80 Tagen auf etwa 50 Tage zu reduzieren.

Auch einige andere Punkte, die mir am Herzen liegen, werden geändert. Dazu zählt:

- Das Ersetzen des jährlichen Betriebsausflugs, an dem – wie man mir sagt – in den vergangenen Jahren immer nur rund 40 der 400 Behördenangehörigen teilnahmen, durch ein Hoffest auf unserem Gelände, das ab dem Jahr 1996 regelmäßig von weit mehr als 500 Personen besucht wird, darunter Polizeibeamte, Richter, Rechtsanwälte und Angehörige des Ministeriums, und das sich mehr und mehr zu dem Sommerfest der gesamten Stuttgarter Justiz entwickelt.

- Die ausdrückliche Erlaubnis für die staatsanwaltlichen Sitzungsvertreter, bei den Prozessen mit den Medienvertretern zu reden und bei Bedarf auch Interviews zu geben.

- Ein regelmäßiges Pressegespräch pro Jahr mit den örtlichen Medienvertretern.

- Die Einführung eines jährlich stattfindenden »Seniorentreffens«, zu dem die ehemaligen Staats- und Amtsanwälte sowie die aktiven Abteilungs- und Hauptabteilungsleiter eingeladen werden.

Etwas ganz Überraschendes entwickelt sich Ende der 1990-er Jahre, als ich mir beim vorweihnachtlichen Dämmerschoppen im Rahmen des Jahresrückblicks die eher flapsige Bemerkung erlaube, angesichts der zahlreichen Schwangerschaften in den letzten zwölf Monaten

300

in unserer Behörde sollten wir uns langsam Gedanken machen, eine eigene Kindertagesstätte einzurichten.

Am nächsten Tag erhalte ich Besuch von mehreren Staatsanwältinnen, die mich beim Wort nehmen wollen und darauf hinweisen, dass wir doch ein altes Holzhaus auf unserem Gelände hätten, das abgerissen werden soll und ein geeigneter Ort für eine solche Kindertagesstätte sein könnte. Dann erfahre ich, dass die Stuttgarter Polizei bereits einen Verein namens **»Polifant«** gegründet, aber dafür noch kein geeignetes  Gebäude gefunden hat: Nun also steht der Kooperation nichts mehr im Weg. Nach nicht gerade einfachen bürokratischen Schritten bleibt unser Holzhaus stehen und wird von den Beamten eines Polizeireviers liebevoll renoviert und kindergerecht eingerichtet. Im Sommer 1999 feiern wir die Eröffnung der Kindertagesstätte »Polifant«, die 20 Kinder von Polizei und Justiz aufnimmt und als bundesweit erste Justizeinrichtung dieser Art ein gewisses mediales Aufsehen erregt. Und dann finden wir mit Oberstaatsanwältin Vogt-Binné auch noch eine Sponsorin für den Außenanstrich unseres alten Holzhauses, das plötzlich ganz neu erblüht.

Das »Spindy«-Buch

Noch während meiner Tätigkeit bei der Bundesanwaltschaft hatte ich mich als Sachbearbeiter des Schleyer-Komplexes dazu entschlossen, im Hinblick auf die zahlreichen neuen Erkenntnisse seit dem Fall der Mauer die gesamte Geschichte der Schleyer-Entführung, der Landshut-Entführung, der Todesfälle der RAF-Gefangenen

301

in Stammheim und des Schleyer-Mordes neu zu schreiben. Zwar gibt es schon mehrere Darstellungen zu diesem Thema, etwa:

- die von der Bundesregierung im November 1977 herausgegebene »Dokumentation zu den Ereignissen und Entscheidungen im Zusammenhang mit der Entführung von Hanns Martin Schleyer und der Lufthansa-Maschine Landshut«,

- das Buch »Der Baader-Meinhof-Komplex« von Stefan Aust oder

- die schriftlichen RAF-Urteile des Oberlandesgerichts Düsseldorf gegen Stefan Wisniewski, Rolf Klemens Wagner und Adelheid Schulz sowie des Oberlandesgerichts Stuttgart gegen Peter-Jürgen Boock, Brigitte Mohnhaupt, Christian Klar, Sigrid Sternebeck und Sieglinde Hofmann.

Meines Erachtens fehlt aber eine Darstellung der gesamten Ereignisse vom 5.9. bis zum 19.10.1977 aus der Sicht der Justiz unter Zugrundelegung der Gerichtsentscheidungen und der zusätzlichen Erkenntnisse aus den Ermittlungsverfahren der Bundesanwaltschaft. Zunächst schwebt mir vor, ein behördeninternes Papier zu erstellen, um dann eine Veröffentlichung der Bundesanwaltschaft zu empfehlen. Von besonderem Gewicht sind für mich dabei die ganzen Briefe, die Hanns-Martin Schleyer während seiner Geiselhaft per Hand gefertigt und an seine Familie, die Bundesregierung oder an Freunde gerichtet hat. Ich meine, die Öffentlichkeit sollte erfahren, dass er nicht um sein Leben gewinselt, sondern eine baldige Entscheidung der

Bundesregierung gefordert hat, was diese Passage beispielhaft zeigt, die mich besonders beeindruckt[171]:

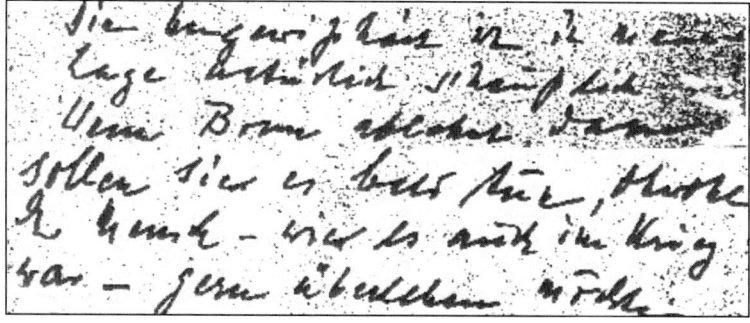

Ähnlich wichtig ist für mich, die schrecklichen Erlebnisse der Geiseln in der Lufthansa-Maschine »Landshut«, die vom 13. bis 18.10.1977 sechs höllische Tage durchgemacht haben, eingehend darzustellen. Schließlich will ich als Fazit zusammenstellen, dass es den Ermittlungsbehörden weitgehend gelungen ist, diese schrecklichen Ereignisse im Deutschen Herbst 1977 aufzuklären, insbesondere, dass wir heute wissen, welche 20 Mitglieder der RAF in dieser Zeit im illegalen Untergrund lebten und welche vier von ihnen das Attentat am 5.9.1977 in Köln mit der Entführung Schleyers und der Ermordung seiner vier Begleiter verübten.

Bei den Begegnungen mit Claudia Schulz-Britz, der NDR-Reporterin während des Mölln- und des Synagogen-Prozesses, erzähle ich von diesem Vorhaben. Sie ist spontan bereit, meine Ausarbeitung zu redigieren, was der Lesbarkeit und Verständlichkeit meines Papiers – wie ich

---

[171] Schreiben vom 8.9.1977 an Eberhard von Brauchitsch: »Die Ungewissheit ist in meiner Lage natürlich scheußlich. Wenn Bonn ablehnt, dann sollen sie es bald tun, obwohl der Mensch – wie es auch im Krieg war – gerne überleben möchte.«

zugeben muss – ersichtlich guttut.[172] Bei den Gesprächen diskutieren wir auch über den Gedanken, dass ich das ganz Werk als Buch veröffentlichen könnte. Dabei ist mir folgende Prioritätenreihenfolge wichtig: Im Vordergrund steht, dass der gesamte Schleyer-Komplex überhaupt veröffentlicht wird; schöner wäre es natürlich, wenn dabei mein Name als Verfasser auftauchen würde; und noch schöner wäre es, wenn ich die Genehmigung für eine eigene Veröffentlichung erhalten würde. Dies will ich so angehen. Nach einigen Diskussionen sind wir uns einig, dass das geplante Buch in Anlehnung an den Tarnnamen der RAF für Hanns-Martin Schleyer folgenden Titel erhalten soll: »Die Aktion »Spindy« – Die Entführung und Ermordung des Arbeitgeberpräsidenten Hanns-Martin Schleyer«.

Im Laufe des Sommers 1995 bin ich mit den letzten Formulierungen fertig, sodass ich mit Schreiben vom 23.10.1995 – also ziemlich genau einen Monat vor meinem Abschied von der Bundesanwaltschaft – darum bitte, mir die Veröffentlichung des als Anlage beigefügten Manuskripts zu gestatten. Am 26.6.1996 erreicht mich ein Schreiben von Generalbundesanwalt Nehm. Unter dem Betreff »Schriftstellerische Tätigkeit von Beamten« teilt er mir mit, dass er mir – im Benehmen mit dem Bundesjustizministerium – die Genehmigung erteile, das Manuskript **»Die Aktion Spindy«** zu veröffentlichen. In der Folgezeit vermittelt mir die Bundesanwaltschaft auch den für seine juristischen Publikationen bekannten NOMOS-Verlag in Baden-Baden. Dann dauert es aber noch ein paar Monate, bis das 157 Seiten umfassende Buch

---

[172] Claudia Gromer-Britz – wie sie inzwischen heißt – ist mir auch mit zahlreichen Ratschlägen bei der Abfassung dieses Buches behilflich, wofür ich ihr überaus dankbar bin.

gedruckt ist und kurz vor Weihnachten 1996 auf den Markt kommt.

Das »Spindy«-Buch ist wohl auch der Grund, weshalb mich **Karl-Dieter Möller** am 20.12.1996 zu einem Live-Interview in seine SWR-TV-Sendung  »**Alles was Recht ist**« einlädt. Dort erlebe ich insoweit eine Premiere, als ich in den Fernsehstudios des SWR bei der Villa Berg in Stuttgart zunächst geschminkt werde und dann den für mich überaus spannenden Ablauf einer solchen Sendung miterlebe – wie fertige Beiträge eingespielt werden, wie Möller zwischendurch moderiert und wir beide uns dann in zeitlich exakt eingegrenzten Sendungsteilen live unterhalten. Ich bin ziemlich angespannt, weshalb die Maskenbildnerin immer wieder die Schweißperlen auf meinem Gesicht abtupfen muss. Karl-Dieter Möller schafft es mit seiner angenehmen Art aber, dass ich einigermaßen locker bleibe. Auf der Heimfahrt mit dem Zug registriere ich, dass mich mehrere Fahrgäste unverwandt anstarren. Liegt dies an der heutigen TV-Sendung, die sie eigentlich nicht gesehen haben können? Zu Hause springt mir beim Blick in den Spiegel der Grund für das Anstarren ins Gesicht: Ich habe vor lauter Faszination und Aufregung vergessen, mich im Fernsehstudio abschminken zu lassen.

Da das »Spindy«-Buch in mehreren Zeitungen besprochen wird, gelte ich in den Medien mehr und mehr als eine Art Sachverständiger in RAF-Fragen. Gleichwohl überrascht es mich, als ich Ende Juni 1997 einen Anruf des NDR erhalte, ob ich bereit sei, an einer Sendung des NDR-Fernsehens zu dem Thema »**Mogadischu war ihr Schicksal**« teilzunehmen, zu der auch Hans-Jochen Vogel und Peter-Jürgen Boock eingeladen seien und die am

2.7.1997 ab 21 Uhr live ausgestrahlt werde. Da ich die Buchgenehmigung so verstehe, dass ich auch sonst zu dem Inhalt des Buches öffentlich Stellung nehmen darf, sage ich zu und fliege am späten Nachmittag des Sendetages nach Hamburg. Meine Überraschung ist nicht gering, als ich in die Maske geführt werde, schon dort auf Peter-Jürgen Boock treffe und im Stuhl neben ihm geschminkt werde. In der Sendung wiederholt Boock seine bereits bekannten Angaben zum Schleyer-Komplex. Mich stört schon grundsätzlich, wenn Straftäter ihre Verbrechen in den Medien vermarkten; noch mehr stört mich jetzt, hautnah miterleben zu müssen, wie ein Terrorist in aller Öffentlichkeit über eines der schlimmsten Attentate der deutschen Nachkriegszeit redet. Gleichwohl versuche ich darzulegen, dass wir es Aussagen wie denen von Boock verdanken, dass die schreckliche Zeit des Deutschen Herbstes weitgehend aufgeklärt ist. Am meisten beeindruckt mich während der Sendung das, was Hans-Jochen Vogel sagt, der aus München zugeschaltet ist und in bewegenden Worten zum Ausdruck bringt, was er als Bundesminister der Justiz in diesen schweren Tagen zwischen dem Beginn der Entführung Schleyers und dem Auffinden der Leiche Schleyers durchgemacht hat.

Das Auflösungsschreiben der RAF

Nach dem auf »Gewalt gegen Sachen« beschränkten Sprengstoffanschlag vom 27.3.1993 auf den Gefängnisneubau in Weiterstadt werden keine weiteren RAF-Attentate bekannt. Im Gegenteil: Wohl als Reaktion auf die Kinkel-Initiative erklären einzelne RAF-Gefangene – etwa Knut Folkerts und die Stockholm-Attentäter[173] Lutz Taufer und Karl-Heinz Dellwo – ausdrücklich, dass sie nach ihrer Freilassung nicht zum bewaffneten Kampf zurückkehren werden. Dies führt ab 1994 zu einem offenen **»Bruch in der RAF«**, weil der harte Kern unter den RAF-Häftlingen (etwa Helmut Pohl und Brigitte Mohnhaupt) betont, man werde »einen teufel tun, den bewaffneten kampf abzusagen!« Zwar wird Ende Mai 1996 ein Interview des RAF-Häftlings Helmut Pohl veröffentlicht, in welchem er abschließend erklärt:»Ich finde es nötig, dass die Illegalen ihre Auflösung als RAF erklären.« Anschließend herrscht aber Funkstille.

Das Schreiben

Am 20.4.1998, also zwei Jahre später, kommt bei mir die Meldung an, dass bei einer Nachrichtenagentur ein Brief eingegangen sei, in welchem die RAF ihre Auflösung erklärt habe. Ich beschaffe mir sofort eine Kopie dieses achtseitigen Schreibens und kann schon beim Lesen der

---

[173] Nachdem die »Bewegung 2. Juni« mit der Lorenz-Entführung (vgl. S. 69) inhaftierte Gesinnungsgenossen freigepresst hatte, versuchte die RAF dasselbe, indem sie am 24.4.1975 die deutsche Botschaft in Stockholm besetzte; nach der Ermordung zweier Botschaftsangehöriger scheiterte die Freipressung, weil die Täter versehentlich die Zündung des von ihnen angebrachten Sprengstoffs auslösten (vgl. S. 59, Fußnote 32).

ersten beiden Zeilen dieses Briefes meinen Augen kaum
trauen. Dort heißt es:

> Vor fast 28 Jahren am 14. Mai 1970 entstand in einer Befreiungsaktion die RAF.
> Heute beenden wir dieses Projekt. Die Stadtguerilla in Form der RAF ist nun Geschichte.

Mit diesen einleitenden Sätzen erinnern die Verfasser noch
einmal an die Geburtsstunde der RAF, nämlich an die
Befreiung von Andreas Baader am 14.5.1970. Dieses nahezu 28-jährige Projekt sei nun vorbei. Ich kann es fast nicht
glauben, dass dieser ganze RAF-Spuk mit seinem jahrzehntelangen Terror ein Ende gefunden haben soll. Schon
beim ersten Überfliegen der gesamten Seiten habe ich aber
keinen Zweifel, dass das Schreiben authentisch ist, also von
den Illegalen der RAF stammt. Es ist genau der Schreibstil,
den ich aus den zahlreichen RAF-Verfahren kenne. Was
mich letztlich sicher macht, dass das Schreiben echt sein
muss, ist der Umstand, dass am Ende des Briefes namentlich alle 27 RAF-Angehörigen erwähnt werden, »die sich
hier dafür entschieden, im bewaffneten Kampf alles zu
geben und in ihm gestorben sind.«
In der Erklärung, die nochmals die gesamte Geschichte der
RAF – von ihrer »Entstehung«, über die »Offensive 1977«
und den »Zusammenbruch der DDR« bis zu »Vorhaben ...
in den Neunzigern« – resümiert, geht mir vor allem dieser
Satz unter die Haut:

> Das Ende dieses Projekts zeigt, daß wir auf diesem Weg nicht durchkommen konnten.

Im Ergebnis bestätigt diese Formulierung genau das, was
ich im Jahr 1968 gedacht habe, als darüber diskutiert
wurde, ob wir Studenten angesichts der Erfolglosigkeit
unserer Demonstrationen gegen den Vietnamkrieg zu
»Gewalt gegen Sachen« oder gar zu »Gewalt gegen
Personen« übergehen sollten: man darf Unrecht nicht mit
Unrecht bekämpfen! Ich empfinde in diesem Moment aber

308

nicht das rechthaberische Gefühl des »Ich hab's ja gleich gesagt!«, sondern Stolz darüber, dass es unserem Rechtsstaat gelungen ist, sich gegen den RAF-Terror erfolgreich zu Wehr zu setzen. Ich frage mich auch, ob wir als Justiz – etwa durch die Anwendung der Kronzeugen-regelung oder den Einsatz des V-Mannes Steinmetz – zu dieser Erkenntnis der RAF beigetragen haben.

Was mich an dem Auflösungsschreiben etwas verun-sichert, ist diese, an ein Zitat von Rosa Luxemburg angelehnte Schlussfor-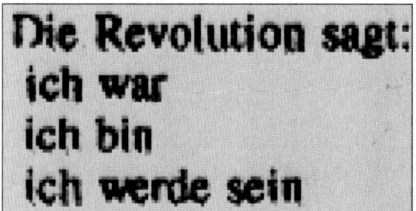mulierung. Sollte mit der Zukunftsperspektive »ich werde sein« zum Ausdruck gebracht wer-den, dass das Projekt RAF zwar im Moment beendet sei, dass aber eine neue, andere RAF als Revolutionsform oder als vierte Generation der RAF entstehen werde?

Das Interview in den Tagesthemen

Am späten Nachmittag dieses 20.4.1998 erhalte ich im Büro einen Anruf der Tagesthemen mit der Anfrage, ob ich bereit sei, das heute bekannt gewordene Auflösungs-schreiben der RAF in einem Interview für die heutige Sendung zu bewerten – die Bundesanwaltschaft habe eine Stellungnahme abgelehnt. Ich bin mal wieder extrem hin- und hergerissen: Einerseits bin ich mir bewusst, dass ein solches Interview bei der Bundesanwaltschaft wenig Freude hervorrufen würde; andererseits bin ich der festen Überzeugung, dass gerade beim möglichen Ende der RAF-Schreckenszeit eine Bewertung von staatlicher Seite unverzichtbar ist. Also sage ich zu. Geplant ist, dass ich mich am frühen Abend zum SWR-Studio in Stuttgart begebe und dort das Gespräch mit Moderator Ulrich Wickert aufgezeichnet wird. Der Gedanke an eine solche

Aufzeichnung beruhigt mich etwas, weil man eine solche ja schneiden oder einzelne Sätze wiederholen kann. Dann aber kommt gegen 19 Uhr die Meldung, dass es mit der Aufzeichnung leider nichts werde, weshalb man sich jetzt für eine Live-Schaltung während der Tagesthemen entschieden habe. Ich solle mich also noch etwas gedulden und um 22 Uhr zum Schminken im Studio sein. Meine Geduld wird in diesen drei Stunden ordentlich strapaziert, vor allem liegt mir der Gedanke an eine Direktübertragung ziemlich quer im Magen.

Um 22:30 Uhr sitze ich frisch geschminkt im Studio, erlebe die Meldung mit, dass die Leitung Hamburg-Stuttgart steht, und kann den Beginn der Tagesthemen auf einem Monitor mit verfolgen. Man lässt mich wissen, dass ich rund zehn Minuten nach Sendungsbeginn »dran« sei. Nach meinen bisherigen Erfahrungen mit Interviews gehe ich davon aus, dass ich eine einzige Frage gestellt bekomme, dass ich deshalb in meine Antwort alles Interessante hineinpacken muss und dass das Interview nach ca. 90 Sekunden beendet ist. Und dann höre ich **Ulrich Wickert** sagen: »Klaus Pflieger hat sich 13 Jahre mit den Taten der

RAF befasst. Guten Abend Herr Pflieger« und sehe auch schon die Einblendung mit meinem Bild. Ich staune, wie beruhigend Wickert auf mich wirkt und wie überraschend gelassen ich antworte. Und dann stellt Ulrich Wickert entgegen meiner Erwartung noch eine Frage, noch eine Frage und noch eine Frage. Aus dem erwartet kurzen Interview wird letztlich ein Gespräch mit einer Länge von deutlich mehr als vier Minuten. Dabei bringe ich sinngemäß zum Ausdruck, dass ich das Schreiben für authentisch halte und nach seinem Inhalt vom endgültigen Ende der RAF überzeugt bin. Zwar hätten wir Ermittler schon zweimal – nämlich 1972 und 1982, als jeweils die führenden Köpfe der RAF verhaftet wurden – vergeblich gehofft, dies sei das Ende der Terrorgruppe. Damals hätte es aber kein solches Auflösungsschreiben der Gruppe gegeben, weshalb ich dieses Mal davon ausgehen würde, dass der jahrelange Terror der RAF ein Ende gefunden habe.

Ist die RAF Geschichte?

»Verbrechen nach § 211 (Mord) verjähren nicht« – so steht dies in § 78 StGB. Deshalb ist die RAF unter strafrechtlichen Aspekten so lange nicht Geschichte, solange auch nur eines ihrer zahlreichen Attentate nicht vollständig aufgeklärt ist.

Ist sie aber als Terrorgruppe nicht mehr existent? Meine Einschätzung, dass die RAF spätestens seit ihrer Auflösungserklärung als Terrorgefahr Vergangenheit sei, wird nicht uneingeschränkt geteilt. Gegenstimmen fühlen sich bestätigt, als sich ein Jahr nach der schriftlichen RAF-Auflösung zwei spektakuläre Vorfälle ereignen:

- Am 30.7.1999 überfallen mehrere vermummte Täter in Duisburg einen Geldtransport und erbeuten dabei mehr als 1 Million DM. Im Fluchtfahrzeug und an einer beim Raub benutzten Gesichtsmaske werden DNA-Spuren der früheren RAF-Angehörigen Daniela Klette und Ernst-Volker Staub gefunden.

- Am 15.9.1999 will die Polizei in Wien ein Paar kontrollieren, das wohl dabei ist, eine Bank auszuspähen. Der Mann zieht eine Pistole und schießt auf die Polizeibeamten, von denen einer verletzt wird. Als die Polizei ebenfalls schießt, wird der Mann tödlich getroffen. Es ist Horst Ludwig Meyer, ein früheres RAF-Mitglied. Bei der Frau, die sich widerstandslos festnehmen lässt, handelt es sich um Andrea Klump, die ebenfalls der RAF angehört haben soll.

Aus diesen Ereignissen wird teilweise geschlussfolgert, es habe sich eine neue RAF-Gruppe gebildet. Demgegenüber bin ich – wie manche andere – der Ansicht, dass es sich bei diesen Vorfällen um pure Geldbeschaffungsaktionen von »normalen Schwerkriminellen ohne revolutionäres Ziel« handelte. In den folgenden Jahren werden zunächst keine weiteren Straftaten von ehemaligen RAF-Angehörigen bekannt. Erhebliche mediale Aufmerksamkeit erregt, als Mitte Januar 2016 publik wird, dass die mit Haftbefehl gesuchten ehemaligen RAF-Mitglieder Ernst-Volker Staub, Daniela Klette und Burkhard Garweg im Jahr 2015 bei zwei gescheiterten Raubüberfällen DNA-Spuren hinterlassen hatten, nämlich

- beim Versuch, am 6.6.2015 in Groß Mackenstedt bei Bremen einen Geldtransporter zu überfallen und zu berauben, was trotz Einsatzes schwerer Waffen nicht gelang, sowie

- bei einem ähnlichen, ebenfalls misslungenen Raub-überfall auf einen Geldtransporter am 28.12.2015 in Wolfsburg.

In mehreren Interviews – darunter ein mehr als fünf-minütiges Gespräch mit Marietta Slomka für die ZDF-

heute-Sendung – bringe ich am 19.1.2016 zum Ausdruck, dass ich diese Ereignisse nicht als ein Wiederaufleben des RAF-Terrors verstehe, sondern lediglich als eine Geldbeschaffungsaktion ohne terroristischen Hinter-grund, allein um die »Altersversorgung pensionierter

Terroristen« zu sichern. Ich bleibe deshalb bei meiner schon nach den Vorfällen 1999 geäußerten Überzeugung, dass die RAF faktisch Geschichte ist und keine terroristische Bedrohung mehr darstellt.

Das RAF-Buch

Das Ende der RAF im Jahr 1998 bringt mich auf den Gedanken, deren gesamte Geschichte in einem Buch festzuhalten, nicht zuletzt, weil ich immer wieder feststelle, dass ich und viele meiner Gesprächspartner einzelne Fakten aus dieser knapp drei Jahrzehnte dauernden Terrorzeit nicht präsent haben. Da auch gute Freunde mir dazu raten, setzte ich mich Ende 2001 an die Schreibmaschine, um vor allem anhand der Gerichtsurteile die Fakten von der Vorgeschichte der RAF, über ihre Gründung und ihre Terrortaten bis zu ihrer Auflösung festzuhalten, auf persönliche Bewertungen aber nach Möglichkeit zu verzichten. Da ich quasi das Leben der RAF, von ihrer Geburt bis zu ihrem Ende, darstellen möchte, drängt sich der Titel des Buches fast von alleine auf: »Die Rote Armee Fraktion/RAF – 14.5.1979 bis 20.4.1998«.[174] Der Aufwand, alle wichtigen Ereignisse der RAF-Geschichte zu einem Art Nachschlagewerk zusammenzutragen, ist größer als von mir erwartet, sodass ich erst im Dezember 2002 unter Beifügung des Manuskripts bei Generalbundesanwalt Nehm die Genehmigung

---

[174] Später gibt es Stimmen, die meinen, dieser Titel lese sich wie eine Grabinschrift. Im Jahr 2011 erscheint die dritte - erweiterte und aktualisierte – Auflage dieses Buches. Die Fotos bzw. Ablichtungen und Zitate auf S. 115, 123 f., 126 f., 129, 202, 224, 272, 274, 303, 308 f. stammen aus diesem Buch.

zur Veröffentlichung beantragen kann. Sie wird mir im Juni 2003 erteilt. Ich freue mich riesig, dass Generalbundesanwalt a.D. Rebmann, mein früherer Chef, ein Grußwort zu dem RAF-Buch schreibt. Am 11.2.2004 bringt der Nomos-Verlag das Buch auf den Markt.

Die »RAF-Veteranen« der Justiz

Eine Veranstaltung im Zusammenhang mit dem Ende der RAF berührt mich sehr. Der Stuttgarter Richterverein hatte bei mir angefragt, ob es möglich sei, vor allem für die jüngeren Kollegen einen Abend zu gestalten, bei dem Richter, Staatsanwälte, Verteidiger und Vollzugsbeamte zu Wort kommen, die in Stammheim mit RAF-Mitgliedern befasst waren. Mein Vorschlag wird sofort akzeptiert, dass ich eine kurze Einführung in das Thema »Stammheimer RAF-Prozesse« machen werde und dann die »RAF-Veteranen« in einer Podiumsdiskussion zu Wort kommen. Die meisten, die ich wegen einer Teilnahme auf dem Podium anspreche, sagen zu, u.a. die Richter Theo Prinzing, Eberhard Foth und Kurt Breucker sowie Bundesanwalt Peter Zeis; Leitender Oberstaatsanwalt Rainer Christ, mein Ständiger Vertreter bei der Generalstaatsanwaltschaft, ist bereit, die Podiumsdiskussion zu leiten.[175] Mich freut besonders, dass Herr Prinzing, der nach einem Befangenheitsantrag aus dem Baader-Meinhof-Prozess ausgeschieden war und sich eigentlich nicht mehr öffentlich zu dem Thema RAF äußern wollte, bereit ist, mitzumachen.

---

[175] Theo Prinzing, Eberhard Foth und Kurt Breucker waren im Baader-Meinhof-Prozess als Richter tätig und Peter Zeis als Anklagevertreter; Rainer Christ war für den Abschluss des Verfahrens wegen der Stammheimer Todesfälle vom 18.10.1977 zuständig.

314

Die Veranstaltung, die am 27.11.2003 im vollbesetzten Foyer des Amtsgerichts Stuttgart-Bad Cannstatt stattfindet, ist nicht nur für mich, sondern ersichtlich auch für die Zuhörer ein besonderes Erlebnis, weil wir aufgrund der beeindruckenden Berichte der Akteure hautnah nachvollziehen können, was sich während des Baader-Meinhof-Prozesses in Stammheim abgespielt hat. Diese Begegnung hat zur Folge, dass sich die »RAF-Veteranen« der Stuttgarter Justiz und der Bundesanwaltschaft in den folgenden Jahren in unregelmäßigen Abständen in Stuttgart, Karlsruhe oder auf halber Strecke treffen.

Was mich in Bezug auf Herrn Prinzing ebenfalls sehr freut, das ist das überraschende Ereignis, dass Staatsarchivarin Elke Koch vom Landesarchiv Baden-Württemberg Ende Juli 2007 in den Beständen des Oberlandesgerichts Stuttgart 21 Tonbänder mit Aufnahmen aus dem Baader-Meinhof-Prozess[176] findet. Diese Mitschnitte mit einer Gesamtdauer von etwa zwölf Stunden enthalten zahlreiche Prozesserklärungen in der Zeit zwischen Oktober 1975 und Mai 1976. In den aufgefundenen Tonbändern beschäftigt mich vor allem eine Erklärung von Ulrike Meinhof, die am 28.10.1975 (also deutlich vor ihrem Selbstmord am 9.5.1976) u.a. Folgendes erklärte, was manche später als Hilferuf interpretieren:

»Wie kann ein isolierter Gefangener den Justizbehörden zu erkennen geben, angenommen, dass er es wollte, dass er sein Verhalten geändert hat? Wie? Wie kann er das in einer Situation, in der bereits jede, absolut jede Lebensäußerung unterbunden ist? Dem Gefangenen in der

---

[176] Die Hauptverhandlung des Baader-Meinhof-Prozesses war im Einvernehmen aller Beteiligten zu Protokollierungszwecken vorläufig auf Tonband aufgenommen worden. Die Mitschnitte sollten nach Billigung des schriftlichen Protokolls gelöscht werden, was nach Ende des Prozesses wohl versehentlich unterblieb.

Isolation bleibt, um zu signalisieren, dass sich sein Verhalten geändert hat, überhaupt nur eine Möglichkeit und das ist Verrat.«

Viele – gerade auch die Archivarin Elke Koch – berichten davon, dass sie nach dem Anhören der Tonbänder ihr Bild vom Verhandlungsklima im Baader-Meinhof-Prozess korrigieren mussten, weil der Senatsvorsitzende Prinzing nicht – wie in den Medien dargestellt – alleine oder hauptsächlich für die verbalen Auseinandersetzungen verantwortlich gewesen sei.[177]

---

[177] So schreibt Gisela Diewald-Kerkmann: »Die erhaltenen Tonbandaufnahmen ... belegen die Konfrontationsstrategie der Anwälte. ... Die Tondokumente lassen indes Zweifel aufkommen, ob die in den Medien vielfach vorgenommenen Negativ-Etikettierungen Prinzings adäquat sind.«

316

Generalstaatsanwalt, der »11.9.2001«
und der islamistische Terror

Mit Wirkung zum 1.7.2001 werde ich zum **Stuttgarter Generalstaatsanwalt** ernannt und bin damit nicht nur Chef der Generalstaatsanwaltschaft, sondern auch Vorgesetzter aller acht württembergischen Staatsanwaltschaften mit rund 850 Mitarbeitern, unter ihnen etwa 320 Staats- und Amtsanwälte.

Bundesweit gibt es zu diesem Zeitpunkt insgesamt **25 Generalstaatsanwaltschaften**[178], jeweils mit Sitz am Ort eines Oberlandesgerichts, und mit zwei Generalstaatsanwältinnen und ansonsten Generalstaatsanwälten an der Spitze. Nur die Generalstaatsanwälte in Brandenburg, Mecklenburg-Vorpommern, Schleswig-Holstein und Thüringen sind im Jahr 2001 – wie der Generalbundesanwalt – sog. politische Beamte, die ohne Angabe von Gründen jederzeit in den einstweiligen Ruhestand versetzt werden können.[179] Die Generalstaatsanwälte treffen sich gemeinsam mit dem Generalbundesanwalt und den staatsanwaltlichen obersten Chefs des benachbarten Auslands zweimal im Jahr zu Besprechungen, um rechtliche Probleme zu erörtern. Zwischen dem Generalbundesanwalt, der dem Bundesjustizministerium unterstellt ist, und den Generalstaatsanwälten, die der Dienstaufsicht des jeweiligen Landesjustizministeriums unterliegen, besteht kein Über- oder Unterordnungsverhältnis. Die Hauptaufgabe jeder Generalstaatsanwaltschaft besteht in der Personal- und Fachaufsicht über die ihnen unterstellten

---

[178] Nach der Auflösung des Bayerischen Obersten Landesgericht zum 30.7.2006 reduziert sich die Zahl der Generalstaatsanwälte auf 24.

[179] In diesen drei Bundesländern wird im Jahr 2009 in Bezug auf die Generalstaatsanwälte der »politische Beamte« abgeschafft, nicht aber bei der Person des Generalbundesanwalts.

Staatsanwaltschaften, die deshalb verpflichtet sind, den Generalstaatsanwalt durch **Berichte** umgehend und laufend über bedeutsame Vorgänge zu unterrichten, sodass dieser in der Lage ist, notfalls per Weisung in die Fallbearbeitung einzugreifen. Daneben ist die Generalstaatsanwaltschaft vor allem Beschwerdeinstanz, wenn die Staatsanwaltschaft ein Ermittlungsverfahren einstellt, und bei Haftprüfungen und im Klageerzwingungsverfahren der Ansprechpartner des jeweiligen Oberlandesgerichts.

Örtlich zuständig ist die Generalstaatsanwaltschaft Stuttgart für den gesamten württembergischen Landesteil mit etwas mehr als sechs Millionen Einwohnern.[180] Neben den generellen Zuständigkeiten einer Generalstaatsanwaltschaft ist unsere Behörde bei Staatsschutzverfahren sowie für die Bereiche dreier Zentralstellen[181] für ganz Baden-Württemberg zuständig.

Die Generalstaatsanwaltschaft Stuttgart ist – vor allem im Vergleich zur Staatsanwaltschaft Stuttgart mit rund 400 Mitarbeitern – eine überschaubar kleine Behörde mit 23 Kolleginnen und Kollegen, darunter zwölf Staatsanwälte. Drei der Staatsanwaltsstellen sind regelmäßig mit »Durchläufern« besetzt, die für sechs Monate an die Generalstaatsanwaltschaft abgeordnet sind, um das »Dritte Staatsexamen« abzulegen, ohne dessen Bestehen man in Württemberg grundsätzlich nicht zum Oberstaatsanwalt befördert werden kann. Erfreulicherweise gelingt es uns, dass unabhängig von bisherigen Examensnoten oder

---

[180] Unter den Generalstaatsanwaltschaften im Bundesgebiet sind nur die in Hamm (ca. neun Millionen) und München (ca. sieben Millionen) für eine größere Einwohnerzahl verantwortlich.

[181] Die drei Zentralstellen betreffen die »Bekämpfung gewaltdarstellender, pornographischer und sonstiger jugendgefährdender Schriften«, die »Organisierte Kriminalität« sowie das »Europäische Justizielle Netz«.

Beurteilungen jeder Staatsanwalt in diese Erprobungs-abordnung kommen kann. Noch erfreulicher ist für mich, dass bei diesem »Dritten Staatsexamen« auch die Prüfung der sozialen und ethischen Kompetenz eine ganz entscheidende Rolle spielt, weil nach unseren Erfahrungen nicht jeder gute Jurist automatisch auch ein guter Vorgesetzter ist.

Zu den Aufgaben der Generalstaatsanwaltschaft gehört es auch, zu geplanten Gesetzen im strafrechtlichen Bereich Stellung zu nehmen. So entspreche ich auch einer Bitte, auf dem **65. Deutschen Juristentag** am 23.9.2004 als Referent aufzutreten und mich zu den »Chancen und Risiken einer Reform des strafrechtlichen Ermittlungs-verfahrens«, wie sie von der Bundesregierung ins Auge gefasst ist, zu äußern. In meinem Statement und in 18 schriftlichen Thesen warne ich dringend vor dem geplanten »partizipatorischen Verfahren«, das den Beschuldigten und ihren Verteidigern stärkere Rechte im Ermittlungsverfahren einräumen soll, aus meiner Sicht aber die Arbeit der Ermittlungsbehörden und damit die Strafverfolgung spürbar behindern würde. So heißt es in meinen Thesen u.a.:

»Inakzeptabel sind Änderungen, welche die Erforschung der materiellen Wahrheit erschweren oder das Straf-verfahren verzögern würden ... Die Forderung nach einer »Partizipation im Ermittlungsverfahren« geht zu Unrecht davon aus, dass die bisherigen Rechte des Beschuldigten und seines Verteidigers defizitär seien. Vielmehr würde ein weiterer Ausbau der Beschuldigten- und Verteidiger-befugnisse zu einer defizitären Strafverfolgung führen ... Die unter dem Stichwort Asymmetrie der Vernehmung beklagte »Heimlichkeit der Vernehmungen durch Polizei und Staatsanwaltschaft« ist kein unvertretbarer Vorteil der Ermittlungsbehörden, sondern lediglich der Versuch, den

in der heimlichen Tatausführung liegenden Informations-
vorsprung aufzuholen.«

Erfreulicherweise folgt die Mehrheit der Teilnehmer des
Juristentags meiner Argumentation und spricht sich gegen
die geplante Reform aus.

Der »11. September 2001« in den USA

Dieser 11.9.2001, ein Dienstag, ist für mich zunächst ein
ganz normaler Arbeitstag. Am frühen Nachmittag stürmt
dann aber ein Kollege in mein Büro und schreit völlig
aufgeregt, es sei in den USA etwas ganz Schreckliches
passiert, was gerade im Fernsehen gezeigt werde. Wir
laufen deshalb in das Zimmer des Kollegen, der als
 Einziger in unserer Behörde ein
Fernsehgerät besitzt. Dort
sitzen schon mehrere Kolleginnen und Kollegen und wir
sehen gemeinsam Bilder, bei
denen wir unseren Augen nicht
trauen wollen und nicht sicher
wissen, was gerade Aufzeichnung und was Direktüber-
tragung ist: Hintereinander
fliegen zwei Flugzeuge in die
Zwillingstürme des Word Trade Centers (WTC) in New
York. Als wir sehen, wie sich die erste Maschine in den
Nordturm bohrt, gehen wir noch von einem Unfall aus; als
aber das zweite Flugzeug in den Südturm fliegt, ist uns
schlagartig bewusst, dass dies ein koordiniertes Attentat
sein muss.

Die dramatische **Geschichte des »11. September«**: Am Morgen dieses Tages werden von insgesamt 19 Tätern zwischen 8:10 Uhr und 9:30 Uhr (jeweils Ortszeit) vier amerikanische Verkehrsflugzeuge auf Inlandsflügen gekapert. Um 8:46 Uhr schlägt die erste entführte Maschine im Nordturm, um 9:03 Uhr die nächste im Südturm des WTC ein. Um 9:37 Uhr stürzt das dritte Flugzeug in das Pentagon in Arlington/Virginia. Um 9:57 Uhr bricht der Südturm des WTC in sich zusammen. Um 10:03 Uhr zerschellt das vierte der entführten Flugzeuge im freien Gelände bei Shanksville/ Pennsylvania, nachdem sich Passagiere, die per Handy von den WTC-Attentaten gehört hatten, zur Wehr gesetzt und so zum Absturz der Maschine beigetragen hatten, bevor sie das vermutliche Ziel, das Regierungsgebäude in Washington D.C., erreichte. Um 10:28 Uhr stürzt der Nordturm des WTC ein.

Bei den Anschlägen des »11. September« kommen rund 3.000 Menschen, darunter auch die 19 Flugzeugentführer, zu Tode. Unter den Toten befinden sich rund 200 Menschen, die sich aus den Fenstern in die Tiefe stürzten, und 411 Helfer, nämlich 343 Feuerwehrleute, 60 Polizeibeamte und acht Sanitäter. Etwa 15.000 Personen können sich lebend aus den WTC-Türmen retten.

Schon kurz darauf wird bekannt, dass es sich bei den 19 Attentätern um Angehörige der islamistischen Terrororganisation »al-Qaida« handelt und die Attentate des »11. September« im Rahmen des »Dschihad« gegen den Westen begangen wurden. Später bekennt sich Osama bin Laden[182], Anführer von »al-Qaida«, als Initiator der Anschläge.

---

[182] Osama bin Laden wird am 2.5.2011 im Rahmen der amerikanischen »Operation Neptun's Spear« in der Nähe der pakistanischen Hauptstadt Islamabad getötet.

Bei »al-Qaida« handelt es sich um ein in der ganzen Welt agierendes islamistisches Netzwerk von eigenständig operierenden Organisationen, die seit dem Jahr 1993 zahlreiche Terroranschläge verübt haben, darunter: das Bombenattentat auf das WTC in New York am 26.2.1993, bei dem sechs Menschen getötet und mehr als 1000 verletzt wurden; der Mordanschlag vom 17.11.1997 auf Touristen bei Luxor in Ägypten mit 68 Toten; die Bombenattentate auf die amerikanischen Botschaften in Nairobi/Kenia und Daressalam/ Tansania am 7.8.1998 mit 224 Toten; die Serie von Bombenanschlägen von Manila Ende Dezember 2000 mit 22 Toten.

Erklärtes Ziel von »al-Qaida« ist der **Dschihad**, d.h. der religiös bestimmte »Heilige Kampf« gegen alle nicht-islamistischen – insbesondere die westlichen – Einflüsse, letztlich also der Kampf gegen den Westen und seine Werte. Daraus leitet die Terrororganisation ihren Anspruch ab, wahllos Menschen anderer Gesinnung zu ermorden. Im Gegensatz zu den in Deutschland bislang bekannt gewordenen Terrorgruppen geht es islamistischen Organisationen wie »al-Qaida« nicht darum, einzelne prominente Opfer zu töten; ihr Ziel ist vielmehr, bei Attentaten – auch durch Selbstmörder wie am 11.9.2001 – per Massenmord möglichst viele Menschen umzubringen und so die westliche Bevölkerung zu verunsichern.

Bereits per Resolution des UN-Sicherheitsrats vom 12.9.2001 werden die Flugzeugattentate des »11. September« verurteilt; gleichzeitig wird den USA ausdrücklich das Recht auf Selbstverteidigung zugesprochen. Außerdem fordert der UN-Sicherheitsrat am 19.9.2001 die Taliban-Regierung in Afghanistan auf, Osama bin Laden nicht weiter im Land zu dulden, sondern ihn sofort und bedingungslos auszuliefern. Als dies von der afghanischen Regierung abgelehnt wird, beginnen die USA am 7.10.2001 ihre militärische »Operation Enduring Freedom« gegen die Taliban in Afghanistan. Die bei dieser

Militäroperation verhafteten Personen, die der Mitgliedschaft oder der Unterstützung der Taliban verdächtig sind, werden zunächst in Afghanistan festgehalten und später in das amerikanische **Gefangenenlager Guantánamo** auf Kuba überstellt. Von der US-Regierung werden die dort Inhaftierten[183] als »unlawful combatants« – d.h. als ungesetzliche Kombattanten – bezeichnet, die zwar offiziell keine Kriegskontrahenten sind, aber an einem kriegerischen Konflikt beteiligt waren und gegen das Kriegsrecht verstoßen haben. Mit dieser Einstufung fallen die in Guantánamo inhaftierten Personen nicht unter den Status eines Kriegskontrahenten nach der »Genfer Konvention über die Behandlung von Kriegsgefangenen«, aber auch nicht unter den Status eines Kriminellen, für den die strafrechtlichen und strafprozessualen Gesetze gelten würden. Mit anderen Worten: nach diesem sog. **Feindrecht** sind die in Guantánamo eingesperrten Personen rechtlos.

Im Zusammenhang mit Guantánamo wird weltweit auch die Frage diskutiert, ob und inwieweit **Folter** zulässig ist, insbesondere nachdem Bilder öffentlich wurden, wonach amerikanische Soldaten im Gefängnis Abu Ghraib irakische Gefangene gefoltert und misshandelt hatten, auch ein Bericht bekannt wurde, dass der amerikanische Auslandsgeheimdienst CIA bei Verhören u.a. »waterboarding« (d.h. simuliertes Ertränken) angewendet hat und es Anhaltspunkte dafür gibt, dass auch in Guantánamo »feindliche Kämpfer« misshandelt wurden.

In Deutschland ist die sog. **Rettungsfolter** ein viel diskutiertes Problem, nachdem der Frankfurter Polizeivize-

---

[183] Anfangs sind dort 779 Gefangene inhaftiert, im Januar 2016 sind es immer noch 91 Gefangene:
https://de.wikipedia.org/wiki/Gefangenenlager_der_Guantanamo_Bay_Naval_Base vom 2.6.2016).

präsident **Daschner** verurteilt wurde, weil er angeordnet hatte, einem Beschuldigten, der bereits die Entführung des elfjährigen Jakob von Metzler zugegeben hatte, schwere Schmerzen anzudrohen, falls er das Versteck des entführten Kindes nicht freiwillig preisgeben würde.[184] Die Verurteilung von Wolfgang Daschner wird von dem weit überwiegenden Teil der Bevölkerung als ungerecht empfunden, weil die Folter nur angedroht worden sei und ja zur Rettung des entführten Kindes gedacht gewesen sei. Auch in juristischen Kommentaren wird diskutiert, ob die weltweit verbotene Folter in extremen Ausnahmefällen zulässig sein soll.

Anhand der genannten Beispiele, aber auch unter Hinweis auf eine Situation während der Schleyer-Entführung[185] mache ich am 16.6.2007 im Rahmen eines Vortrags zum Thema »Rettung durch Folter?« meine eigene Position zu dieser Thematik deutlich, nämlich
- dass Folter grundsätzlich verboten bleiben muss,
- dass schon das Drohen mit Folter (wie im Mittelalter das Zeigen der Folterwerkzeuge) bereits Folter darstellt,
- dass Folter immer rechtswidrig ist und nur in ganz extremen Ausnahmefällen (wozu ich selbst den Daschner-Fall nicht zähle) unter dem Aspekt des **»übergesetzlichen entschuldigenden Notstands«**[186] straflos sein darf.

---

[184] Wolfgang Daschner wurde am 20.12.2004 vom Landgericht Frankfurt/Main wegen Anstiftung zur schweren Nötigung zu der Geldstrafe von 10.800 € verurteilt, wobei die Strafe unter Verwarnung mit Strafvorbehalt, d.h. auf Bewährung, ausgesprochen wurde.

[185] Im Schleyer-Komplex bespreche ich die Verhaftung des RAF-Mitglieds Knut Folkerts am 22.9.1977 – also mitten in der Schleyer-Entführung – in Utrecht mit deutlichen Hinweisen, dass Folkerts wusste, wo Schleyer gefangen gehalten wird. Hätte Folkerts (was nicht geschah) gefoltert werden können, um von ihm den Aufenthaltsort Schleyers zu erfahren und damit der Geiselnahme ein Ende zu bereiten?

[186] Zum »übergesetzlichen entschuldigenden Notstand« siehe S. 327

324

Darf ein von Terroristen gekapertes Flugzeug abgeschossen werden?

Nach den Attentaten des »11. September«, bei denen alle Insassen der entführten Flugzeuge zu Tode kamen, wird unter dem Begriff **Flugzeugabschussfall** intensiv darüber diskutiert, ob in Deutschland bei einem vergleichbaren Fall ein von Terroristen gekapertes Flugzeug abgeschossen werden darf, um wenigstens das Lebens der Menschen im angesteuerten Ziel zu retten.

Mit § 14 Absatz 3 des Luftsicherheitsgesetzes vom 11.5.2005 wird der Luftwaffe eine solche »**Abschussbefugnis**« eingeräumt, nämlich eine

»unmittelbare Einwirkung mit Waffengewalt ..., wenn nach den Umständen davon auszugehen ist, dass das Luftfahrzeug gegen das Leben von Menschen eingesetzt werden soll, und sie das einzige Mittel zur Abwehr dieser gegenwärtigen Gefahr ist«.

Nach dieser Regelung wäre ein Flugzeugabschuss selbst dann **rechtmäßig**, wenn sich an Bord der Maschine unbeteiligte Personen – etwa entführte Passagiere – befinden würden.

Diese gesetzliche Regelung erklärt das Bundesverfassungsgericht in seinem Urteil vom 15.2.2008 in vollem Umfang für verfassungswidrig und damit für nichtig. In der Entscheidung heißt es u.a.:

»Die einem solchen Einsatz ausgesetzten Passagiere und Besatzungsmitglieder befinden sich in einer für sie ausweglosen Lage. Sie können ihre Lebensumstände nicht mehr unabhängig von anderen selbstbestimmt beeinflussen. Dies macht sie zum Objekt nicht nur der Täter. Auch der Staat, der in einer solchen Situation zur Abwehrmaßnahme des § 14 Absatz 3 greift, behandelt sie als bloße Objekte seiner Rettungsaktion zum Schutze anderer. Eine solche Behandlung missachtet die Betroffenen als Subjekte mit Würde und unveräußerlichen Rechten. Sie werden dadurch, dass ihre Tötung als Mittel zur Rettung anderer benutzt wird, verdinglicht und zugleich entrechtlicht, indem über ihr Leben von Staats wegen einseitig verfügt wird, wird den als Opfern selbst schutzbedürftigen Flugzeuginsassen der Wert abgesprochen, der dem Menschen um seiner selbst willen zukommt.

Unter der Geltung des Artikel 1 Absatz 1 des Grundgesetzes (Menschenwürdegarantie) ist es schlechterdings unvorstellbar, auf der Grundlage einer gesetzlichen Ermächtigung unschuldige Menschen, die sich in einer derart hilflosen Lage befinden, vorsätzlich zu töten.

Auch die Einschätzung, dass die Betroffenen ohnehin dem Tod geweiht seien, vermag der Tötung unschuldiger Menschen in der geschilderten Situation nicht den Charakter eines Verstoßes gegen den Würdeanspruch dieser Menschen zu nehmen. Menschliches Leben und menschliche Würde genießen ohne Rücksicht auf die Dauer der physischen Existenz des einzelnen Menschen gleichen verfassungsrechtlichen Schutz.«

Nach dieser Gerichtsentscheidung sind in unserem Land Flugzeugabschüsse **rechtswidrig**, wenn sich an Bord der Maschine neben den Terroristen weitere Menschen befinden.[187]

Da eine strafrechtliche Ahndung nicht nur ein rechtswidriges, sondern auch ein **schuldhaftes Verhalten** vor-

---

[187] Inzwischen gibt es neue Überlegungen, ein Gesetz zu schaffen, wie von Terroristen gekaperte Flugzeuge unschädlich gemacht werden können. Danach soll der Verteidigungsminister bei einer unmittelbar bevorstehenden Gefahr die Befugnis erhalten, Kampfjets der Bundeswehr aufsteigen zu lassen, die ein von Terroristen entführtes Passagierflugzeug abdrängen oder mit Warnschüssen zur Landung zwingen können. Für den Fall, dass sich in dem Flugzeug ausschließlich Terroristen befinden, soll als letztes Mittel der Gefahrenabwehr auch der Abschuss des Flugzeugs möglich sein (SPIEGEL ONLINE vom 7.4.2014).

aussetzt, wird vor allem Anfang 2016 diskutiert, ob ein solcher Flugzeugabschuss unter dem Aspekt eines »übergesetzlichen Notstands« entschuldigt sein könnte.

> Ob ein **»übergesetzlicher entschuldigender Notstand«** strafbefreiende Wirkung haben kann, ist umstritten. Die herrschende Meinung in der strafrechtlichen Literatur anerkennt dies bei »einmaligen, nach menschlichem Ermessen nie wiederkehrenden Extremsituationen«, etwa gerade bei einem solchen Flugzeugabschussfall.

Anlass für die Diskussion ist das **Theaterstück »Terror«** von Ferdinand von Schirach. Es hat einen Strafprozess zum Gegenstand hat, in welchem einem Luftwaffenpiloten angelastet wird, ein von Terroristen entführtes Flugzeug mit 164 Passagieren an Bord gezielt abgeschossen zu haben, um zu verhindern, dass die Maschine über einem voll besetzten Stadion mit 70.000 Zuschauern zum Absturz gebracht wird. Interessant ist meines Erachtens, dass die als Schöffen agierenden Zuschauer in der Regel mit deutlicher Mehrheit (in Stuttgart z.B. mit 62,5 %) unter dem Aspekt des »übergesetzlichen entschuldigenden Notstands« für einen Freispruch votieren.

Die Projektgruppe zur Bekämpfung des islamistischen Terrorismus

Zunächst bin ich der Ansicht, dass ich mit dem »11. September« beruflich nichts zu tun haben werde. Zwar wird alsbald bekannt, dass ein Großteil der 19 Flugzeugentführer in Hamburg gelebt hatte, was zu amerikanischen Vorwürfen gegen Deutschland führt, man hätte die Attentäter eventuell erkennen und die Anschläge vom 11.9.2001 verhindern können. Letztlich führt dies aber zu keinen Konsequenzen.

Kurz danach sind wir Staatsanwälte in Deutschland aber mittelbar mit dem »11. September« befasst, als zwischen dem 17.9. und dem 9.10.2001 in den USA sog. **Anthrax-Briefe** auftauchen, die an amerikanische Politiker und Medienvertreter versandt wurden und den Milzbrand verursachenden Kampfstoff Anthrax enthielten, was fünf Tote und 17 Verletzte zur Folge hatte. Sofort wird in den USA ein Zusammenhang mit den Flugzeugattentaten gesehen und prompt gibt es bei uns sog. Trittbrettfahrer, die sich einen Spaß daraus machen, ähnliche Brief mit einem milchartigen, aber ungefährlichen Pulver zu verschicken, um die Adressaten in Angst und Schrecken zu versetzen. Gott sei Dank erwischen wir die meisten der Absender solcher »Milzbrand-Briefe« und können sie einer umgehenden Verurteilung wegen Vortäuschens einer Straftat gem. § 145 d StGB zuführen.

Dann erreicht mich Anfang des Jahres 2004 der Anruf des Leiters der Strafrechtsabteilung im Stuttgarter Justizministerium. Er teilt mir mit, dass der Strafrechtsausschuss der Länder sowie der zuständige Arbeitskreis der Polizei beschlossen hätten, eine gemeinsame Arbeitsgruppe einzurichten, die sich mit Überlegungen befassen soll, wie man islamistische Anschläge in Deutschland am besten verhindern könnte. Gedacht sei an eine gemischte Besetzung dieser Arbeitsgruppe mit führenden Verantwortlichen aus Justiz und Polizei. Dabei solle die Justiz durch mehrere Generalstaatsanwälte vertreten sein. Auf seine Frage, ob ich bereit sei, mich an dieser Aufgabe zu beteiligen, sage ich sofort zu. Anlass für die Einrichtung dieser Arbeitsgruppe ist der Umstand, dass Europa und Deutschland mehr und mehr in den Fokus des islamistischen Terrorismus geraten. Nach Meinung mehrerer Experten geht es dabei nicht mehr um das »Ob«, sondern nur noch um das »Wann und Wo« mit solchen islamistischen Attentaten in Europa und auch in Deutschland gerechnet werden muss. Beleg dafür sind etwa folgende Anschläge bzw. Anschlagspläne:

- Bereits Ende des Jahres 2000 wollen vier islamistische Attentäter auf dem **Straßburger Weihnachtsmarkt** eine Bombe zünden, um möglichst viele »Ungläubige« zu töten. Bevor es zur Tat kommt, werden sie in Frankfurt/Main verhaftet und im Jahr 2003 wegen Verabredung zum vielfachen Mord zu Freiheitsstrafen zwischen zehn und zwölf Jahren verurteilt.

- Am 11.4.2002 verüben islamistische Terroristen auf der **tunesischen Insel Djerba** einen Sprengstoffanschlag, bei dem 14 deutsche Touristen zu Tode kommen.

- Am 11.3.2004 bringen Islamisten in **Vorortzügen von Madrid** mehrere Sprengsätze zur Explosion, wodurch 191 Menschen getötet und rund 2000 zum Teil schwer verletzt werden.

Es besteht Einvernehmen, dass es angesichts dieser Konstellation mehr denn je Aufgabe unseres Staates ist, solche Attentate nach Möglichkeit zu verhindern. Im Bereich des islamistischen Terrorismus hat damit die alte Weisheit, es sei besser, Straftaten zu verhindern, als die Täter zu bestrafen, eine ganz neue Bedeutung erlangt. Klar ist auch, dass sich unsere Strafjustiz an dieser Attentatsverhinderung mit allen ihr zur Verfügung stehenden Möglichkeiten beteiligen muss, obwohl diese Art der Kriminalprävention nicht zu ihren eigentlichen Aufgaben zählt. Die Aufarbeitung der erwähnten Anschläge – insbesondere des Zugattentats von Madrid – hat nämlich gezeigt, dass die Attentäter bereits zuvor durch Straftaten aus dem Bereich der allgemeinen Kriminalität aufgefallen waren.

Die besondere Schwierigkeit, solche Anschläge zu verhindern, besteht darin, dass die islamistischen Terroristen – anders als etwa die Mitglieder der RAF – nicht einzelne prominente Personen im Visier haben, sondern mit Anschlägen auf Örtlichkeiten wie Märkte, Hochhäuser, Züge, Bahnhöfe möglichst viele Menschen töten und so Angst, Schrecken und Verunsicherung in der breiten Bevölkerung verursachen wollen. Die zu RAF-Zeiten üblichen Schutzmaßnahmen für einzelne Personen nützen deshalb zur Bekämpfung des islamistischen Terrorismus nichts.

Am 6.10.2004 nimmt die beschlossene Projektgruppe **»Zusammenarbeit von Polizei und Justiz auf dem Gebiet der Bekämpfung des islamistischen Terrorismus«** ihre Arbeit auf. Man ist sich einig, dass es einer speziellen »justiziellen Brücke« zwischen den Polizeibehörden und Staatsanwaltschaften der Länder einerseits sowie dem Bundeskriminalamt und der Bundesanwaltschaft andererseits bedarf, um Erkenntnisse aus dem Bereich der allgemeinen Kriminalität für die präventive Terrorismusbekämpfung nutzbar zu machen. Deshalb gehören der Projektgruppe zwei Vertreter der Bundesanwaltschaft[188], ein Vertreter des Bundeskriminalamts, zwei Vertreter aus Landesjustizverwaltungen, vier Präsidenten von Landeskriminalämtern sowie vier Generalstaatsanwälte (darunter auch ich) an; später werden auch Vertreter des Strafvollzugs in die Projektarbeit eingebunden. Bereits Anfang Mai 2005 legt die Projektgruppe einen ersten Bericht vor, der vor allem zwei Handlungsempfehlungen enthält:

---

[188] An ihrer Spitze Rainer Griesbaum, der inzwischen der Ständige Vertreter des Generalbundesanwalts ist.

- Es soll ein gemeinsames »Netz fester Ansprechpartner« bei Polizei und Justiz eingerichtet werden, das einen frühzeitigen Informationsaustausch, eine verfahrensübergreifende Zusammenarbeit und eine ganzheitliche Bekämpfung des islamistischen Terrorismus gewährleisten soll. Solche festen Ansprechpartner sollen bei jedem Landeskriminalamt, bei der Bundesanwaltschaft, in Vollzugsanstalten und bei jeder Generalstaatsanwaltschaft installiert werden. Die staatsanwaltlichen Ansprechpartner sollen durch regelmäßige Informationsveranstaltungen der Bundesanwaltschaft auf dem Laufenden gehalten werden.

- Außerdem soll jedem Polizei- und Strafvollzugsbeamten sowie jedem Dezernenten der Staatsanwaltschaften eine Liste mit »Indikatoren zum Erkennen islamistisch-terroristischer Zusammenhänge« ausgehändigt werden. Eine entsprechende »Indikatorenliste« wird von der Projektgruppe zur Verfügung gestellt.

In der Folgezeit werden diese Empfehlungen bei den Polizeibehörden, in den Vollzugsanstalten und bei den Staatsanwaltschaften umgesetzt. Weitere Aufgaben, die der Projektgruppe zur Verwirklichung des gesetzten Ziels gestellt werden, sind in den nächsten Jahren Bestandteil ihrer Arbeit. Ob und inwiefern diese Arbeit erfolgreich ist, lässt sich nur schwer bewerten. Jedenfalls gelingt es den Behörden weitestgehend, islamistische Attentate in Deutschland zu verhindern, wozu fraglos auch Glück und Zufälle beitragen:

- So kommen die Ermittler Ende 2006/Anfang 2007 mehreren jungen Männern im Alter bis 30 Jahren auf die Spur, die aus dem Bereich Ulm/Neu-Ulm stammen und die deutsche Zelle einer islamistischen Terrorgruppe bilden. Ziel der Männer ist die Verübung eines Sprengstoffanschlags. Als sie sich Sprengmittel für den

Bombenbau beschaffen, kommt es zum Zugriff – die Männer werden in einer Ferienwohnung im Sauerland verhaftet. Die drei Mitglieder der von den Ermittlern so genannten **»Sauerland-Gruppe«** sowie ein Helfer werden am 22.4.2009 vom Oberlandesgericht Düsseldorf u.a. wegen Vorbereitung eines Sprengstoffverbrechens und der Verabredung zum Mord als Täter bzw. Gehilfe zu Freiheitsstrafen zwischen fünf und zwölf Jahren verurteilt.

- Am frühen Nachmittag des 31.7.2006 stellen zwei Libanesen, die später als die **»Kofferbomber«** bezeichnet werden, jeweils einen Koffer mit Sprengladungen in Vorortzügen ab, die von Köln nach Dortmund bzw. Koblenz fahren. Dann flüchten sie. Die für 14:30 Uhr geplanten Explosionen scheitern. Ein kleiner  technischer Fehler verhindert jeweils die Katastrophe. Experten sind der Ansicht, dass – ähnlich wie bei dem Bahnattentat von Madrid am 11.3.2004 – mit einer dreistelligen Zahl von Toten zu rechnen gewesen wäre, falls das Attentat nicht gescheitert wäre. Die beiden Attentäter werden vor allem aufgrund von Videoaufzeichnungen identifiziert.[189] Der eine Täter wird am 9.12.2008 vom Oberlandesgericht Düsseldorf wegen versuchten Mordes zu lebenslanger Haft verurteilt, sein

---

[189] Das nebenstehende Foto stammt aus einer solchen Videoüberwachung und ist Bestandteil der Öffentlichkeitsfahndung.

Mittäter in Beirut zu einer Freiheitsstrafe von zwölf Jahren.

Drei islamistische Terroranschläge können die deutschen Sicherheitsbehörden aber nicht verhindern:

- Ziel des einen Attentats, das sich am 2.3.2011 an der Bushaltezone des Flughafens Frankfurt/Main ereignet, ist eine Gruppe von Angehörigen der US-Air-Force, die mit einem Bus nach Ramstein gebracht werden sollen, um in Bälde zu einem Einsatz nach Afghanistan zu fliegen. Der Täter, ein 21-jähriger Kosovo-Albaner, erschießt zunächst den US-Soldaten Alden hinterrücks und dann den Busfahrer Cuddeback. Anschließend stürmt er mit dem wiederholten Ausruf »Allahu akbar!« (»Gott ist am größten!«) in den Bus und schießt auf die dort sitzenden US-Soldaten, von denen er zwei schwer verletzt. Wegen einer Ladehemmung kommt es zu keinen weiteren Schüssen. Auf seiner Flucht wird er überwältigt und am 10.2.2012 vom Oberlandesgericht Frankfurt/Main zu einer lebenslangen Freiheitsstrafe verurteilt.

- Am 18.7.2016 greift ein 17-Jähriger, der als afghanischer Flüchtling in Deutschland lebt, bei Würzburg die Fahrgäste eines Regionalzugs mit einer Axt und einem Messer an und verletzt im Zug sowie auf seiner Flucht insgesamt fünf Personen, davon zwei lebensgefährlich, bevor er von der Polizei getötet wird.

- Am Abend des 24.7.2016 sprengt sich ein 27 Jahre alter syrischer Selbstmordattentäter im bayerischen Ansbach am Eingang zu einem Musikfestival in die Luft und verletzt dabei 12 Personen, davon zwei schwer.[190]

---

[190] Dagegen stellt es – entgegen erster Vermutungen – keine islamistische Terrortat, sondern einen Amoklauf dar, als am 27.7.2016 ein 18 Jahre alter Deutsch-Iraner im Münchner Olympia-Einkaufszentrum mit einer Pistole neun Passanten ermordet und mehrere zum Teil schwer verletzt, bevor er sich selbst erschießt.

Der »Islamistische Staat (IS)« und unsere Terrorangst

In **Westeuropa** können weitere schwere islamistische Terrorattentate nicht verhindert werden. Dazu zählen:

- die Serie von vier Selbstmordanschlägen auf den öffentlichen Nahverkehr am **7.7.2005 in London**, als in drei U-Bahnzügen und einem Doppeldeckerbus durch Explosionen 56 Menschen (einschließlich der Selbstmordattentäter) getötet und über 700 teilweise schwer verletzt werden;

- das Attentat auf die Redaktion der Satirezeitschrift **»Charlie Hebdo«**, als am **7.1.2015 in Paris** zwei maskierte Täter, die sich als Teil von al-Qaida bezeichnen und die später von der Polizei erschossen werden, in die Redaktionsräume eindringen, dort elf Personen und auf ihrer anschließenden Flucht einen Polizeibeamten durch Schüsse töten;

- die **Terroranschläge am Abend des 13.11.2015 in Paris**, als während des Fußballfreundschaftsspiels Frankreich gegen Deutschland mindestens 133 Menschen getötet und mehr als 350 verletzt werden; in einer ersichtlich konzertierten Aktion, zu der sich später der **»Islamistische Staat (IS)«** bekennt, sprengen sich drei Selbstmordattentäter in der Nähe des Fußballstadions in die Luft, während nahezu zeitgleich in einem anderen Stadtteil von Paris weitere Täter u.a. eine Konzertveranstaltung überfallen, Geiseln nehmen, zahlreiche Menschen erschießen und sich schließlich selbst töten. In einem Schreiben des »IS«, in welchem er sich zu dieser Attentatsserie bekennt, heißt es u.a., acht Brüder hätten mit Sturmgewehren und Sprengstoffgürteln diesen terroristischen Angriff verübt, der allen Andersdenkenden und Anderslebenden gelte;

334

- das **Selbstmordattentat am 11.1.2016 in Istanbul**, das wohl von einem Mitglied des »IS« in der Nähe der Hagia Sophia und der Blauen Moschee verübt wird und bei dem zehn Menschen – alle sind deutsche Touristen – getötet werden;

- die wohl von IS-Attentätern verübten **Sprengstoffanschläge am 22.3.2016 in Brüssel** im Flughafengebäude sowie einer zentralen Metro-Station mit insgesamt 38 Toten (einschließlich der drei Selbstmordattentäter) und mehr als 230 Verletzten.

- die **Mordfahrt von Nizza am 14.7.2016**, dem französischen Nationalfeiertag, als ein tunesischer Staatsangehöriger seinen Lastwagen gezielt in eine Menschenmenge steuert und dabei 84 Personen tötet und mehr als 200 zum Teil schwer verletzt, bevor er von der Polizei erschossen wird.

Der sich selbst so bezeichnende **»Islamistische Staat (IS)«**, der sich 2003 von der Terrororganisation al-Qaida abgespalten hat, ist eine terroristische Gruppierung, die vor allem Gebiete im Osten Syriens und im Nordwesten des Irak beherrscht und ein weltweites Kalifat mit den strengen Regeln der Sharia anstrebt. Zu diesem Zweck sollen alle Ungläubigen bekämpft werden, also alle Nicht-Muslime, aber auch Muslime, die sich nicht an die Scharia halten. Dazu werden weltweit Terroranschläge verübt und in den besetzten Gebieten mit äußerster Brutalität vor allem mit Hinrichtungen, die per Internet veröffentlicht werden, Angst und Schrecken verbreitet. Zur Bekämpfung aller anderen Religionen gehört auch, dass der »IS« überaus wertvolle Kulturgüter zerstört, darunter die mehr als 10.000 Jahre alten Orte des UNESCO-Weltkulturerbes Nimrud, Ninive und Hatra in Mesopotamien/Irak.

Diese islamistischen Terrortaten – vor allem jene im benachbarten Frankreich und Belgien – begründen in

Deutschland die Sorge, dass sich derartige Anschläge auch in unserem Land ereignen könnten, und führen u.a. dazu, dass das für den 17.11.2015 in Hannover geplante Fußballfreundschaftspiel zwischen Holland und Deutschland aus Sicherheitsgründen abgesagt wird.

Nicht uninteressant ist meines Erachtens, dass diese subjektive Angst vor Terroranschlägen – ähnlich wie die allgemeine Angst, Opfer einer Straftat zu werden – wohl aufgrund der intensiven Medienberichterstattung permanent zunimmt, obwohl objektiv gesehen das Gegenteil der Fall ist:

- So ist die Kriminalität in Deutschland von ca. 6,67 Millionen Straftaten im Jahr 1995 auf ca. 6,33 Millionen Straftaten im Jahr 2015, d.h. um rund 6,7 % zurückgegangen.

- So ist vor allem die Anzahl der Fälle von Mord und Totschlag in unserem Land enorm gesunken, und zwar von 3960 Fällen im Jahr 1995 auf 2457 Fällen im Jahr 2014, was einen unglaublichen Rückgang um rund 38 % darstellt.[191]

- Dies gilt aus meiner Sicht vor allem auch für die **Terroranschläge in Westeuropa.** Hier sind in den 1970er- und 1980er-Jahren jährlich in der Regel mehr als 200, teilweise sogar mehr als 400 Menschen bei terroristischen Attentaten getötet worden. Traurige Höhepunkte waren dabei die Jahre 1974 mit 403 Toten, 1980 mit 404 Toten (darunter 85 Opfer bei dem Bombenattentat von Bologna[192] und die 13 Opfer des Oktoberfestattentats[193]) und 1988 mit 437 Toten

---

[191] Zu den exakten Zahlen vgl. S. 358

[192] Siehe S. 100

[193] Siehe S. 98 ff.

(darunter die Opfer des Lockerbie-Attentats, bei dem durch eine Flugzeugexplosion 270 Menschen zu Tode kamen). Seither ist die Zahl der getöteten Terroropfer permanent gesunken und hat ab den 1990er-Jahren kein einziges Mal mehr die Grenze von 200 Terrortoten im Jahr erreicht, sondern ist in der Regel – anders als in den vorangegangenen Jahrzehnten – deutlich unter 100 gelegen. Gleichwohl traurige Höhepunkte waren die Jahre 2004 mit 195 Toten (vor allem aufgrund der 191 Attentatsopfer von Madrid[194]) und 2011 mit 80 Toten (insbesondere wegen der 77 Opfer des rechtsextremistischen und islamfeindlichen Amoklaufs von Norwegen[195]). Im Jahre 2015 beläuft sich die Zahl der Terroropfer bislang auf 148 (vor allem aufgrund der beiden Terroranschläge von Paris mit zusammen 146 Toten).[196]

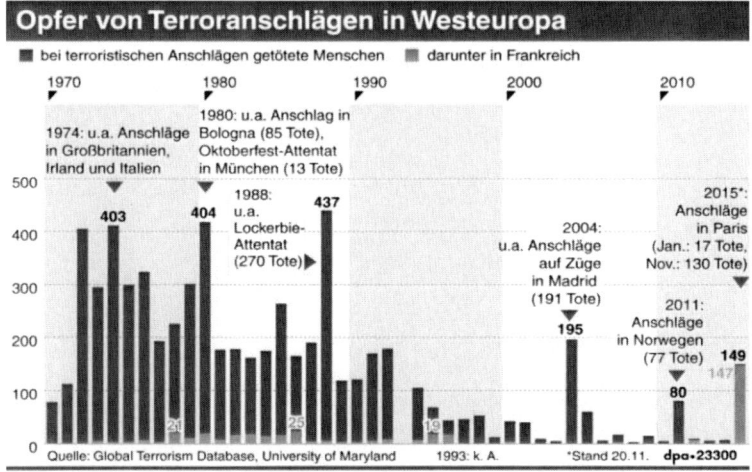

Opfer von Terroranschlägen in Westeuropa

■ bei terroristischen Anschlägen getötete Menschen   ■ darunter in Frankreich

Quelle: Global Terrorism Database, University of Maryland   1993: k. A.   *Stand 20.11.   dpa-23300

---

[194] Siehe S. 329

[195] Siehe S. 394

[196] Vgl. die dpa-Grafik Nr. 23300 »Opfer von Terroranschlägen in Westeuropa«

Es verwundert angesichts solcher Zahlen nicht, wenn ein Risikoforscher[197] über die akute Terrorgefahr in Deutschland zum Ausdruck bringt, dass wir in unserem Land am wenigsten Grund haben, uns zu ängstigen, und dass das Risiko, Opfer einer Terrortat in Deutschland zu werden, so gering sei, wie es nur sein kann. In der Tat ist die Gefahr, im Straßenverkehr zu sterben, sehr viel höher – man denke nur an die 3.475 Verkehrstoten in Deutschland im Jahr 2015. Gleichwohl begeben wir uns tagtäglich auf unsere Straßen, ohne eine besondere Angst zu empfinden, während sich die Menschen nach den Terroranschlägen in Paris am 13.11.2015 verstärkt vor Anschlägen auf Weihnachtsmärkte, Bundesliga-fußballspiele und Musikveranstaltungen fürchten, obwohl es – sieht man von dem Anschlag auf das Oktoberfest im Jahr 1980 ab – keine derartigen Attentate in Deutschland gegeben hat.

---

[197] Gerd Gigerenzer, Zitat aus den Stuttgarter Nachrichten vom 19.11.2015

Hilfe für Straffällige!
Gnade vor Recht für RAF-Terroristen?

Die deutschen Staatsanwaltschaften sind – was wenig bekannt ist – nicht nur für die Verfolgung von Straftaten, sondern auch für die Strafvollstreckung zuständig, also dafür, dass Geldstrafen bezahlt und Freiheitsstrafen verbüßt werden. Interessant und für manche überraschend ist, dass sich viele Strafjuristen – insbesondere auch Staatsanwälte – ehrenamtlich in den Verbänden und Vereinen der Straffälligenhilfe engagieren. So war Generalbundesanwalt a.D. Rebmann, der in der Öffentlichkeit nicht ohne Grund als engagierter und stringenter Strafverfolger bekannt ist, von 1973 bis 1997 Verbandsvorsitzender und später Ehrenvorsitzender des württembergischen Landesverbands der Straffälligenhilfe[198]. Von ihm stammt auch die Formulierung, die für die Tätigkeit des Verbands kennzeichnend ist: **»Wir müssen Straftäter nicht nur richten, sondern auch wieder aufrichten!«**

Straffälligenhilfe

Bis zum Jahr 2003 gibt es in Württemberg zwei Dachverbände, die sich mit der Hilfe für Strafgefangene befassen, zum einen die »Straffälligenhilfe« unter dem Vorsitz meines Vorgängers als Generalstaatsanwalt und zum anderen die »Bewährungshilfe« mit dem Leiter der Staatsanwaltschaft Ulm an der Spitze. Im Jahr 2003 kommen die beiden Verbände überein, sich zum

---

[198] Der Verband wurde bereits 1830 als »Verein zur Fürsorge für entlassene Strafgefangene in Württemberg« gegründet; Vereinszweck war die »Beförderung der bürgerlichen und sittlichen Besserung der entlassenen Strafgefangenen«.

»Verband Bewährungs- und Straffälligenhilfe Württemberg e.V.« zusammenzuschließen. Bei der

konstituierenden Sitzung am 19.3.2003 werde ich zum Vorstandsvorsitzenden gewählt; diese Tätigkeit übe ich bis Frühjahr 2014 aus. Diese Jahre sind für den neuen Verband und damit auch für mich überaus spannend, weil es gilt, sich laufend auf neue Situationen und Aufgaben einzustellen. So schließen wir uns mit dem badischen Bruderverband und dem Paritätischen Landesverband unter der Bezeichnung »Netzwerk Straffälligenhilfe in Baden-Württemberg GbR« zusammen, um mehrere Projekte landesweit in die Tat umsetzen zu können, z.B.

- das »Nachsorgeprojekt Chance«, mit dem Strafgefangene auf ihre Haftentlassung vorbereitet und während der ersten Zeit in Freiheit betreut werden, um zu vermeiden, dass sie in ein »Entlassungsloch« fallen und rückfällig werden;

- das System »Schwitzen statt Sitzen«, durch das vermieden wird, dass Verurteilte, die ihre Geldstrafe nicht bezahlen können, ersatzweise ins Gefängnis müssen, sondern stattdessen die Geldstrafe durch gemeinnützige Tätigkeit abarbeiten und damit gleichzeitig Gutes für die Allgemeinheit leisten können[199];

- das »Eltern-Kind-Projekt«, mit dem den Schwierigkeiten vor allem von Kindern begegnet wird, wenn sich ein Elternteil im Gefängnis befindet.

---

[199] Mit dem System »Schwitzen statt Sitzen« werden ab 2008 pro Jahr durchschnittlich 80.000 Hafttage vermieden, was bei Kosten von 100 € pro Hafttag einer Einsparung von rund 8 Millionen € entspricht.

Alle diese Tätigkeiten[200] stehen unter dem Motto **»Resozialisierung ist der beste Opferschutz!«**

Aufgrund dieser Aufgabe in der Straffälligenhilfe begegne ich häufig meinem früheren Chef Generalbundesanwalt a.D. Rebmann. Bei unseren gemeinsamen Fahrten zu Verbandsveranstaltungen geht es natürlich um Erinnerungen an frühere Zeiten, aber auch um aktuelle Fragen des Terrorismus; diese Gespräche machen ersichtlich nicht nur mir Freude. Zu seinem 80. Geburtstag, den er mit Freunden und Weggefährten feiert, habe ich die Ehre, dabei zu sein und für die Straffälligenhilfe zu sprechen. Am 21.4.2005 stirbt Kurt Rebmann.

Bei unseren letzten Begegnungen hatte ich mit ihm auch darüber gesprochen, dass von den 23 RAF-Gefangenen, gegen die rechtskräftig eine lebenslange Freiheitsstrafe verhängt wurde, inzwischen bereits 19 durch Gerichtsentscheidung oder Gnadenakt aus der Haft entlassen wurden.[201] Noch im Gefängnis befinden sich die vier RAF-Mitglieder Brigitte Mohnhaupt, Christian Klar, Eva Haule und Birgit Hogefeld.

Gnade vor Recht für RAF-Häftlinge?

In Bezug auf die Frage, ob RAF-Gefangene wieder auf freien Fuß kommen können, ereignet sich ab Ende 2006 geradezu ein Medienhype, als bekannt wird, dass Bundespräsident Horst Köhler im Begriff sei, über ein

---

[200] Vor allem für dieses ehrenamtliche Engagement im Bereich der Straffälligenhilfe verleiht mir Bundespräsident Gauck im Jahr 2015 das Bundesverdienstkreuz am Bande.

[201] Bei diesen Entlassenen handelt es sich um Klaus Jünschke, Manfred Grashof, Verena Becker, Angelika Speitel, Günter Sonnenberg, Bernd Rößner, Irmgard Möller, Christine Kuby, Lutz Taufer, Karl-Heinz Dellwo, Knut Folkerts, Hanna Krabbe, Peter-Jürgen Boock, Helmut Pohl, Adelheid Schulz, Stefan Wisniewski, Sieglinde Hofmann, Rolf Heißler und Rolf Klemens Wagner.

Gnadengesuch des RAF-Mitglieds Christian Klar zu entscheiden, das dieser bereits im Jahr 2003 gestellt hat. Die Berichterstattung wird noch intensiver, als sich Hinweise dafür ergeben, dass der Bundespräsident dem Gnadengesuch stattgeben könnte.

> Eine **Haftentlassung von Straftätern**, die zu lebenslanger Haft verurteilt worden sind, kommt nicht nur durch die Justiz[202] in Betracht, sondern auch – wie von Christian Klar beantragt – auf dem **Gnadenweg**. Dafür gelten folgende allgemeine Grundsätze:
> - Das Gnadenrecht fällt grundsätzlich in die Kompetenz der Bundesländer, und zwar bei lebenslangen Freiheitsstrafen in die des jeweiligen Ministerpräsidenten. Nur bei Fällen, die – wie bei Verfahren gegen Terroristen – in die Zuständigkeit des Bundes fallen, ist der Bundespräsident zuständig.
> - Der Gnadenerweis ist keine justizförmige, sondern eine politische Entscheidung (»Gnade vor Recht«), die nicht mit einem Rechtsmittel angefochten werden kann, sondern allein vom dafür Zuständigen – bei Terroristen also vom Bundespräsidenten – zu verantworten ist.

Mehrere Personen – unter ihnen Waltrude Schleyer, die Witwe von Hanns-Martin Schleyer – sprechen sich eindringlich gegen eine gnadenweise Haftentlassung Klars aus. Michael Buback, der Sohn des ermordeten Generalbundesanwalts, bringt in einem Interview mit der Süddeutschen Zeitung vom 20.1.2007 zum Ausdruck, dass eine solche Begnadigung vor allem deshalb nicht in Betracht komme, weil Klar nichts zur Aufdeckung der bisher ungeklärten Attentate der RAF beigetragen, insbesondere nicht gesagt habe, wer beim Karlsruher Mord vom 7.4.1977 der Soziusfahrer auf dem Tatmotorrad war, der

---

[202] Vgl. S. 152 f.

die tödlichen Schüsse auf den Generalbundesanwalt und seine Begleiter abgegeben hat.

Im Rahmen von Interviews und Vorträgen[203] werde auch ich nach meiner Meinung zu einer eventuellen Begnadigung Klars gefragt. Ich bin zwar auf der einen Seite – nicht zuletzt aus Gründen der Gleichbehandlung aller Straftäter – der Überzeugung, dass unser Staat auch Terroristen, die zu einer lebenslangen Freiheitsstrafe verurteilt wurden, aus der Haft entlassen muss, wenn durch die Haftdauer ihre Schuld als verbüßt anzusehen ist und wenn sie für die Allgemeinheit im Sinne einer Wiederholung ihrer Straftaten keine Gefahr mehr darstellen. Andererseits kann es meines Erachtens nicht richtig sein, dass Terroristen – wie etwa bei den Haftbedingungen der RAF-Gefangenen im 7. Stock des Stammheimer Gefängnisses – besser behandelt werden als andere Straftäter. Deshalb warne ich dringend davor, RAF-Täter im Nachhinein durch eine Sonderbehandlung quasi auf den »Sockel des Kriegskontrahenten« zu stellen, was die RAF-Mitglieder in ihren Prozessen ja völlig zu Unrecht für sich in Anspruch nehmen wollten. Gerade aus Gleichbehandlungsgründen rate ich regelmäßig und mit Nachdruck von einer Begnadigung Klars ab, »weil er nichts getan hat, um sich einer Gnade würdig zu zeigen« und weil kein anderer Mörder in der vergleichbaren Situation in den Genuss eines solchen Gnadenaktes kommen würde.[204] Stattdessen spreche ich mich dafür aus, Christian Klar und Brigitte Mohnhaupt zu den vom Oberlandesgericht Stuttgart vor-

---

[203] Insgesamt erhalte ich im Jahr mehr als 200 Anfragen. Bei einem Vortrag am 19.9.2007 stelle ich dem Haus der Geschichte in Bonn meine rote Robe, die ich während der Prozesse als Vertreter der Bundesanwaltschaft getragen habe, zur Verfügung.

[204] Bei einer aktuellen SPIEGEL-Umfrage sprechen sich unter 1000 Befragten 71 % gegen und 20 % für eine Begnadigung Klars aus.

gesehen Zeitpunkten auf Bewährung zu entlassen, nämlich Mohnhaupt nach 24 Jahren Haft[205] und Klar nach 26 Jahren Haft, weil sie auch nach Einschätzung der Bundesanwaltschaft nicht mehr gefährlich seien. Bei dieser Aussage bleibe ich auch, obwohl Klar in einem Grußwort für die am 13.1.2007 stattfindende Rosa-Luxemburg-Konferenz verquaste Formulierungen benutzt, die mich hinsichtlich ihrer Unverständlichkeit zwar an frühere RAF-Schreiben erinnern, denen ich aber keine anhaltende Gefährlichkeit Klars entnehmen kann.

Es gibt Stimmen, die mir vorwerfen, mit meinen Stellungnahmen den Bundespräsidenten bezüglich seiner höchstpersönlichen Gnadenentscheidung zu bevormunden, was mich trifft, weil es mir nur darauf ankommt, dass nicht noch einmal derselbe Fehler gemacht wird, wie bei den privilegierenden Haftbedingungen der RAF-Gefangenen. Deshalb erlaube ich mir, die Gründe meiner Position auch in Vorträgen und einem Artikel für eine Fachzeitschrift näher darzulegen[206]; sie lauten:

> Bis zum Jahr 1986, als noch Verurteilungen zu mehrfach lebenslangen Freiheitsstrafen möglich waren, war es unumgänglich, eine adäquate Haftentlassung solcher Verurteilter per Gnadenakt herbeizuführen.
>   Mit der gesetzlichen Neuregelung der Vorschriften über die lebenslange Freiheitsstrafe vom 13.4.1986[207] hat der Gesetzgeber – entsprechend den Vorgaben des Bundesverfassungsgerichts – eine »kleine Gnade« geschaffen, wonach es vorrangig Aufgabe der Strafge-

---

[205] Brigitte Mohnhaupt wird dann – wie vom Gericht bestimmt – am 25.3.2007 auf Bewährung aus der Haft entlassen.

[206] Etwa bei einem Gespräch mit Bischof Gebhard Fürst zum Thema »Gnade vor Recht?« am 5.12.2007 auf dem »Forum Justiz und Kirche« der Diözese Rottenburg-Stuttgart sowie in einem gleichnamigen Artikel in der »Zeitschrift für Rechtspolitik« 3/2008, S. 84 ff.

[207] Vgl. S. 152 f.

richte ist, darüber zu befinden, wann ein zu lebenslanger Haft Verurteilter auf Bewährung frei kommen
kann, ja frei kommen muss, wenn die vom Gericht
festgelegte Mindestverbüßungsdauer abgelaufen ist
und der Verurteilte für die Allgemeinheit keine Gefahr
mehr darstellt.

Für eine Haftentlassung per Gnadenerweis bleibt
deshalb seither nur noch insoweit Platz, als sich die
Gerichtsentscheidung über die Mindestverbüßungsdauer durch neue Fakten als falsch erweist und durch
einen Gnadenakt korrigiert werden muss[208]. Dementsprechend heißt es jetzt beispielsweise in der baden-
württembergischen Gnadenordnung: »Gnadenerweise
haben Ausnahmecharakter. Sie dienen insbesondere
dazu, Unbilligkeiten auszugleichen, die darauf beruhen,
dass das Gericht bei Festsetzung der Rechtsfolgen
wesentliche Umstände nicht berücksichtigen konnte,
weil diese im Zeitpunkt der Entscheidung nicht bekannt
waren oder erst danach eingetreten sind.«

Auf Christian Klars Fall bezogen bedeutet dies, dass eine
Begnadigung nicht in Betracht kommen kann, da seit der
gerichtlichen Festlegung der Mindestverbüßungszeit von
26 Jahren neue Umstände – etwa ein Geständnis, eine
Reuebekundung, eine Entschuldigung bei den Tatopfern
oder ein Beitrag zur Sachaufklärung von Seiten Klars –
weder eingetreten noch bekannt geworden sind, die eine
nachträgliche Korrektur dieser Gerichtsentscheidung
rechtfertigen würden.

Angesichts dieser Position begrüße ich es natürlich, als
am 7.5.2007 bekannt wird, dass Bundespräsident Köhler
das Gnadengesuch Klars abgelehnt hat.

---

[208] Da solche Korrekturen im justizförmigen Verfahren nicht möglich
sind, bin ich im Gegensatz zu einigen Stimmen in der Literatur nicht für
die Abschaffung des Gnadenrechts, das manche für antiquiert,
feudalistisch und deshalb für nicht mehr in unsere Zeit passend halten.

So wird Christian Klar nach Ablauf der vom Gericht festgelegten Mindestverbüßungszeit von 26 Jahren am 19.12.2008 auf Bewährung aus der Haft entlassen, weil – wie ein Sachverständigengutachten bestätigt – bei ihm keine Wiederholungsgefahr mehr besteht.

Nach der Freilassung von Birgit Hogefeld am 20.6.2011 befindet sich rund 34 Jahre nach dem Deutschen Herbst 1977 kein einziges RAF-Mitglied mehr in Haft.

Boocks Anrufe, seine Gespräche mit Michael Buback und der Film »Der Baader-Meinhof-Komplex«

Mit Peter-Jürgen Boock hatte ich in den letzten Jahren ab und an telefonischen Kontakt, etwa wenn Medienvertreter mit ihm ins Gespräch kommen wollten. Er ist nach seiner Verurteilung zu einer lebenslangen Freiheitsstrafe wegen seiner Beteiligung an den RAF-Attentaten im Sommer/ Herbst 1977 nochmals angeklagt und verurteilt worden, da bekannt wurde, dass er gemeinsam mit Rolf Clemens Wagner, Christian Klar und Henning Beer am 19.11.1979 in Zürich einen Banküberfall verübt hatte.[209] Anschließend hat das Oberlandesgericht Stuttgart für Boock eine Mindestverbüßungszeit von 17 Jahren festgelegt, weshalb er am 13.3.1998 auf Bewährung aus der Haft entlassen wurde.

Zwei Anrufe Boocks

Am **13.2.2007** ruft mich Peter-Jürgen Boock im Büro an. Zunächst erwähnt er, dass er meine positive Haltung in Bezug auf die diskutierte Haftentlassung von Mohnhaupt und Klar auf gerichtlicher Basis begrüße. Gleichwohl verstehe er aber, dass Michael Buback, der Sohn von Generalbundesanwalt Buback, einer vorzeitigen Entlassung von Klar ablehnend gegenüberstehe, solange dieser nicht die Mörder seines Vaters nenne. Er habe sich deshalb entschlossen, Herrn Buback dessen Frage nach den Mördern seines Vaters in einem persönlichen Gespräch zu beantworten. Obwohl Boock bewusst ist, dass ich in

---

[209] Siehe S. 214 f.

Sachen RAF beruflich nicht mehr zuständig bin, bittet er mich, ihm einen Kontakt zu Michael Buback zu vermitteln. Ich verspreche ihm, seine Bereitschaft zu einem Gespräch mit Michael Buback an die Bundesanwaltschaft weiterzuleiten, was ich noch am selben Tag zunächst telefonisch und dann per Mail erledige. Genau eine Woche später, am **20.2.2007**, ruft mich Peter-Jürgen Boock gegen 15:30 Uhr erneut an. Das Gespräch nimmt für mich einen völlig überraschenden Verlauf, den ich für mich kurz darauf und zusammengefasst in einem Vermerk schriftlich festhalte:

»Boock erklärte, dass er langsam genug habe. Er habe ja schon früher und teils öffentlich angeboten, sich den Opfern von RAF-Attentaten zu einem Gespräch zu stellen. Darauf habe es aber keinerlei Reaktionen gegeben. Es seien ja alle RAF-Täter, die zu einer lebenslangen Freiheitstrafe verurteilt wurden, wegen aller Anschläge der RAF abgeurteilt, so dass er jetzt alle Täter namentlich nennen könne. Auf meinen Hinweis, dass ich in Sachen RAF keine offizielle Funktion mehr habe und allenfalls als Vermittler agieren könne, erklärte Boock, ich solle ihm doch einfach sagen, an der Aufklärung welcher Anschläge man noch interessiert sei. Auf meine Antwort, dass man nach wie vor nicht wisse, wer die Buback-Attentäter am Tatort in Karlsruhe waren und wer Hanns-Martin Schleyer erschossen hat, erklärte Boock:

- Das Motorrad, das beim Buback-Attentat benutzt wurde, sei bei der Tat von Günter Sonnenberg gefahren worden. Sozius sei Stefan Wisniewski gewesen. Auf meine Frage, woher er denn dies wisse, erklärte Boock, dass er an der Vorbereitung und Planung des Anschlags selbst beteiligt gewesen sei. Er habe zwar an der eigentlichen Tatausführung nicht mitgewirkt, habe aber nach dem Attentat erfahren, dass die Tat wie geplant ausgeführt worden sei. Christian Klar sei weder bei der Vorbereitung noch beim Anschlag selbst beteiligt

348

gewesen. Es sei vereinbart gewesen, dass Sonnenberg fährt, weil dieser mit großen Motorrädern umgehen konnte und außerdem ortskundig war. Außerdem sollte mit Wisniewski derjenige schießen, der – im Gegensatz zu Sonnenberg – dafür bereits militärisch ausgebildet war.

- Wer Schleyer erschossen habe, könne er nicht sicher sagen, weil er seiner Quelle nicht traue (ersichtlich meinte Boock die in seiner »Lebensbeichte« genannte Person »G«, die ihm in Bagdad vom Ende Schleyers erzählt und dabei berichtet habe, Schleyer selbst erschossen zu haben). Schleyer müsse entweder von Stefan Wisniewski oder von Rolf Heißler erschossen worden sein.[210]

- Auf meinen Hinweis, dass Wisniewski ja am Tatort in Köln mitgewirkt habe, bestätigte Boock dies und betonte, es sei richtig, dass es sich bei den Tätern neben ihm um Stoll, Wisniewski und Sieglinde Hofmann gehandelt habe. Zu Hofmann erklärte er, sie habe auf den Fahrer (gemeint ist wohl Heinz Marczisz) geschossen. Nach seiner Einschätzung habe sich Stoll später bewusst von der Polizei erschießen lassen; dabei benutzte er den Begriff »suicide by police«.

Auf meine Bemerkung, dass er mit diesen neuen Hinweisen doch frühere RAF-Mitglieder erheblich belaste, antwortete Boock, dass denen ja strafrechtlich nichts mehr passieren könne. Dabei wiederholte er die Formulierung, die seien ja bereits alle wegen aller Anschläge zu »lebenslang« verurteilt. Als ich insoweit Bedenken

---

[210] Damit bestätigt Boock meine Einschätzung, dass **Stefan Wisniewski und Rolf Heißler** die beiden letzten Begleiter von Hanns-Martin Schleyer waren, also für seine Ermordung verantwortlich sind (vgl. S. 227 und S. 231).

anmerken wollte, wies er mich darauf hin, dies ergebe sich ja aus § 129 a StGB.«[211]

Diesen Vermerk leite ich umgehend der Bundesanwaltschaft zu. Mir ist natürlich bewusst, dass Boock mit dem Telefonat gezielt einen Zweck verfolgt, ja, mich geradezu instrumentalisieren will. Sein (für mich eindeutig falscher) Hinweis zum Buback-Attentat, »Christian Klar sei weder bei der Vorbereitung noch beim Anschlag selbst beteiligt gewesen«, zeigt mir, dass er vor allem Klars Gnadengesuch fördern will. Dafür spricht auch, dass wenige Tage vorher, am 25.1.2007, in SPIEGEL ONLINE u.a. zu lesen war:

»Peter-Jürgen Boock, ehemaliges Mitglieder der »Roten Armee Fraktion«, hält eine Freilassung der einstigen Kampfgefährten Mohnhaupt und Klar für »überfällig«... Boock sagt, wenn selbst der Stuttgarter Strafverfolger und RAF-Experte Klaus Pflieger dafür plädiere, Mohnhaupt und Klar zu entlassen, sei dies ein deutliches Zeichen dafür, dass von den beiden keine Gefahr mehr ausgehe.«

Das TV-Gespräch mit Michael Buback und Boock

Nach dem Telefonat mit Boock am 20.2.2007 höre ich in der Angelegenheit zunächst nichts mehr. Dann aber muss es zu dem von Boock angebotenen Gespräch mit Michael Buback gekommen sein. Jedenfalls macht Michael Buback in der Debatte um Klars Begnadigung eine völlig überrasche Kehrtwende und fordert in einem Gastbeitrag für

---

[211] Damit glaubt offensichtlich selbst Boock die unzutreffende Behauptung, alle RAF-Mitglieder seien wegen aller Attentate, die während ihrer Zugehörigkeit zur Terrorgruppe verübt wurden, strafrechtlich zur Verantwortung gezogen, obwohl er aufgrund seiner eigenen Strafverfahren weiß, dass er selbst z.B. nicht wegen des Buback-Attentats angeklagt und verurteilt wurde, obwohl er zu diesem Zeitpunkt Mitglied der RAF war.

die Süddeutsche Zeitung am 17.4.2007 plötzlich das Gegenteil von dem, was er bisher vertreten hat, nämlich »Gnade für Klar«, weil er neue Informationen erhalten habe: Christian Klar sei beim Attentat auf seinen Vater »keiner der beiden Täter auf dem Motorrad gewesen ... und habe auch nicht an der frühen Planung des Attentats teilgenommen, auch nicht an der Ausbildung für die Aktion«. Als ich diesen Artikel lese, ist meine erste gefühlsmäßige Reaktion, dass es Boock mal wieder gelungen ist, jemanden für sich einzunehmen und in die Irre zu führen, denn weder in unserer Anklageschrift gegen Mohnhaupt und Klar noch im Urteil gegen die beiden ist behauptet worden, Klar habe auf dem Tatmotorrad gesessen oder gar die tödlichen Schüsse abgegeben. Vielmehr waren Anklage und Urteil allein – und meines Erachtens völlig zu Recht – darauf gestützt, dass Klar im unmittelbaren zeitlichen Zusammenhang mit dem Attentat die beiden Tatfahrzeuge (das Tatmotorrad und das Fluchtfahrzeug, einen Alfa Romeo) gefahren hat.

Am 21.4.2007 schreibt DER SPIEGEL, nach Kenntnissen des ehemaligen RAF-Terroristen Peter-Jürgen Boock habe beim Buback-Attentat Wisniewski geschossen, Sonnenberg habe das Motorrad gelenkt. Boock habe Michael Buback nach eigenen Angaben über seine Kenntnisse unterrichtet. Zwei Tage später veröffentlicht DER SPIEGEL ein Interview mit Boock, in welchem dieser seine Angaben wiederholt, interessanterweise jetzt aber erklärt: »Dass Christian Klar eventuell ein Fluchtfahrzeug besorgt oder auch gefahren hat, kann ich nicht ausschließen, ich weiß es einfach nicht«.

Und dann folgt, was mir schwer auf den Magen schlägt: Am Abend des 25.4.2007 sendet die ARD unter dem Titel **»Das Opfer und der Täter«** ein Live-Gespräch zwischen Michael Buback und Peter-Jürgen Boock. Bei dem gemeinsamen Auftritt des Opferangehörigen Michael Buback und des wegen RAF-Morden verurteilten

Peter-Jürgen Boock höre ich, wie Boock weite Passagen dessen wiederholt, was er mir beim Telefonat am 20.2.2007 erzählt und inzwischen auch bei einer Vernehmung durch die Bundesanwaltschaft offiziell ausgesagt hat[212]. Ich halte die gesamte Übertragung tapfer durch, habe aber ein ausgesprochen schales Gefühl, das in den nächsten Tagen am treffendsten von Hergard Rohwedder, der Witwe des von der RAF ermordeten Treuhandchefs Detlev Karsten Rohwedder, zum Ausdruck gebracht wird; in ihrer Kritik an dem gemeinsamen TV-Auftritt von Buback und Boock sagt sie u.a.:

»Bei allem Respekt für die persönliche Bewältigung seines Schicksals ist für mich der öffentliche Auftritt eines von uns Opfern auf gleicher Augenhöhe mit einem Mörder und Terroristen als gleichwertigem Gesprächspartner erschütternd und nicht nachvollziehbar.«

Bubacks Buch »Der zweite Tod meines Vaters«

Unendlich leid tut mir, was Boock mit seinen neuen Aussagen bei Michael Buback ausgelöst hat. Die durch Boocks Hinweise initiierte – falsche – Meinung, Christian Klar und Knut Folkerts seien möglicherweise in Sachen Buback zu Unrecht verurteilt worden, lässt bei Michael Buback insgesamt Zweifel an der deutschen Justiz aufkommen. Deshalb fängt er an, selbst zu recherchieren und eigene Hypothesen aufzustellen. Mehr und mehr kommt er zu der Auffassung, der Staat habe bei den Ermittlungen

---

[212] Aufgrund dieser Aussage leitet die Bundesanwaltschaft gegen Stefan Wisniewski (bezüglich des Buback-Attentats) und gegen Rolf Heißler (bezüglich des Schleyer-Komplexes) jeweils ein neues Ermittlungsverfahren ein; sie sieht jedoch im Hinblick auf die zweifelhafte Glaubwürdigkeit Boocks und weil er behauptet, in Bezug auf seine neuen Hinweise nur mittelbarer Zeuge zu sein, jeweils keinen dringenden Tatverdacht, der einen Haftbefehl rechtfertigen würde.

zum Attentat auf seinen Vater geschlampt oder die Aufklärung bewusst hintertrieben, möglicherweise sogar seinen Vater geopfert. Er leidet sichtlich unter dieser Vorstellung und empfindet dies alles als das, was er schließlich als Titel eines Buches auswählt, das er über seine Recherchen schreibt: **»Der zweite Tod meines Vaters«.**

Nicht nachvollziehen kann ich, wie sich Michael Buback zwar von Boock auf das Gleis des Zweifelns setzen lässt, dann aber Boocks Version, Stefan Wisniewski sei beim Buback-Attentat der Todesschütze gewesen, nicht glaubt und stattdessen im Laufe seiner Ermittlungen zu der festen Überzeugung gelangt, nicht Wisniewski, sondern die RAF-Angehörige Verena Becker habe die tödlichen Schüsse auf seinen Vater und dessen Begleiter abgegeben. Diese Auffassung ist auch Bestandteil seines Buches sowie seiner verschiedenen Auftritte in der Öffentlichkeit. So begegne ich ihm Ende Oktober 2007 auf einer Tagung der Evangelischen Akademie in Bad Boll, wo wir uns mit dem Thema »30 Jahre nach dem Deutschen Herbst« befassen und u.a. auch Hans-Christian Ströbele und die Opferangehörige Ina Beckurts auftreten. Beim Vortrag von Michael Buback habe ich mehr denn je den Eindruck, dass er sich inzwischen fast unauflöslich in seinen Zweifeln und düsteren Ahnungen verfangen hat. Am Ende seiner Ausführungen äußert er erneut seine Befürchtung, dass die mögliche Täterin Becker von einer Strafe verschont werde, weil sie eine Geheimdienstinformantin gewesen sei, und stellt dazu die Frage »Gab es eine Deckung der Täter?« Als er dann auch noch in verschärftem Tonfall sagt, »Es gibt Gründe, warum mein Vater dem Geheimdienst im Wege war!«, kann ich nicht anders, als mich sofort zu Wort zu melden und mich gegen solche Spekulationen zu verwahren. Gleichwohl freut es mich, dass wir uns anschließend nicht nur zusammen fotografieren lassen, sondern in der Folgezeit immer wieder miteinander reden.

Der Film »Der Baader-Meinhof-Komplex«

Im September 2008 ist erneut eine mediale Aufregung zu spüren, als die Verfilmung von Stefan Austs Bestseller »Der Baader-Meinhof-Komplex« ins Kino kommt. Auch ich empfinde eine gewisse Anspannung, weil ich die Sorge habe, dass der RAF mit diesem Film nachträglich ein unerfreuliches Denkmal gesetzt werden könnte.

Mitte September 2008 befinde ich mich wegen einer Knieoperation in einer Pforzheimer Klinik – mein rechter Innenmeniskus ist meiner Fußballleidenschaft zum Opfer gefallen und muss durch ein künstliches Teil ersetzt werden. Kurz nach dem operativen Eingriff erreicht mich dort ein Anruf von Holger Schmidt aus der SWR-Hörfunk-Redaktion, der mich einen Tag vor dem offiziellen Kinostart in eine Sondervorführung des Films für Medienvertreter einladen und dann im Radio über seine und meine Eindrücke berichten möchte. Nachdem der Chefarzt grünes Licht für den Ausflug gegeben hat, holt mich Holger Schmidt am Morgen des 18.9.2008 in der Klinik ab und chauffiert mich nach Stuttgart, wo ich – in Krankenhaus-Zivil und auf Krücken – zum Kino hinke. Der Film beeindruckt mich enorm, sehe ich doch vieles in Bildern, was mir bis dahin aus den Akten oder aufgrund von Vernehmungen, etwa von Peter-Jürgen Boock, nur abstrakt bekannt war. Meine Befürchtung, der Film könnte die RAF heroisieren oder einen Mythos schaffen, bestätigt sich Gott sei Dank nicht. Gleichwohl kann ich nicht umhin, auch ein paar kritische Bemerkungen anzubringen. So stört mich sehr, dass in einer Szene eine RAF-Frau erschossen wird, die von der beliebten Schauspielerin Alexandra Maria Lara dargestellt ist, was – so mein Eindruck – automatisch zusätzliches Mitleid erregt, während in der nächsten Szene ein Polizeibeamter getötet wird, der von einem unbekannten Darsteller gespielt wird; dies empfinde ich als subtile

Stimmungsmache zugunsten der RAF. Am meisten missfällt mir aber der Schluss des Filmes, der abrupt mit dem Tod von Hanns-Martin Schleyer endet und deshalb – so meine Befürchtung – den Zuschauer im Unklaren darüber lässt, ob die RAF noch existiert. Insbesondere vermisse ich, dass der Film die Auflösungserklärung der RAF unerwähnt lässt, aus der ja hervorgeht, dass der RAF-Terror ein Irrweg war.

Der Rechtsstreit mit Stefan Aust

Auch in den folgenden Wochen werde ich von Medienvertretern immer wieder um eine Stellungnahme zum Film »Der Baader-Meinhof-Komplex« gebeten. U.a. kommt es am 25.9.2008 in der SWR-Radiosendung »Letzte Rätsel um den Mythos RAF« per Konferenzschaltung zu einer Diskussion zwischen Stefan Aust, Hans-Christian Ströbele und mir. Am 4.10.2008 veröffentlicht die Stuttgarter Zeitung ein Interview mit Rainer Christ, meinem Stellvertreter bei der Generalstaatsanwaltschaft, und mir.

Wegen verschiedener Äußerungen, die ich in dem Radio-Gespräch und im Zeitungsinterview gemacht habe, kommt es in den folgenden Monaten zu einem Rechtsstreit zwischen Stefan Aust und mir, der zunächst damit endet, dass das Landgericht Hamburg durch Urteil vom 17.2.2009 eine einstweilige Verfügung bestätigt, durch die mir verboten wurde, mehrere Äußerungen aus dem Zeitungsinterview weiter zu verbreiten, weil ich insoweit unrichtige Tatsachen behauptet und nicht bloß eine persönliche Meinung zum Ausdruck hätte. Am 21.7.2009 kommt es in Stuttgart zu einem persönlichen Gespräch zwischen Stefan Aust und mir, bei dem wir uns einigen, den Rechtsstreit nicht fortzuführen, sondern mit dem Ergebnis des Hamburger Urteils zu beenden. Gleichwohl ist diese zivilrechtliche Auseinandersetzung eine Lehre für mich, macht sie doch deutlich, dass die von mir in den

355

letzten Jahren gepflegte offensive Medienarbeit auch enorme Gefahren in sich birgt. Daraus gilt es zu lernen und die positiven wie negativen Erfahrungen auch an die mit Medienarbeit befassten Kollegen der Staatsanwaltschaften weiter zu geben.

»Litigation-PR«[213] – eine neue Aufgabe für die Staatsanwälte?

Vor allem im Zusammenhang mit aufsehenerregenden Strafverfahren gegen prominente Beschuldigte – etwa dem Prozess gegen den Wettermoderator Jörg Kachelmann – wird Staatsanwälten immer wieder vorgeworfen, sie seien mit ihrer Medienarbeit über das zulässige Maß hinausgeschossen. Deshalb bin ich ab Sommer 2010 immer wieder mit dem Thema »Öffentlichkeitsarbeit der Staatsanwaltschaften« befasst. Anlass für die Kritik sind vor allem die Verfahren

- gegen den **Fernsehmoderator Andreas Türck**, dem vorgeworfen worden war, eine Frau zum Oralverkehr gezwungen zu haben; er wurde später zwar freigesprochen, seine TV-Karriere ist anschließend aber ganz wesentlich beeinträchtigt;

- gegen den früheren **Postchef Klaus Zumwinkel** wegen des Verdachts der Steuerhinterziehung, wobei den Staatsanwälten vor allem die Form seiner Verhaftung angelastet wurde;

---

[213] »Litigation-PR« (= prozessbegleitende Medienarbeit) ist ab den 1980er-Jahren in den USA, inzwischen auch bei uns in Deutschland, vor allem unter Rechtsanwälten und Wirtschaftsmanagern in Mode gekommen, um die Interessen von Mandanten oder der eigenen Firma via Medienarbeit optimal zu vertreten.

- gegen **Nadja Benaissa**, die No-Angels-Sängerin, deren HIV-Erkrankung unter Namensnennung publik gemacht wurde und deren Verhaftung medienträchtig abgelaufen war;

- gegen den **Wettermoderator Jörg Kachelmann**, der nach einem Aufsehen erregenden Prozess vom Vorwurf der Vergewaltigung freigesprochen wurde.

In diesem Zusammenhang finden in den Jahren 2010 und 2011 mehrere Veranstaltungen statt, bei denen ich die Position der Staatsanwaltschaft zu erklären versuche.[214] Außerdem halte ich im Juni 2011 auf der Jahrestagung des Justizministeriums Baden-Württemberg mit den Chefs der Staatsanwaltschaften des Landes einen Vortrag zum Thema »Litigation-PR – eine neue Aufgabe für die Justiz?« und bin auch Mitorganisator einer mehrtägigen Tagung zum selben Thema, die im November 2011 an der Richterakademie Trier stattfindet. Dabei geht es jeweils um die Frage, wieweit staatsanwaltliche Öffentlichkeitsarbeit zulässig bzw. nötig ist und inwieweit wir Staatsanwälte uns auf das einlassen dürfen, was auf Seiten der Verteidiger »Litigation-PR« genannt wird.

Überrascht bin ich in diesem Zusammenhang, wie enorm hoch der **Einfluss der Medienberichte** auf die subjektiven Empfindungen der Konsumenten ist, etwa in Bezug auf unsere Kriminalitätsangst. So haben wir alle aufgrund der aktuellen Berichterstattung über spektakuläre und schreckliche Verbrechen fast einhellig den Eindruck, unser Land werde von Tag zu Tag krimineller und vor allem die Zahl der Tötungsdelikte steige

---

[214] Z.B. am 8.6.2010 beim Jour fixe der Justizpressekonferenz im Bundesverfassungsgericht zum Thema »Öffentlichkeitsarbeit und Persönlichkeitsrechte – Wie weit darf die Staatsanwaltschaft gehen?« in einem Streitgespräch mit dem Medienanwalt Schertz.

permanent und steil an. Objektiv ist aber genau das Gegenteil der Fall. So ist bei nahezu gleichbleibender Bevölkerungszahl[215] laut der Polizeilichen Kriminalstatistik die Anzahl aller erfassten Straftaten in der Bundesrepublik zwischen 1995 und 2015 um 6,7 % gesunken[216] und – was kaum jemand glauben will – die von Mord und Totschlag im selben Zeitraum (trotz des Anstiegs im Jahr 2015) um enorme 37,9 %[217]:

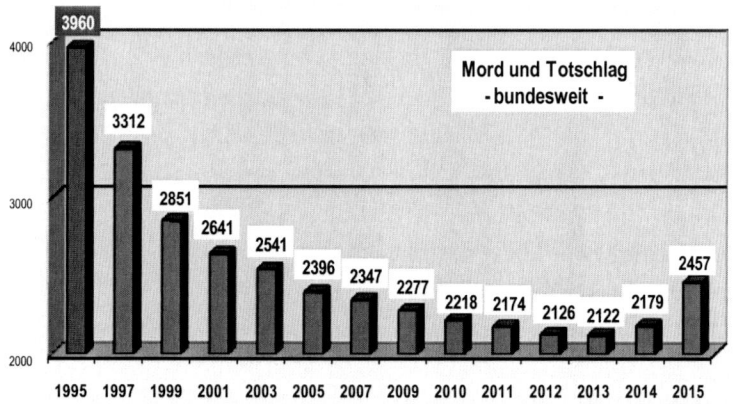

Beeindruckend finde ich aber auch, dass nach wissenschaftlichen Auswertungen nicht nur Schöffen, sondern auch Berufsrichter und Staatsanwälte – somit unsere Strafprozesse – durch Medienberichte beeinflusst werden. Zwar wird generell eine Auswirkung auf die Beweisaufnahme und damit auf die Schuldfrage ausgeschlossen;

---

[215] Laut Statistischem Bundesamt ist die Bevölkerung in Deutschland von rund 81,8 Millionen im Jahr 1995 auf rund 81,2 Millionen Menschen zum Ende des Jahres 2014, d.h. um etwa 0,7 % geschrumpft.

[216] Rückgang von 6.668.717 Straftaten im Jahr 1995 auf 6.330.649 im Jahr 2015.

[217] Rückgang von 3.960 Mord- und Totschlagsfällen im Jahr 1995 auf 2.457 solcher Fälle im Jahr 2015 (nach einem Tiefststand von 2.122 Fällen im Jahr 2013).

Einfluss haben die Medienberichte aber auf das Strafmaß.[218]

Angesichts solcher Erkenntnisse ist es aus meiner Sicht verständlich, dass Verteidiger versuchen, sich die Wirkung von Medienberichten durch »Litigation-PR« nutzbar zu machen. Klar ist aber, dass wir Staatsanwälte uns auf eine solche einseitige prozessbegleitende Medienarbeit nicht einlassen dürfen, weil wir – anders als Rechtsanwälte – zur Objektivität verpflichtet sind. Deshalb sollten wir uns vor einem »Medienwettbewerb« mit der Verteidigung hüten, der zu einer aus meiner Sicht unzulässigen Vorwegnahme der Hauptverhandlung und zu einer Vorverurteilung führen kann – der Strafprozess darf nicht über die Medien geführt werden!

Ich bleibe zwar dabei, dass wir Staatsanwälte an dem eingeschlagenen Weg festhalten sollten, eine offensivere Öffentlichkeitsarbeit als in der Vergangenheit zu betreiben, um dem Informationsanspruch der Allgemeinheit und der Medien gerecht zu werden, aber auch um unsere eigene Arbeit sachgerecht darzustellen. Wir müssen jedoch permanent darauf bedacht sein, dass unsere Strafprozesse nicht präjudiziert und die Persönlichkeitsbelange der Beschuldigten nicht verletzt werden. Deshalb müssen unsere Vorgaben lauten:

- Keine Vorverurteilung! D.h., dass wir uns immer der Vorläufigkeit unseres Ermittlungsverfahrens bewusst sein müssen und dies auch mit Nachdruck gegenüber

---

[218] Hans Mathias Kepplinger, Professor für Kommunikationsforschung an der Universität Maninz: Der Einfluss der Medien auf Richter und Staatsanwälte. Art, Ausmaß und Entstehung reziproker Effekte (Aufsatz in der Ausgabe Juni 2009 der Fachzeitschrift Publizistik): Eine Beeinflussung der Strafhöhe sehen danach 25 % der Richter und 37 % der Staatsanwälte und an das mediale Echo denken 42 % der Staatsanwälte bei ihrem Strafantrag und 58 % der Richter bezüglich der Strafhöhe ihres Urteils.

den Medien zum Ausdruck bringen. Dies bedeutet auch: Kein Verstoß gegen die Unschuldsvermutung! D.h., dass wir bei unserem Auftreten nach außen keinen Zweifel daran lassen dürfen, dass der Betroffene noch nicht verurteilt ist. Wir müssen deshalb bei jeder Gelegenheit darauf hinweisen, dass es bei unseren Mitteilungen allein um die Bewertung einer momentanen Verdachtslage und nicht um feststehende Tatsachen handelt.

- Kein »Vorführen«! Wir müssen also darauf achten, dass der Betroffene durch unser Vorgehen – etwa unter dem Aspekt der Pranger-Wirkung – keiner zusätzlichen Belastung (z.B. durch eine medienträchtige Verhaftung) ausgesetzt wird.

- Möglichst keine Namensnennung, sondern Veröffentlichung von Namen nur in Ausnahmefällen bei Prominenten, die man als Personen der Zeitgeschichte einstufen kann!

Meine Quintessenz für die staatsanwaltliche Medienarbeit lautet also: Keine Stimmungsmache, sondern nüchterne und vor allem objektive Berichterstattung, weshalb »Litigation-PR« keine Aufgabe für uns Staatsanwälte sein kann.

Die Omertà der RAF –
Kann man diese Mauer des Schweigens durchbrechen?

Nach der Tagung in Bad Boll im Oktober 2007 habe ich die nächsten Begegnungen mit Michael Buback rund drei Jahre später während des Strafprozesses gegen die RAF-Angehörige Verena Becker in Stuttgart, wo er als Nebenkläger auftritt und ich als Zeuge geladen bin.

Der Becker-Prozess

Der Prozess beginnt am 30.9.2010. Die Bundesanwaltschaft hat **Verena Becker**, die bereits eine lebenslange Freiheitsstrafe verbüßt hat[219], nochmals angeklagt, und zwar wegen Beteiligung am Attentat auf Generalbundesanwalt Buback und seine Begleiter. Zwar hatten

---

[219] Verena Becker war nach ihrer Verhaftung am 21.7.1972 zunächst durch Urteil des Landgerichts Berlin vom 21.12.1974 u.a. als Angehörige der »Bewegung 2. Juni« zu einer Jugendstrafe von sechs Jahren verurteilt worden. Im Rahmen der Lorenz-Entführung wurde sie am 3.3.1975 frei gepresst und nach Aden/Südjemen ausgeflogen. Am 3.5.1977 wurde sie zusammen mit dem RAF-Mitglied Günter Sonnenberg erneut verhaftet, nachdem es bei Singen am Hohentwiel zu einer Schießerei mit der Polizei gekommen war, bei der zwei Polizeibeamte und Sonnenberg schwer verletzt wurden. Wegen der Schüsse auf die Polizeibeamten wurde gegen Verena Becker durch Urteil des Oberlandesgerichts Stuttgart vom 28.12.1977 eine lebenslange Freiheitsstrafe verhängt. Am 30.11.1989 wurde sie nach einer Gesamthaftzeit von ca. 15 Jahren durch Gnadenakt des Bundespräsidenten von Weizsäcker aus der Haft entlassen (sie hatte die sechsjährige Jugendstrafe vollständig und in Bezug auf die lebenslange Freiheitsstrafe neun Jahre, einen Monat und drei Wochen verbüßt).

Verena Becker und Günter Sonnenberg bei ihrer Verhaftung am 3.5.1977 u.a. das Selbstladegewehr bei sich, mit dem Siegfried Buback, Wolfgang Göbel und Georg Wurster keine drei Wochen zuvor (am 7.4.1977) erschossen worden waren; allein dieser Umstand reichte der Bundesanwaltschaft aber zurecht nicht aus, um eine Tatbeteiligung von Sonnenberg und Becker an diesem Attentat anzunehmen. Hintergrund der jetzigen Anklage ist, dass 2009 an drei Umschlägen, mit denen die Tatbekennungen der RAF zum Buback-Attentat versandt worden waren, DNA-Spuren von Verena Becker sichergestellt wurden. Außerdem wurde anschließend ein Papier mit Datum vom 7.4.2008 (dem 31. Jahrestag des Buback-Attentats) gefunden, in welchem sie u.a. Folgendes notiert hatte:

»Nein, ich weiß nicht, wie ich für Herrn Buback beten soll. Ich habe kein wirkliches Gefühl für Schuld und Reue. Natürlich würde ich es heute nicht mehr machen – aber ist das nicht armselig so zu denken und zu fühlen?!«

Anlass für die erneute Anklageerhebung gegen Verena Becker ist aus meiner Sicht aber auch, dass Michael Buback nicht nur in seinem Buch »Der zweite Tod meines Vaters«, sondern bei zahlreichen Auftritten in der Öffentlichkeit immer wieder seine Überzeugung zum Ausdruck bringt, Becker habe bei dem Attentat auf seinen Vater auf dem Soziussitz des Tatmotorrads gesessen, also die tödlichen Schüsse abgegeben. Bemerkenswert ist, dass die Bundesanwaltschaft in ihrer Anklage diese Version von Michael Buback nicht übernommen, Verena Becker also nicht als die Todesschützin, sondern lediglich als **Mittäterin des Anschlags** angeklagt hat. Interessant ist diese Anklage für mich auch deshalb, weil die Bundesanwaltschaft damit von ihrem eigenen Grundsatz abweicht, dass RAF-Mitglieder, gegen die bereits eine lebenslange Freiheitsstrafe verhängt wurde, nur dann erneut angeklagt werden, wenn sie bei einer weiteren RAF-Tat eigenhändig geschossen haben.[220]

Drei Ereignisse des Becker-Prozesses werden mir in besonderer Erinnerung bleiben:

- Zum einen meine eigene Zeugenvernehmung am 14.4.2011, die über Stunden dauert und vor allem meine Vernehmungen von Peter-Jürgen Boock im Jahr 1992 sowie die Telefonate mit ihm im Februar 2007 zum Gegenstand hat. Im Vordergrund steht für mich an diesem Tag aber etwas ganz Privates: Die Geburt unseres ersten Enkelkindes deutet sich schon seit Stunden an, mit ihr wird auf alle Fälle an diesem 14.4.2011 gerechnet. In einer Verhandlungspause erzähle ich dies Michael Buback und seiner Ehefrau in Anwesenheit ihrer Anwälte Endres und Rätzlaff, was am Ende zu einer nicht alltäglichen Situation im Gerichtssaal führt, die der Gerichtsreporter Ulf Stuberger in einem Bericht über den Becker-Prozess wie folgt beschreibt:

»Der Zeuge wird um 14 Uhr 50 entlassen. Dabei ereignet sich der folgende unterhaltsame Dialog:
Pflieger: »Auf Wiedersehen.«
Endres: »Viel Glück!«
Vorsitzender und alle Richter (aufblickend): ??
Endres: »Er saß hier auf heißen Kohlen.«
Rätzlaff: »Er wird in diesen Stunden Opa.«
Vorsitzender: »Dann schließen wir uns alle an!«

---

[220] Vgl. S. 194

Tatsächlich kommt unser Enkelsohn noch an diesem 14.4.2011 auf die Welt.

- Spannend ist für mich natürlich die Entscheidung des Gerichts, das Verena Becker nach fast zweijähriger Verhandlungsdauer am 6.7.2012 – dem 97. Prozesstag – in Bezug auf die Morde an Generalbundesanwalt Siegfried Buback und seinen Begleitern Wurster und Göbel wie folgt verurteilt:

»Die Angeklagte ist schuldig der Beihilfe zum Mord in drei tateinheitlichen Fällen. Sie wird deswegen zu der Freiheitsstrafe von vier Jahren verurteilt. Als Härteausgleich für entgangene Gesamtstrafenbildung gelten zwei Jahre und sechs Monate der verhängten Freiheitsstrafe als vollstreckt.«

Damit schließt sich der Senat im Urteilstenor in Bezug auf die Beihilfe einer Rechtsansicht des Bundesgerichtshofs im Haftprüfungsverfahren an und bringt gleichzeitig zum Ausdruck, dass er im Gegensatz zu Michael Buback der Überzeugung ist, dass Verena Becker beim Buback-Attentat nicht die tödlichen Schüsse abgegeben hat. Für besonders wichtig halte ich die Entscheidung zum **»Härteausgleich für entgangene Gesamtstrafenbildung«**:

Hintergrund dieses »Härteausgleichs« ist der Umstand, dass zwischen dem früheren Urteil gegen Verena Becker wegen der Schießerei bei Singen und der jetzigen Verurteilung keine Gesamtstrafe mehr gebildet werden kann, weil die insoweit verhängte lebenslange Freiheitsstrafe vollständig verbüßt ist. Deshalb muss nach der Rechtsprechung des Bundesgerichtshofs bei der erneuten Verurteilung ein Härteausgleich vorgenommen werden, bei dem der Verurteilte im Ergebnis so zu behandeln ist, also ob eine Gesamtstrafe gebildet worden wäre.

Für Verena Becker bedeutet dies, dass von der verhängten vierjährigen Freiheitsstrafe nach Abzug des Härteausgleichs von zweieinhalb Jahren und der anzurechnenden Untersuchungshaft noch ein Rest von ca. 14 Monaten zu verbüßen wäre, der nach der Praxis der Strafjustiz grundsätzlich zu Bewährung ausgesetzt wird.[221]

- Besonders unerfreulich für mich und für manche Prozessbeobachter geradezu unerträglich ist, dass die sehr lange und zähe Hauptverhandlung durch **das Schweigen** nahezu aller Zeugen aus den Reihen der RAF geprägt ist, die im Prozess unter Berufung auf ihr Auskunftsverweigerungsrecht keine Angaben machen.

In § 55 StPO heißt es nach der Überschrift **»Auskunftsverweigerung«**: »Jeder Zeuge kann die Auskunft auf solche Fragen verweigern, deren Beantwortung ihm selbst ... die Gefahr zuziehen würde, wegen einer Straftat oder einer Ordnungswidrigkeit verfolgt zu werden.«

Zwar sind mit Knut Folkerts, Brigitte Mohnhaupt und Christian Klar drei RAF-Angehörige bereits rechtskräftig als Mittäter des Buback-Attentats verurteilt, sodass ihnen bei ihrer Aussage im Becker-Prozess insoweit keine Strafverfolgung mehr drohen kann. Durch Beschluss vom 7.8.2008 hat der Bundesgerichtshof aber entschieden, dass in Bezug auf die »Offensive 77« (also vom Buback-Attentat bis zum Ende der Schleyer-Entführung) allen in dieser zeitlichen Phase der RAF angehörenden Mitgliedern wegen des »engen Zusammenhangs« aller damals verübten Attentate ein umfassendes Auskunftsverweigerungsrecht zusteht, selbst wenn sie nur wegen eines dieser Attentate

---

[221] In der Tat wird durch Beschluss des Oberlandesgerichts Stuttgart vom 20.1.2014 die Reststrafe zur Bewährung ausgesetzt.

verurteilt worden sind. Deshalb ist das Schweigen von RAF-Zeugen im Becker-Prozess zulässig und somit zu respektieren.

Das Schweigen der früheren RAF-Mitglieder hat aber noch einen weiteren Grund:

Die Omertà der RAF

»Omertà« ist das Schweigegelübde, das kriminelle Gruppierungen wie die Mafia ihren Mitgliedern auferlegen und sie dadurch verpflichten, über die Aktivitäten und Personen der Gruppe den Mund zu halten – insbesondere gegenüber Polizei und Justiz. Ein solches Schweigegebot galt auch innerhalb der RAF. So heißt es bereits in einem Rundbrief an inhaftierte RAF-Angehörige im Jahr 1973: **»Keiner spricht mit Bullen. Kein Wort.«**

Zwar haben sich inzwischen einzelne ehemalige RAF-Mitglieder über diese »Omertà« hinweggesetzt, etwa die DDR-Aussteiger und Kronzeugen oder Peter-Jürgen Boock. Andere versuchen hingegen, die Mauer des Schweigens aufrechtzuerhalten. So heißt es in einem Artikel, der am 7.5.2010 in der Tageszeitung »Junge Welt« veröffentlicht wird und »von einigen, die zu unterschiedlichen Zeiten in der RAF waren«, verfasst ist, u.a.:

»Von uns keine Aussagen ...

Wenn von uns niemand Aussagen gemacht hat, dann nicht, weil es darüber eine besondere »Absprache« in der RAF gegeben hätte, sondern weil das für jeden Menschen mit politischem Bewußtsein selbstverständlich ist. Eine Sache der Würde, der Identität – der Seite, auf die wir uns gestellt haben. Keine Aussagen zu machen, ist keine Erfindung der RAF. Es hat die Erfahrung der Befreiungsbewegungen und Guerillagruppen gegeben, daß es lebenswichtig ist, in der Gefangenschaft nichts zu sagen, um die, die weiter-kämpfen, zu schützen ... Genauso ist es für uns in der RAF

366

eine notwendige Bedingung gewesen, daß niemand Aussagen macht ... Aber auch so. Wir machen keine Aussagen, weil wir keine Staatszeugen sind, damals nicht, heute nicht.

Die Aktionen der RAF sind kollektiv diskutiert und beschlossen worden, wenn wir uns einig waren. Alle, die zu einer bestimmten Zeit der Gruppe angehört und diese Entscheidungen mitgetragen haben, haben natürlich auch die Verantwortung dafür.«

Was mich an dieser Veröffentlichung am meisten stört, ist nicht die Erneuerung des Schweigegebots, sondern die Tatsache, dass die ehemaligen RAF-Mitglieder die Übernahme von persönlicher Schuld verweigern und sich hinter dem Kollektiv RAF verstecken, verhalten sie sich damit doch genau so, wie es die erste Generation der RAF ihren Eltern in Bezug auf die Gräueltaten des Dritten Reiches vorgeworfen hat.

Natürlich ist ein solches Schweigen – jedenfalls strafrechtlich – gerechtfertigt, wenn man sich sonst der Gefahr einer strafrechtlichen Ahndung aussetzen würde. Wem zum Beispiel aber unter den Stockholm-Attentätern[222], die alle rechtskräftig verurteilt sind, droht eine solche Gefahr, wenn er die Frage von Opferangehörigen beantworten würde, wer am 24.4.1975 die tödlichen Schüsse auf die Botschaftsangehörigen Andreas von Mirbach und Heinz Hillegaart abgegeben hat? Gerade unter dem Aspekt, dass gegenüber den Angehörigen von RAF-Opfern eine moralische Verantwortung besteht, hat die frühere RAF-Angehörige Silke Maier-Witt am 25.4.2011 im Prozess gegen Verena Becker sinngemäß wie folgt an ihre früheren Kampfgenossen appelliert, ihr Schweigen zu brechen:

---

[222] Zur Botschaftsbesetzung in Stockholm siehe S. 59 Fußnote 32.

»Wir sind alle alte Leute geworden und stehen kurz vor dem Rentenalter. Da macht es keinen Sinn mehr, das Versteckspiel aufrechterhalten zu wollen. Vielmehr ist es eine moralische Pflicht gegenüber den Opfern, Wissen über Anschläge zu offenbaren. So hat Michael Buback, der Sohn des ermordeten Generalbundesanwalts Siegfried Buback, ein Recht darauf, zu erfahren, wer seinen Vater erschossen hat. Deshalb müssen alle jene reden, die es auf alle Fälle wissen müssten.«

Silke Maier-Witt weist bei ihrer Vernehmung aber auch darauf hin, dass eine solche Auseinandersetzung mit der Vergangenheit schwierig sei, wenn RAF-Leuten bei einer Aussage eine erneute Haft drohe. Gibt es dafür einen Ausweg?

Von Strafverfolgung absehen?

Je länger eine Straftat zurück liegt, umso mehr verliert die Strafverfolgung an Gewicht. Dies zeigt bereits der Umstand, dass nach der Rechtsprechung ein langer Zeitablauf zwischen der Straftat und ihrer Aburteilung strafmildernd zu berücksichtigen ist; dies belegen vor allem auch die Regeln über die **Verjährung von Straftaten**.

Hintergrund der **Strafverfolgungsverjährung** (geregelt in § 78 StGB) ist der Gedanke des Rechtsfriedens, dass der Staat je nach Schwere des Strafdelikts nach Ablauf einer gewissen Frist auf die strafrechtliche Verfolgung verzichtet, um in Art eines Schlussstrichs eine Befriedung in Bezug auf die begangene Tat eintreten zu lassen.

Bis Mitte der 1960er-Jahre belief sich die Verjährungsfrist bei schweren Verbrechen – einschließlich Mord – auf maximal 20 Jahre; danach wäre heute in Bezug auf sämtliche RAF-Attentate das strafprozessuale

Verfahrenshindernis der Verfolgungsverjährung eingetreten. Damit die Gräueltaten des Dritten Reiches nicht
ungesühnt bleiben, verlängerte der deutsche Gesetzgeber aber **1965** die Verjährungsfrist für Mord auf 30
Jahre und hob diese Verjährungsfrist schließlich im Jahr
1979 völlig auf. Seither ist Mord ohne zeitliche Beschränkung strafrechtlich verfolgbar.

Von Bedeutung ist in diesem Zusammenhang vor allem,
dass die Allgemeinheit mehr **Interesse an der geschicht-
lichen Wahrheit** als an einer strafrechtlichen Verfolgung
zeigt, je länger einer Straftat zurückliegt. Dies belegen
insbesondere auch Äußerungen von Angehörigen promi-
nenter RAF-Mordopfer. So hat Michael Buback in einem
blog zum Prozess gegen Verena Becker Folgendes
formuliert:

»Meiner Frau und mir würde es genügen, wenn Verena
Becker die Wahrheit über das Karlsruher Attentat und die
Täter sagen würde. Es geht uns nicht darum, dass sie und
für welche Dauer sie vielleicht noch verurteilt wird. Das
spielt für uns keine Rolle mehr.«

Auch die Allgemeinheit ist an der vollständigen Aufdeckung einer Zeit interessiert, die für die deutsche Nachkriegsgeschichte von nicht unerheblicher Bedeutung war. Dieses
spürbare Interesse unserer Gesellschaft an der histo-
rischen Wahrheit gewinnt seit geraumer Zeit gegenüber
dem Strafverfolgungsbedürfnis mehr und mehr Gewicht.
Zwar ist es den Strafverfolgungsbehörden gelungen, viele
der RAF-Anschläge einschließlich der Tatbeteiligten vollständig aufzuklären, etwa den Mord an Jürgen Ponto, die
Entführung Hanns-Martin Schleyers mit der Ermordung
seiner Begleiter in Köln oder das Sprengstoffattentat auf
General Haig. Unaufgeklärt sind aber viele Attentate der
dritten Generation der RAF, z.B. die Morde an Ernst
Zimmermann, an Karl-Heinz Beckurts und Eckhard
Groppler, an Gerold von Braunmühl, an Alfred Herrhausen
und an Detlev Karsten Rohwedder. Vor allem steht bis

369

heute auch nicht fest, wer die tödlichen Schüsse beim Buback-Attentat abgegeben und wer Hanns-Martin Schleyer erschossen hat.

Auch bei manchen ehemaligen RAF-Angehörigen besteht heute offenbar ein Bedürfnis, mit der Vergangenheit aufzuräumen. Dabei mag auch eine Rolle spielen, dass die Mitglieder der zweiten RAF-Generation nicht mehr zu den Jüngsten zählen[223], einige von ihnen erheblich erkrankt oder gar verstorben sind.[224] Als den Versuch, mit sich ins Reine zu kommen, verstehe ich auch die bereits erwähnte Notiz von Verena Becker aus dem Jahr 2008[225].

Angesichts dieser Situation, dass es Opferangehörigen mehr und mehr darum geht, die historische Wahrheit zu erfahren und damit auch ihren inneren Frieden wieder-zufinden, und frühere RAF-Angehörige aus ähnlichen Motiven zu Aussagen bereit sein könnten, sollte eine Möglichkeit gefunden werden, die Omertà der RAF zu überwinden. Dies ist meines Erachtens möglich, wenn man ehemaligen RAF-Mitgliedern einen Weg eröffnet, der ihnen eine Aussage ermöglicht, ohne sich selbst einer erneuten strafrechtlichen Verfolgung auszusetzen. Dazu erscheint mir ein **»Absehen von Strafverfolgung«** ein tauglicher Weg zu sein. Deshalb erlaube ich mir im Jahr 2011, folgenden Vorschlag zur Diskussion zu stellen: Bei RAF-Mitgliedern, die bereits eine lebenslange Freiheitsstrafe vollständig verbüßt haben und bei denen im Falle einer weiteren Verurteilung ein Härteausgleich gewährt werden

---

[223] Beispielsweise: Sieglinde Hofmann Jahrgang 1945, Rolf Heißler Jahrgang 1948, Brigitte Mohnhaupt Jahrgang 1949, Christian Klar, Knut Folkerts und Verena Becker Jahrgang 1952, Stefan Wisniewski Jahrgang 1953 und Günter Sonnenberg Jahrgang 1954.

[224] Verstorben sind: Rolf Clemens Wagner (Jahrgang 1944) am 11.2.2014 und Helmut Pohl (Jahrgang 1943) am 12.8.2014.

[225] Siehe S. 362

müsste, sollte im Einzelfall auf eine erneute Strafverfolgung verzichtet werden, selbst wenn sie jetzt glaubhaft ihre Beteiligung an einem weiteren versuchten oder gar vollendeten Mord einräumen.

> Der für eine solche Verfahrensweise einschlägige § 154 StPO hat nach der Überschrift **»Mehrfachtäter«** einleitend folgenden Wortlaut: »Die Staatsanwaltschaft kann von der Verfolgung einer Tat absehen, ... wenn die Strafe ..., zu der die Verfolgung führen kann, neben einer Strafe ..., die gegen den Beschuldigten wegen einer anderen Tat rechtskräftig verhängt worden ist ..., nicht beträchtlich ins Gewicht fällt.«[226]

Meine Sorge ist, dass wir die historische Wahrheit – an der nicht nur die Opferangehörigen, sondern viele in unserer Gesellschaft interessiert sind – ohne eine solche Verfahrensweise nie erfahren werden und damit auch die RAF-Zeit nicht sachgerecht aufarbeiten können.

---

[226] Eine solche Vorgehensweise gemäß § 154 StPO wurde z.B. bei Angelika Speitel (in Bezug auf ihre mögliche Tatbeteiligung an der Schleyer-Entführung) und bei Günter Sonnenberg, Sieglinde Hofmann, Angelika Speitel, Adelheid Schulz, Rolf Heißler und Peter-Jürgen Boock (in Bezug auf ihre mögliche Beteiligung als Gehilfen des Buback-Attentats) gewählt; sie alle waren bereits zu einer lebenslangen Freiheitsstrafe verurteilt worden. Bei Waltraud Boock erfolgte hinsichtlich der Verabredung des Buback-Anschlags ebenfalls eine Verfahrenseinstellung nach § 154 StPO, obwohl sie zu keiner lebenslangen, sondern (nur) wegen eines Banküberfalls zu einer Freiheitsstrafe von zwölf Jahren und sechs Monaten verurteilt worden war.

Der Mord an Polizeimeisterin Kiesewetter und der ≫Nationalsozialistische Untergrund (NSU)≪

Als Generalstaatsanwalt bin ich für alle brisanten Ermittlungs- und Strafverfahren in unserem württembergischen Bezirk verantwortlich. Zu den am meisten aufsehenerregenden Fällen zählen:

- Der **Mord an dem elfjährigen Tobias D.**, der am 30.10.2000 auf grausame Weise an einem Fischweiher bei Weil im Schönbuch/Kreis Böblingen mit 38 Messerstichen umgebracht worden ist. Dieser Fall, der mich schon als Leiter der Staatsanwaltschaft Stuttgart beschäftigt hat, ist lange Zeit unaufgeklärt. Er hat zwischenzeitlich für Aufregung gesorgt, weil wir einen 16-Jährigen, der ein zweifelhaftes Geständnis abgelegt hatte, aus der Haft entlassen haben, da eine Blutspur, die an der Kleidung des getöteten Jungen sichergestellt wurde, nicht zur DNA des 16-Jährigen passte. Dass dies zu Recht geschah, zeigt die völlig überraschende Verhaftung eines zur Tatzeit 36-Jährigen am 24.8.2011, der zunächst nur wegen kinderpornographischer Delikte verdächtig ist, in dessen Wohnung aber Hinweise auf den Mord an Tobias D. gefunden werden. Der Mann, der ein Geständnis ablegt und dessen DNA zu der an der Opferkleidung gefundenen Spur passt, wird wegen Mordes zu einer lebenslangen Freiheitsstrafe mit Feststellung der besonderen Schuldschwere verurteilt. Mir geht nicht aus dem Kopf, dass wir ohne die entlastende DNA-Spur wohl zu einer Verurteilung des 16-Jährigen und damit zu einem Fehlurteil gekommen wären.

- Die Einleitung eines **Ermittlungsverfahrens gegen unsere eigene Justizministerin** Ende Juli 2004 wegen Verdachts des Dienstgeheimnisverrats durch die

Weitergabe von Informationen aus einem Ermittlungsverfahren, was zu ihrem umgehenden Rücktritt als Justizministerin führt und letztlich am 27.9.2007 mit ihrer Verurteilung zu der Freiheitsstrafe von einem Jahr mit Bewährung endet. Dieses Verfahren hat zur Folge, dass ihr Nachfolger als Justizminister alsbald festlegt, dass das Justizministerium ab sofort keine »**Absichtsberichte**« mehr bekommen soll, in welchen die Staatsanwaltschaften bislang dem Ministerium in bedeutenden Verfahren jeweils per Bericht mitteilen mussten, welche Schritte – etwa die Einleitung eines Verfahrens, bestimmte Exekutivmaßnahmen, die Verfahrenseinstellung oder eine Anklageerhebung – beabsichtigt sind. Damit ist Baden-Württemberg das einzige Bundesland, bei dem der Entscheidungsweg beim Generalstaatsanwalt endet und das Justizministerium erst im Nachhinein über die getroffene Entscheidung informiert wird.

- Der Fund eines **Massengrabs**, das am 19.9.2005 bei Straßenarbeiten am Flughafen Stuttgart-Echterdingen entdeckt wird und die sterblichen Überreste von 34 Toten enthält, bei denen es sich allem Anschein nach um jüdische Zwangsarbeiter handelt, die dort während des Dritten Reiches in einer Außenstelle des Konzentrationslagers Natzweiler-Struthof/Vogesen untergebracht waren. Das Ermittlungsverfahren bekommt besonderes Gewicht, weil sich internationale jüdische Organisationen dafür einsetzen, dass entsprechend ihren Glaubensgrundsätzen die exhumierten Gebeine nicht – wie von der Staatsanwaltschaft beabsichtigt – einer DNA-Untersuchung unterzogen, sondern umgehend wieder beerdigt werden. Da ich mit der Staatsanwaltschaft der Auffassung bin, dass wir Ermittler alles tun müssen, um die Identität der Verstorbenen feststellen zu können, andererseits aber sehe, welche Bedeutung diese Thematik auf politischer Ebene hat, bitte ich das Ministerium um eine **Weisung**, falls es die von uns beabsichtigte Untersuchung unterbinden möchte. Anfang November erhalte ich die schriftliche »Bitte«, von den DNA-Untersuchungen Abstand zu nehmen, was wir als Weisung verstehen und in die Tat umsetzen. Dies ist die einzige – auch noch von mir erbetene – Weisung, die ich während meiner gesamten Dienstzeit als Staatsanwalt erhalte.

- Der schreckliche **Amoklauf von Winnenden und Wendlingen** am 11.3.2009, bei dem 15 Menschen ermordet sowie zahlreiche schwer verletzt werden und der Täter, der 17-jährige Tim K., schließlich Selbstmord begeht. Dem Vater von K. wird vorgeworfen, die Taten während des Amoklaufs seines Sohnes fahrlässig ermöglicht zu haben, weil er die Tatwaffe und die dazu gehörende Munition entgegen den Vorschriften des Waffengesetzes so aufbewahrte, dass Tim die Waffe und erhebliche Mengen Munition an sich nehmen konnte. Aufsehen erregt, dass wir als Generalstaatsanwaltschaft entscheiden, dass gegen den Vater kein Strafbefehl beantragt, sondern Anklage erhoben wird, um die Frage grundsätzlich zu klären, ob das Verhalten des Vaters in Bezug auf die Folgen des Amoklaufs fahrlässig war. Er wird letztlich durch Urteil des Landgerichts Stuttgart vom 1.2.2013 u.a. wegen fahrlässiger Tötung in 15 Fällen zu einer Freiheitsstrafe von einem Jahr und sechs Monaten mit Bewährung verurteilt. Das Urteil ist meines Erachtens von besonderer Bedeutung, weil es davon ausgeht, dass ein Waffenbesitzer bei einem Verstoß gegen waffenrechtliche Vorschriften grundsätzlich alle dann mit der Waffe begangenen Straftaten vorhersehen kann, diesbezüglich also fahrlässig handelt und deshalb strafrechtlich zur Verantwortung gezogen werden kann.

374

- Die Straftaten im Zusammenhang mit **»Stuttgart 21«**, dem geplanten Neubau des Stuttgarter Bahnhofs und der Bahntrasse Richtung Ulm, insbesondere im Rahmen des »Schwarzen Donnerstags«, als es am 30.9.2010 zu schweren Ausschreitungen und zu erheblichen Verletzungen durch den Einsatz von Wasserwerfern kommt.

Alle diese Fälle werden aber in ihrer Brisanz und in Bezug auf überraschende Wendungen durch dieses Verfahren übertroffen:

Der Polizistenmord von Heilbronn

Als am frühen Nachmittag des 25.4.2007 gemeldet wird, auf der Heilbronner Theresienwiese sei auf zwei Polizisten geschossen worden, ahnen wir Ermittler noch nicht, welche Dimensionen dieses tragische Verbrechen im Lauf der Zeit annehmen wird.

Gegen 14 Uhr hatten sich die 22 Jahre alte Polizeimeisterin Michèle Kiesewetter und ihr zwei Jahre älterer Kollege Martin A. auf dem Heilbronner Festgelände neben einem Transformatorenhäuschen einen Schattenplatz gesucht, um im Auto eine Pause zu machen. Sie stellten ihr Streifenfahrzeug mit dem Heck in Richtung Neckar neben das Gebäude. Die Seitenscheiben der  Fahrer- und Beifahrerseite waren geöffnet. Nur wenige Minuten später fallen die Schüsse. Beide werden in den Kopf getroffen. **Michèle Kiesewetter** wird tödlich verletzt, Martin A. überlebt schwer verletzt. Ihre Dienstwaffen sowie eine Handschließe fehlen.

Die Suche nach den Tätern gestaltet sich überaus schwierig. Zwar haben mehrere Personen am Tattag die Schüsse auf die Polizeibeamten gehört. Augenzeugen der Tat gibt es aber wohl nicht, obwohl am Tatort ein stark frequentierter Radweg vorbeiführt und auf der Theresienwiese gerade das Frühlingsfest aufgebaut wurde. Für die Ermittlung und Ergreifung der Täter werden insgesamt 300.000 Euro als Belohnung ausgelobt. Die zeitweise bis zu 50-köpfige SOKO »Parkplatz« ist mit der Fallbearbeitung befasst. Die Motivlage für die Tat ist völlig unklar. Die Ermittlungen sind in erster Linie von der Tatortarbeit, der Abklärung einer möglichen Beziehungstat oder einer Straftat durch örtliche Straftäter beherrscht. Zahlreiche Personen werden überprüft bzw. befragt.

Die DNA-Spur

Anfang Juni 2007 erfährt der Fall durch eine am Streifenwagen gesicherte DNA-Spur eine ganz neue Entwicklung. Beim Abgleich des Treffers mit der DNA-Analysedatei ergeben sich zahlreiche Verbindungen zu Straftaten in Österreich, Frankreich, Baden-Württemberg, Rheinland-Pfalz und Hessen. In allen Fällen wurde bei den unterschiedlichsten Straftaten identisches **DNA-Material einer unbekannten weiblichen Person** – im Polizeijargon als »UWP« bezeichnet – festgestellt, wobei die Spur jeweils keine Rückschlüsse auf die Art der Beteiligung der Spurenlegerin zulässt.

Der sog. **genetische Fingerabdruck** ist für uns Ermittler seit Ende der 1980er-Jahre ein völlig neuer Ermittlungsansatz, von dem wir bisher immer nur geträumt hatten. Die Desoxyribonukleinsäure-Analyse – kurz DNA-Analyse – ermöglicht es nämlich, einem bestimmten Individuum schon kleinste Körperteilchen zuzuordnen, was nicht nur die Klärung von Verwandtschaftsfragen erleichtert, sondern vor allem auch die Aufklärung von Straftaten. Allein die Feststellung, dass eine an einem Tatort gesicherte DNA-Spur einer bestimmten Person zuzuordnen ist, genügt in der Regel nicht zur Überführung als Täter, ist aber ein starkes Verdachtsmoment. Umgekehrt kann sie – wie der Tobias-Fall der Staatsanwaltschaft Stuttgart zeigt[227] – enorm zur Entlastung eines Tatverdächtigen beitragen, wenn ihm eine am Tatopfer festgestellte Blutspur nicht zugeordnet werden kann.

Allerdings darf einem Beschuldigten eine **Speichelprobe** nur dann zwangsweise entnommen werden, wenn er »einer Straftat von erheblicher Bedeutung oder einer Straftat gegen die sexuelle Selbstbestimmung verdächtig« ist.[228] Speichelproben im Rahmen sog. Reihengentests sind nur bei schweren Verbrechen zulässig und wenn der Einzelne schriftlich einwilligt.

---

[227] Siehe S. 372

[228] Beim Triberger Symposium des Stuttgarter Justizministeriums am 2./3.12.2004 sowie (zusammen mit einem Kollegen) in einem Artikel für die Zeitschrift »Die Kriminalpolizei« rege ich eine gesetzliche Regelung an, wonach jedem Tatverdächtigen nicht nur Fingerabdrücke, sondern auch eine Speichelprobe abgenommen werden kann, die Verwertbarkeit dieses DNA-Materials aber – wie bisher – auf die Aufklärung schwerer Verbrechen beschränkt wird. Hintergrund dieses Vorschlags, der aus meiner Sicht leider keine gesetzliche Umsetzung erfährt, sind Fälle, in welchen ein Täter zunächst nur kleinere Delikte begeht (ihm also bislang keine Speichelprobe abgenommen werden kann), dann aber ein schweres Verbrechen (etwa einen Sexualmord wie im Fall des kleinen Tobias) verübt, wo wir DNA-Spuren des Täters finden, ihn dann aber nur durch Zufall überführen können oder wenn er nach einer weiteren schweren Straftat gefasst wird.

Natürlich elektrisiert uns Ermittler die am Dienstfahrzeug der Polizeibeamten sichergestellte DNA-Spur. Ich bin fest davon überzeugt, dass es nur eine Frage der Zeit ist, bis uns diese »UWP« bei der Begehung einer weiteren Straftat in die Hände fallen wird. Wir wollen diese Spur nicht an die große Glocke hängen, um die vermeintliche Täterin nicht aufzuscheuchen, zumal die Ermittlungen außer der DNA-Spur nichts Konkretes für eine Öffentlichkeitsfahndung ergeben haben. Gleichzeitig wissen wir aus unseren leidigen Erfahrungen mit »Durchstechereien«[229], dass sich eine solche sensationelle Spur auf Dauer nicht geheim halten lässt. Und prompt wird alsbald in den Medien über unsere DNA-Spur berichtet. Am Samstag, dem 16.6.2007, ist auf der Titelseite der »BILD«-Zeitung folgende Schlagzeilen zu lesen:

»DER POLIZISTENMÖRDER ... Eine FRAU!«; »Endlich eine heiße Spur im Fall der hingerichteten Polizistin«; »Fahnder jagen unheimliche Serien-Killerin«.

Auch ab Sommer 2007 sieht sich die SOKO »Parkplatz« in regelmäßigen Abständen mit neuen DNA-Treffern der »UWP« konfrontiert. Bis März 2009 wird ihre Spur in Zusammenhang mit rund 40 Straftaten gesichert.

Wegen der zahlreichen Spuren, die in die Zuständigkeit unterschiedlicher Staatsanwaltschaften fallen, findet Mitte Juni 2007 bei der Staatsanwaltschaft Heilbronn eine große Besprechung statt, an der die Chefs der Staatsanwaltschaften Bad Kreuznach, Freiburg, Karlsruhe und Heilbronn, mehrere sachbearbeitende Staatsanwälte und auch ich selbst teilnehmen. Ziel der Diskussion ist eine möglichst

---

[229] Unter »Durchstechereien« verstehen wir die verbotene Weitergabe von Ermittlungserkenntnissen an Journalisten, wobei die Motive sehr unterschiedlich sind und eine Aufklärung des Geheimnisverrats in der Regel scheitert.

enge Kooperation zwischen den Staatsanwaltschaften, um der »UWP« möglichst schnell habhaft zu werden.

Mit jedem neuen DNA-Treffer der sog. Phantom-Frau wird es aus kriminalistischer Sicht immer schwieriger, Zusammenhänge zwischen den Taten für möglich zu halten. Deshalb kommt mehr und mehr der Verdacht auf, dass es sich bei der DNA-Spur der »UWP« um eine »Trugspur« handeln könnte, die durch eine Verunreinigung im Vorfeld der Spurenerhebung entstanden sein könnte. Eine solche Kontaminierung wird seitens der befragten Wissenschaftler zunächst für ausgeschlossen bzw. äußerst unwahrscheinlich gehalten. Nach neuen Spuren verstärkt sich aber die Vermutung, dass die sog. Phantomspur über eine Fremdübertragung durch Wattestäbchen verursacht worden sein könnte. Dieser Verdacht wird am Morgen des 27.3.2009 zur Gewissheit, als an einem unbenutzten Wattestäbchen die DNA-Spur der »UWP« entdeckt wird. Am späten Nachmittag desselben Tages kann schließlich die Frau ermittelt werden, die im Rahmen der Herstellung der Wattestäbchen die Verunreinigung mit ihrer eigenen DNA verursacht hatte. In den Medien wird dieses – fraglos unerfreuliche – Ergebnis der Ermittlungen u.a. als »Super-Gau der Polizeiarbeit« und als »Historischer Irrtum« bezeichnet. Jedenfalls findet mit der Entdeckung der »Trugspur« die mehr als eineinhalbjährige, enorm belastende Suche nach der »UWP« ein Ende. Der Präsident des Landeskriminalamts Baden-Württemberg weist in einem Interview mit dem von manchen als flapsig verstandenen Satz »Wir haben eine Frau gesucht und diese Frau gefunden« auf etwas kriminaltechnisch überaus Wichtiges hin, nämlich dass durch unsere Erfahrungen mit dieser Phantomspur der Wert der DNA-Beweisführung nicht im geringsten gemindert ist.

Als das Landeskriminalamt am 11.2.2009 die Ermittlungen von der örtlichen Polizei übernimmt und die gesamten Akten nochmals auswertet, sind bei der SOKO »Parkplatz« bereits rund 3700 Hinweise zum Heilbronner Polizistenmord eingegangen, ohne dass darunter eine heiße Spur gewesen wäre. Im Jahr 2011 konzentrieren sich die Ermittlungen schließlich auf Phantombilder, die aufgrund der Angaben unterschiedlicher Zeugen, aber auch des überlebenden Polizeibeamten Martin A. gefertigt worden sind. Dabei sind sich die Ermittler nicht einig: Während die Polizei auf eine Veröffentlichung dieser Phantombilder drängt, ist die Staatsanwaltschaft der Auffassung, dass aufgrund des Inhalts der einzelnen Aussagen die für eine Veröffentlichung erforderlichen gesetzlichen Voraussetzungen nicht erfüllt sind. Deshalb kommt es am 20.9.2011 in meinem Dienstzimmer zu einer Besprechung, an der vier Spitzenbeamte des Landeskriminalamts einschließlich des Präsidenten sowie auf staatsanwaltlicher Seite die Führungen der Staatsanwaltschaft Heilbronn und der Generalstaatsanwaltschaft teilnehmen. Am Ende des Gesprächs einigen wir uns darauf, dass von polizeilicher Seite nachgearbeitet werden muss, um überhaupt bei Gericht einen Erfolg versprechenden Antrag auf Veröffentlichung von Phantombildern stellen zu können. Bevor es dazu kommt, gibt es eine – nicht nur für mich – sensationelle Wende in diesem Heilbronner Mordfall:

Der NSU

Am 5.11.2011 ruft mich der Chef der Staatsanwaltschaft Heilbronn an und teilt mir mit, an diesem Tag seien nach einem Banküberfall in Eisenach jene beiden Dienstpistolen gefunden worden, die bei der Tat in Heilbronn der ermordeten Polizeimeisterin Kiesewetter und ihrem Kollegen Martin A. geraubt worden waren. Die Waffen seien in einem Wohnmobil entdeckt worden, das die vermeintlichen Täter des Eisenacher Bankraubs in Brand gesetzt hätten, bevor sie sich wohl selbst erschossen hätten. Bei den  beiden Männern namens Uwe Böhnhardt und Uwe Mundlos handele es sich nach ersten Informationen um Rechtsradikale, die seit Jahren gesucht würden.

Man kann sich meine Gefühlslage kaum vorstellen: Einerseits bin ich entsetzt, dass Extremisten von rechts für den Polizistenmord von Heilbronn verantwortlich sein könnten; andererseits empfinde ich ein elektrisierendes Hochgefühl, weil ich keinen Zweifel habe, dass wir mit dem Fund der geraubten Polizeiwaffen der richtigen Tätergruppe auf die Spur gekommen sind. In einem Radiointerview mit dem SWR bringe ich am 8.11.2011 zum Ausdruck, ich sei davon überzeugt, dass die Mörder von Heilbronn die geraubten Waffen sicher nicht weitergegeben haben. Wörtlich:

»Die Erkenntnisse, die wir jetzt aus Thüringen und Sachsen haben, begründen bei mir die Überzeugung, dass wir mit den dort befindlichen Personen, insbesondere mit den Männern die Gruppe haben, die für den Mord an Michèle Kiesewetter und den Mordversuch an ihrem polizeilichen Begleiter verantwortlich ist. Inwieweit wir der Frau, die sich heute gestellt hat[230], eine Tatbeteiligung nachweisen können, ist aber zu prüfen.«

Aus dieser eher vorsichtigen Darstellung folgt noch am selben Tag diese – völlig überzogene, ja falsche – Sensationsüberschrift:»Der Stuttgarter Generalstaatsanwalt Klaus Pflieger hält den Heilbronner Polizistenmordfall für aufgeklärt.« Wegen dieser Meldung stehen anschließend Medienvertreter in meinem Büro Schlange und sind maßlos enttäuscht, dass ich die Balkenüberschrift so nicht bestätigen kann.

Ich fühle mich in meiner Einschätzung bestätigt, als am 11.11.2011 bekannt wird, dass in dem zerstörten **Haus in Zwickau**, in dem das Trio Böhnhardt, Mundlos und  Zschäpe gewohnt hatte und das wohl von Beate Zschäpe am 5.11.2011 zur Explosion gebracht wurde, zahlreiche Schusswaffen gefunden wurden, darunter die beiden Pistolen, mit denen Michèle Kiesewetter erschossen und ihr Kollege schwer verletzt wurde. Geradezu fassungslos bin ich, als in diesem Zusammenhang von der Bundesanwaltschaft mitgeteilt wird, in dem Bauschutt in Zwickau sei auch jene Pistole **Ceská CZ 83** entdeckt worden, nach der seit Jahren gesucht wird, weil mit ihr zwischen den Jahren 2000 und 2006 quer durch die Bundesrepublik insgesamt neun Morde an Kleinunternehmern mit Migrationshintergrund verübt worden waren. Dieser Mordserie –

---

[230] Gemeint ist Beate Zschäpe, die sich an diesem Tag bei der Polizei in Jena gestellt hatte.

in den Medien auch die »Döner-Morde« genannt – fielen acht türkischstämmige Männer und ein Grieche zum Opfer, nämlich

- der Blumenhändler Enver Simsek am 9.9.2000 in Nürnberg,

- der Änderungsschneider Abdurrahim Özüdogru am 13.6.2001 in Nürnberg,

- die beiden Obst- und Gemüsehändler Süleyman Tasköprü am 27.6.2001 in Hamburg und

- Habil Kilic am 29.8.2001 in München,

- der Döner-Verkäufer Mehmet Turgut am 25.2.2004 in Rostock,

- der Döner-Ladenbesitzer Ismail Yasar am 9.6.2005 in Nürnberg,

- der Schlüsseldienst-Mitinhaber Theodoros Boulgaridis am 15.6.2005 in München,

- der Kiosk-Inhaber Mehmet Kubasik am 4.4.2006 in Dortmund sowie

- der Internetcafé-Betreiber Halit Yozgat am 6.4.2006 in Kassel.

Nach den Funden in dem zerstörten Haus in Zwickau, vor allem aber aufgrund eines Videos, das wohl Beate Zschäpe per Post verbreitet hat, bevor sie sich der Polizei stellte, besteht Grund zur Annahme, dass die Ceská-Morde und der Heilbronner Polizistenmord von einer terroristischen Gruppierung verübt wurden, die sich selbst die Bezeichnung »Nationalsozialistischer Untergrund (NSU)« gegeben hatte. In diesem Video sind in Art einer zynischen Tatbekennung mit Sequenzen der Zeichentrickserie »Paulchen Panther« nicht nur die sog. Döner-Morde dargestellt, sondern u.a. auch der Trauerzug zu Ehren der ermordeten Michèle Kiesewetter sowie ihre geraubte Dienstwaffe.

Angesichts dieser Verdachtslage leitet die Bundesanwaltschaft wegen all dieser Taten, die dem NSU zugerechnet werden, ein Ermittlungsverfahren ein und übernimmt von den bis dahin örtlich zuständigen Staatsanwaltschaften die einzelnen Tatkomplexe – von der Staatsanwaltschaft Heilbronn also das Polizistenmordverfahren. Damit endet auch meine Zuständigkeit als württembergischer Generalstaatsanwalt. Gleichwohl verfolge ich natürlich mit einigem Interesse die Berichterstattung über Untersuchungsauschüsse auf Bundes- und Länderebene, die sich vor allem mit der Frage befassen, wie der NSU über Jahre hinweg unentdeckt bleiben konnte und weshalb bei den Ermittlungen zu den Ceská-Morden ein rechtsradikales, fremdenfeindliches Motiv zunächst nicht ernsthaft in Erwägung gezogen wurde. Nicht verheimlichen kann ich eine gewisse Zufriedenheit, als die Abgeordneten des NSU-Untersuchungsausschusses des baden-württembergischen Landtags am 15.1.2016 in ihrem Abschlussbericht zum Ausdruck bringen, dass »in der Gesamtschau der Ermittlungen ... ein Zusammenhang zwischen der Tat auf der Theresienwiese am 25. April 2007 und einer Täterschaft des NSU-Trios zeitlich früher (d.h. vor dem NSU-Banküberfall am 5.11.2011) nicht erkennbar war.«

Was mich aber wurmt, das sind Medienberichte vor allem über den Kiesewetter-Mord, die – oft mit Spekulationen über mögliche Mittäter und das Tatmotiv – über angeblich unfähige Ermittler herziehen und den Eindruck erwecken, sie selbst hätten es ja schon immer gewusst und richtig gemacht. Deshalb bin ich auf die Bitte eines Journalisten auch sofort bereit, unter dem Titel »Wer kritisiert die Medien?« meine Meinung im Rahmen des

Dossiers »Das braune Loch« im Internet zu veröffentlichen.[231] Darin befasse ich mich vor allem mit dem Problem, dass die als »Vierte Gewalt« in unserem Land bezeichneten Medien mehr und mehr an Macht gewinnen und – im Gegensatz zu Exekutive, Legislative und Judikative – nahezu keiner Kontrolle unterliegen und deshalb fast ungehindert zu einer Beeinflussung der Stimmung in unserer Gesellschaft beitragen können. Deshalb würde ich mir wünschen, dass die Medien – wenn sie schon kaum eine Kontrolle befürchten müssen – künftig verstärkt zur Selbstkritik fähig wären.

Mit großem Interesse verfolge ich auch den seit 17.4.2013 laufenden sog. NSU-Prozess vor dem Oberlandesgericht München gegen **Beate Zschäpe** und vier Mitangeklagte. Zschäpe wird vor allem Mitgliedschaft in einer terroristischen Vereinigung sowie Mittäterschaft bei den NSU-Morden angelastet, den vier Mitangeklagten die Unterstützung des NSU sowie teilweise Beihilfe zu den NSU-Morden. Da

ich mir in den Strafverfahren, an denen ich als Anklagevertreter beteiligt war, früher immer überlegt habe, wie ich selbst als Verteidiger möglichst optimal für die jeweiligen Angeklagten agieren würde, mache ich mir auch jetzt Gedanken, wie sich Beate Zschäpe in ihrem eigenen Interesse bestmöglich vor Gericht verhalten sollte. Ich

---

[231] www.vocer.org/category/dossiers/**das-braune-loch**

würde ihr wohl dazu raten, auszusagen und uneingeschränkt Angaben zu machen.[232]

Und tatsächlich: Gut zweieinhalb Jahre nach Prozessbeginn macht die Angeklagte Zschäpe am 9.12.2015, dem 249. Verhandlungstag, Angaben zu den gegen sie erhobenen Vorwürfen, indem sie durch einen ihrer Verteidiger eine schriftlich vorbereitete Erklärung verlesen lässt. Darin bestreitet sie sowohl eine Mitgliedschaft im NSU als auch eine Beteiligung an den ihr in der Anklage der Bundesanwaltschaft zur Last gelegten Mordtaten.

Prozessbeobachter sind – wie ich – über die Art dieser Erklärung, vor allem aber über deren Inhalt enttäuscht, ja fassungslos und befremdet. Begriffe in ersten Kommentaren wie »Farce«, »erbärmlich«, »unglaubwürdig«, »absurd«, »jämmerlich«, »Chance vertan« entsprechen meiner eigenen Einschätzung. Jedenfalls habe ich mit den von mir für sachgerecht gehaltenen »uneingeschränkten Angaben« etwas anderes gemeint, nämlich eine glaubhafte, selbstkritische und vor allem überzeugend wahrheitsgemäße Aussage.

---

[232] Dies war die abschließende Formulierung des Buchentwurfs, den ich dem Justizministerium Baden-Württemberg am 1.3.2015 mit der Bitte um Genehmigung vorgelegt habe. Diese Genehmigung liegt mir seit 2.11.2015 vor.

Fazit eines »terroristischen Berufslebens«

In den Jahren ab 1967, die ich in diesem Buch beschrieben habe, sind in Deutschland von Rechts- und Links-extremisten sowie von Islamisten zahlreiche terroristische Anschläge verübt worden, bei denen insgesamt 72 Menschen getötet wurden.[233] Dies ist eigentlich – ich traue mich kaum, es so zu formulieren – eine relativ geringe Zahl, wenn man bedenkt, dass wir allein im Jahr 1970 mehr als 19.000 Verkehrstote[234] zu beklagen hatten und bei dem islamistischen Bombenanschlag auf Madrider Vorortzüge vom 11.3.2004 an einem einzigen Tag 191 Menschen zu Tode kamen. Gleichwohl handelt es sich bei jedem einzelnen durch Terror Getöteten um ein grausames Schicksal, unter dem die Angehörigen ein Leben lang zu leiden haben.[235] Nicht vergessen dürfen wir auch, wie unser Staat während des sog. Deutschen Herbstes 1977 verunsichert war, ja geradezu gewackelt hat.

---

[233] Danach waren 32 Menschen Opfer von rechtsextremistischen Terrortaten (zwei Männer durch die Gruppe um Rechtsanwalt Roeder, zwölf Menschen beim Oktoberfestattentat, acht durch die Brand-anschläge von Mölln und Solingen, zehn durch den NSU), 38 Menschen Opfer von linksextremistischen Morden (34 durch die RAF, drei durch die »Bewegung 2. Juni« und ein Mann durch die Revolutionären Zellen) sowie zwei US-Soldaten Opfer eines islamistischen Attentäters.

[234] Erfreulicherweise ist die Zahl der Verkehrstoten seither konti-nuierlich zurückgegangen und hat im Jahr 2013 mit 3290 Toten einen Tiefststand erreicht. Im Jahr 2015 werden insgesamt 3475 Verkehrstote registriert.

[235] Dieses Leid von Opferangehörigen bekomme ich insoweit hautnah mit, als in unserer Nachbargemeinde die Familie von Helmut Ulmer wohnt, der als polizeilicher Begleitschützer bei der Schleyer-Entführung am 5.9.1977 in Köln erschossen wurde. Bei zwei Begegnungen mit seinem Vater und seiner Schwester spüre ich, wie sehr beide unter dem lebenslangen Verlust des Sohnes bzw. Bruders leiden und gleichzeitig respektieren müssen, dass unser Staat die Verursacher dieses Schicksals aus den Reihen der RAF trotz der Verurteilung zu lebenslangen Strafen aus der Haft entlässt.

Es ist aus meiner Sicht deshalb für uns alle eine Pflicht, darüber nachzudenken, was wir als Gesellschaft aus diesen schrecklichen Terrorjahren gelernt haben, um in Zukunft nach Möglichkeit solche Attentate zu verhindern und auf Anschläge – wenn wir sie schon nicht vermeiden können – bestmöglich zu reagieren. Nach meinen persönlichen Erlebnissen und Erfahrungen aus der Zeit meines »terroristischen Berufslebens« als Staatsanwalt will ich versuchen, Antworten auf drei Fragenbereiche zu geben:

Können wir das Entstehen von Terrorismus verhindern?

Am meisten hat mich in all diesen Jahren der Aspekt der **Entstehung des Terrorismus in Deutschland** interessiert, also die Frage, warum und wie sich bei uns im Land terroristische Gruppierungen gebildet haben und weshalb junge Leute zu Terroristen geworden sind.

Ich war ja selbst jemand, der Ende der 1960er-Jahre – wie die späteren RAF-Mitglieder – gegen den Vietnam-Krieg demonstriert hat, der ab 1986 nach dem Reaktorunfall von Tschernobyl – ähnlich wie die Frankfurter Startbahn- und Atomkraftgegner – Bedenken gegen die Nutzung der Atomenergie und Sorgen um unsere Umwelt hatte und der vor den fremdenfeindlichen Anschlägen der 1990er-Jahre den politischen Streit über den Umgang mit der »Flut« von Asylbewerbern für schädlich gehalten hat. Mit anderen Worten: diesem **extremistischen Terrorismus** – der sich in meinen Augen stark vom religiösen Terrorismus unterscheidet – sind gesellschaftliche Ereignisse vorausgegangen, auf die unser Staat meines Erachtens erst spät, ja zu spät reagiert hat. Beispiele aus meiner Sicht sind:

- Erst nach dem Tod von Benno Ohnesorg, der zur Gründung der »Bewegung 2. Juni« führte, ist das Demonstrationsrecht und der Umgang mit Demonstranten liberaler gestaltet worden.

- Die Erkenntnis, dass der Vietnam-Krieg falsch war, ist erst lange nach der Gründung der RAF zur allgemeinen, auch politischen Überzeugung gereift.

- Die allgemeine Erkenntnis, dass sich die Politik intensiv um den Schutz unserer Umwelt und um den Atom-Ausstieg kümmern muss, hat sich erst lange nach den Taten der »Revolutionären Heimwerker« eingestellt.

- Die Erkenntnis, dass die »Flut« von Asylbewerbern Anfang der 1990er-Jahre kein Feld für politisches Taktieren sein darf, sondern einer Lösung durch die Politik bedarf, ist erst nach den Brandanschlägen von Rostock-Lichtenhagen und Mölln gewachsen und in die Tat umgesetzt worden.

Natürlich ist es müßig, die Frage zu stellen, ob sich der Terrorismus in unserem Land anders entwickelt hätte, wenn unsere Gesellschaft schneller auf solche Signale reagiert hätte. Und selbstverständlich kann sich unser Staat nicht von einzelnen Protestgruppen erpressen lassen, nur weil mit Terror gedroht wird. Die von mir erwähnten Beispiele sollen aber zeigen, dass wir in Bezug auf die Zukunft eine bessere Antenne entwickeln sollten, um berechtigte Anliegen schneller zu erkennen, um ihnen Rechnung tragen zu können. Es sind Anliegen, die für junge Leute vielleicht ein Anlass für neue terroristische Aktivitäten sein könnten. Zu solchen Themen zähle ich aus aktueller Sicht

- die spürbar sich vergrößernde Schere zwischen sehr Armen und sehr Reichen in unserem Land, aber auch große soziale Unterschiede in Europa zwischen reichen Ländern im Norden und weniger reichen im Süden;

- die Globalisierung in Verbindung mit der Armut in der Dritten Welt und in den Kriegsgebieten;

- die aktuell wieder enorm ansteigende Zahl von Asylbewerbern, die – wie die Erfahrungen Anfang der 1990er-Jahre zeigen – dann besonders schnell zu einem terroristischen Problem werden kann, wenn zeitgleich die Arbeitslosenzahlen zunehmen sollten;

- unser Umgang mit Migranten, auf die wir aus bevölkerungspolitischen und wirtschaftlichen Gründen dringend angewiesen sind und die – etwa durch Parallelgesellschaften – erfahrungsgemäß zu einem schwerwiegenden gesellschaftlichen Problem werden können, wenn keine vernünftige Integration gelingt; dabei sollten wir auch keinen Zweifel daran lassen, dass Deutschland nicht mehr ein bloßes Zuwanderungs-, sondern ein Einwanderungsland ist;

- die mehr und mehr wachsende Sorge vor einer »Islamisierung des Abendlandes«, die sich in Demonstrationen von »Frustbürgern« bemerkbar macht und meines Erachtens nicht zu Unrecht als »Ausdruck sozialer Abstiegsängste« interpretiert wird.[236]

In Bezug auf den **religiös motivierten islamistischen Terrorismus** sehe ich hingegen nur geringe Möglichkeiten, junge Leute vor dem Abdriften in den Terror des Dschihad abzuhalten. Denn sie sind in der Regel mit logischen Argumenten nicht zu erreichen, weil sie sich auf einem religiösen Irrweg befinden, der nicht mit den Lehren

---

[236] Etwa die aktuell ansteigende Anzahl von Demonstrationen, z.B. der »Patriotischen Europäer gegen die Islamisierung des Abendlandes (PEGIDA)«.

des Islam zu vereinbaren ist. Gerade bei solchen Leuten, die – wie etwa ultrakonservative Salafisten[237] – eine geistige Rückbesinnung auf die »Altvorderen« anstreben und deshalb alles Westliche verachten und bekämpfen oder gar – wie der »Islamische Staat (IS)« – weltweit einen islamistischen Gottesstaat etablieren wollen, scheint mir nur eine vernünftige Integration in unsere Gesellschaft Erfolg versprechend zu sein. Wir sollten solchen Menschen deutlich machen, dass auch wir im Mittelalter mit den Kreuzzügen der irrigen Meinung waren, es gäbe auf dieser Welt nur eine einzige Religion, und dass es allein richtig ist, wenn sich die unterschiedlichen Religionen nicht bekriegen (etwa denjenigen köpfen, der den Koran nicht lesen kann), sondern sich gegenseitig respektieren und ein friedliches Miteinander pflegen.

Wenn wir trotz aller Bemühungen nicht verhindern können, dass sich junge Leute für den Terrorismus und terroristische Straftaten entscheiden, stellt sich die Frage:

Können wir Terroranschläge vermeiden?

Unsere Erfahrungen mit dem Terrorismus in Deutschland – zuletzt vor allem mit geplanten islamistischen Anschlägen – zeigen, dass es möglich ist und jeden Aufwand lohnt, nicht erst mit dem Strafrecht auf begangene Terrortaten zu reagieren, sondern solche Anschläge zu verhindern. Gerade bei einem islamistischen Terrorismus, dessen Ziel es ist, mit Attentaten eine möglichst große Zahl

---

[237] Beim Salafismus handelt es sich um die wohl radikalste Richtung innerhalb des politischen Islams; er orientiert sich strikt an den Anfängen der Religion und fordert entsprechende Lebensweisen auch für die heutige Zeit. Von Sachverständigen des islamistischen Terrorismus stammt diese Formulierung: »Nicht alle Salafisten sind islamistische Terroristen, aber alle islamistischen Terroristen sind Salafisten!«

von »Ungläubigen« zu töten, müssen wir alle personellen, technischen und rechtlichen Register nützen, um potentielle Täter schon vor der Tat aus dem Verkehr zu ziehen.

Zu solchen Registern zähle ich vor allem alle rechtlichen Möglichkeiten, die uns bereits bei der erfolgreichen Bekämpfung des RAF-Terrors gute Dienste geleistet haben, etwa der Einsatz von verdeckten Ermittlern oder die Nutzung der Kronzeugenregelung, um eine terroristische Gruppierung innerlich auszuhöhlen und so weitere Attentate zu verhindern.

Bedauerlich finde ich, dass sowohl das Bundesverfassungsgericht als auch der Europäische Gerichtshof die »Vorratsdatenspeicherung«[238] nahezu vollständig abgeschafft und damit den Ermittlungsbehörden ein nicht unwichtiges Werkzeug bei der Verhütung und Verfolgung schwerer Straftaten aus der Hand geschlagen haben. Natürlich ist diese Vorratsdatenspeicherung kein Garant für die Verhinderung terroristischer Anschläge, wie das islamistische Attentat vom 7.1.2015 auf das Satiremagazin »Charlie Hebdo« in Paris mit zwölf Ermordeten zeigt;[239] die Vorratsdatenspeicherung erleichtert aber nach einem solchen Terrorakt die Suche nach Hintermännern und

---

[238] Unter Vorratsdatenspeicherung versteht man die Pflicht der Anbieter von Telekommunikationsdiensten, für einen bestimmten Zeitraum (früher z.B. sieben Monate) die in ihrem Bereich (vor allem zu Abrechnungszwecken) angefallenen Verbindungen von elektronischen Kommunikationsvorgängen (also nur die Nummern bei Telefonaten) auf Vorrat zu speichern, um sie den Strafverfolgungsbehörden bei Bedarf zur Aufklärung erheblicher Straftaten zur Verfügung stellen zu können.

Im Herbst 2015 beschließt der Gesetzgeber die Wiedereinführung der Vorratsdatenspeicherung, allerdings mit der Einschränkung, dass die Speicherfrist von Daten nicht mehr – wie früher – auf sechs Monate, sondern auf zehn Wochen beschränkt ist.

[239] In Frankreich ist die Vorratsdatenspeicherung erlaubt.

Querverbindungen einer terroristischen Gruppierung, um so künftige Attentate zu vermeiden.

Begrüßenswert ist aus meiner Sicht die Ausdehnung des Strafrechts auf das Vorfeld drohender Terroranschläge, etwa durch den neuen § 89 a StGB auf die »Vorbereitung einer schweren staatsgefährdenden Gewalttat«. Zu den vorbeugenden Maßnahmen zähle ich auch die polizeiliche Ansprache von »Gefährdern« vor allem der rechtsradikalen und islamistischen Szene sowie die Sensibilisierung der Allgemeinheit, auf gefährlich erscheinende Personen und Gegenstände zu achten und die Polizei lieber einmal zu viel als einmal zu wenig zu alarmieren. Für ausgesprochen wichtig halte ich eine gewisse Auflösung des früher strikten Trennungsgebots zwischen den Geheimdiensten und den Strafverfolgungsbehörden nicht nur in Deutschland, sondern weltweit. Damit wird in Deutschland verstärkt eine enge Zusammenarbeit dieser Einrichtungen im Bereich des Terrorismus seit den islamistischen Flugzeugattentaten des 11.9.2001 und dem Bekanntwerden der Straftaten des NSU gepflegt.

Gleichwohl werden wir trotz aller Bemühungen Terroranschläge nicht völlig verhindern können, zumal von Strukturen losgelöste Einzeltäter wie die sog. Kofferbomber von Dortmund/Köln oder der islamistische US-Soldaten-Mörder im Vorfeld eines Attentats von den Sicherheitsbehörden nicht auszumachen sind. Deshalb komme ich zu der letzten Frage, die mich während meiner Tätigkeit als Staatsanwalt in Terrorismusangelegenheiten in erster Linie beschäftigt hat:

Wie sollten wir auf Terroranschläge reagieren?

Trotz aller Erfahrungen, die wir in der Nachkriegszeit mit schwersten Straftaten von links- und rechtsextremistischen oder islamistischen Terroristen gemacht haben, werden wir alle beim nächsten Terrorattentat, das

393

Experten vor allem durch Islamisten prophezeien, erneut über alle Maßen entsetzt sein und in einer ersten Reaktion ein inneres Verlangen nach Rache und Vergeltung, nach einer Verschärfung des Strafrechts und nach einer schärferen Ahndung solcher Straftaten empfinden. Auch die Forderung nach Wiedereinführung der Todesstrafe – wie dies in Frankreich sofort nach dem Attentat auf das Satireblatt »Charlie Hebdo« zu hören war – zählt zu diesen reflexartigen Antworten auf Terrortaten.

So verständlich und menschlich solche Emotionen sind, so sehr bergen sie die Gefahr einer Überreaktion in sich, wie wir dies aus vergleichbaren Situationen der Vergangenheit wissen. Wir sollten uns also davor hüten, etwa zu polizeilichen Kontrollmaßnahmen zu greifen, die – wie im Deutschen Herbst 1977 – in der Regel kaum Erfolg haben und häufig den Terroristen in die Hände spielen, weil sie den Eindruck eines Polizeistaates erwecken und bei den Kontrollierten auf Dauer Angst und Schrecken verursachen. Deshalb sollten wir uns auch vor Überreaktionen hüten, zu denen ich Abhörmaßnahmen bei Verteidigern zähle und generell jede Art von Foltermaßnahmen, aber auch das »Feindrecht« wie in Guantánamo, der amerikanischen Überreaktion auf den »11. September«. Ein Rechtsstaat lebt nach meiner festen Überzeugung davon, dass er einzelne Personen nicht von seinem Recht ausnimmt, sondern jedermann – also auch Terroristen und deren Unterstützer – nach Recht und Gesetz gleich behandelt. Diesbezüglich halte ich für außergewöhnlich gut und geradezu vorbildhaft, mit welcher ruhigen und souveränen Haltung Norwegen und seine Bevölkerung – trotz der erkennbar unendlichen Trauer im Land – auf den entsetzlichen Amoklauf des rechtsextremistischen und islamfeindlichen Terroristen Anders Behring Breivik am 22.7.2011 reagiert haben, der in Oslo und auf der Insel Utoya insgesamt 77 Menschen das

Leben kostete. Gleiches gilt in meinen Augen für die Demonstration von Millionen Franzosen, die in ihrer Trauer unter dem Motto **»NOUS SOMMES CHARLIE«**[240] nach dem Mordanschlag auf das Magazin »Charlie Hebdo« nicht gegen den Islamismus, sondern für Demokratie und Meinungsfreiheit auf die Straßen gegangen sind.

Dies ist nach meiner Einschätzung die wichtigste Erfahrung aus unserem Umgang mit Terroristen in den letzten Jahrzehnten: Sie müssen wie jeder andere Tatverdächtige behandelt werden, und zwar sowohl bei den Haftbedingungen, bei den Strafverfahren und bei den Gerichtentscheidungen, aber auch bei der Entlassung aus den Gefängnissen. Nur durch den Verzicht auf eine Sonderbehandlung verhindern wir, dass solche Terroristen den von ihnen erhofften Status des politischen Kriegsgegners erhalten. Nur so erreichen wir, dass Terroristen ihres – zu Unrecht behaupteten – politischen Widerstandsrechts beraubt und auf das reduziert werden, was sie strafrechtlich sind: Verbrecher.

Unsere Reaktionen auf künftige Attentate von Terroristen sollten insbesondere von der Erkenntnis getragen sein, die meines Erachtens alles Schreckliche des Terrorismus überstrahlt:

Terroristen können zwar durch Mordanschläge Angst und Schrecken verbreiten, aber nicht unsere freie demokratische Gesellschaft und unseren Rechtsstaat in Frage stellen!

---

[240] »WIR SIND CHARLIE«

Stichwort- und Namensverzeichnis

Abhörmaßnahmen   60, 78, 394

Abschussbefugnis   325

Absehen von Strafverfolgung   370

Absichtsbericht   57, 373

Abu Ghraib   323

ACTION DIRECTE   275

Adenauer, Konrad   34

agent orange   27

Aichach   133, 272

Airbase-Attentat   275, 280

Aktion T 4   31

Albrecht, Susanne   195, 201, 212, 213

al-Qaida   321, 322, 324, 335

Amoklauf   333, 337, 374, 394

APO   23, 25

Arslan   243-245, 248, 261

Aufbauhilfe Ost   254

Auflösungsschreiben   9, 12, 309, 311

Auskunftsverweigerungsrecht 365

Aust, Stefan   302, 355

Baader, Andreas   11, 33, 35, 39, 42, 45, 48-49, 58, 68, 71, 73, 77, 131, 214, 308

Baader-Meinhof-Prozess   15, 40, 45-47, 51, 58-59, 82-84, 86, 94, 234, 314-316

Bad Kleinen   283

Bauer, Fritz   6, 28

Baum, Gerhard   100

Becker, Verena   68-69, 121, 341, 353, 361-362, 364-365, 367, 369, 370

Beckurts, Ina   353

Beckurts, Karl-Heinz   177, 369

Beer, Henning   154, 215, 219, 347

Begnadigung   17, 185-186, 342, 343, 345, 350

Benaissa, Nadja   357

Berliner Mauer   21, 200-201

besondere Schuldschwere   265

Bethke, Dr. Neithard 203, 204

Bewegung 2. Juni 8, 16, 24, 53, 125, 248, 288, 308, 309

Bin Laden, Osama   321-322

Bitzer, Gerlinde   96, 203, 219, 222, 228, 242, 291, 293

Boeden, Gerhard   130

Böhnhardt, Uwe   381

Böll, Heinrich   66

Boock, Peter-Jürgen   5, 10, 96, 115-116, 119, 126, 136, 141, 143-144, 152, 184-186, 192, 194, 213, 215, 217, 219, 220, 223, 224, 228-229, 231, 234-235, 294, 302, 305-306, 341, 347-348, 350-352, 354, 363, 366, 371

Boock, Waltraud   119, 371

Bossi, Rolf   *256-259*

Boulgaridis, Theodoros   *383*

Brändle, Reinhold   *65, 190*

Brandt, Willy   *25*

Brauchitsch, Eberhard von   *191, 303*

Braun, Bernhard   *131*

Braunmühl, Dr. Gerold von   *177, 369*

Breivik, Anders Behring   *394*

Breucker, Dr. Kurt   *51-52, 86, 314*

Brinkmann, Volker   *167, 169, 195, 233*

Bristol, Becky   *274*

Buback, Prof. Dr. Michael   *342, 347-348, 350-353, 361-364, 368, 369*

Buback, Siegfried   *12, 61, 362, 364, 368*

Buddenberg, Wolfgang   *61*

Carlos   *157*

Chaussy, Ulrich   *110-112*

Christ, Rainer   *314, 355,*

Court-TV   *236*

Croissant, Dr. Klaus   *10, 42, 58, 60, 62, 75-76, 80, 83-85, 87-89, 234*

Daschner, Wolfgang   *17, 324*

Deininger, Roman   *11*

Dellwo, Hans-Joachim   *75-76*

Dellwo, Karl-Heinz   *68, 307, 341*

Dietrich, Werner   *110*

Dittmann, Erich   *233-234*

Djerba   *329*

DNA-Spur   *6, 311-312, 362, 372, 376-379*

Döner-Morde   *383*

Dschihad   *322, 390*

Dublin-Übereinkommen   *270*

Durchstechereien   *378*

Dutschke, Rudi   *23-24, 34*

Dyck, Elisabeth von   *213, 226*

Eichmann, Adolf   *28*

Eitel, Dr. Walter   *136*

Ensslin, Gottfried   *78*

Ensslin, Gudrun   *11, 33, 35, 39 45, 48, 68, 71, 73, 77-78, 131, 214*

Entebbe   *157*

Epple, Richard   *66*

Erzberger, Matthias   *28*

Feindrecht   *15, 323, 394*

Flugzeugabschussfall   *325*

Folkerts, Knut   *213, 294, 307, 324, 341, 352, 365, 370*

Foth, Dr. Eberhard   *5, 7, 47, 51-52, 60, 82, 314*

Friedrich, Ralf Baptist   *202, 228*

Friedrichsen, Gisela   *229, 258, 261*

Frustbürger   *390*

397

Garweg, Burkhard   *312*

Germeroth, Uwe   *260*

Gewalt gegen Personen   *33, 39, 182, 308*

Gewalt gegen Sachen   *33, 39, 167, 307-308*

Gnade vor Recht   *341-342, 344*

Göbel, Wolfgang   *61, 362, 364*

Görlach, Nickolaus   *92, 101, 103*

Grams, Wolfgang   *284*

Griesbaum, Rainer   *92, 131-134, 138, 147, 216, 293, 295, 330*

Groenewold, Kurt   *58, 60, 85, 87*

Groppler, Eckhard   *177, 369*

Grynspan, Herschel   *282*

GSG 9   *36, 70, 122, 191, 284*

Guantánamo   *323, 394*

Gudow   *246-247, 262-263*

Haag, Siegfried   *60*

Hafenstraße 4   *195-197*

Haig, Alexander   *125, 194, 202, 204-205, 229, 369*

Happe, Manuela   *272*

Härteausgleich   *364-365, 370*

Haule, Eva   *9, 272-273, 275-280, 341*

Hebdo, Charly   *19, 334, 392, 394, 395*

Heißler, Rolf   *69, 128, 213, 227, 231, 341, 349, 352, 370-371*

Helbing, Monika   *202, 212- 213*

Henning, Wilfried   *132, 134, 138*

Herrhausen, Dr. Alfred   *181, 369*

Hillegaart, Dr. Heinz   *367*

Hitler, Adolf   *9, 29, 31, 243-244, 264*

Ho Chi Minh   *27*

Hoffmann, Karl-Heinz   *99-100, 106, 108-109*

Hofmann, Sieglinde   *95, 117, 213, 226, 231, 294, 302, 341, 349, 370-371*

Hogefeld, Birgit   *178, 272, 274, 284, 341, 346*

Honecker, Erich   *237, 256*

Hoyerswerda   *240, 269*

Info-System   *42, 58, 59-60, 75, 80, 85, 87*

Islamisierung   *390*

Islamistische Staat (IS)   *334-335*

Isolationsfolter   *48-49*

Jünschke, Klaus   *131, 185, 341*

Kachelmann, Jörg   *356-357*

Kameradschaft Süd   *285*

Karry, Heinz Herbert   *157, 165*

Kartal, Emine   *244*

Kassiber *9, 42, 59, 273, 275, 277*

Kiesewetter, Michèle *9-10, 12, 375, 381-382, 384, 403*

Kilic, Habil *383*

Kinkel, Dr. Klaus *8, 177, 182, 307*

Klar, Christian *96, 129-133, 146, 154, 177, 192, 194, 213, 215, 219, 226-227, 302, 341-343, 345-348, 350-352, 365, 370*

Klein, Hans-Joachim *157*

Klette, Daniela *311-312*

Klump, Andrea *272, 312*

Klünder, Dr. Irene *212*

Knospe, Dr. Klaus *146, 272*

Koch, Dr. Elke *315-316*

Kofferbomber *332, 393*

Köhler, Dr. Horst *341*

Köhler, Gundolf *99, 102, 103-109, 111-112, 114*

Kontaktsperre *15, 66-67*

Kontaminierung *379*

Kouril, Leo *136, 138*

Krabbe, Hanna *68, 213, 341*

Kriminalitätsangst *357*

Kroesen, Frederick James *132-133*

Kronzeuge *9, 200*

Kubasik, Mehmet *383*

Kuby, Christine *213, 226, 341*

Kuhlmann, Brigitte *157*

Kurras, Karl-Heinz *22*

Landshut *67-70, 73, 96, 122, 130, 190-191, 215, 224, 301-303*

Lara, Alexandra Maria *354*

Laubhütte *281*

Lee, Michael *122*

Leutheusser-Schnarrenberger, Sabine *284*

Litigation-PR *18, 356-357, 359-360*

Löchner, Gerhard *94, 105, 158-159, 239, 241-242, 249, 295, 297*

Lorenz, Peter *16, 32, 69, 144, 307, 361*

Lotze, Werner *126, 202-212, 217, 233-234, 238*

Luxemburg, Rosa *309*

Mac Leod, Ian *66*

Maier-Witt, Silke *202, 212-214, 226, 231-232, 239, 242, 367-368*

Marcisz, Heinz *190*

Mauz, Gerhard *5, 141, 229, 258, 294*

Meinhof, Ulrike *5, 35, 45, 48, 51, 71, 131, 147, 214, 315*

Meins, Holger *35, 42, 45, 50, 69, 71, 131*

399

Metzler, Jakob von   *17, 324*

Meyer, Horst-Ludwig   *311*

Mirbach, Andreas von   *367*

Mohnhaupt, Brigitte   *96, 127-129, 131, 133, 146, 154, 177, 192, 213, 226, 276, 302, 307, 341, 343-344, 365, 370*

Möller, Günter   *242, 284, 288*

Möller, Irmgard   *35, 68, 71, 73, 77, 131, 341*

Möller, Karl-Dieter   *305*

Müller, Arndt   *75-76*

Müller, Gerhard   *131*

Mundlos, Uwe   *381*

Nationalsozialistischer Untergrund   *383*

Nehm, Kay   *283*

Neusel, Hans   *181*

Newerla, Armin   *75-76*

Newrzella, Michael   *284*

Notstandsgesetze   *5, 24-25*

Nusser, Hans   *299*

Ohnesorg, Benno   *22, 389*

Özüdogru, Abdurrahim   *383*

Pieler, Roland   *190*

Pimental, Edward   *177, 273-275, 278, 280*

Pohl, Helmut   *76, 307, 341, 370*

Ponto, Jürgen   *12, 63, 65, 95-96, 115, 118, 124, 192, 201, 224, 369*

Prinzing, Dr. Theodor   *7, 46-47, 51-52, 314-316*

Radikalenerlass   *13, 34*

Raspe, Jan-Carl   *35, 45, 68, 71-73, 77, 131*

Rath, Ernst vom   *282*

Rebmann, Prof. Dr. Kurt   *38, 92-94, 96-97, 105, 110, 117, 133-134, 137, 139, 141, 148-150, 185-186, 194-196, 198-199, 260, 295, 297, 314, 339, 341*

Reichskristallnacht   *9, 282*

Rettungsfolter   *17, 323*

Röder, Manfred   *285*

Rohwedder, Detlev Karsten   *181, 352, 369*

Rohwedder, Hergard   *352*

Salesch, Barbara   *236*

Salzmann, Horst   *222, 228*

Sartre, Jean-Paul   *48*

Sauerland-Gruppe   *332*

Sayeh, Souhaila Andrawes   *71, 96, 130, 215*

Scarton, Frank   *274*

Schäuble, Dr. Thomas   *294*

Schily, Otto   *94*

400

Schleyer, Dr. Hanns-Martin *5, 12, 18, 64-65, 68-69, 73-74, 82, 115, 118, 124-125, 127, 143-144, 190-193, 202, 214, 217-218, 220, 224, 227, 229-230, 242, 302, 304, 342, 348-349, 355, 369-370*

Schleyer, Eberhard *143-144, 191*

Schleyer, Waltrude *342*

Schmidt, Helmut *69*

Schmidt, Holger *354*

Schmolz, Dr. Wilhelm *92-93, 216, 292-293, 298*

Schneider, Gert *95, 213, 226-227*

Schüle, Erwin *53*

Schulz, Adelheid *127-130, 177, 192, 213, 302, 341, 371*

Schulz-Britz, Claudia *258, 260, 268, 303*

Schwarzer September *35*

Seiters, Rudolf *284*

Simsek, Enver *383*

Sonnenberg, Günter *68, 341, 348, 361-362, 370-371*

Speichelprobe *377*

Speitel, Angelika *124-125, 185-186, 193-194, 205, 213-214, 218-220, 225, 341, 371*

Speitel, Volker *75-76*

Spindy *5, 9, 125-127, 142-144, 224, 301, 304-305*

Stahl, Alexander von *199, 250, 283-284*

Staub, Ernst-Volker *311-312*

Steinmetz, Klaus *284*

Sternebeck, Sigrid *202, 213, 228-229, 302*

Stoll, Willy-Peter *130, 213, 225*

Straffälligenhilfe *339-341*

Ströbele, Hans-Christian *58, 60, 86, 257-258, 260-261, 353, 355*

Ströber, Hubert *249, 255, 263*

suicide action *78, 213*

Taliban *322-323*

Tasköprü, Süleyman *383*

Taufer, Lutz *307, 341*

Teufel, Fritz *32*

Trennscheibe *76*

Tschernobyl *157, 388*

Türck, Andreas *357*

Turgut, Mehmet *383*

übergesetzlicher entschuldigender Notstand *327*

Ulmer, Helmut *190, 387*

Umschluss *49*

Vietnamkrieg *5, 11, 18, 26, 34, 308*

Vogel, Hans-Jochen *305-306*

Vogt-Binné, Helga *299, 301*

Vorratsdatenspeicherung *392*

Wackernagel, Christof *95, 213, 226-227*

Wagner, Rolf Klemens *117, 191, 194, 205, 213, 215, 227, 230, 302, 341*

waterboarding *323*

Wegener, Ulrich *122*

Weizsäcker, Richard von *184, 217*

Wickert, Ulrich *12, 309-310*

Wisniewski, Stefan *116, 125, 130, 134, 191, 213, 226-227, 231, 302, 341, 348-349, 352-353, 370*

Wurster, Georg *61, 362*

Yasar, Ismail *383*

Yilmaz, Ayse *244-245*

Yozgat, Halit *383*

Zeis, Peter *94, 147, 199, 314*

Zimmermann, Ernst *177, 369*

Zschäpe, Beate *382-383, 385*

Zumwinkel, Dr. Klaus *356*

Zwangsernährung *49-51*

Zwangsverteidiger *67, 84*

Nachweise

A) Fotos/Bilder/Darstellungen

Thomas Klink   *Cover Front-und Rückseite, 3*

Heiko Herberg Foto   *10*

ap/dpa/picture /alliance/ Süddeutsche Zeitung Photo   *21, 27*

dpa-Foto (dpa-Report)   *33*

dpa-Foto, Norbert Försterling   *40*

SPIEGEL–Titel 10.10.77   *58*

a) dpa-Foto (+++© dpa-Report+++)   *61*

b) Foto: Heinz Wieseler, dpa +++© dpa – Bildfunk+++   *61*

SWR   *63*

dpa-Foto (dpa-Bildarchiv)   *65, 67*

dpa / Süddeutsche Zeitung Photo   *98*

SPIEGEL-Titel 25.2.1981   *116*

dpa-Foto, Rolf Rick   *243*

ap/dpa/picture alliance/ Süddeutsche Zeitung Photo   *320*

dpa-infografik   *337*

Foto: Bernd Weißbrod dpa/lsw +++© dpa-Bildfunk+++   *361*

Rechtsanwältin Birgit Wolf/Jena für die
Familie von Michèle Kiesewetter   *375*

dpa-Foto (Carolin Lemuth/dpa)   *381*

dpa-Foto (Jan Woitas dpa)   *382*

Im Übrigen: eigene Fotos und Darstellungen

B) Gerichtszeichnungen

Erich Dittmann   *46, 52, 84, 136, 169, 175, 207,*

Christine Böer   *257*